21世纪经济与管理应用型本科规划教材

市场营销系列

消费者行为学

Consumer Behavior

陈文汉 主 编

王 芳 杨玉荣 副主编

北京大学出版社
PEKING UNIVERSITY PRESS

图书在版编目(CIP)数据

消费者行为学/陈文汉主编.—北京:北京大学出版社,2014.1
(21世纪经济与管理应用型本科规划教材·市场营销系列)
ISBN 978-7-301-22937-8

Ⅰ.①消… Ⅱ.①陈… Ⅲ.①消费者行为论—高等学校—教材 Ⅳ.①F713.55

中国版本图书馆CIP数据核字(2013)第176449号

书　　名:消费者行为学
著作责任者:陈文汉　主编
责 任 编 辑:叶　楠　宋　霜
标 准 书 号:ISBN 978-7-301-22937-8/F·3695
出 版 发 行:北京大学出版社
地　　址:北京市海淀区成府路205号　100871
网　　址:http://www.pup.cn
新 浪 微 博:@北京大学出版社　@北京大学出版社经管图书
电　　话:邮购部62752015　发行部62750672　编辑部62752926
出版部62754962
电 子 信 箱:em@pup.pku.edu.cn
印 刷 者:北京富生印刷厂
经 销 者:新华书店
730毫米×980毫米　16开本　18.5印张　439千字
2014年1月第1版　2016年8月第2次印刷
印　　数:3001—5000册
定　　价:36.00元

丛书出版前言

《国家中长期教育改革和发展规划纲要(2010—2020年)》指出,目前我国高等教育还不能完全适应国家经济社会发展的要求,学生适应社会和就业创业能力不强,创新型、实用型、复合型人才紧缺。所以,在此背景下,北京大学出版社响应教育部号召,在整合和优化课程、推进课程精品化与网络化的基础上,积极构建与实践接轨、与研究生教育接轨、与国际接轨的本科教材体系,特策划出版《21世纪经济与管理应用型本科规划教材》。

《21世纪经济与管理应用型本科规划教材》注重系统性与综合性,注重加强学生分析能力、人文素养及应用性技能的培养。本系列包含三类课程教材:通识课程教材,如《大学生创业指导》等,着重于提高学生的全面素质;基础课程教材,如《经济学原理》《管理学基础》等,着重于培养学生建立宽厚的学科知识基础;专业课程教材,如《组织行为学》《市场营销学》等,着重于培养学生扎实的学科专业知识以及动手能力和创新意识。

本系列教材在编写中注重增加相关内容以支持教师在课堂中使用先进的教学手段和多元化的教学方法,如用课堂讨论资料帮助教师进行启发式教学,增加案例及相关资料引发学生的学习兴趣等;并坚持用精品课程建设的标准来要求各门课程教材的编写,力求配套多元的教辅资料,如电子课件、习题答案和案例分析要点等。

为使本系列教材具有持续的生命力,我们每隔三年左右会对教材进行一次修订。我们欢迎所有使用本系列教材的师生给我们提出宝贵的意见和建议(我们的电子邮箱是em@pup.cn),您的关注就是我们不断进取的动力。

在此,感谢所有参与编写和为我们出谋划策、提供帮助的专家学者,以及广大使用本系列教材的师生,希望本系列教材能够为我国高等院校经管专业的教育贡献绵薄之力。

北京大学出版社

经济与管理图书事业部

2012年1月

前　言

改革开放以来，中国经济迅速发展，已成为世界第二大经济体。财富的积累使得中国的市场环境、消费环境都发生了变化，消费者的消费观念、消费方式、消费行为伴随着这一变化也出现了一些新的特征。对消费心理和行为的研究，有利于引领消费者树立正确的消费观念，选择合适的消费方式，提高消费水平和消费能力，做到科学消费和文明消费；也有利于营销企业提高营销决策水平，增强营销的实效性和针对性。研究消费者行为已成为当今社会的重要课题之一。

作为理论工作者，介绍引入西方的消费者行为理论，将消费者的心理和行为理论与中国企业的营销实践相结合，将西方消费者行为理论结合中国式情境案例，体现中国消费者行为特点，为消费者和企业服务，同样是我们的任务和使命。鉴于此，我们在多年教学与科研的基础之上，借鉴国内外学者已有的研究成果，阅读和参考了大量的文献，着手编写了这本教材。

本书的编写特别凸显了三个视角：一是从内容上立足于企业市场营销的管理与实践，剖析企业如何根据消费者心理与行为实施战略和策略；二是从目的上侧重培养学生运用理论解决实际问题的能力，使学生真正了解市场，了解消费者，掌握专业知识的应用技能；三是从趋势上重点分析了消费者的市场环境变化及消费行为的演变，增加了新的知识与资料。

在教材的风格上，我们力求做到以下几点：

1. 整合最新观点，博采众家之长

本书编写过程中，充分吸收借鉴了国内外消费行为研究的基本理论和最新成果，根据相关因素的变化，整合了本学科的新观点、新思想、新方法，以便能充分反映消费者行为学科的发展全貌。特别突出了消费心理与消费行为的演变趋势以及营销创新的策略，以利于读者能够从较新的领域和较高的视野上把握和应用消费者行为理论。

2. 系统设计内容，构建逻辑体系

本书编写过程中，注重了整体设计，力求内容的系统和严密，尽可能全面地涵盖消费者行为学这一研究领域的各个方面。在此基础上，构建了本书的基本逻辑框架：理论—消费者心理与行为的基本过程—影响消费者心理与行为的因素—消费者心理与行为在营销实践中的应用—操作演练。

3. 选编最新案例，注重实训应用

本书编写过程中，选编了企业实践操作的最新案例，贴近市场营销管理的实践活动;在每章中都设计了实训项目,以利于读者加深对消费行为基本概念和基础理论的理解。同时,本书特别强调了企业如何根据消费者行为的变化制定和创新营销的战略与策略,体现了消费者行为研究的价值。

4. 编写体例新鲜,强调深入浅出

本书在编写过程中,在每章的开头设置了知识目标、能力目标、关键术语和小案例;在每章的最后选编了应用案例,用事例诠释消费者行为学的理论与知识,并提出了分析思路,不仅授鱼,而且授以渔。

全书共分10章。由陈文汉拟订编写大纲并担任主编,王芳、杨玉荣担任副主编。各章编写分工如下:陈文汉(第1、8章)、杨玉荣(第2章)、肖文博(第3、4章)、王芳(第5、6、7章)、付永昌(第9、10章)。吴翠、戴祥玉、刘东玲参与了部分章节的资料收集与编写工作,全书最后由陈文汉通读和修改定稿。

本书在编写过程中参考和借鉴了国内外许多相关研究成果,有些未能列出,在此向有关作者和单位致以诚挚的谢意!由于编者水平有限,书中疏漏和不足之处在所难免,敬请广大读者提出宝贵意见,以便进一步修改和完善。编者交流邮箱:cwhan2008@163.com

编　者

写于2013年秋

目录 Contents

第1章

消费者行为学概述

知识目标

了解消费者的概念及其特征
掌握消费者行为的概念和特征
了解消费者行为的学科性质和特点
了解消费者行为学的历史演变
了解消费者行为的研究范式
掌握消费者行为的研究方法

能力目标

能对消费者行为的相关概念进行辨析
能运用适当的方法对消费行为进行研究

关键概念

消费者　消费者行为　调查法　观察法　投射法

消费者行为学是一门新兴的边缘学科，是适应市场经济发展应运而生的、尚处于不断发展中的学科。该学科虽然在我国创建时间不长，但在市场营销活动过程中却发挥着重要而独特的作用，已越来越受到消费者和营销业界的普遍关注。本章主要探讨消费者行为学的研究对象、内容、方法以及意义，简要分析消费者行为学的发展过程及其与其他相关学科的关系等一系列基本问题。

1.1 消费者行为的相关概念

1.1.1 消费者

1. 消费者的概念

一般地说,消费者就是消费主体。然而,由于消费活动性,导致了消费者内含与外延的多重性,消费者的概念也有多样性。

(1) 广义的消费者。广义的消费者是指购买商品或接受服务的人。社会生产总过程包括生产、交换、分配和消费四个互相联系、相互制约的基本环节,同时每一个环节都可能包含若干个子环节,从而形成了不同行业的产业链。产业链的本质是用于描述一个具有某种内在联系的企业群结构,产业链中存在着大量的上下游关系和相互利益的交换,上游环节向下游环节输送产品或服务,下游环节向上游环节反馈信息。产业链向上游延伸一般使得产业链进入到基础产业环节和技术研发环节,向下游拓展则进入到市场拓展环节。产业链的实质就是不同产业的企业之间的关联,而这种产业关联的实质则是各产业中企业之间的供给与需求的关系。在产业链中,下游企业就是上游企业的消费者或客户。

(2) 狭义的消费者。狭义的消费者是指为满足个人或家庭的生活需要,不以赢利为目的而购买、使用商品或接受服务的人,而不包括企业消费者和政府消费者。国际标准化组织消费者政策委员会于 1978 年 5 月 10 日在日内瓦召开的第一届年会上把消费者一词定义为:"为个人目的购买或使用商品和服务的个体社会成员"。本书所说的消费者,就是指狭义的消费者。

在市场经济条件下,不同消费者所消费的各种产品或商品(本书一般使用"产品"一词)一般是从市场交换中获得的。当企业作为消费者从市场上购买产品时,其目的是满足企业生产经营的需要;而作为个体的消费者,从市场上购买产品时,其目的是满足个人生活的需要;虽然政府消费通常也是不以赢利为目的的,但是,由于其身份的特殊性,一般不将其纳入狭义消费者的范畴。

(3) 法律意义上的消费者。《中华人民共和国消费者权益保护法》(以下简称《消费者权益保护法》)第二条规定:"消费者为生活消费需要购买、使用商品或者接受服务,其权益受本法保护。"

《消费者权益保护法》中所指的"消费者",原则上仅限于自然人,而不应当包括单位。单位因消费而购买商品或接受服务所产生的法律关系,应当受《合同法》《产品质量法》或其他法律的调整。但该规定在理论上与实践中引发了不少争议,争议主要集中在两个问题上:第一,何谓消费者?消费者是仅限于自然人还是包括法人?第二,如何界定"生活消费"?除此之外,还需要在法律上明确哪些关系不属于生活消费,并应当将其排斥在《消费者权益保护法》的调整范围之外。

消费者的概念曾因王海"知假买假"而引发学界的争论,即消费者是否仅限定为那些为满足自己的消费需要而购买产品或者接受服务的人。如果仅仅将消费者的概念限定在满足自己的消费需要的范围上，这未免对消费者的概念理解得过于狭窄。事实上，消费者的含义本身比较宽泛。它不仅包括为了满足自己的生活需要而购买物品的人，也包括为了满足收藏、保存、送人等需要，以及替家人、朋友，或代理他人购买物品的人。

判断购买的物品是否属于“生活消费”，不仅要考虑消费者的购买目的与购买动机，还要考虑产品的性质以及购买数量等。

2. 消费者的特征

实际上，将消费者分为广义消费者和狭义消费者，更多地是为了理论分析的方便，而并不具有多少实际意义。因为，无论是在流通环节，还是在生产环节，对于一个企业而言，只要是使用或购买其产品或服务的人，都是其客户，都应当为他们提供优质的服务。例如，张三在某商场购物，对于该商场而言，尽管在营销过程中会尽可能地考虑到不同消费者的需要，但在通常的情况下，商场并不知道张三是为其个人或家庭购买，还是为满足企业生产经营的需要购买，抑或是为机关单位购买。也就是说，对于商场而言，所有的购买者都是它的消费者。本书所指的消费者主要是指狭义的消费者，即为满足个人或家庭生活需要而购买、使用产品的人，这样的消费者一般具有如下特征：

(1) 不以赢利为目的。消费者与生产者、中间商的最大区别是：消费者购买某种产品，是为了自己消费，即消费者完成了将商品退出流通、退出市场的过程。

(2) 消费者的角色是多元的。首先，消费者不一定是产品的购买者。消费者既可能是亲自购买产品的个人，也可能是使用和消费他人购买的产品的人；既可能是有关服务合同中接受服务（如旅馆、运输、酒店、食品、劳务等各种服务）的一方当事人，也可能是接受服务的非合同当事人。但必须指出的是，消费者并不能完全等同于买受人。所谓买受人，是指买卖合同中，给付价款并受领买卖的标的物的一方当事人。其次，消费者不一定是最终消费的人。消费者不仅包括真正消费该产品的消费者，还可能包括与该产品消费有关的第三人。例如，甲为乙开汽水瓶时，瓶子爆炸，虽然甲并未喝汽水，但是甲也是消费者。

(3) 同生产者、经营者相比，消费者往往处于弱势地位。在现代市场经济条件下，生产者、经营者与消费者之间不具有对等的关系，实质上成为一种支配与被支配的不平等关系，简单地说，就是消费者往往处于弱势地位。这种弱势地位表现在以下几个方面：

首先，消费者不是专门从事产品生产和买卖的人，其与生产者、经营者相比较，通常欠缺专业知识和交易经验，或者缺乏足够的交易信息和交易能力。

其次，同生产者、经营者相比，消费者不仅经济实力差距悬殊，而且科技的发展、分工的细化使消费者独立判断所购产品的能力降低。一方面，包装技术的发展、新材料的不断发展和运用掩盖了产品的瑕疵，为消费者增加了许多潜在的危险；另一方面，推销、宣传、广告等手段的采用使消费者实际上处于盲目的被支配状态。

最后，随着经济全球化的发展，资本、技术、人员、产品等跨国流动越来越频繁，一旦发生消费纠纷，将导致消费者维权更为困难。例如，一位中国游客到美国买了一件产品，回国后发现该产品存在质量问题，这时他要想得到相应的赔偿，其难度比发生在国内的同类事件要高得多。

1.1.2 消费者行为

1. 消费者行为的概念

消费者行为是指消费者为索取、使用、处置消费物品所采取的各种行动以及先于且决定这些行动的决策过程。消费者行为与商品或服务的交换过程有着密切的联系。

2. 消费者行为的特征

根据消费者行为的定义与内含，我们可以归纳出消费者行为所包含的几个主要特性：

(1) 消费者行为具有多样性。多样性表现为不同消费者在需求、偏好以及选择产品的方式等方面各有侧重，互不相同。不同消费者之间的消费行为具有较大差异性，即使是同一消费者，在不同的时期、不同的情境、不同的产品选择上，其行为均呈现出很大的差异性。

(2) 消费者行为具有复杂性。消费者行为的复杂性，一方面可以通过它的多样性、多变性反映出来；另一方面，也体现在它受很多内部、外部因素的影响，而且其中很多因素既难识别，又难把握。消费者行为是受动机驱使的，不过这些动机，并不必然是浅显易见的，而往往是隐藏和复杂的。此外，同一行为也可以是由多种动机所驱使的。因此，对某一消费行为而言，往往是多种动机混合而形成的结果。

(3) 消费者行为具有可诱导性。消费者有时并不能清楚地意识到自己的需要，他人可以通过满足消费者的这些需要来影响消费者行为。在这样的情况下，企业可以通过提供合适的产品来激发消费者的需要。应当指出，企业影响消费者行为是以其产品或活动能够满足消费者某种现实或潜在的需要，能够给消费者带来某种利益为前提的。在保持消费者选择自由的前提下，对消费者予以劝导、施加影响，是一种合乎法律、合乎社会规范的行为。

3. 消费者心理与消费者行为的区别

消费者心理是指消费者为索取、使用、处置消费物品所采取的各种行动以及先于且决定这些行动的决策过程中所发生的心理活动。消费者行为则是指消费者为索取、使用、处置消费物品所采取的各种行动以及先于且决定这些行动的决策过程。

消费者心理与消费者行为两者在范围上有区别：消费者心理是消费者在进行消费活动中心理的形成及其活动所表现出来的全过程，是消费者对客观现实的动态反映；消费者行为则表现在人的外部——以行为方式表现出来。但是，消费者心理与消费者行为又是紧密相连的——行为受心理的支配，是心理的外在表现，心理则是行为的原动力。因此，消费者在索取、使用、处置消费物品所采取的各种行动，以及先于且决定这些行动的决策过程中的心理活动及其行为表现，是消费者行为学研究的对象。

1.2 消费者行为学的学科性质和特点

消费者行为学是在商品经济进一步发展，市场供过于求日渐严重，企业间竞争加剧的社会经济背景下形成并发展起来的。消费者行为学的研究与心理学、社会学、人类学和经济学等多门学科的发展紧密相连。

1.2.1 消费者行为学的学科性质

作为现代经济管理科学体系的一个重要组成部分,消费者行为学在学科性质上具有综合性、微观性、发展性和应用性等特点。

1. 综合性

现实生活中,消费者的心理和行为现象极为复杂,变化多端,其影响因素更是多种多样。如果仅从单一角度运用单一学科的知识进行研究,很难完整准确地把握其全部特点和规律。因此,必须从多维角度,运用多门学科的理论和方法对消费者的心理及行为进行综合性研究。这一领域的研究涉及了生理学、心理学、社会心理学、社会学、人类文化学、信息科学、经济学、市场学、广告学及计量技术等多门学科的许多研究成果,并直接借鉴、采用了这些学科的部分研究方法。如心理学作为专门研究个体的人的心理活动及其规律的科学,有关心理过程、个性心理及知觉、注意、需要、动机、态度等基本理论和概念,构成了研究消费者个体心理活动及行为表现的理论基础;社会学中有关社会组织方面的研究,如家庭、相关群体、社会阶层等,为探索社会环境与消费者行为的关系提供了重要依据;社会心理学有关个体与群体的互动关系、群体功能特征等方面的研究,尤其是关于社会知觉、社会态度、群体规范、群体压力、人际关系、服从心理等内容,对研究消费者的态度形成、消费者群体心理与行为特点、从众行为、消费习俗与流行的形成等具有直接的指导意义;文化人类学关于人与所处文化、亚文化的研究,则给消费者心理与行为研究以重大启示,即存在于一定文化背景中的消费者,其心理与行为必然带有该文化的鲜明烙印,只有从社会文化这一广阔的视野和角度出发,才能深刻理解不同国家、民族、地域及不同时代的消费者心理与行为的种种差异。

以上诸学科分别从不同角度揭示了社会环境中人的心理与行为的一般规律,从而成为这一领域不断丰富和发展的重要理论基础和主要学科来源。除此之外,其他学科如经济学、经营学、广告学、传播学等都在各自的研究领域不同程度地涉及消费者和消费活动问题。例如,经济学研究消费者在经济运行中的地位和作用,以及驱动消费者进行行为选择的利益机制;广告学则探讨如何利用传播媒介传递商品信息,诱导消费者的购买欲望和行动;等等。由此可见,消费者行为学带有明显的多元化特征,它是一门在多学科交叉融汇基础上形成的综合性、边缘性学科。

2. 微观性

现代经济科学是一个极其广泛的研究领域。随着生产力的迅速发展和人类知识水平的提高,该领域的学科不断趋于细分,出现了宏观经济学、微观经济学等一系列分支学科。其中对消费活动的专门研究分为两个领域:一是侧重于从宏观角度探讨消费在社会再生产过程中的地位与作用,消费者的总量与构成、消费方式及发展趋势等,而对消费活动的主体——消费者自身很少作深入分析的消费经济学;二是专门以消费者自身为研究对象,剖析消费者个体及群体心理与行为的消费者行为研究。

消费者心理与行为主要是从微观经济的企业市场营销角度出发,把人作为市场活动的主要参与者和消费活动的主体加以研究,目的在于从消费者心理及其行为层面揭示市场运行过程中消费运动的内在规律,引导和促进企业生产经营活动的顺利进行。从这一意义上说,消费者的心理和行为在基本性质上属于经济科学的范畴。该学科弥补了经济科学对微观消费活动研究的不足,并由此在现代经济科学的庞大学科系列中占有重要位置,成为其不可或缺的组成部分。

3. 发展性

消费者行为学作为一门独立学科正式形成于 20 世纪 60 年代。其间,该学科虽然有了长足的发展,但在体系设置、理论构造、内容方法等方面尚待完善。作为相对年轻的学科领域,消费者行为学尚处在不断发展变化中。随着各相关学科自身的发展,消费者行为学赖以存在和借鉴的某些理论、观点被加以补充和修正。某些新的理论、观点被不断充实到原有的研究体系中。这一状况的继续,使得消费者行为学的研究对象、范围和内容处于不断更新、扩大和发展之中。

不仅如此,随着社会环境自身条件的变化,消费者的心理倾向和行为表现也会相应改变,所以,对消费者行为的研究也是在不断发展的。

4. 应用性

消费者行为学的研究目的在于帮助商品生产者和经营者掌握消费者心理和行为的特点及一般规律,并运用这一规律预测消费变化趋势,及时采取最佳营销手段,激发消费者的购买欲望,促成有效购买,并在满足消费者需要的基础上提高企业经济效益。因而,消费者行为学的研究有极强的应用性,即能够给商品生产者和经营者实际的指导和帮助。为此,消费者行为学在阐述基本原理的同时,特别注重具体方法、措施和手段的研究,如采用何种方法激发消费者的消费欲望;通过哪些措施诱导消费者的购买动机;如何运用各种促销手段促成消费者的购买行为;如何运用心理学、社会学、社会心理学等方法研究消费者的需求、动机,测量其消费态度等。

1.2.2 消费者行为学的历史演进

关于消费者行为的专门研究始于 19 世纪末 20 世纪初,其发展历程大致可分为萌芽时期、应用时期、变革与发展时期。

1. 萌芽时期

萌芽时期大约从 19 世纪末到 20 世纪 30 年代,是消费者行为学始创并得到初步发展的时期。这一阶段,西方各国经过工业革命,生产力大幅度提高,商品生产和增长速度超过市场需求的增长,生产能力的相对过剩和有支付能力需求的相对不足之间的矛盾突出,企业间竞争加剧,经营者们开始重视商品推销与刺激需求。为适应这种需要,学者们着手研究商品的需求与销售问题。最早从事这项研究的是美国社会学家凡勃伦,1899 年,他在自己的著作《有闲阶级论》中提出了广义的消费概念。他认为过度消费是在一种希望炫耀的心理下被激发的。以他为代表的消费心理研究引起了心理学家和社会学家的兴趣,也受到了企业的密切关注。1901 年,美国著名社会心理学家斯科特首次提出要运用心理学原理指导广告宣传。同时期,美国心理学家盖尔出版了《广告心理学》一书,系统地论述了在商品广告中如何应用心理学原理增加广告的宣传效果,引起消费者更大的兴趣。1908 年,美国社会学家 E. A. 罗斯出版了《社会心理学》一书,重点分析了个人和群体在社会生活中的心理与行为,开辟了群体消费心理的新研究领域。1912 年，德国心理学家芒斯特伯格出版了《心理学与经济生活》一书，阐述了在商品销售中，橱窗陈列和广告对消费者心理的影响。1920—1930 年间，丹尼尔·斯塔奇出版了《斯塔奇广告回忆指南》和《广告学原理》两本著作，着重论述了消费者心理学在广告中的运用。还有许多学者在市场营销学和管理学的著作中也研究了消费心理与消费行为问题，如“行为主义”心理学之父约翰·华生的刺激—反应理论揭示了消费者接收广告刺激与产生行为反应的关系，被广泛地运用于消费者行为研究中。这一时期的各项研究都从各个侧面涉及消费心理与消费行为问题，为消费者行为学的产生奠定了基础，但是研究的重点是促进企业的产品销售，而不是满足消费需求，在实践中的应用较少，尚未引起社会和企业界的广泛重视。

2. 应用时期

应用时期是从 20 世纪 30 年代至 60 年代，对消费者行为的研究得到迅速发展并广泛地应用于企业市场营销实践中。1929—1933 年爆发的经济危机，使资本主义国家生产严重过剩，商品积压，销售非常困难。针对这种供过于求的市场状况，各个企业都在思考着产品销路的问题。第二次世界大战后的美国，由于军需品需求下降，转而生产民用消费品，导致市场骤然膨胀，消费者的需求和欲望也随之变化，越发难以捉摸。这一切使得企业的营销思路发生了重大转变，它们开始重视市场调研、重视消费者。这一时期，市场学、推销学等在市场营销中得到广泛应用，并收到显著的效果。这为完善消费者行为学创造了有利条件，并使其成为一门独立的学科，为产品销售服务。20 世纪 50 年代以来，心理学在各个领域的研究应用都取得了重大成果，吸引了更多学者进入这一领域，提出了更多的新理论。奥地利心理学家欧内斯特·迪士特开展了消费动机的研究；美国密歇根大学的 G.卡陶纳开展了消费期望和消费态度的研究；哥伦比亚大学的拉吉斯费尔德和 E.卡兹开展了人格的影响的研究；哈佛大学的 R. A.鲍尔开展了知觉风险的研究；罗杰·L.诺兰开展了新产品初步设计研究和定位研究；心理学家海尔提出了消费者潜在或隐藏的购买动机的理论；美国著名心理学家马斯洛在系统地研究人的需求的基础上提出了需求层次理论。这些研究丰富了消费者行为学的研究内容，促使其从其他学科中分离出来，成为一门独立的学科。1960 年，美国心理学会成立了消费心理学科分会，标志着消费者心理学作为一门独立的学科正式诞生。

3. 变革与发展时期

20 世纪 60 年代以后，有关消费者行为的研究呈加速发展态势，研究范围大大扩展，研究方法也日益多样化，消费者行为学作为一门独立学科的地位开始得到确认。

1968—1972 年间发表的有关消费者心理与行为的研究成果，比 1968 年以前所发表的全部研究成果都要多。这一时期的文字研究成果不仅数量激增，而且质量也越来越高，研究方法也越来越科学。更多的新兴学科，如计算机、经济数学、行为学等被应用到消费者行为学的研究中。而且，有关消费者研究的内容也有了重大突破。

1968 年，第一部消费者行为学教材——《消费者行为学》出版，该书由俄亥俄州立大学的恩格尔、科拉特和布莱克维尔合作编写；1969 年，美国消费者研究协会正式成立；1974 年，《消费者研究杂志》(JCR)创刊；埃弗雷特·罗杰斯在关于创新采用与扩散的研究基础上，提出创新扩散理论；拉维吉和斯坦勒开展了关于广告效果的研究；费希本等人开展了关于组织行为的研究;谢恩等人开展了关于组织购买行为的研究和关于消费者权益保护问题的研究。20世纪80年代以来,除了前述研究在深度和广度上得到进一步发展以外,还出现了一些备受关注的新的研究领域或主题,如关于消费者满意与不满意的研究、关于发展品牌资产和建立长期顾客关系的研究等。

1.3 消费者行为学的研究范式与研究方法

消费者行为学是一门应用性较强的综合性学科。研究消费者行为学的方法和范式也具有综合性、边缘性的特点,其方法以心理学研究的一般方法为基础,同时借鉴行为学、社会学、经济学、人类学和营销学等相关学科的研究方法。

1.3.1 消费者行为研究的范式

范式是指研究者看待研究对象的方式和视角,也就是研究者对于"研究什么""如何研究"的基本假设。在不同学科参与的条件下,消费者行为学研究形成了不同的方法论体系。不同的方法论体系都会提出关于消费者行为研究内容与研究方法的基本假设,这些假设的集合在理论上被称作"范式"。在目前的消费者行为研究中,实证主义、阐释主义和行为主义的研究范式最具影响力。

1. 实证主义范式

实证主义也称现代主义。这一观点的研究者强调人类理性至高无上,认为存在单一的客观真理,可以用科学来发现。实证主义鼓励人们关注客体的功能,拥有技术,把世界看成理性的、有秩序的场所,具有可清晰界定的过去、现在和未来。根据这一范式,消费者一般被视为问题的解决者或决策者。从这一假设出发,消费者的购买行为被看作一个理性的问题解决过程,并将这一过程区分为认识问题、收集信息、评估筛选、购买和购买后行为等几个阶段。其重点在于了解消费者如何形成购买决策、在不同产品和品牌之间作出选择的过程。因此,这一范式也被称为信息处理范式。采用这一范式研究消费者行为,需要大量吸取认知心理学的研究成果,并部分地依赖于实验心理学和经济学的研究成果。它的研究方法则主要来自自然科学领域,包括实验方法、调查技术和观察方法。其研究结论是描述性和经验性的,并被推广应用于较大规模的人口群体。

2. 阐释主义范式

阐释主义又被称为后现代主义或经验主义。阐释主义范式对实证主义范式提出了质疑,它认为社会中的科学技术被过度强调了,实证主义范式对于人类行为有序的、理性的观点否认了社会与文化世界的复杂性。因此,阐释主义强调消费者行为的主观性和象征性,把研究重点放在产品所提供的情感利益或消费体验之上。

阐释主义者认为,消费者的购买决策过程有时并不一定是理性思维的结果,相反,消费者为了获得某种情绪或情感上的体验而购买产品。对于寻求多样性的购买行为,阐释主义研究范式的解释是:消费者为了消除厌烦感或得到新鲜感而移情于其他品牌。阐释主义研究范式主要采用人种学、符号学和深度访谈方法,研究者参与研究过程,因而研究结论取决于研究者与消费者的互动效果。

3. 行为主义范式

行为主义由华生创立，后经斯金纳发展而形成行为主义心理学。该研究范式基本否定了对人类意识、情绪、情感等心理过程和状态的研究，坚持只有能被观察到的、可以客观记录和量化的行为才是心理学的研究对象；强调消费者在外部环境因素的刺激下，可能直接产生购买行为的反应，而不一定是经过了理性的决策过程之后才采取购买的行为。因此，从行为主义的立场出发，研究人员在分析消费者行为时更强调通过哪些营销工具或刺激手段，直接影响消费者行为，而不一定采取先影响情感、认知和态度，再通过这些中间变量来影响消费者的行为的一种比较简洁的影响方式。

实证主义、阐释主义和行为主义的方法对于消费者行为的研究都是有价值的。实际上，上述三种研究范式相互之间并不矛盾，而是相互补充的。对于系统性营销策略的形成来说，三种角度的研究都是必要的。例如，实证主义的研究使预测消费者的行为反应成为了可能，阐释主义的研究则为更深刻地洞察、理解消费者行为提供了帮助，行为主义的研究则在改变和维持消费者的行为方面起到良好的指导作用。

1.3.2　消费者行为研究的具体方法

消费者行为的研究方法正是围绕对消费者行为的描述、预测、控制和解释目标，逐渐在营销实践中产生的。目前任何一种研究方法都难以实现所有的目标，都有自己分析问题、解决问题的重点，也都有各自的适应对象。

调查法、观察法、实验法、投射法等都是目前广泛采用的消费者行为研究方法。下面分别对这些方法作简要介绍。

1. 调查法

调查法是指研究人员通过询问获得消费者的购买偏好和消费体验的一种研究方法。调查法是直接向消费者了解有关心理状态、消费体验和行为特点的方法。它可以采取个人调查、电话调查、信函或邮件调查、在线调查等多种形式。

(1) 调查法的主要形式

① 个人调查。个人调查法是指研究者通过与被调查者直接交谈，来探索被调查者的心理状态的研究方法。其优点是调查时，研究者与被调查对象面对面地交流，针对性强，灵活、真实、可靠，便于深入了解人或事件的多种因素；缺点是这种方法耗费人力较多和花费时间较长，且调查范围较窄。

② 电话调查。电话调查法是指研究人员通过电话向被调查者进行询问，了解所需情况的一种调查方法。这种方法由于彼此不直接接触，而是借助于电话这一中介工具进行，因而是一种间接的调查方法。其优点是花钱、花时不多，能调查较多的人；缺点是不像个人调查法那样可以采用多种方式详细询问和解释问题，使被调查者对问题不易产生误解。这种方法对于电话普及率高的地区较为适用。

③ 邮件调查。邮件调查是指把问卷直接寄到被调查者家里，或者通过给被调查者发送电子邮件的形式将调查问卷发给一些特定的网上用户，由用户填写后再以电子邮件的形式反馈给调查者的调查方法。邮件调查法的优点是费用较低，访问者的偏见或偏差能在较大

程度上得到消除，如采用电子邮件调查，邮件传送的时效性大大提高了；缺点是邮寄问卷调查中，很多人拒绝或忘了作出反应，如采用信件邮寄调查，费时较长。这种方法适用于用来收集中等复杂程度的数据。

④ 在线调查。在线调查是利用互联网和技术手段在线收集数据信息的调查方法。其显著特点是快速、高效、成本低且接触范围广泛。采用的方法主要有电子邮件法、Web 站点法、网络会议法、视频会议法、焦点小组座谈法、网格电话法、OICQ 网络寻呼机法，或在聊天室选择网民进行调查，在 BBS 电子公告牌上发布调查信息，采取网络实时交谈等方式。被调查者直接进入营销者的网站主页回答问题，因此样本带有自我选择性，其调查结果也能代表人群总体的观点。

(2) 调查法搜集信息的主要工具——问卷调查法

搜集信息的工具主要使搜集的信息数据系统化，并确保所有的被调查者按照相同的顺序回答相同的问题。搜集信息或数据的工具包括调查问卷、个人详细目录、态度量表等。

目前，较常用、较有效的方法是问卷调查法。这里就对这一方法作重点介绍。

① 问卷调查的程序。问卷以书面提问的方式进行调查。问卷调查通过收集资料，然后作定量和定性的研究分析，归纳出调查结论。主要有以下五个步骤：确定调查课题和调查对象；设计调查问卷；检验调查问卷的可行性；分发问卷，定时收回；统计分析，去伪存真。

采用问卷调查法时，最主要的是根据需要确定调查的主题，然后围绕它设立各种明确的问题，作全面摸底调查。其中，调查问卷设计得好坏直接决定着调查结论的正确与否。

② 问卷的设计。问卷设计主要包括问卷的组成和提问方式两部分。

一是问卷的组成。一般地，一份正式的调查问卷包括前言、正文、附录三个部分。具体来说，前言主要说明调查主题、调查目的、调查的意义以及向被调查者致意等。这里要强调一下问卷调查与被调查者的利害关系，以取得被调查者的信任和支持。正文是问卷的主体部分和核心部分，依照调查主题，设计若干问题要求被调查者回答，一般要在有经验的专家指导下完成设计。附录可以把有关被调查者的个人档案列入，也可以对某些问题附带说明，还可以再次向被调查者致意。附录可随各调查主题不同而增加内容。但要注意，结构上要合理，正文应占整个问卷的 2/3—4/5，前言和附录只占很少部分。

二是提问的方式。提问时可以采用不同的方式，主要分为两类：一类是封闭式问题，另一类是开放式问题。封闭式问题是指将问题所有可能的答案全部列出，由被调查者从中选择一个或多个答案。这种提问便于统计和定量研究，但答案的伸缩性较小，显得有些呆板。举例如下：

- 您购买电器商品最注重品牌吗？

A. 是　　B. 不是

- 您购买康佳彩色电视机的最主要原因是什么？

A. 名牌产品　　B. 广告吸引　　C. 同事推荐　　D. 有质量保险

E. 商店送货　　F. 价格适中

- 您认为包装色彩比产品质量更重要吗？

A. 很赞成　　B. 同意　　C. 差不多　　D. 不同意

E. 坚决反对

• 本商场的售货服务如何？

A. 极好　　B. 很好　　C. 好　　D. 尚可

E. 差　　F. 极差

开放式问题是指对问题的回答不提供任何具体答案，允许被调查者用自己的话来自由回答。这种问题在一份问卷中只能占一小部分，通常放在问卷的最后。开放式问题灵活性大、适应性强，但不容易统计，分析的难度也很大。例如：

• 您对我商店的商品陈列方式有何意见？

• 您对于轿车进入家庭有何看法？

• 当您的亲友购买电器时，您会推荐什么品牌？

实际应用中，为了避免两者的缺点，通常会将封闭式问题与开放式问题相结合，设计半封闭、半开放式问题。这种问题综合了开放式问题和封闭式问题的优点，具有非常广泛的用途。

③ 问卷设计的基本要求。问卷设计应符合下列要求：

• 问题能引起被调查者的兴趣和合作。在拟定问卷时，要充分考虑被调查者的背景，不要提出与对方无关或对方不感兴趣的问题。

• 问题的提出应准确、简明。问卷用语要照顾到被调查者的文化水平和职业特点，原则上就低不就高，有利于双方对话。提出的问题要清楚明了，切忌模棱两可，不使用专业名词使人费解，也不要把两个问题合并为一个，以致得不到确切的答案。

• 问题的顺序要合理。对被调查者来说比较简单、熟悉、容易、感兴趣的问题要放在前面，比较复杂、生疏、困难、敏感的问题要放在后边；客观问题排第一，行为问题排第二，主观问题排第三，最后是解释性的问题。

• 问卷不宜过长。一份问卷问题数量要适当，被调查者一般应在20分钟内填完；否则，被调查者会产生畏难情绪，影响答卷。

• 问卷设计要有利于数据处理。在大规模问卷调查中，调查资料的统计汇总工作十分繁重，借助于编码技术信息能直接被计算机读入，则可大大简化这一工作，从而节约时间和提高统计信息的准确性。

• 涉及个人的问题放在问卷的最后。当设计问卷时，在涉及被调查者个人隐私或者敏感性问题时，应从问题的内容和形式上进行全面的审查，反复敲定，做到万无一失。

2. 观察法

观察法是指在通常的市场营销活动中，通过有目的、有计划地直接观察消费者的外显行为（如谈话、表情、动作等），以分析消费者行为产生的内在原因，进而揭示消费者行为规律的一种研究方法。观察法以感觉器官为观察工具，同时可采用先进的技术和设备（如摄像机、录像机、录音机、电视等）作为感觉器官的延伸，以大大增强观察的效果。

（1）观察法的类型

根据观察时间长短，可分为长期观察和定期观察。长期观察便于把握消费者心理与行为活动中有规律性的内容；定期观察是在一定时期内对消费者心理现象和行为活动规律的观察，可侧重研究某些特殊消费心理活动及其消费行为表现。

根据观察形式不同，可分为非参与观察和参与观察。非参与观察，即观察者在不进行任何干预的情况下,以旁观者的身份进行观察和记录;参与观察,即观察者直接参与被观察者的活动,在与他们的共同活动中进行观察和记录。前者有利于保证观察的客观性与真实性,但对行为动机的分析将增加一定难度;而后者有利于分析消费者行为产生的原因及发展趋势,但其客观性、真实性将受到影响。无论采用哪一类方法,观察法的运用都不需要去问消费者想做什么、喜欢做什么,而是到消费者购买行为发生的现场,直接对消费者行为进行观察。

(2) 观察法的运用及适用范围

运用观察法时,首先应制订较为详细的观察计划,其次确定观察目的、观察对象、观察程序与记录方法以及观察的时间与地点等。观察过程中,要敏锐捕捉各种现象,准确、详细地记录在案,并及时予以整理和分析。分析观察结果时,要区分偶然性事件和有规律的必然事件,以利于作出的观察结论具有科学性。

观察法可以在研究商品的商标、包装、广告宣传、商店的橱窗和柜台设计效果,商品的价格、销售方式和手段对其购买的影响以及市场营销状况、消费者对新产品的接纳程度等方面加以运用。例如,为了了解橱窗设计的效果,可以在布置好的橱窗前观察注意橱窗或停下来观看橱窗的行人人数、停留的时间,以及观看人数在过往行人中所占的比例;还可以重新设计和布置橱窗,然后再观察统计观看人数与过往行人的比例和停留时间,据此来比较两种设计效果的优劣。

美国的威尔斯和洛斯克于1966年在超级市场内所进行的消费者心理研究是运用观察法的典型实例。他们在超级市场的谷物食品、糖果、洗衣粉等柜台前进行了600个小时的观察,从消费者进入这些柜台的通道开始观察直至其离开,并作了1 500条记录。通过对观察记录的分析,研究消费者的结构(比如男性和女性消费者所占的比例,成人和儿童消费者所占的比例等);研究几个消费者在一起时,谁影响购买,谁决定购买;研究消费者购买前对商品包装、商标、价格的注意程度等。通过这种观察得出的结论不仅对分析消费者的心理与行为规律有用,也为企业改进营销策略提供了依据。

(3) 观察法的特点

观察法具有明显的优点:一是在消费者并不知晓的情况下对其行为所进行的观察,消费者没有心理负担,心理表露比较自然,所获得的观察资料也比较真实可靠;二是操作上比较简便易行,成本较低廉。

观察法也具有较为明显的缺点:一是观察法的运用具有较大的局限性,在进行观察时,观察者必须被动地等待所要观察的事情发生,而且当事情发生时,只能观察到表面现象,并不能了解事情发生的原因;二是观察法选取的对象数量较大,涉及面较广,观察所需的人力较多,周期较长;三是观察法所获资料的分析难以量化处理,作定性分析时,其客观性将受到影响。

3. 实验法

实验法是指在人为的严格控制的条件下,有目的地对被试者给予一定刺激,引发被试者的某种反应,进而加以研究的方法。实验法按实验场所的不同,可分为实验室实验法和现场实验法。

(1) 实验室实验法

实验室实验法是指在专门的实验室里借助各种仪器进行研究的方法,也可以在实验室里模拟自然环境条件或工作条件进行研究。这种方法具有控制条件严密、操作程序固定、可以反复进行实验的特点,因而对心理现象的产生原因、大脑生理变化以及被试者行为表现的记录和分析都是比较准确的。例如,测定消费者对商业广告的记忆率,就可以在实验室内运用录像、图片、文字等广告手段,选取不同时间测试被试者的广告记忆效果。但是这种方法有较大的人为控制因素,所得结果与实际消费活动存在一定距离。

(2) 现场实验法

现场实验法也称自然实验法,是指在实际的市场营销活动中,有目的地创设或变更某些条件,对消费者施予一定的刺激或诱导,从中研究消费者心理活动与行为规律的方法。这种方法将情景条件的适当控制与正常的市场活动有机结合,实验与消费者行为同步进行,因而具有较强的现实意义。例如,工商企业举办单项或综合的商品展销会、新产品展示会等,即是此种方法的一种运用。然而,由于市场营销活动现场的各种条件比较复杂,对某些变量难以有效控制,进行现场实验需要投入大量的人力和物力,且研究周期较长,所以,只有那些具备条件的企业才可以采用。

实验法的特点是需要反复验证,实验设计与操作难度相对较大,对实验设备的要求较高,所花成本也较大。

4. 投射法

投射法是根据“无意识”的动机作用探询人内心深层心理活动的研究方法。这种方法不是直接对被试者明确提出问题以求回答,而是给被试者一些意义不确定的刺激,让其想象、解释,使其内心的愿望、动机、情感、态度等在不知不觉中投射出来,据此进行分析研究。常用的投射法有主题理解测验(即 TAT 测验)、造句测验(即 SCT 测验)、罗夏墨迹测验和角色扮演法等。这里仅介绍对消费者行为研究有实用价值的角色扮演法。

角色扮演法是指由实验者向被试者描述某种情景,要求被试者充当情景中的某一角色,然后观察被试者在该情景中的反应,从而取得实验结果。这是一种间接调查的方法,以自然流露的方式间接地反映被试者的真实动机和态度。

消费者行为学的研究方法有很多,每种方法各有其优缺点,因此这些方法的运用应是交叉的、相互配合的,或者需要综合运用,这样才能使研究结果更加可靠。

1.4　消费者行为学的应用案例

一对螃蟹标价近十万,畸形消费变身登场

又到中秋,“天价月饼”已成过街老鼠。但是,“天价礼品”并没有销声匿迹,而是换上别样马甲变身登场。

一对几十元的螃蟹,穿上“金马甲”就叫卖 99 990 元……“天价礼品”为何层出不穷?“天价礼品”流向何处?“天价礼品”究竟是属于市场行为还是腐败现象?“新华视点”记者近日专门对其进行了追踪采访。

1. 走了“天价月饼”又来“天价螃蟹”

最近，一只穿上“金马甲”的龙凤蟹横空出世，再次吸引了公众的注意。它的主人、南京高淳县螃蟹养殖户史团结说，“龙凤蟹”规格为公蟹300克、母蟹200克，外包装为纯金盒子，公蟹包装黄金重超过200克、母蟹包装黄金重约135克，另有作为赠品的纯银蟹8件。

所谓“金马甲”，本来是一种螃蟹速装器，记者实地调查发现，用它绑螃蟹，比原来的树脂材料模子更方便。史团结介绍，纯金“黄金甲”的创意来自于客户，他委托了上海一家黄金店制作了黄金包装，订了50对，对外出售每对要价99 990元，最近几天还有人愿意给出更高的价钱订购。

“天价礼品”不只有“黄金蟹”。打着“纪念新中国成立60周年”旗号的各种红色礼品也都价格不菲。茅台集团推出限量版的50年酿国酒茅台21 916瓶，每瓶一个编号，代表新中国成立60年来的每一天。南京白下路茅台酒专卖店的销售人员介绍，这种酒网上起价是5.2万元。另外，不同日期对应的酒价格不同，部分特殊编号的酒，最高单价卖到30万元。

人们对“天价礼品”的高度关注源于几年前饱受争议的“天价月饼”。2005年，针对中秋节出现的“天价月饼”现象，国家发展与改革委员会、商务部、国家工商行政管理总局、国家质量监督检验检疫总局联合发布公告，对月饼价格、质量、包装及搭售等行为进行规范。在相关部门的监管以及媒体的监督下，过度包装的“天价月饼”逐渐淡出了人们的视线。记者日前在北京、南京、呼和浩特、郑州等地的月饼市场调查发现，瘦身后的月饼已渐渐还原了本来面目。

“天价礼品”再次曝光，引起人们热议。在内蒙古一家网站工作的李东海说，其实“天价礼品”一直没有离开过市场，只不过是有了月饼之外的更多的载体，比如天价粽子、天价烟、天价酒、天价年夜饭……

2. “天价礼品”流向何处

“这么贵的螃蟹，卖给谁啊？”当记者将问题抛给史团结时，他笑了笑说：“现在已经订出去了12对，有个人买的，也有被高档宾馆订去了的。”

南京一家四星级酒店餐饮部经理高先生表示，酒店订购“黄金蟹”一是进行商业炒作，用黄金容器蒸蟹，一桌饭所用的容器就值10万元，这样的噱头足以吸引高端客户；二是满足一些特殊群体的消费需求。而到底谁请客，请的又是什么人？“当然都是有头有脸的人物才会享受这种待遇。”

“普通人谁买得起这么贵的东西?”河南省洛阳市市民赵凯算了一笔账：2008年农民人均纯收入4 761元，城镇居民可支配收入15 781元。据此计算，一只“黄金蟹”相当于一个农民21年的收入、一个城镇居民6年的收入。

南京等地的一些市民认为，商家不会做赔本买卖，有需求才会有供给。之所以不断出现“天价礼品”，证明它还是有消费群体。“这些昂贵的东西，要么是被富翁们奢侈掉了，要么就是公款消费，要么就是用于送礼了。”南京市民张美玲说。

消费“天价礼品”的人多数为了送礼。跑项目、升职、孩子上学等都是送礼的理由。送礼的群体有高收入人群，也有无奈的普通人。在内蒙古一家事业单位工作的金凤说，为了能让孩子上个重点高中，她用省吃俭用攒下来的4万元钱给学校领导送了两瓶名酒。

“买的人不吃，吃的人不买”。南京市江宁区原房产局局长曾被曝抽“天价烟”——“九五至尊”而迅速“蹿红”网络。试想一个普通公务员的收入怎么能消费得起几千元的香烟？当地纪委调查结果显示其确实存在严重经济问题。

3.“椟贵于珠”久治难愈折射了什么

无论是“天价月饼”还是“天价螃蟹”，这些商品早已超出了本身应有的价值，无异于“椟贵于珠”，属于不正常交易。

中国人民大学社会学教授周孝正一针见血地指出，“天价礼品”交易绝对不是简单的市场行为，而是一种畸形消费，也是一种腐败现象。

资料来源：http://money.163.com/09/0917/07/5JD7C51G00253B0H.html。

分析：

几十元的螃蟹，穿上“金马甲”标价近十万元，着实让人咋舌。其存在总是有原因的。“天价礼品”受追捧，首先，是因为它满足了消费者的炫耀心理以及背后复杂的消费动机。随着社会经济的发展，人们的消费不仅是满足自身的物质需求，还有显示社会地位的需求，从而产生畸形消费，“天价螃蟹”的背后正是为满足这种畸形需求而产生的畸形供给。其次，“天价螃蟹”现象不能单纯用经济学观点来解释，消费者行为同样是一种社会现象，人们借节日之机用天价礼品做道具，来达到自己想得到的目的。

看来，消费者行为的形成与发展是很复杂的，既有经济学的原因，还有社会学等其他原因。市场经济下，研究和掌握消费者行为规律是非常重要的。

模拟实训

【实训目的】

了解消费者行为的相关概念。

【实训主题】

消费者行为的调查方法。

【实训时间】

利用本章教学结束后的周末时间。

【背景材料】

20 世纪 40 年代后期，速溶咖啡作为一种方便饮料刚刚进入美国市场。让生产者和经营者始料不及的是，这种被他们认为方便、省时、省力、快捷、价格适中的新商品并不受欢迎，问津者寥寥无几。而当直接问消费者不买这种速溶咖啡的原因时，他们中的大部分人回答是不喜欢速溶咖啡的味道。但若深究下去，却没有人能说出速溶咖啡的味道与普通咖啡豆加工后的味道到底有什么不同。为此，生产者和经营者都感到很茫然。

美国加州大学的海尔认为，消费者没有回答拒绝购买的真正原因，其实味道只是他们的一个托词，实际是一种潜在的心理在起抵制作用。于是，海尔采用了间接的角色扮演法进行深入的调查。在调查中，他首先制定两种通常使用的购物单。这两种购物单中各开列数种食品，除咖啡外，其余项目完全相同。在“咖啡”一项中，一种写速溶咖啡，另一种写新鲜咖啡豆。海尔购物清单如表 1.1 所示。

表 1.1　购物清单

购物单 A	购物单 B
汉堡牛排饼	汉堡牛排饼
面包	面包
胡萝卜	胡萝卜
发酵粉	发酵粉
速溶咖啡	新鲜咖啡豆
桃子罐头	桃子罐头
土豆	土豆

在调查中，把两种购物单分别发给A、B两组各50名家庭主妇，要求她们描述按该购物单买东西的家庭主妇的个性。调查结果发现，家庭主妇们认为，购买速溶咖啡的人一般是懒惰的、无计划的、没有家庭观念的人，而购买新鲜咖啡豆的人被认为是有生活经验的、勤俭持家的、有家庭观念的人。

资料来源：〔美〕亨利·阿塞尔著．韩德昌等译．消费者行为和营销策略[M]．北京：机械工业出版社，2000：255。

【实训过程设计】

（1）指导教师布置学生课前预习阅读案例。

（2）将全班同学平均分成小组，按每组5—6人进行讨论。

（3）根据“背景材料”，分析在该案例中，海尔用了哪种调查研究方法？

（4）根据“背景材料”，分析人们不喜欢速溶咖啡的真正原因，并提出建议。

（5）各实训组对本次实训进行总结和点评，撰写作为最终成果的实训报告。

（6）指导教师对小组讨论过程和发言内容进行评价总结（先评定小组成绩，在小组成绩中每一个人参与讨论占小组成绩的40%，代表发言内容占小组成绩的60%）。各小组提交填写有项目组长姓名、成员名单的实训报告。优秀的实训报告在班级展出，并收入本课程教学资源库。

本章小结

消费者行为学是一门基于多种学科的边缘交叉学科。从营销视角看，消费者行为研究是市场营销研究的延伸，它所涉及的领域涵盖了营销中90%的内容，使市场营销者能够调查预测消费者在市场上的行为，能够理解消费者作出购买决策的原因，并根据消费者心理行为的特点，有针对性地制定市场营销战略和决策。因此，消费者行为学就是告诉营销者如何把复杂的营销活动变得简单的一门基础理论。

作为现代经济管理科学体系的一个重要组成部分，消费者行为学在学科性质上具有综合性、微观性、发展性和应用性等特点。

消费者行为的专门研究始于 19 世纪末 20 世纪初，其发展历程大致可分为萌芽时期、应用时期、变革与发展时期。

消费者行为研究范式大致可分为三大类：实证主义、阐释主义和行为主义范式。常用的研究方法有：观察法、调查法、实验法和投射法。

综合练习

一、单项选择题

1. 通过口头信息传递途径了解消费者心理的方法是（　　）。

A. 观察法　　B. 访谈法　　C. 抽样法　　D. 问卷法

2. 采用实验法对消费者心理进行研究应具备（　　）。

A. 自然条件　　B. 严格控制条件

C. 人为条件　　D. 消费者已知条件

3. 通过对消费者在购买活动中的语言、表情、动作等进行分析，从而了解支配其购买行为的心理，这种研究方法是（　　）。

A. 观察法　　B. 访谈法　　C. 测量法　　D. 统计法

二、多项选择题

1. 描述性的调查研究就是要描述某些事物总体的特征或功能，具体地说，就是描述市场的特征或功能。常采用的具体研究方法有（　　）。

A. 调查法　　B. 观察法　　C. 实验法　　D. 焦点小组座谈法

E. 抽样法

2. 消费者行为具有的特点有（　　）。

A. 多样性　　B. 专业性　　C. 可引导性　　D. 引申性

E. 复杂性

3. 投射法是一种测定心理状况的工具，目前最常用的投射法有（　　）。

A. 罗夏墨迹测验　　B. 主题统觉测验　　C. 角色扮演法　　D. 实际痕迹法

E. 人流量观察

4. 调查法是直接向消费者了解有关心理状态、消费体验和行为特点的方法。它可以采取（　　）。

A. 个人调查　　B. 电话调查　　C. 信函调查　　D. 邮件调查

E. 在线调查

三、问答题

1. 消费者行为具有哪些特征？
2. 如何理解消费者行为的学科性质？
3. 简述消费者行为学的历史演进。
4. 试述消费者行为学的研究方法。
5. 观察法的主要形式和优缺点有哪些？

四、案例分析题

松下，新一代的选择

松下电器在消费电器行业中的良好形象已经是有目共睹了。现在的问题是，如何能把这种良好形象引申到办公自动化领域。为此，松下作了一个有趣的研究。

首先，研究人员有目的地收集了一组照片，照片上有各种场景和人物。然后，研究人员把这些照片给消费者看，并让他们说出来哪些照片上的人物分别能与 IBM、施乐、佳能和松下中的产品联系在一起。

消费者的回答表明，他们更愿意将那些年纪较大、有声望并且非常富有的人物的照片与 IBM 和施乐公司联系在一起，而把那些年轻的、暴发户式的自由职业者照片和松下公司联系在一起。松下电器公司利用这些发现为其办公室自动化产品举办了一场广告宣传活动："松下，新一代的选择"，突出了生于 20 世纪六七十年代生育高峰期目前已居于公司管理位置的自立者。

资料来源：〔美〕亨利·阿塞尔．韩德昌等译．消费者行为和营销策略［M］．北京：机械工业出版社，2000。

问题：

松下电器公司的研究采用的是什么方法？

第2章

消费者的心理活动过程

知识目标

了解消费者心理活动的认识过程、情感过程、意志过程
掌握感觉与知觉、记忆与注意、思维与联想、情绪与意志等基本概念
掌握感觉与知觉、记忆与注意、思维与联想、情绪与意志等类别的划分及其相关理论

能力目标

能进行消费者认识过程分析
能进行消费者情感过程分析
能进行消费者意志过程分析
能对消费者的感觉与知觉、记忆与注意、思维与联想、情绪与意志等进行营销运用

关键概念

感觉　知觉　记忆　注意　思维　联想　情绪　意志

消费者的心理活动制约其消费行为，消费者在实施消费行为时，要先搜集信息、选择品牌、确定商品类型、考虑是否要购买、如何购买；实施消费行为后，消费者使用商品时的心理感受、对商品的评价及提供的信息反馈也是消费者的心理活动。所以要研究消费行为，就必须研究消费者的心理活动。

心理是人们感觉、知觉、注意、记忆、思维、联想、情绪、意志等心理现象的总称，可以分为认识活动、情绪活动、意志活动三大类。认识活动包括感觉、知觉、注意、记忆、思维、联想等

心理活动;情绪活动包括喜怒哀乐、美感、道德感、理智感等心理活动;意志活动包括在认识活动和情绪活动的基础上进行的行为、动作、反应等活动。

2.1 消费者的感觉和知觉

消费者购买商品的心理活动,是从对商品的认识过程开始的。通常情况下,人们往往是先对某一商品有笼统的印象,接着去收集各种有关此商品的信息,然后调动自己原有的知识和经验,进行初步的分析,最后综合地加以理解。因此,从一般意义上讲,认识活动是消费者心理活动的开端。认识活动是指对商品的认识过程,即消费者对商品信息的接收、分析和理解过程,其中,感觉和知觉是认识过程的第一步。

2.1.1 感觉

感觉是人脑对直接作用于感觉器官的客观外界对象和现象的个别属性的反映。感觉是其他一切心理现象的基础,没有感觉就没有其他一切心理现象。感觉诞生了,其他心理现象就在感觉的基础上发展起来。

1. 感觉的分类

感觉根据刺激物的来源不同和产生感觉的分析器不同,可以分为外部感觉和内部感觉。

(1) 外部感觉。外部感觉是指由人体外部客观事物的刺激所引起的感觉,它的感觉器都位于身体表面或接近身体表面的地方。外部感觉包括距离感受作用(视觉、听觉、嗅觉)和接触感受作用(味觉、触觉)。

① 视觉。人类可以看得到从 0.77—0.39 微米的波长之间的电磁波。

② 听觉。人类能听到物体振动所发出的 20—2 000 赫兹的声波,可以分辨出声音音调的高低、音强的大小和音色的波形等特点,由此不仅能分辨出声源的类型,还可以确定声源的位置、距离和移动。

③ 嗅觉。人类能闻到挥发性物质的分子,由气味可以分辨物体。

④ 味觉。人类能尝到溶于水的物质,主要有酸、甜、苦、辣、咸五种不同的味道。

⑤ 触觉。人类能感觉到具有机械的和温度的特性物体的作用,主要有痛、温、冷、触(压)四种基本感觉。

(2) 内部感觉。内部感觉是指人的感受器对自己的机体内部各种刺激引起的相应反应。内部感觉主要包括运动觉、平衡觉、机体觉(内脏觉)等。

① 运动觉。它反映四肢的位置、运动以及肌肉收缩的程度,感受器是肌肉、筋腱和关节表面上的感觉神经末梢。

② 平衡觉。它反映头部的位置和身体平衡状态的感觉,感受器位于内耳的半规管和前庭。

③ 机体觉。它反映机体内部状态和各种器官的状态,感受器多半位于内部器官,分布在食道、胃肠、肺、血管以及其他器官。

2. 感受性与感觉阈限

感受性是指感觉器官对刺激物的主观感受能力,它是消费者对消费刺激物有无感觉以及感觉强弱的重要标志。不同部位的皮肤，其感受性是有区别的，感受性可以用感觉阈限来衡量。

心理学中把感觉的强度对刺激的依赖关系称为感觉阈限，即恰好能引起感觉或恰好不能引起感觉的界限。刺激只有达到或超过这个界限方能引起感觉。例如电视广告的持续时间少于 3 秒，就不会引起消费者的视觉感受。心理学是用感觉阈限来度量感受性的。感觉阈限值越低，说明感受性越高；相反，感觉阈限值越高，说明感受性越低。两者为反比例关系。

人体各感觉器官的感受性不是彼此隔绝，而是相互影响、相互作用的，即一种感觉器官接受刺激产生感觉后，还会对其他感觉器官的感受性产生影响，这种现象就是联觉。

案例 2.1　“剥夺感觉”如何

美国普林斯顿大学做了一个实验，他们将 55 名自愿被试者独自关闭在几乎隔音的暗室里。为了尽量剥夺感觉，被试者的手上套着长至肘部的棉手套，蒙上眼罩。他们的头套在一个 U 形枕头里以降低听觉刺激，同时空气调节器发出单调的声音，以限制听觉。这些被试者就这样没日没夜地躺在小床上，或者百般无聊地昏睡，或者胡思乱想，所有的人都感到难以忍受的痛苦，有的还产生幻觉。4 天以后对这些被放出来的被试者进行了各种测验，发现他们的各种能力都受到损害。而他们要恢复正常状态，则需要 1 天左右的时间。心理学家在其他大学也做了类似的剥夺感觉实验，其情形也是如此。

资料来源：http://www.worlduc.com/UManage/Group/GroupDiscussInfo.aspx? DisID=291054。

分析：感觉虽然是一种简单的心理活动，但却十分重要。首先，感觉向大脑提供了内外环境的信息。人通过感觉可以了解外界事物的各种属性，保证机体与环境的平衡。其次，感觉是认识的开端。而以上实验可以证明刺激和感觉对于任何人来说都是必不可少的。对于一个正常人来说，没有感觉的生活是不可忍受的。

3. 感觉在市场营销中的作用

(1) 感觉使消费者获得对商品的第一印象。消费者通过对客观事物的各种感觉认识到商品的各种属性，只有在感觉的基础上，才能获得对商品的全面认识。感觉在消费者购买商品活动中起着重要的作用，感觉使他们对商品有初步印象，而第一印象的好与坏，往往决定着消费者是否购买某种商品。同时，企业的各种营销手段，也只有给消费者良好的感觉时，才能发挥作用。例如，当菠萝作用于我们的感觉器官时，我们通过视觉可以反映它的颜色，通过味觉可以反映它的酸甜口味，通过嗅觉可以反映它的清香气味，通过触觉可以反映它的外表粗糙。因此，企业在售卖菠萝时要从颜色、味道、气味等方面吸引消费者的注意。

(2) 感觉是消费者对客观事物产生某种情感的依据。客观环境给予消费者感觉上的差别，会引起他们不同的情绪感受。例如，商场女装部环境布置时尚温馨、商品陈列个性丰富、服装颜色搭配亮丽、灯光柔和、营业员彬彬有礼等，能使消费者产生愉悦的情感，从而促进购买。

(3) 对消费者发出的刺激信号要适应人的感觉阈限。消费者认识商品的心理活动,首先是从感觉开始的。由于每个人的感觉阈限不同,有的人感觉器官灵敏,感受性高;有的人则感觉器官迟钝,感受性低。企业在做广告、调整价格和介绍商品时,向消费者发出的刺激信号强度应当适应他们的感觉阈限。刺激信号强度过弱不足以引起消费者的感觉,达不到诱发其购买欲望的目的;刺激信号过强又会使消费者承受不了,起到反面效果。例如,消费者对商品价格很敏感,多数企业都运用降价的方法进行促销,同时标明原价和现价以示降价幅度。降价的幅度对消费者而言是个刺激信号,大小要适应消费者的感觉阈限。降价幅度过小,刺激强度不够,消费者购买不会踊跃;降价幅度过大,会令消费者怀疑商品是否有重大质量问题,反而不敢贸然购买。

小训练 2.1

用感觉的特性解释下列现象:

1.“入庖鱼之肆久而不闻其臭,入芝兰之室久而不闻其香”;

2. 红色、橙色使人产生温暖的感觉;

3. 黑暗中,人的听觉得到加强。

2.1.2 知觉

知觉是一系列组织并解释外界客体和事件产生的感觉信息的加工过程。知觉以感觉为基础,但并不是感觉数量简单机械地相加,而是人脑对直接作用于感觉器官的客观事物的各个部分和属性的整体反应,是消费者在感觉基础上对商品总体特性的反应。

1. 知觉与感觉

知觉和感觉作为心理活动,它们既有联系又有区别。

(1) 二者的联系。知觉是各种感觉的结合,它来源于感觉,二者反映的都是事物的外部现象,都属于对事物的感性认识。在现实生活中,当人们形成对某一事物的知觉的时候,各种感觉就已经结合到了一起,甚至只要有一种感觉信息出现,就能引起对物体整体形象的反应。例如,看到一个物体的视觉包含了对这一物体的距离、方位,乃至对这一物体其他外部特征的认识,所以,现实生活中很难有单独存在的感觉,单一或狭隘感觉的研究往往只能产生于实验室中。

感觉和知觉都是对直接作用于感觉器官的事物的反映,如果事物不再直接作用于感觉器官,对该事物的感觉和知觉也将停止。

(2) 二者的区别。知觉比感觉复杂,感觉只反映事物的个别属性,知觉却认识了事物的整体,即事物的各种不同属性、各个部分及其相互关系;感觉是单一感觉器官活动的结果,知觉却是各种感觉协同活动的结果;感觉不依赖于个人的知识和经验,知觉却受个人的知识和经验的影响。同一物体,不同的人对它的感觉是相同的,但对它的知觉就会有差别,知识经验越丰富,对物体的知觉越完善、越全面。

2. 知觉的基本特征

(1) 知觉的整体性。通过感觉,只知道事物的个别属性,而通过知觉,才能对事物有一个完整的映象,从而知道它的意义。知觉是消费者对商品总体特征的反映,包括通过视觉、听觉、嗅觉、味觉、触觉等获得的商品的所有特征。例如,一株绿树上开有红花,绿叶是一部分刺激,红花也是一部分刺激,我们将红花绿叶合起来,在心理上所得的美感知觉,超过了红与绿两种物理属性之和。

知觉的整体性纯粹是一种心理现象。有时即使引起知觉的刺激是零散的,但所得的知觉经验仍然是整体的。

(2) 知觉的理解性。人们在感知客观事物时,总是运用过去所获得的知识和经验去解释它们,这就是知觉的理解性。消费者在对商品感觉完毕后,将感觉资料转化为心理性的知觉经验,在这个过程中,显然是要对这些资料经过一番主观的选择处理,这种主观的选择处理过程是有组织性的、系统的、合于逻辑的,而不是紊乱的,消费者会根据自己的经验进行判断和解释,并形成对该商品的整体印象。

心理学的格式塔理论(Gestalt Theory)认为,知觉组织法则主要有以下四种:

一是相似法则。在知觉场地中有多种刺激物同时存在时,各刺激物之间在某方面的特征(如大小、形状、颜色等)如有相似之处,在知觉上即倾向于将之归属于一类按刺激物相似特征组成知觉经验,这种心理倾向称为相似法则。

二是接近法则。有时候,知觉场地中刺激物的特征并不十分清楚,甚至在各刺激物之间找不出足以辨别的特征。在此种情境下,人类经常根据以往经验,主观地寻找刺激物之间的关系,借以增加其特征,从而获得有意义的或合于逻辑的知觉经验。按刺激物间距离关系而组成知觉经验的心理倾向称为接近法则。

三是闭合法则。如果知觉场地的刺激物表面看来虽各有其可供辨别的特征,但如仅凭此类特征,仍不能确定刺激物之间的关系,此时,观察者常运用自己的经验,主动地为之补充(或减少)刺激物之间的关系,从而增加它们的特征,以便有助于获得有意义的或合于逻辑的知觉经验,这种心理倾向称为闭合法则。

四是连续法则。知觉上的连续法则所指的“连续”,不是指事实上的连续,而是指心理上的连续。知觉上的连续法则在绘画艺术、建筑艺术以及服装设计上早已广泛应用。以实物形象上的不连续使观察者产生心理上的连续知觉,从而形成更多的线条或色彩的变化,借以增加美的表达。听知觉也会有连续心理组织倾向,例如多人一起合唱,或多种乐器合奏,有音乐修养的人,不会把不同的声音混而为一,而是能够分辨出每一种声音的前后连续。

(3) 知觉的恒常性。在不同角度、不同距离、不同明暗度的情境之下,观察某一熟知物体时,当物体的基本属性和结构不变,只是外部条件发生一些变化时,人们对物体特征所获得的知觉经验,却倾向于保持其原样不变的心理作用,这是知觉的恒常性。

在视知觉中,知觉的恒常性表现得非常明显,例如,顾客远去的身影越来越小,我们并不因此而感到顾客的身体真的在缩小。由于知觉具有恒常性,才使我们能客观地、稳定地认识事物,从而更好地适应环境。

在听知觉中,知觉的恒常性也表现得很明显,例如雷声或火车的鸣笛声。如果只按生理的听觉资料判断,远处的雷声或火车的鸣笛声,其音强未必高于近处的敲门声,可人们总觉得雷声或火车的鸣笛声较大。

(4) 知觉的选择性。客观事物是多种多样的,在特定时间内,人们并不是感知所有的对象,只是对其中某些事物有比较清晰的知觉,对其他事物只作模糊的反映。我们将被选为知觉内容的事物称为对象,其他衬托对象的事物称为背景。某事物一旦被选为知觉对象,就好像立即从背景中突现出来,被认识得更鲜明、更清晰。一般情况下,面积小的比面积大的、被包围的比包围的、垂直或水平的比倾斜的、暖色的比冷色的,以及同周围明晰度差别大的东西都较容易被选为知觉对象。即使是对同一知觉进行刺激,如观察者采取的角度或选取的焦点不同,亦可产生截然不同的知觉经验。影响知觉选择性的因素有刺激的变化、对比、位置、运动、大小程度、强度、反复等,还受经验、情绪、动机、兴趣、需要等主观影响。由知觉选择现象看,除了少数具有肯定特征的知觉刺激(如捏在手中的笔)之外,提供同样的刺激情境不一定能得到众人同样的知觉反应。

(5) 知觉的相对性。知觉的相对性是指当感知一个物体存在时,不能把该物体孤立地作为引起知觉的刺激,必须同时看到物体周围所存在的其他刺激。这样,物体周围其他刺激的性质与两者之间的关系,势必会影响我们对该物体所获得的知觉经验。例如,同一形象放在不同的背景中,会产生不同的知觉。

小训练 2.2

你看到的图 2.1 是一个乐器演奏家还是一个女人?

图 2.1 乐器还是女人?

3. 错觉

错觉是客观事物在人的头脑中的歪曲的反映,它是在特定的条件下,对必然会产生的某种固有倾向的歪曲知觉。

错觉是比较普遍的,由视觉、听觉、味觉、嗅觉等所构成的知觉经验,都会有错觉。在我们日常生活中,随时会感受到错觉现象。例如,在火车未开动之前,常因邻近列车的开动,觉得自己的车厢已经移动,这种现象称为移动错觉;当注视电扇转动时,会觉得扇叶忽而正转,忽而倒转,甚至有时会有暂时停止不转的感觉。

错觉不是观念问题，而是知觉问题，因为即使知道是错觉也不会改变它；错觉不是发生在视网膜上，它不是由视觉器官的活动所引起的。

小训练 2.3

请问图 2.2 中哪一根横线长？

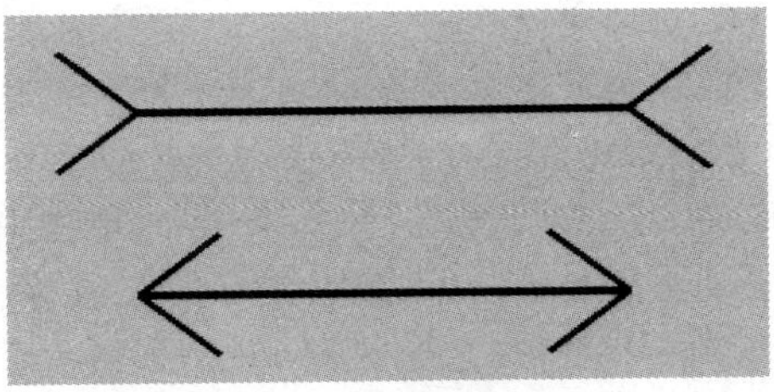

图 2.2　哪一根横线长

4. 知觉在市场营销中的作用

（1）运用知觉的选择性特征帮助消费者确定购买目标。当消费者走进商场或超市时，各种商品和宣传物品同时作用于消费者的感官，但消费者只能对其中的某些或某一商品具有相对清晰的感知，这些商品成为了知觉的对象，因为这些商品符合消费者的需要、兴趣、爱好和经验，其他商品则相对地成为知觉对象的背景，常常被消费者视而不见。因此，在市场营销中，一方面，营销人员应尽其所能地突出商品特征，根据消费者的需要和兴趣进行商品的摆设和宣传物品的放置，恰当地摆放其他物品突出主销品，使主销品成为消费者知觉的对象；另一方面，由于消费者的需要和兴趣是千差万别的，营销人员应尽可能地使经营的商品具有比较大的选择性，以满足各类消费者的各种各样的消费需求。相同地，营销人员在接待顾客时，应将面前的顾客作为知觉的对象，其他顾客作为知觉的背景，知觉的对象和背景随时在换位，营销人员的知觉在对象和背景间应能及时转换，能够同时接待、照应几位顾客，有较宽的接待服务面。

案例 2.2　　**咖啡杯**

有人曾做过如下实验：他请 30 多位被试者喝咖啡，每人都喝 4 杯，各杯浓度一样，只是 4 个杯子的颜色不同，分别为咖啡色、青色、黄色和红色。喝完咖啡后，要求被试者对咖啡的浓度作出各自的评判，结果有 2/3 的被试者都说红色、咖啡色杯子中的咖啡太浓，青色杯子中的太淡，只有黄色杯子中的咖啡浓度适中。据此，销售商便把咖啡店里的全部杯子都改用黄色，以便更好地发挥颜色视觉的作用，使大多数顾客都感到满意。

资料来源：http://zhidao.baidu.com/question/324055260.html。

分析：由于消费者受主、客观因素的影响，在感知事物时，知觉的选择性会使其产生各种错觉现象。企业可以在店堂装修、橱窗设计、广告图案、包装装潢、商品陈列等方面，适当地利用消费者的错觉，进行巧妙的艺术处理，往往能产生一定的心理效应，刺激购买。

(2) 运用知觉的整体性、理解性特征开展营销活动及广告制作。根据知觉的整体性、理解性特征,消费者能够凭借以往的知识经验将消费品的个别属性刺激知觉为一个整体,所以,商品给消费者的第一感知印象很重要,营销人员要尽全力制造一个消费品个别属性的强刺激。

案例 2.3　酒杯的畅销

一家百货商店新进了一批刻花玻璃高脚杯造型的酒具,造型与质量均佳。但不知什么原因,摆上柜台后一直销路不畅,平均每天只能卖出二三套。后来,一位营业员灵机一动,在一套酒具的每个酒杯中都斟满了红色的液体,摆在玻璃柜内,宛如名贵的葡萄酒,使人感到芬芳四溢、满口生津,购买欲望大大加强,结果每天销售量增加到三四十套。实际上,那位营业员只是把三滴红墨水滴在了清水中,然后倒进了酒杯。这里,消费者把酒具与酒以及美好的口感联想为一体,进而增强了对酒具的购买欲。

资料来源:http://www.smesy.gov.cn/assembly/action/browsePage.do? channelID = 1141969327681 & contentID = 1210040951360。

分析:知觉的整体性特征说明对于消费者来说,整体形象的事物比局部的支离破碎的事物更具有吸引力和艺术性。因此,在广告制作时,要把着眼点放在与商品有关的整体上,将商品特色与消费者的生活密切联系,比单纯把注意力集中在商品上,效果更为突出。

(3) 恰当运用错觉。在室内设计中,我们对于错觉的应用非常广泛。在很多情况下,设计师为了让室内产生特殊或更佳的效果,或者是为了改善某种缺陷而利用错觉。例如,利用色彩对比错觉对室内进行装修,可以改善房间低矮、空间小的缺陷;在狭小房屋的墙壁上镶上镜子,从房顶延伸下来,利用镜面反射原理,可以增大房间的纵深感,使整个房间好像增加了一倍的面积;等等。

错觉就像一把双刃剑,一方面我们在探究事物时,要注意排除错觉的影响,使观察得来的事物更加真实可靠;另一方面,要巧妙地运用错觉来为生活提供更多的便利,在产品设计、建设设计、广告设计等方面正确地利用错觉,为广大消费者提供更具艺术性的产品。

2.2　消费者的注意和记忆

消费者对产品进行感觉和知觉后,就会对产品有一定的注意,并产生记忆,这个过程能否顺利实现,是关系到消费者能否产生购买行为的关键,营销人员应该运用多种方式,引起消费者的注意,并对产品产生记忆,达到销售的目的。

2.2.1　注意

注意是指人的心理活动对一定对象的指向和集中,注意的指向性表现出人的心理活动具有选择性。这种选择性不仅表现为选取某种活动和对象,而且表现为心理活动对这些活动和对象的比较长时间的保持。注意的集中性不仅指离开一切与活动对象无关的东西,而且是对干扰的刺激的抑制,以保证注意的对象能得到比较鲜明和清晰的反映。

例如,有一位消费者要参加朋友的一个聚会,临行时发现没有合适的衣服,于是前往商场购买。进入商场后,她就会对琳琅满目的其他商品视而不见,径直走向出售女装的楼层。因此,对她而言,其注意就有明确的指向性和集中性,那就是女装。

1. 注意的分类

注意根据产生和保持有无目的以及是否需要意志努力,可以分为无意注意、有意注意和有意后注意。

(1) 无意注意。无意注意是指没有自觉的目的,也不需要任何意志努力的注意,又称不随意注意。无意注意主要是由周围环境的变化引起的,当周围环境中出现了某种新奇的刺激物,人就自然地把注意指向这种刺激物,并试图认识它,并没有预定目的,自觉性较差,保持时间较短,但在无意注意状态下消耗精力少,不容易疲劳。例如,在闹市中,突然闻到一股特别的香味,大家都会不由自主地寻找香味等。刺激物的强度对于引起无意注意具有重大作用。强烈的刺激物,如强烈的光线、巨大的声响、浓郁的气味,都容易引起无意注意。

无意注意虽然是由外界刺激物引起的,但是也决定于人本身的状态。当刺激物与人的需要、兴趣和态度相同时,就会引起他的无意注意;反之,则不会引起无意注意。人的心境对无意注意也起着很大的作用,它在很大程度上决定着什么刺激物容易引起注意。一个人在精神健旺的状态下最容易对新鲜事物发生注意,注意也能持久。而在过度疲劳的情况下,常常不能觉察到那些在精神健旺时很容易引起注意的事物。

(2) 有意注意。有意注意是指有预定目的并需要意志努力的注意,又称随意注意,是一种高级的注意形式,它不因知觉对象是否强烈、是否新奇及是否有趣而改变。有意注意事先有预定目的,自觉性较好,保持时间较长,但人在有意注意状态下消耗精力多,很容易因疲劳而导致注意分散。例如,消费者想购买裙子,在逛商场的时候就会对自己感兴趣的裙子进行有意注意。

有意注意的集中和保持,即便在有干扰的情况下也是可能的。干扰因素包括外界的刺激物(如分散注意的无关声音、强烈的光线等)、机体的状态(如饥饿、渴等),以及一些无关的思想和情绪等。这些干扰因素有些有助于有意注意的集中和保持,有些则是需要克服的干扰刺激。因此,必须采取一些特别的策略来把注意保持在需要完成活动(任务)所要求的事情上,同时还必须消除或减少外界无关刺激物的影响。对任务的理解和完成任务的愿望对保持有意注意起着重要作用。

(3) 有意后注意。有意后注意是事先有预定目的,但不需要付出意志努力的注意。有意后注意是心理活动对个体认为有意义或有价值的对象的指向与集中,是在一定的条件下由有意注意转化而来的。有意后注意的形成有赖于对活动有浓厚的兴趣和活动的自动化两个条件。有意后注意是一种高级的注意,具有高度的稳定性,是人类从事创造性活动的必要条件。有意后注意先有预定目的,自觉性较好,可以长时间坚持。人在有意后注意状态下消耗精力较少,不容易疲劳,工作效率高。

无意注意、有意注意和有意后注意在实践活动中是紧密联系的。有意注意可以发展为有意后注意,而无意注意在一定条件下也可以转化为有意注意。例如,消费者在逛商场时,发现冰箱正在促销,便打算购买一台,随后便认真观察各种冰箱,这时无意注意便转化为有意注意。

2. 注意的功能

注意对人们的一切活动起着积极的维持和组织作用,使人能够根据外界环境的变化及时调整自己的心理活动以应对各种事情,是有机体对外界环境的同化或顺应。掌握知识的前提条件是注意,如果没有注意,认识就无法深入。注意又是实践活动的必要条件,注意可以提高工作效率,减少差错或事故发生的概率;相反,如果注意度不够,就很有可能发生事故。注意是一种复杂的心理活动,一般来说有以下三种功能:

(1) 选择功能。注意的选择功能是注意的基本功能,是心理活动对一定对象的指向和集中的表现。注意使心理活动选择有意义的、符合当前需要的刺激,排除或抑制那些无意义的、干扰当前活动的刺激,从而使人的心理活动具有一定的方向性。

(2) 保持功能。注意可以保持人们从外界获得的感知信息和从记忆中提取的信息,如果不加注意,这些信息很快就会消失,任何智力操作都无法完成。

(3) 调节和监控功能。在注意状态下,人们可以把自己的行为和目标进行比较,并根据反馈信息相应地调节、监控自己的行为,使之与目标相一致,直至达到目标。有意注意能把活动导向于一定的目标,根据任务把注意适当分配和适时转移。

3. 注意在市场营销中的作用

注意是实践活动的重要心理条件。任何实践活动都需要人们集中注意,这样才能顺利地完成任务。营销人员首先需要准确判断目标客户群,然后根据目标客户群的思维习惯和兴趣偏好,制定能够抓住其眼球和兴趣的营销策略和主打广告语,吸引了目标顾客的注意力,策略就成功了一半。例如,某儿童牙膏将其广告制成儿童爱看的动画片形式,吸引儿童的注意,并促其购买。

案例 2.4　方便面的广告

20 世纪 90 年代初,在方便面的广告大战中,“康师傅”牌方便面以“好吃看得见”一语深入人心。“统一”牌方便面知难而进,以古喻今,广告画面上出现了一位古代戎装勇士,威风凛凛地喊出“统一面”,给人以热烈的情绪感染,取得了初步成绩。这种宣传持续了一段时间以后,统一又推出了与前一广告格调不同的画面:一男一女像拉家常一样,娓娓道出各自喜欢“统一面”的理由,不知不觉中缩短了与消费者的距离。

资料来源:http://www.docin.com/p-298413846.html。

分析:商品广告成功的基础在于能否引起消费者的注意。消费者对广告的注意往往是无意注意,受到刺激以后,引起兴趣,才能转为有意注意。“统一”牌方便面的第一个广告以古喻今,画面新异,引起消费者的兴趣和注意;第二个广告与第一个广告形成对比,使有意注意“统一”牌方便面的消费者进一步注意到新的广告词,加深了消费者对产品的认知。

2.2.2 记忆

1. 记忆的含义

记忆是过去经历过的事物在人脑中的反映。人们过去曾感知过的事物、思考过的问题、做过的事情以及体验过的情感，都可以以影像的形式保留在人的头脑中，在必要的时候可以再现，这个过程就是记忆。记忆与感觉、知觉不同，感觉和知觉是人们对当前直接作用于感官事物的反映，相当于信息的输入，而记忆是对信息的编码、存储和提取。

在消费活动中，消费者看过的广告节目、使用过的商品、光顾过的商店以及与售货员之间的摩擦等，在经历后能够在大脑皮层留下痕迹，随着时间的推移，这些痕迹有些因被强化而保存下来，有些因没被强化或强化不够而趋于减弱、消退。在一定条件的诱发下，那些仍然保持在人的头脑中的痕迹会重新被激活、被再反映。例如，对于小朋友来说，放暑假的时候，父母带他去迪士尼乐园游玩，整个过程会给他留下深刻的印象，以至于多年后还能够回忆起当时的诸多场景。

2. 记忆的作用

记忆在消费者的日常生活中具有十分重要的作用。首先，利用记忆可以帮助消费者更好地决策。消费者在购买决策过程中，能够把过去关于某些产品的知识和体验与现在的购买问题结合起来，从而迅速地作出判断和选择；反之，缺乏记忆或离开记忆的参与，消费者就无法积累和形成经验，就不能形成概念和在此基础上判断和推理，从而无法适应复杂多变的环境，甚至连最简单的消费行为都难以实现。其次，借助记忆，消费者将对产品与服务产生某种预期，形成某些联想，而这些预期、联想会直接影响消费者对产品或服务效用的评价，影响消费者对产品或服务的有用性、有效性、耐用性和安全性等方面的理解。

3. 记忆的分类

(1) 记忆根据内容不同，可以分为形象记忆、词语记忆、情绪记忆和运动记忆。

形象记忆是指以过去感知事物的具体形象为内容的记忆。形象记忆所保持的是事物的感知特征，并具有显著的直观性，它既可以是视觉形象，也可以是听觉的、触觉的或味觉的形象等。例如，某消费者到超市里去购买东西，日后能够想起超市里衣服的颜色、货架的形状、糕点的香味、动听的音乐等，就是形象记忆。

词语记忆是指用词的形式，以概念、判断、推理为内容的记忆，具有概括性、理解性和逻辑性等特点。例如，人们对数学公式、物理定理的记忆等，就是词语记忆。

情绪记忆是指以个体体验过的某种情绪、情感为内容的记忆。例如，消费者去某快餐店用餐，在此过程中对快餐店的饭菜和服务态度感到非常满意和愉悦，在满意的心情主导之下，就会记住这家快餐店。

动作记忆是指以人操作过的动作为内容的记忆。例如，消费者利用互联网终端服务器办理过自助登记手续，之后就会对整个流程有所记忆；通过观看如何烹饪家常菜的电视节目，之后就会对整个制作方法有所记忆。

(2) 根据记忆时意识参与的程度划分，可分为无意记忆和有意记忆。

无意记忆（或内隐记忆）是指在无记忆目的的情况下，个体过去的经验自动对当前活动产生影响的记忆。无意记忆强调信息提取过程的无意识性，消费者对广告等促销信息的记忆，基本上是靠无意记忆完成的。无意记忆广泛存在于人们的各种活动之中。

有意记忆（或外显记忆）是指个体有意识地或主动地收集某些经验来完成当前活动的记忆。有意记忆强调信息提取过程中的有意识性。例如，消费者在实际购物的过程中，需要利用以前的购买知识，及利用自由回忆等方式将记忆中的经验表述出来。

（3）根据信息加工处理的方式划分，可分为陈述性记忆和程序性记忆。

陈述性记忆是指对事实的记忆，其具有明显的可以言传的特征，即在需要的时候可以将记得的事实表述出来。例如，消费者记忆中的哪家商店的面料质量上乘、什么牌子的洗涤剂效果最好、哪个菜贩的蔬菜最为新鲜等信息，需要的时候都可以很轻松地表达出来告诉别人。

程序性记忆是指对具有先后顺序的活动的记忆，主要包括心智技能和动作技能两部分，是经过个体由观察和实际操作习得的记忆，最显著的特点就是不能用言语表达。例如，有些消费者对布料只要用手一摸就知道其质量好坏，对于出售的肉类只要闻闻或者看看也能够知道其是否新鲜，等等，这些技能是经过长时间积累的购买经验，其他人一时半会儿是学不到的，正所谓“只可意会，不可言传”。

4. 艾宾浩斯记忆遗忘曲线

德国有一位著名的心理学家名叫艾宾浩斯（Hermann Ebbinghaus，1850—1909），自1885年他的实验报告发表后，记忆研究就成了心理学中被研究最多的领域之一。艾宾浩斯是发现记忆遗忘规律的第一人，他发明了艾宾浩斯记忆遗忘曲线，如图2.3所示。

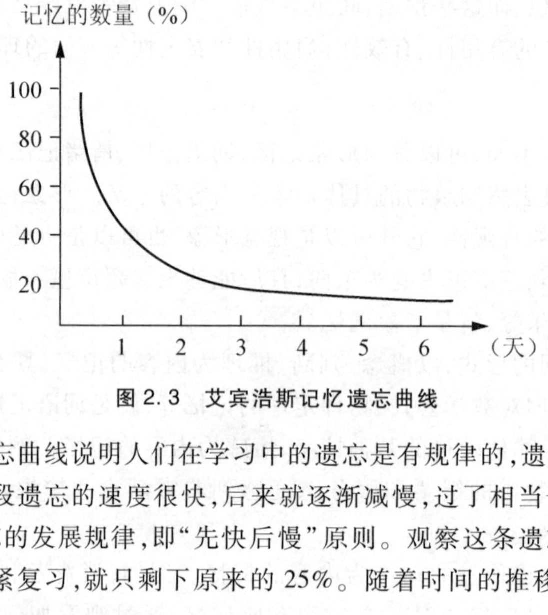

图2.3 艾宾浩斯记忆遗忘曲线

艾宾浩斯记忆遗忘曲线说明人们在学习中的遗忘是有规律的，遗忘的进程不是均衡的，而是在记忆的最初阶段遗忘的速度很快，后来就逐渐减慢，过了相当长的时间后，几乎就不再遗忘了，这就是遗忘的发展规律，即“先快后慢”原则。观察这条遗忘曲线会发现，学到的知识在一天后如不抓紧复习，就只剩下原来的25%。随着时间的推移，遗忘的速度减慢，遗忘的数量也就减少。

小知识

遗忘规律的应用

有人做过一个实验，两组学生学习一段课文，甲组在学习后不久进行一次复习，乙组不予复习，一天后甲组保持98%，乙组保持56%；一周后甲组保持83%，乙组保持33%。

乙组的遗忘平均值比甲组高。为了增强记忆，可以根据艾宾浩斯记忆遗忘曲线制定如下复习点：

第一个记忆周期：5 分钟；

第二个记忆周期：30 分钟；

第三个记忆周期：12 小时；

第四个记忆周期：1 天；

第五个记忆周期：2 天；

第六个记忆周期：4 天；

第七个记忆周期：7 天；

第八个记忆周期：15 天。

资料来源：http://bbs.kaoyan.com/t2274689p1。

5. 如何提高记忆力

记忆力是指识记、保持、再认识和重现客观事物所反映的内容和经验的能力，人的记忆力因人的个体差异不同而有所差别。有些人会因为一些人生经历、心理压力、身心健康等因素而导致记忆力减退，增强记忆力能够增强大脑的活性，所以对人类很重要。

提高记忆力可采取以下方式：

(1) 多咀嚼。根据研究，咀嚼能使血液中的荷尔蒙减少，可防止记忆力衰退。

(2) 唠叨。言语是一种重要的心理宣泄方式，可防止记忆力衰退。

(3) 巧妙饮食。摄取适量的健康油脂可减少血栓的发生，例如橄榄油、鱼油是维持血液正常循环的好选择，含有丰富维生素、矿物质的蔬菜水果也是保持健康的上佳选择。巧妙饮食有助于提高记忆力。

(4) 多玩耍。跳舞、诗朗诵、唱歌等活动能改善健康情况，增加神经突触的数目，增强神经细胞间的信号传导，巩固记忆，激发智力。

(5) 运动健身。记忆力衰退程度取决于脑组织损失的多少和葡萄糖正常水平能否长期保持。锻炼身体可以促进大脑自我更新，长期的心血管运动可以减少由于年龄增长而出现的脑组织损失。美国伊利诺依州厄巴纳大学的研究人员对年龄在 55 岁以上的老人进行了一项调查实验，他们发现一个健康的 74 岁老人的大脑要明显大于一名身体欠佳的同龄老人的大脑。通过节食或健身来减肥可以改善葡萄糖的正常水平，有利于保持良好的记忆力。

(6) 谈谈情愉悦身心。两情相悦的幸福感会使夫妻双方体内分泌激素和乙酰胆碱等物质，有利于增强机体免疫力，延缓大脑衰老。

(7) 科学用脑。在保证营养、积极休息、进行体育锻炼等保养大脑的基础上，科学用脑，防止过度疲劳，保持积极乐观的情绪，能大大提高大脑的工作效率。这是提高记忆力的关键。

(8) 经常回忆。学习时，不断进行尝试回忆，可使记忆的错误得到纠正，遗漏得到弥补，使学习内容记得更牢。

6. 记忆对市场营销的影响

(1) 识记——增强第一印象。识记是个体获得知识和经验的过程,是记忆过程的第一个环节。识记具有选择性的特点,它是在空白的基础上形成印象的环节,也就是对事物的第一印象。由于识记的内容往往带有不随意性、偶然性、片面性和波动性,营销人员应根据消费者的需要,运用具有强烈感染力的方法,将企业的营销信息通过无意识记入消费者的记忆,给消费者留下美好的、深刻的第一印象。识记材料特性的不同也会对消费者的记忆产生不同的效果。市场营销活动中应根据记忆的特性采用令人印象深刻的方式来传递信息,并让消费者接受产品。营销人员可以采用现场互动、有奖问答、体验营销、产品直观展示、与生活贴近的产品推广活动来增强识记效果,宣传方式也可以多样化,如以传单、报纸杂志、电视广告、网络广告、营业推广、关系营销、服务营销等形式,让消费者在消费过程中有一个愉快的心情,增强购买欲望。

(2) 保持——提醒产品存在。保持是知识经验在人脑中贮存和巩固的过程,是记忆过程的第二个环节,它以识记为前提,在回忆和确认中得到证明和体现。但是保持的内容并不是一成不变的,随着时间的推移会发生质和量的变化。根据这一特点,营销人员要利用各种推广方式,让消费者将原有的识记与其他事情联想成为网络,在不同的时间空间中提醒消费者产品的存在,从而达到不被遗忘的效果。

(3) 回忆和再认——保持或扭转形象。回忆和再认是识记和保持的结果,并进一步巩固和加强识记和保持的内容,是记忆的最后一个环节。在这一环节中,营销人员要在消费者记忆的基础上不断提醒企业和产品的存在,广告密度可以有所减少,但不能没有。如果在前一环节给消费者留下的印象很差,那么必须在这一环节采取相应的策略来改变消费者的认识以扭转产品形象。

综上所述,记忆对于市场营销的影响非常之深,营销人员应该把营销活动的中心集中在消费者身上,确立以市场需求为导向的观念,把消费者需求放在市场营销的首位。

2.3 消费者的思维和联想

消费者的购买过程是一个思考的过程,购买前、购买中、购买后均会有一定的思维,购买过程中,联想也必不可少,联想会促使消费者产生购买欲望,并进而形成购买行为。营销人员可以采取广告、公共关系等方式让消费者产生良好的联想和学习行为,有利于其产生购买行为。

2.3.1 消费者思维

1. 思维的概念

思维是消费者的大脑对客观事物概括的、间接的反映,是揭示事物本质特征的理性认识过程,是人们认识活动发展的高级阶段。思维能够揭示事物的本质特征和内部联系,主要表现在概念形成和问题解决的活动中。

思维不同于感觉、知觉和记忆。感觉、知觉是直接接受外界的刺激输入,并对输入的信息进行初级的加工。记忆是对输入的刺激进行编码、储存、提取的过程。而思维则是对输入的刺激进行更深层次的加工,它揭示事物之间的关系,形成概念,并利用概念进行判断、推理、解决人们面临的各种问题。但思维又离不开感觉、知觉、记忆活动所提供的信息。人们只有在大量感性信息的基础上,在记忆的作用下,才能进行推理,作出各种假设,并检验这些假设,进而揭示感觉、知觉、记忆所不能揭示的事物的内在联系和规律。

2. 思维的特征

间接性和概括性是思维的两个主要特征。

所谓间接性,是指通过其他媒介所产生的感知去理解和预见事物的发展,即借助已有的知识经验来理解和把握那些没有直接感知过的,或根本不可能感知到的事物,以及预见和推动事物发展的进程。比如,消费者对某种手机的质量、性能不够了解,但在购买过程中,会根据营业员的介绍及自己对手机品牌的印象、手机的功能,如短信、彩屏、和弦、无线上网、待机时间和通话时间等,进一步了解、认识它的质量和性能。

所谓概括性,是指通过对同一类事物的共同特性、本质特征或事物间规律性的联系来认识事物。概括性包含两重含义:一是把同类事物共同的本质特征抽象出来加以概括。比如,把形状和大小各异但都依靠人力驱动的两轮交通工具称为自行车,把不依靠肌肉收缩力驱动的两轮交通工具称为摩托车;把不依靠肌肉收缩力驱动的四轮以上的交通工具称为汽车;把空中飞行的交通工具称为飞机;把所有可以载人或载物并可移动空间位置的物体称为交通工具或运输工具。二是把多次感知到的事物之间的联系加以概括,找出事物之间的内在联系。比如,把较高的收入与奢侈品消费相联系,把商品粗糙的外观与较次的内在质量相联系,把新奇的广告与销售增长相联系。这种概括性促进了人对客观事物内在规律的认识,也有利于人对客观环境的适应、改造与控制。

思维的间接性与概括性紧密联系,间接性以概括性为前提。例如,消费者能够根据物价的趋势性变动推测市场前景,是因为知道物价变动与市场前景变动之间的因果关系,而这种认识是先由思维的概括性获得的。思维的间接性和概括性可归结为一点,即思维是对客观事物的本质特征或内在联系的反映。

3. 消费者思维的分类

(1) 根据思维的内容划分,可分为直观动作思维、具体形象思维和语词逻辑思维。直观动作思维是指用实际操作来解决直观的、具体的问题。例如,手表不走了,修理工就需要将手表后盖打开,查看手表内的有关部件,直到找到手表不走的原因。这种解决问题的思维就是直观动作思维。这种思维经常被运动员、修理工和幼童使用。

具体形象思维是指借助头脑中的具体形象来解决问题。例如消费者在决定装修房屋时,头脑中会出现若干种装修方案的形象并进行比较分析,以选择最佳方案。具体形象思维常被文学家、艺术家、设计人员使用。

语词逻辑思维是指用抽象的概念、理论知识来解决问题。例如,消费者会运用数学符号和概念来计算自己的购买支出和所得利益,根据所得到的商品信息来进行判断推理等。语词逻辑思维常被哲学家、数学家使用。

(2) 根据思维的创新程度划分,可分为常规性思维和创造性思维。常规性思维也称再造性思维,指人们运用已获得的知识经验,按照现成的方案或程序,用惯常的模式或方法来解决问题的思维方式。例如,车间的生产者习惯于使用固定的机器和方法生产产品,而很少考虑对机器和方法加以改造;家庭主妇习惯于使用通常的配菜和调料,而较少加以更新。常规性思维缺乏新颖性和独创性。

创造性思维是指用新颖独到的方式来解决问题的思维。比如,消费者根据自己的需要提出产品构思或改变产品的用途。例如,有的消费者用洗碗机洗菜,用洗衣机洗红薯;有的消费者根据自己的需要自行设计服装甚至汽车等产品。创造性思维的主要特点是新颖性,有时以灵感的形式表现出来。它是发散思维与聚合思维、直觉思维与分析思维、形象思维与抽象思维等多种思维的综合。

(3) 根据思维探索目标划分,可分为聚合思维和发散思维。聚合思维也称求同思维、集中思维,指把问题所提供的各种信息聚合起来,朝着同一个方向得出一个正确答案的思维。其主要特点是求同。聚合思维是利用已有的知识经验或传统方法解决问题的一种有方向、有范围、有组织、有条理的思维形式。

发散思维也称求异思维、分散思维、辐射思维,指从一个目标出发,沿着各种不同途径去思考、探求多种答案的思维。发散思维的特点是求异与创新。例如,新产品开发中征求消费者的创意,要求消费者想出一切能够保暖的东西,于是棉花、毛皮、毛线、取暖器、空调、火炉、热水器、阳光、太阳能、核能、温泉、柴火、干草、房屋、纺织品等都可能被提出。发散思维不墨守成规,其主要特点是随机应变的变通性、迅速敏捷的流畅性、新颖独到的独特性。

(4) 根据思维有无明确的过程或方法划分,可分为直觉思维和分析思维。直觉思维是一种非逻辑思维,是人脑对于客观事物的内在本质特征直接或突然领悟并做出判断的思维方式。例如,牛顿因为看到苹果落在地上而突然悟到万有引力定律;某工程师因为在冬天感到桌面的玻璃台板太冷而突然萌发了制造电热台板的想法;我国消费者根据国家改革开放政策的深化而预感到经济景气会进一步高涨、自己的收入也会进一步增加;等等。直觉思维是逻辑思维的凝聚或简缩,具有敏捷性、直接性、简缩性和突然性等特点。

分析思维也称逻辑思维,是严格遵守逻辑规律,逐步分析与推导,最后得出合乎逻辑的正确答案或结论的思维方式。例如,理性消费者通常是根据所拿到的资料对同类不同品牌产品的质量、功能、价格、服务等进行详细分析,最后判断哪种产品最好并作出购买决策。

4. 消费者思维过程

人的思维之所以能反映事物的本质和规律,主要是它经历了一系列由浅到深的加工过程。思维的过程主要有分析和综合、比较和分类、抽象和概括、系统化和具体化。

(1) 分析和综合。分析是指在头脑中把事物的整体属性分解为部分。分析是解决一切问题的出发点。通过分析,才能找到解决问题的方法。例如,为了对植物加以认识,可以把植物分解为根、茎、叶、花、果实等部分。

综合是指在头脑中把事物各个部分的属性综合起来,了解它们之间的联系和关系。对一个人的认识,就是通过把他的日常行为表现综合起来,形成对他的整体认识,得出其是好人还是坏人。

分析和综合是相反而又紧密相连的同一思维过程中不可分割的两个方面。首先,没有分析，认识就不深刻；其次，分析是从整体的某一部分开始，从它们的相互关系上来进行分析，只有这样，分析的进行才有可能；最后，综合是在对各个部分的分析基础上实现的，所以分析是综合的基础。任何一种思维活动，既需要分析，也需要综合。

(2) 比较和分类。比较是指在头脑中把各个对象或现象加以对比，确定它们的相同点和不同点。完全不同的事物无法进行比较。只有同类的或者有相似之处的事物才能进行比较。比较的方法主要有纵比和横比。纵比，是指同一事物前后的发展阶段可以进行比较，例如一个学生刚入学时的情况与毕业时的情况可以进行比较；横比，是指将两个及以上有相似之处的对象进行比较，例如两个工厂的效益、两座建筑物的质量等可以进行比较。比较不仅是重要的思维过程，也是重要的思维方法。有比较才能有鉴别，只有通过比较才能找到事物的共同点和不同点，才能正确地确定活动的方向。

分类是指在头脑中根据事物的共同点和不同点，把它们区分为不同种类。

比较是分类的基础。通过比较，了解事物之间的相同点和不同点，根据相同点可以把事物归并为较大的类，根据不同点可以把事物划分为较小的类。这样就能把事物划归有一定从属关系和不同等级的系统中，从而使知识系统化。动物学家按界、门、纲、目、科、属、种的顺序把世界上的动物进行分类，使我们对动物的认识更加深刻和明了。例如“狼”，属于动物界、脊索动物门、哺乳纲、食肉目、猫科、猫属、虎种；“人”，属于动物界、脊索动物门、哺乳纲、灵长目、人科、人属、现代人种。

(3) 抽象和概括。抽象是指在头脑中把事物的共同属性抽取出来。概括是指在头脑中将抽象出来的事物的共同属性综合起来。例如，对各种鸟进行比较后，抽取出“有羽毛”“有翅膀”“是动物”“卵生的”等共同属性，这就是抽象。同时，将鸟的这些共同属性综合起来，从而形成“鸟是有羽毛、有翅膀的卵生的动物”的认识，这就是概括。

抽象和概括是密切联系的，没有抽象就无法进行概括。因为客观事物的属性很多，如果我们不进行抽象，就无法进行概括。同时，抽象又决定于概括，要概括哪些属性，才确定从哪些方面进行抽象。经过抽象和概括，人才能逐步地掌握事物的本质属性。

(4) 系统化和具体化。系统化是指在头脑中把已有的知识分门别类地构成一个层次分明的系统。当对某一知识的认识达到系统化后，才算是真正地掌握了。

具体化是指在头脑中把已概括化的知识用于具体的、个别的场合。也就是说，能够将所学的原理应用于具体的情境之中，解决具体问题。例如，学习了遗忘规律，将此规律应用于平常的复习之中，可以提高自己的记忆效果。

2.3.2　联想

消费者联想是消费者由一种事物想到另一种事物的心理活动过程，是非常重要的心理活动。

消费者联想主要表现为以下几种方式：

(1) 接近联想，又称“时近联想”或“邻近联想”。是指当一个人同时或者先后经历两件事情（某种刺激或者感觉）时，所经历的这两件事情会在人的思想里互相联系、互相结合。当其中一件事情被想起时，另一件事情自然会浮现在脑海中。在美学上，指两个事物在时间上、空间上和经验上相接近，由一个事物的知觉和回忆，会引起对另一个事物的联想，从而产生相应的情绪反应。

案例 2.5　　望梅止渴

有一年夏天,曹操率领部队去讨伐张绣,天气热得出奇,骄阳似火,天上一丝云彩也没有,部队在弯弯曲曲的山道上行走,两边密密的树木和被阳光晒得滚烫的山石,让人透不过气来。到了中午时分,士兵的衣服都湿透了,行军的速度也慢下来,有几个体弱的士兵竟晕倒在路边。

曹操看行军的速度越来越慢,担心贻误战机,心里很是着急。可是,眼下几万人马连水都喝不上,又怎么能加快速度呢?他立刻叫来向导,悄悄问他:"这附近可有水源?"向导摇摇头说:"泉水在山谷的那一边,要绕道过去还有很远的路程。"曹操想了一下说:"不行,时间来不及。"他看了看前边的树林,沉思了一会儿,对向导说:"你什么也别说,我来想办法。"他知道此刻即使下命令要求部队加快速度也无济于事。脑筋一转,办法来了,他一夹马肚子,快速赶到队伍前面,用马鞭指着前方说:"士兵们,我知道前面有一大片梅林,那里的梅子又大又好吃,我们快点赶路,绕过这个山丘就到梅林了!"士兵们一听,仿佛已经将梅子吃到嘴里,精神大振,步伐不由得加快了许多。

资料来源:http://blog.sina.com.cn/s/blog_54e7494a0101a04j.html 厅马的博客。

分析:曹操利用了接近联想,使士兵们听到有梅林,就想到酸酸的味道,口中自然分泌出唾液,起到了止渴的功效。

(2) 类似联想。就是由某一事物或现象想到与它相似的其他事物或现象,进而产生某种新设想。

案例 2.6　　屎壳郎与耕作机

四川省有个人叫姚岩松,他意外地发现屎壳郎能滚动一团比它自身重几十倍的泥土,却拉不动比它自身轻得多的泥土。他曾开过几年拖拉机,他联想到:能不能学一学屎壳郎滚动土块的方法,将拖拉机的犁放在耕作机的前面,而把拖拉机的动力犁放在后面呢?经过实验他设计出了犁耕工作部件前置、单履带行走的微型耕作机,以推动力代替牵引力,突破了传统的结构方式。

资料来源:http://baike.baidu.com/view/2136182.htm。

分析:姚岩松运用了类似联想,将屎壳郎滚动土块的方法联想成拖拉机的结构方式,获得了技术突破。

(3) 对比联想。是指对于性质或特点相反的事物的联想。例如,对比联想是一种选择性泛化,在文艺创作和哲学研究等思维活动中都有比较重要的意义。例如,某饮料广告将广告拍摄的地点选在炎热的沙漠之中,嘴唇干裂的人们在沙漠里艰难地行走,冰镇饮料的出现让人们极度兴奋,产生了良好的广告效果,这就是运用了对比联想的方法。

(4) 因果联想。是由一种事物的经验联想到另一种与它有因果联系的事物。例如,许多企业运用公共关系如捐建希望小学、参加爱心工程等来树立企业形象,这就是利用了因果联想,让消费者一想到这些公益事业就会联想到该企业。

（5）色彩联想。是由商品、广告、购物环境或其他各种条件给消费者提供的色彩感知而联想到其他事物的心理活动过程。色彩联想在人们日常生活消费行为中表现得十分普遍，尤其是在售卖服装、化妆品、工艺品、装饰品以及其他一些需要展示外观的商品时，必然要从商品的色彩上产生相应的联想。

色彩联想包括空间、温度、重量等方面产生的不同联想形式。暖色系会产生空间小的联想，冷色系会产生空间大的联想。由此，当营销人员希望让卖场有温馨、小巧的感觉时，可以选择使用红色、粉红色、橙色等颜色装饰环境；相反，如果想让卖场有扩张的感觉时，可以选择蓝色、淡绿色装饰环境。从色彩联想到温度，是人们比较熟悉的一个现象。色彩分为暖色系和冷色系，这本身的含义就是指色彩可以产生温度方面的联想。

色彩还会给人产生特定事物的联想，这些联想包含了社会生活中的习惯或约定俗成，并通过各种形式将这些色彩联想的约定俗成不断地传播、继承下去，这种联想规律可以称之为色彩的“象征意义”。

（6）音乐联想。音乐作为营业环境中的促销手段，音乐的内容、音响质量会给消费者不同的联想效果。音乐联想主要分为三类：音乐题材联想、音乐内容联想、音响效果联想。

2.4　消费者的情绪和意志

消费者对商品的认识过程，是一个从感性上升到理性、由感觉发展到思维的过程。但到了思维阶段并不是不再需要感知了，认识的感性阶段和理性阶段是相互转化、相互制约并交织在一起的。这个过程是购买的前提。但是，并不是说只要有了认识过程消费者就必然采取购买行为，这中间还需要对积极情绪的促进和推动。

2.4.1　情绪

消费者的情绪和情感都是指对于客观事物是否符合自己的需要而产生的一种态度和内心体验，客观现实中的对象和现象与人们的关系是情绪与情感的源泉。情绪是指与生理需要相联系的短时间内的一种体验，例如喜欢、厌烦、气愤、忧愁等，一般有较明显的外部表现，不太稳定。情感是指与社会性需要相联系的长时间内的一种稳定的体验，例如道德感、理智感、美感等。社会性需要包括社交的需要、精神文化生活的需要等，相对于情绪而言比较稳定，冲动性少，外部表现很不明显。例如，某品牌的汽车质量好，售后服务好，企业经常做各种公益活动，在消费者心目中树立了良好的形象，消费者对它产生了信任情感，当消费者看到该品牌的汽车时，就会因为信任的情感而产生喜欢的情绪，进而购买该汽车，购买后，需要得到满足，喜悦和满意的情绪更加深了信任的情感。

案例 2.7　**买鸟听乡音**

20 世纪 90 年代，港商向内地订购画眉、八哥、百灵鸟的来电来函激增，据说这些鸟是供应台湾市场的。因为很多从内地去台湾的同胞现已年迈，他们孤居宝岛，魂系海峡对岸的亲人，于是把故乡的小鸟当作寄托乡思别愁的对象，买鸟听乡音以聊慰思乡之心。

资料来源：http://max.book118.com/html/2012/0416/1615063.shtm。

分析：这些买鸟的台湾同胞对家乡有着很深的思念之情，这种情绪促使其购买能够为其带来乡音的画眉、八哥、百灵鸟等，在这一购买行为中，情绪起了决定性的作用。

1. 情绪的分类

（1）根据情绪的性质，可以分为快乐、悲哀、愤怒、恐惧、挫折。快乐是指人们在感受外部事物时带给内心的愉悦、安详、平和、满足、稍带兴奋的心理状态。悲哀是指感觉到特别的伤痛。愤怒是指当愿望不能实现或为达到目的的行动受到挫折时引起的一种紧张而不愉快的情绪。恐惧是因为周围有不可预料、不可确定的因素而导致的无所适从的心理或生理的一种强烈反应，是只有人与动物才有的一种特有现象。挫折是指人们在有目的的活动中，遇到无法克服或自以为无法克服的障碍或干扰，使其需要或动机不能得到满足而产生的障碍；心理学指个体有目的的行为受到阻碍而产生的紧张状态与情绪反应。

（2）根据情绪的强度、时间和复杂程度，可以分为心境、激情、热情、应激。心境是一种比较微弱、持久，并具有渲染性的情绪状态。心境的好坏，对于消费者行为具有引导作用。良好的心境能使消费者发挥主动性和积极性，容易引起对商品的美好想象，易导致购买行为。反之，不良的心境会抑制购买欲望，阻碍购买行为。所以，营销人员要创造舒适优雅的购物环境，建立轻松愉快的气氛，以快乐活泼、富有表现力和感染力的状态迎接顾客，将自己乐观的情绪传染给消费者，创造消费者良好的心境，促进其购买行为的产生。

激情持续时间短暂，是一种迅速强烈的爆发，能促使人的某些行为逐渐增强以至情绪紧张，例如狂喜、暴怒、绝望等。激情可以改变消费者的理智状态，左右消费者的消费行为。营销人员可以利用抢购风潮、有奖促销等方式引导消费者产生积极的激情，尽可能地避免对消费者的强烈的不良刺激，削弱消费者的对抗情绪，让消费者愉快地进行购买活动。

热情是一种掌握着人的整个身心，决定一个人思想行为基本方向的、强烈稳固而又深刻的情绪状态。热情虽不如激情强烈，但比激情深刻而持久。它有时虽不如心境那样广泛，但比心境强烈而深刻。热情不仅仅是简单的情绪体验，也是一种情感状态，还是意志行动的组成部分。消费者的热情总是有一定的方向性和目的性。例如，一个热爱音乐的人，为了达到购买钢琴的目的，哪怕省吃俭用，也要如愿以偿。营销人员应想方设法了解消费者的心理、兴趣和爱好，利用各种营销推广手段，唤起消费者的热情，促使其产生购买行为。

应激是由出乎意料的紧张情况所引起的情绪状态，是机体在各种内外环境因素及社会、心理因素刺激时所出现的全身性、非特异性适应反应，又称为应激反应。这些刺激因素称为应激原。应激的最直接表现即精神紧张。应激反应指所有对生物系统导致损耗的非特异性生理、心理反应的总和。

（3）根据情绪的社会内容，可以分为道德感、理智感、美感。道德感是人依据一定的道德需要和规范评价自己和他人的言行时所产生的内心体验，具有明显的社会性和阶级性。同情、反感、眷恋、疏远、尊敬、轻视、感激、爱、憎、背信弃义、同志感、友谊感、爱国主义感、集体主义感等均属于道德感。

理智感是人在理智活动过程中认识、探求和维护真理的需要是否得到满足而产生的主观体验，是与人们认识世界、追求真理的需要及需要的满足相联系的情感体验。对科学探索的好奇心、对研究中未证实结果的怀疑、对科学真理的热爱和追求、对偏见和谬误的鄙视和排斥、幽默感等均属于理智感。

美感是对于美的感受或体会，是在审美活动中，对于美的主观反映、感受、欣赏和评价，它具有时代性、阶级性、民族性和地域性。例如，年轻的消费者对时尚、新潮商品的普遍追求，说明同一群体成员有着近似的美感。

2. 情绪与情感的区别

(1) 引起情绪和情感的需要的性质不同。情绪一般指与机体的天然生理需要和较低级的心理过程相联系的内心体验，如消费者选购某品牌的小轿车时，会对它的颜色、造型、性能、价格等可以感知的外部特征产生积极的情绪体验；情感则与人在历史发展中所产生的社会需要相联系，是指与人的社会性需要和意识紧密联系的内心体验，包括理智感、道德感、审美感等。

(2) 情绪和情感在稳定性上有差别。情绪不稳定，容易受环境的影响；情感相对很稳定。

(3) 情绪和情感是可以转化的。情绪的各种变化都受已形成的情感所制约；情感在变化着的情绪中得到体现。

3. 消费者情绪、情感的作用

情绪和情感促使人们对未来幸福生活的向往，促使人们去进行劳动、斗争。消费者购买商品活动必须要有情绪的加入。一般说来，可分为两个阶段：

(1) 一般感受阶段。即消费者对商品、商店等客观事物在认识的基础上初步形成好或坏的印象，流露出喜欢或不喜欢、满意或不满意的倾向性。

(2) 情绪激化阶段。消费者若对某商品或商店产生良好印象，可以激起其强烈的购买欲望和购买热情。若再受到周围环境的感染或自身情感的促动，可以迅速地发展到采取购买行为。

影响消费者情绪的外部因素包括购物环境、商品、销售服务。情绪与情感对于消费行为的作用有积极的一面，也有消极的一面。由于良好的购物环境、喜爱的商品、优质的销售服务给消费者带来愉快的情绪，会对消费行为产生积极的作用，推动消费行为进行的速度；这种情绪还会增加消费者的勇气，克服购买行为中可能出现的各种困难。相反，如果消费者在购物的过程中，受到不良感受而触发强烈的消极情感，会对消费行为产生消极的作用，拖延或终止消费行为。所以，营销人员要竭尽所能地制造良好的购物环境，提供优质的产品和服务，为消费者创造良好的气氛，使商店的商品、服务和设施有利于激发消费者积极的购买情绪，消除烦躁、厌恶的消极情绪，推动购买活动顺利进行。经验表明，利用公共关系方法在消费者心目中树立企业的良好形象，使消费者能够长久地对该企业抱有良好的情感。

案例 2.8　**拉尔夫·劳伦和他的服装世界**

拉尔夫·劳伦是美国最成功的服装设计师之一，他具有一种独特的处理问题方式。当其他的设计师还在创造产品系列时，劳伦已最先开始设计生活格调，然后通过设计一系列的产品来反映这种格调。他创造了一个浪漫的世界，在那里，英俊、强健的一家人骑马狩猎，用木制球拍在草地上打网球，或是在狩猎途中为进餐而整装。他们穿着有饰章的宽松外衣（休闲装），软麻制作的长裤，在棕榈树海滩观看马球比赛。他们啜饮着法国上等的白兰地，舒适地坐在营地小屋火炉旁的新地毯上。他带来了一个美国生活方式的梦想，并创造了一个拉尔夫·劳伦的世界，他比其他任何人都做得更好！

劳伦从很小的时候就开始留意服装。在22岁时，他去波士顿一家生产领带的工厂工作。他的第一个设计是用4英寸宽的领带来取代当时正流行的2.5英寸宽的窄领带。劳伦选择Polo（马球）作为他产品系列的名称，因为他觉察到这个世界正流行的生活方式是男人们穿着做工精细的古典服装进行优雅的体育运动，并谨慎地保持典雅的姿态。他的创意采用意大利的丝绸面料，标价15美元（是当时同类商品价格的两倍）。他的服装在1967年销售了50万美元，那是他事业成功的起点。

第二年，劳伦开始生产完整的男性系列产品，包括宽领衬衫和大翻领套装。他只使用最好的丝绸来创造"劳伦"形象——独特的、创新的，但同时又是古典和精细的。他的套装选用了常青藤联盟的看起来符合肩部自然曲线的造型和欧洲最讲究的顾客所用的昂贵的丝绸。他的衬衫是全棉的而且样式也很丰富。

过了几年，劳伦针对新的细分市场又创造了一些产品系列。1971年，他推出了一系列的女性服装，表达了一种含蓄的、典雅的女性魅力形象。随后，他创造了Chaps男性服装系列，专为那些想以较低价格表现传统美国形象的企业经理设计。他还为大学生和那些刚开始为自己准备职业装的年轻男性商人引入了Polo University Club系列运动服。1983年，他创造了一系列家庭陈设品，包括床上用品、毛巾、地毯和墙纸等，这个系列在1986年扩展到了家具。劳伦设计的所有家具都反映了一种生活方式，并通过在广告中显示完整而和谐的房间而推向市场。例如，新娘的服装都用乳白色的丝织品显示出浪漫情调，房间里则采用了典雅美丽的白色亚麻和桃木雕刻的家具、编织的柳条、弯曲的藤条。另外，劳伦还生产了两种香水——Polo针对男人，Lauren针对女人。他还销售了一系列手工制作的鞋、长筒靴和鹿皮鞋。

到20世纪80年代末，劳伦在服装界已经有了国际性的声誉，他的Polo服装销售到意大利、日本、加拿大、新加坡、马来西亚、韩国、巴拿马、墨西哥、德国、澳大利亚、比利时、巴西、乌拉圭、新西兰、卢森堡、瑞典、西班牙、英国、法国以及中国的香港和台湾地区，他在全世界都有独立的商店和在百货公司里销售流行服饰的铺面。但是他的新产品陈列室设在纽约。1987年，劳伦将麦迪逊大街上的RhineLander大厦完全改为"劳伦"生活方式的陈列室。他改造这栋五层楼的石灰建筑花了1 400万美金，并为它搭配了手工雕刻的桃木门窗、东方的地毯和精美古朴的家具。房间里陈列着衣服、马鞍、狩猎纪念品、高顶帽和桌球球杆，这个地方使人觉得更像是伦敦的某个俱乐部而不是一个零售商店。

劳伦设计的产品用来反映一种生活方式的主题。他开始设计时就像做游戏似的去设想生活方式，包括描绘其特征和行为，人们在什么地方、如何生活，他们穿什么类型的服装，在这些丰富想象的基础上，他的设计师就为最新的梦幻世界去创造服装（服装产品）和摆设环境（商店的陈设）。

“我只是做我喜爱的事,”劳伦反复强调,“许多人有很好的品位,我则有很多的梦想”。为了梦想成真,他花了极大的心思用在广告和商店陈列上,几乎到了完美的境地。从家具到支架再到体现这些特征的模特,每件东西都被精心地选择以产生一种非常特殊的视觉效果,每个广告和商店陈列品都使人产生一种情绪并唤醒一种生活方式,每个广告都邀请观众来分享并进入劳伦的梦幻世界。

在商店里,他在产品的周围放置了许多迷人的有创造力的饰物,许多饰物是用来促销的。他不会只陈列一件休闲衣或衬衫,而是同时还陈列一堆商品,如古代的抽烟管和镶嵌好的家庭相框,以此构成一幅完整的图画来使人产生创造某种生活方式的情绪。

通过在他的商店和广告中描绘这些情绪、梦想和奇妙的幻想,劳伦提供给消费者一个机会来分享他的梦想:通过购买他仔细装点的产品或许能获取新的身份。没有其他的美国设计师创造了如此广泛的产品、如此庞大的零售网络和如此精确定义的市场形象。到 20 世纪 90 年代初,劳伦的时装帝国的零售额达到了 15 亿美元,是 1981 年的 4 倍。

资料来源:http://wenku.baidu.com/view/613f788f6529647d2728523c.html。

分析:劳伦在他的商店和广告中为消费者描绘了一些生活方式,使消费者对这种生活方式有了向往的情绪,这种情绪就促使其购买此类商品,来满足需要。

2.4.2　意志

意志是人脑所特有的产物,是人的意识的能动作用的表现。在现实生活中,意志品质对消费者的行为方式具有重要作用。

1. 意志的基本特征

(1) 目的性。消费者的意志是在有目的的行动中表现出来的,这个目的是自觉的、有意识的。消费者预先有明确的购买目的,并有计划地根据购买目的去支配和调节自己的购买行动,以期实现购买目的。例如,消费者为了获得一定的技能,就去参加培训,为了筹措学费,他放弃了原来的旅游计划,开始有计划地攒钱来达到目的。

(2) 能动性。消费者的意志行动是有明确的目的,而目的的确定和实现,是会遇到种种困难的。克服困难的过程就是消费者的意志行动过程。例如,消费者在挑选钢琴时,会在几种自己都喜爱的钢琴中作选择。如果喜欢的钢琴超过了自己的购买能力,消费者可能会调整目标,或重新制订购买计划。总之,消费者的意志过程总是与克服困难相联系的。

(3) 调节性。人的行动是由动作组成的,动作有不随意动作和随意动作两种。不随意动作是指无预定目的的动作;随意动作则是指有预定目的、受意识指引的动作,主要是由支配躯体骨骼肌的体神经控制着躯干、四肢的运动。意志是以随意动作为基础的。有了随意动作,人们就可以根据目的组织、支配和调节一系列的动作,实现预定的目的。随意动作是意志行动的必要组成部分,是意志行动的基础。

(4) 持续性。意志一旦形成,便能持续较长一段时间不进行改变。意志具有较强的记忆性,形成后,个体会克服困难来完成意志。一般来说,活动的目的越明确,社会意义越大,则消费者的热情越高，其连续性就越强。连续性的强弱与消费者的个性特征有关，做事虎头蛇尾、三分钟热情的人，其连续性较差，购买活动的效率和成功率均较低。

2. 消费者购买的意志过程

消费者购买的意志过程就是消费者在购买活动中有目的地、自觉地支配和调节自己的行动，克服各种困难，实现既定的购买目标的心理过程。

（1）作出购买决策阶段。任何消费行为都是由一定的需要、动机引起的，但在同一时间或期间内，消费者同时有多种需要，也就会同时产生多种购买动机。对于多数消费者来说，不可能在同一时间内满足所有需要，因而就会产生购买动机的冲突，意志行动的开始阶段就需要作出购买决策，它决定意志行动的方向，规定未来意志行动的轨道。消费者根据需要的重要程度和轻重缓急，确定出最主要的购买动机，进而在牌号、质量、档次、价格等方面作出选择，确定购买对象，制订购买行动计划，保证购买目标的实现。

（2）执行购买决策阶段。这是意志行动的完成阶段，是真正表现意志的中心环节，它不仅要求消费者克服自身的困难，还要排除外部的障碍，为实现购买目的，付出一定的意志努力。

在现实生活中，意志品质对消费者的行为方式具有重要作用。例如，在采取决定购买阶段，有时会发生激烈的思想冲突，主要表现在当消费者购买那些有异于传统观点、习惯，具有强烈时代感的商品时，常要承担很大的风险，即购买这种商品是否会遭到别人的非议。能否冲破传统观念的束缚和社会舆论的压力，常常取决于消费者的勇气和意志，而这与消费者自己的意志品质有直接关系。又如，具有意志果断性的消费者，往往能抓住时机，及时作出购买决策；而缺乏意志果断性的消费者，则通常优柔寡断，缺乏主见，坐失良机。

（3）评价购买决策阶段。这是消费者意志行动过程的最后发展阶段。这个阶段直接影响到消费者今后的购买行为。这是指购买商品后，消费者在消费过程中的自我感觉和社会评价。

案例 2.9　农夫山泉“阳光工程”

农夫山泉“阳光工程”由国家体育总局体育器材装备中心和农夫山泉股份有限公司联合主办，面向贫困地区和基础学校的体育事业。该工程从2001年3月28日起到2008年，其实施方案以年度为单位不断推进。2002年度活动期间，农夫山泉公司继续推出“一瓶水，一分钱”的活动，即每销售一瓶农夫山泉饮用天然水，农夫山泉公司就代表消费者捐出一分钱用于“阳光工程”。届时，农夫山泉公司将购买体育器械，代表消费者捐献给贫困地区的中小学校。这项活动对农夫山泉公司来说投资并不多，但为企业带来的社会效益却很高。

资料来源：http://info.tjkx.com/detail/9063.htm。

分析：农夫山泉公司充分了解意志在消费者购买过程中的作用，利用“阳光工程”在消费者心目中树立关爱贫困地区和基础学校体育事业的形象，使消费者产生并保持喜爱农夫山泉的意志，促使其产生购买行为。

2.5　消费者行为学的应用案例

“佳佳”和“乖乖”的不同命运

“佳佳”和“乖乖”是香脆小点心的商标，曾经相继风靡 20 世纪 70 年代的台湾市场，并掀起过一阵流行热潮，致使同类食品蜂拥而上，多得不胜枚举。然而时至今日，率先上市的佳佳在轰动一时之后销声匿迹了，而竞争对手乖乖却经久不衰。为什么会出现两种截然不同的命运呢？

经考察，佳佳上市前做过周密的准备，并投入巨额的广告申明：销售对象是青少年，尤其是恋爱男女，还包括失恋者，其广告中有一句话是“失恋的人爱吃佳佳”。显然，佳佳把希望寄托在“情人的嘴巴上”，而且做成咖喱味，并采用了大盒包装。乖乖则是以儿童为目标，以甜味与咖喱味抗衡，用廉价的小包装上市，去吸引敏感而又冲动的孩子们的小嘴，叫他们在举手之间吃完，嘴里留有余香。这就促使疼爱孩子们的家长重复购买。为了刺激消费者，乖乖的广告直截了当地说：“吃”“吃得个个笑逐颜开！”。可见，佳佳和乖乖有不同的消费对象，不同大小的包装、不同的口味风格和不同的广告宣传。正是这几个不同，也最终决定了两个竞争者的不同命运。乖乖征服了佳佳，佳佳昙花一现。

资料来源：http://www.doc88.com/p-411726700519.html。

分析：

消费心理研究指出，在购买活动中，不同消费者的不同心理现象，无论是简单的还是复杂的，都需要消费者对商品的认识过程、情感过程和意志过程这三种既相互区别又相互联系、相互促进的心理活动过程。

首先，从消费者心理活动的认识过程来看，消费者购买行为发生的心理基础是对商品已有的认识，但并不是任何商品都能引起消费者的认知的。心理实验证明，商品只有某些属性或总体形象对消费者具有一定强度的刺激以后，才会被选为认知对象。如果刺激达不到强度或超过了感觉阈限的承受度，都不会引起消费者认知系统的兴奋。商品对消费者刺激强弱的影响因素较多。以“佳佳”和“乖乖”为例，商品包装的规格、消费对象的设计、宣传语言的选择均对消费者产生不同程度的刺激。佳佳一是采用大盒包装，消费者对新产品的基本心理定势是“试试看”，面对偌大一包不知底细的食品，消费者颇费踌躇，往往不予问津；二是消费对象限于青少年，又赶走了一批消费者；三是其广告语“失恋的人爱吃佳佳”，又使一部分消费者在“与我无关”的心理驱动下，对佳佳视而不见，充耳不闻。乖乖的设计就颇有吸引力：一是廉价小包装，消费者在“好坏不论，试试再说”的心理指导下，愿意一试，因为量小，即使品尝不佳损失也不大；二是其广告突出了“吃”字，吃得开心，开心地吃，正是消费者满足食欲刺激的兴奋点。两相对比，乖乖以适度、恰当的刺激，引起了消费认知，在市场竞争中，最终击败了佳佳。

其次，从消费心理活动的情感过程来看，通常情况下，消费者完成对商品的认知过程后，具备了购买的可能性，但消费行为的发生，还需要消费者情感过程的参与，积极的情感如喜欢、热爱、愉快等，可以增强消费者的购买欲望；反之，消极的情感如厌恶、反感、失望等，会打消购买欲望。佳佳的口味设计，咖喱的辣味与恋爱中的轻松与甜蜜不太相宜，未免有些扫兴；再加上“失恋的人爱吃佳佳”这种晦气的印象，给人以消极性的情感刺激。因此，它最终败下阵来也就没有什么奇怪的了。

在商品购买心理的认知过程和情感过程这两个阶段，佳佳都未能给消费者造成充分的良性情感刺激度，而乖乖则给人以充分的、积极情绪的心理刺激，大获消费者的青睐。因此，消费者在意志过程的决断中，舍谁取谁，已在不言中了。

模拟实训

【实训目的】

(1) 通过模拟实训，让学生学会利用销售环境影响消费者心理活动，感受不同的布置方法对消费者感觉、知觉、记忆、注意、联想、情绪、意志等方面的影响，体会消费者的心理活动过程对消费行为的影响。

(2) 通过模拟实训，加深对消费者感觉、知觉、记忆、注意、联想、情绪、意志等心理活动的理解。

【实训主题】

销售环境布置。

【实训时间】

本章课堂教学内容结束后的双休日和课余时间，为期三天，或者指导教师另外指定时间。

【背景材料】

“五一”小长假就要到了，校园超市要进行促销活动，请选择一种商品，根据消费者消费过程中的心理活动特点，为这种商品设计销售环境，达到促进销售的目的。

【实训过程设计】

(1) 指导教师布置学生开展实训，组织分组，三人一组；

(2) 学生根据自己的喜好，选择一种商品；

(3) 小组合作运用电脑设计这种商品的销售环境；

(4) 利用多媒体进行现场展示，并说明原因；

(5) 教师和学生对该小组的作品进行评价(能否完成任务 10 分，作品质量 40 分，团队合作 20 分，现场表述 20 分，时间掌握 10 分)；

(6) 小组成员进行现场答疑。

本章小结

本章介绍了消费者的消费心理过程包含的感觉、知觉、记忆、注意、思维、联想、情绪、意志等方面内容，并分析了这些方面的不同影响因素，以及营销人员如何应用营销手段针对消费者的不同心理过程诱导消费者进行消费。认识过程、情绪过程和意志过程在人的心理活动过程中是紧密联系、彼此渗透、相互影响的，是人的同一个心理过程的不同方面。对客观世界的正确认识是人的情感活动和意志活动的基础，良好的情感又能推动人的认识和意志。而坚强的意志则能促使人们深化对活动的认识，也使人的情感服从于人的理智的认识。在消费者的行为活动中，我们可以看到心理活动的认识、情绪、意志这三个过程统一协调、互为作用地影响着消费者的购买活动。

综合练习

一、单项选择题

1. 各种感觉的感受性在一定条件下会出现(　　)。

A. 越来越强现象　　B. 越来越弱现象　　C. 保持原状现象　　D. 此消彼长现象

2. 从对消费者的服务角度看，最直接、最敏感的营销内部环境是(　　)。

A. 辅助营业环境　　B. 办公场所

C. 员工生活休息场所　　D. 商品营业现场

3. 人的基本心理活动和首要的心理功能是(　　)。

A. 认识　　B. 情感　　C. 情绪　　D. 意志

4. 感觉是由对感觉器官的刺激作用引起的(　　)。

A. 客观反应　　B. 主观经验　　C. 变化　　D. 反映

5. 商品广告成功的基础在于(　　)。

A. 商品的包装是否新颖　　B. 广告费用是否合理

C. 商品品质是否优质　　D. 能否引起消费者的注意

6. 如果广告激发了消费者的需要，消费者就会产生积极的情绪，强化(　　)。

A. 经营动机　　B. 购买动机　　C. 销售动机　　D. 行为动机

7. 收入有限的消费者依据自身需要的轻重缓急作出购买决定的意志过程具有(　　)。

A. 目的性　　B. 选择性　　C. 行动性　　D. 决定性

8. 商品名称的首要心理功能是(　　)。

A. 认知功能　　B. 记忆功能　　C. 情感功能　　D. 联想功能

9. 在其他条件相同的情况下，人们的注意程度与广告版面大小之间的关系是(　　)。

A. 正比关系　　B. 反比关系　　C. 不确定关系　　D. 没有关系的

二、多项选择题

1. 消费者的心理过程包括(　　)。

A. 知觉过程　　B. 认识过程　　C. 情感过程　　D. 意志过程

2. 记忆的心理过程包括(　　)。

A. 识记　　B. 保持　　C. 回忆　　D. 再认

3. 引起消费者无意注意的因素包括(　　)。

A. 刺激物的活动性　　B. 与背景反差明显的商品陈列

C. 消费者的心境　　D. 广告

E. 商品包装

4. 下列有关情绪与情感的说法,哪些是正确的(　　)。

A. 情绪等于情感　　B. 情绪是较强的情感

C. 情绪具有较大的情景性、波动性　　D. 情感大多与人的社会需要相联系

5. 注意的功能有(　　)。

A. 选择功能　　B. 保持功能

C. 对活动进行监督功能　　D. 对活动进行调节功能

6. 消费者意志行动过程的特征有(　　)。

A. 有明确的购买目的　　B. 克服困难的过程

C. 有激烈的心理斗争过程　　D. 购买过程

三、问答题

1. 感觉在市场营销中有哪些作用?

2. 知觉在市场营销中有哪些作用?

3. 记忆在市场营销中有哪些作用?

4. 情绪与情感有哪些区别?

四、案例分析题

A品牌餐厅几乎成为全国儿童的乐园。其店内窗明几净,桌椅色彩鲜艳,灯光柔和,儿童游戏区气氛热烈,店内POP广告和背景音乐无不吸引着儿童,这里有好吃的,更有好玩的,还可以举办生日庆祝活动;其金黄色的A标志和笑容可掬的儿童形象大使,更是成为欢乐和美味的象征。

问题:

请运用本章内容对此案例进行分析。

第3章

消费者的需要和购买动机

知识目标

了解消费者需要的含义、特性
了解消费者需要的分类及其基本内容
掌握消费者购买动机的含义、类别及相关理论

能力目标

能运用消费者需要理论对消费者行为进行分析并在营销中加以运用
能根据消费者的不同购买动机制定和调整企业的营销策略

关键概念

需要　购买动机　购买行为

消费者需要是消费者有能力购买并且对某商品有购买欲望；购买动机是由购买欲望引起的，并不代表有能力支付，这个是思想上的；购买行为是实际购买行动，说明消费者已经购买了物品并为此付出了资金。消费者需要与消费者的购买动机和购买行为是息息相关的，具体可由图3.1所示。

由图3.1可知，消费者需要、购买动机、购买行为三者之间具有密切的关系。当消费者产生需要而未得到满足时，会产生一种紧张不安的心理状态，在遇到能够满足需要的目标时，这种紧张的心理状态就会转化为购买动机，推动消费者从事某种活动，去实现目标。目标得以实现就使消费者获得生理或心理上的满足，紧张的心理状态就会消除。这时又会产

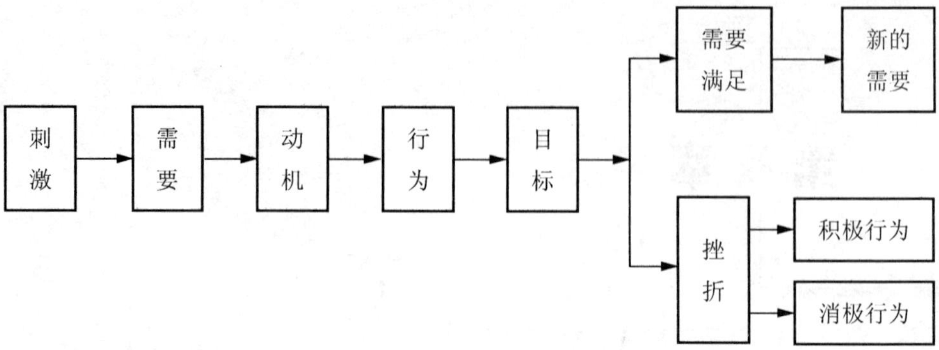

图 3.1 消费者需要、购买动机、购买行为关系图

生新的需要,引起新的动机,指向新的目标。这是一个循环往复、连续不断的过程。由此,消费者的需要是其产生购买动机和购买行为的基础,消费者产生某种需要后,只有当这种需要具有某种特定的目标时,才会产生购买动机,从而成为引起购买行为的直接原因。每个购买动机都可以引起购买行为,但是,在多种购买动机下,只有起主导作用的购买动机才会引起人的购买行为。

3.1 消费者的需要

消费者需要是推动消费者寻找产品,并最终决定销售的首要因素。研究消费者的需要是工商企业经营活动的起点,满足消费者的需要则是工商企业经营的目标。营销人员应准确发现和识别消费者的需要,运用营销手段激发消费者的需要,才能完成销售目标。

3.1.1 消费者需要的含义及特性

1. 消费者需要的含义

需要是指人对某种目标的渴望和欲求,是个体由于缺乏某种物质而产生的内心紧张与周围环境形成某种不平衡的状态,是客观要求在人脑中的反映,是个体积极性的源泉,它推动着人们去从事某种活动。例如,人们吃饭、穿衣,都是为了满足一定的需要。

人的需要是有层次的,当一种需要满足后,又会产生新的需要,因此,人的需要绝不会有被完全满足和终结的时候,正是需要的无限发展性,决定了人类活动的长久性和永恒性。美国心理学家马斯洛于 1943 年在其著作《人类激励理论》中首先提出需要层次论,将人的需要分为五个层次,即生理需要、安全需要、爱与归属需要、尊重需要和自我实现需要。马斯洛需要层次理论认为在上述五个层次的需要中排在前面的需要层次应该首先满足,在低层次的需要得以相对满足后,高层次的需要才可能出现,如图 3.2 所示。

消费者需要是指消费者为了实现自己生存、享受和发展的要求所产生的获得各种消费资料(包括服务)的欲望和意愿。消费需要包含在人类一般需要之中,体现为消费者对以商品和劳务形式存在的消费品(消费资料)的直接需要。消费者行为不仅来源于人类一般需要,并且带有消费需求的基本特征。消费需要及其满足程度取决于生产力发展水平。生产

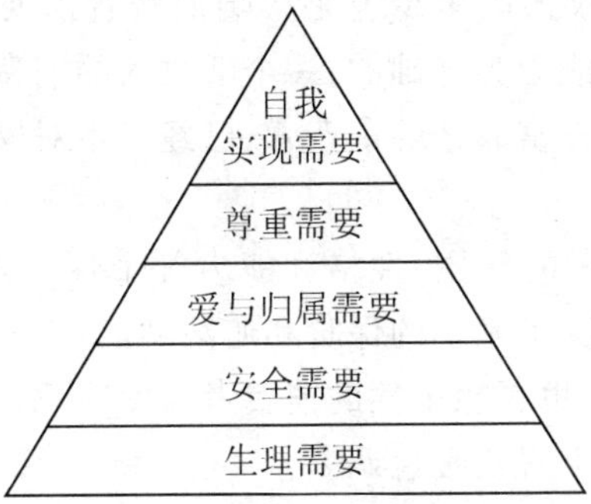

图 3.2　马斯洛需求层次理论

没有发展到某种程度，不仅某些需要不可能得到满足，甚至不可能产生。例如，在封建社会，不可能出现对电视等现代消费品的需要。

消费需要按其种类，可分为物质生活需要和文化生活需要。所谓物质生活需要，是指人们的吃、穿、住、用、行等方面的生活需要。所谓文化生活需要，是指人们对教育、学习以及科学、艺术、新闻、出版、体育、旅游、娱乐等方面的需要。

消费者需要虽然是人类活动的原动力，但它并不总是处于唤醒状态。只有当消费者的匮乏感达到了某种迫切程度，需要才会被激发，并促使消费者有所行动。例如，消费者都有住上更宽敞住宅的需要，但受生活水平和经济条件的制约，这种需要大都只是潜伏在消费者心底，没有被唤醒，或没有被充分意识到，此时，这种潜在的需要或非主导的需要对消费者行为的影响力自然就比较微弱。消费者需要一经唤醒，可以促使消费者为消除匮乏感和不平衡状态采取行动，但它并不具有对具体行为的定向作用。例如，消费者饥饿时，产生了对食品的消费需求，但对具体由哪种食品满足其需要没有定向，还需要受很多外界因素的影响。

2. 消费者需要的产生

消费者需要的产生必须具备不足之感和求足之愿两个前提条件。消费者的需要受到许多因素的影响，除了消费者自身的因素之外，还有许多客观因素，这些主客观因素综合地影响着消费者在购买活动中的需求心理。

(1) 消费者自身因素。不同消费者由于自身条件的不一样，往往需求差异很大。这些因素有：

① 年龄因素。年龄因素对消费需求的影响很大，婴幼儿、青少年、中年和老年对消费品均有不同的需要和指向。例如，婴幼儿需要安全、无刺激的服装，青少年需要有时尚感的服装，中年人需要有质感、有品位的服装，而老年人需要穿着舒适的服装。

② 性别因素。消费者性别差异也会带来需要的不同。男女消费者对某些商品的需求是有区别的，由于妇女的特殊需要，很多地方设立了妇女用品专卖商店或柜台；而男性消费者对某些商品的需求，女性就没有。

③ 文化和职业因素。不同文化水平的消费者在购买中表现出不同的情趣和审美标准；不同职业的消费者，由于教育程度、生活与工作条件不同，对商品的式样、设计、包装、质量、数量等需要也不尽相同。例如，白领人群对服装要求时尚、职业、大方，而蓝领人群对服装要求舒服、宽松，以便于工作。

④ 个人经济因素。个人收入的多少也是影响消费者需要的重要因素。在商品经济条件下,实现消费需要是以购买能力为基础的,一个低收入的消费者对于高级昂贵的消费品是不敢问津的。在我国,一部分先富起来的消费者,已经产生对摩托车、小汽车、高级住宅的消费需要。

⑤ 个性心理因素。消费者的气质、性格和能力等个性心理特征,则是消费者需求差别的主要心理基础。例如,服装除了基本的保暖和遮蔽功能,更重要的是满足消费者的个性心理需要,具有安详、冷静和好沉思冥想个性的消费者偏爱冷色调的服饰,天性活泼好动、富于情感、热情而急躁的消费者则更喜欢暖色调。

(2) 客观因素。这些客观因素包括:

① 社会因素。消费者需要的内容和满足需要的方式,都受到当时的社会生产力水平和生活条件的制约。只有生产出某种产品,消费者的消费需要才能逐步产生,否则,就没有相应的消费需求。不同的生产力水平形成不同的产品门类、品种、数量和质量,人们的消费需要也不断变化。例如,当电风扇刚面世的时候,人们只是产生对电风扇的消费需求;当技术进步以后,五颜六色、各种功能的电风扇进入市场,消费者的消费需求也在发生变化。

案例 3.1　老太太买房

一个中国老太太与一个美国老太太去见上帝,上帝问她们生前最后实现的人生目标是什么,美国老太太说,她生前正好把年轻时分期付款购房的最后一期房款交完了;中国老太太说,她生前刚刚用积攒了一生的储蓄买了一套属于自己的房子。

资料来源:http://wenku.baidu.com/view/78ef5303a6c30c2259019ef2.html。

分析:社会文化对消费观念有很大的影响,每个人从出生之时就开始接受周围文化的教育和熏陶,并逐步建立起与之相适应的价值观念和行为规范。本案例中,中国老太太主张先苦后甜,习惯于积蓄资财以养老或应付不测,这是中国人的传统观念;而美国老太太受她所在的社会影响,主张享受现在,不认为积蓄很重要。

② 地区因素。不同地区的消费者由于特定的自然条件、生产力水平、历史文化传统等因素形成了许多不同的消费习惯,构成了不同的消费需求。例如,对饮食的消费需求,有南甜北咸、西辣东鲜之分。

③ 人际因素。任何消费者都不可能孤立地存在,都会或深或浅地与他人发生联系,产生交流,互相影响。当消费者认为别人的消费习惯、方式比自己先进、优越时,就可能吸收和采纳,逐步变成自己的消费需要。例如,很多少数民族长期以来受汉族影响,消费习惯、消费方式已逐步向汉族靠拢,穿汉族服装、吃汉族食品。

④ 宗教因素。由于宗教信仰和所属民族不同,消费者的需要在婚丧、服饰、饮食、居住、节日、礼仪等物质和文化生活上各有自己的特点,这些都影响着他们消费需求的形成。例如,中国的豆制品、面筋制品及素食烹调技术的发展与佛教徒主张吃素的饮食习惯有关。

⑤ 家庭因素。家庭是一个消费单位,家庭的经济状况及家庭人口的多少都直接制约着消费者的需求水平和需求结构。例如近年来,家庭小型化的特点越来越突出,对很多日用品

的消费需求就变成了对小包装的需要。

案例 3.2　兔王遇到的难题

南山坡住着一群兔子。在蓝眼睛兔王的精心管理下，兔子们过得丰衣足食，其乐融融。可是最近一段时间，外出寻找食物的兔子带回来的食物越来越少。为什么呢？兔王发现，原来是一部分兔子在偷懒。

(1) 奖励的必要。兔王发现，那些偷懒的兔子不仅自己怠工，对其他的兔子也造成了消极的影响。那些不偷懒的兔子认为，既然干多干少一个样，那还干个什么劲呢？也一个个地跟着偷起懒来。于是，兔王决心要改变这种状况，宣布谁表现好谁就可以得到他特别奖励的胡萝卜。

(2) 随意奖励，激起不满。一只小灰兔得到了兔王奖励的第一根胡萝卜，这件事在整个兔群中引起了轩然大波。兔王没想到反应如此强烈，而且居然是适得其反的效果。有几只老兔子前来找他谈话，数落小灰兔的种种不是，质问兔王凭什么奖励小灰兔？兔王说："我认为小灰兔的工作表现不错。如果你们也能积极表现，自然也会得到奖励。"

(3) 兔子们学会了变脸。于是，兔子们发现了获取奖励的秘诀。几乎所有的兔子都认为，只要善于在兔王面前表现自己，就能得到奖励的胡萝卜。那些老实的兔子因为不善于表现，总是吃闷亏。于是，日子一长，在兔群中竟然盛行起一种变脸式(当面一套背后一套)的工作作风。许多兔子都在想方设法地讨兔王的欢心，甚至不惜弄虚作假。兔子们勤劳朴实的优良传统遭到了严重打击。

(4) 有规矩才能成方圆。为了改变兔子们弄虚作假的工作作风，兔王在老兔子们的帮助下，制定了一套有据可依的奖励办法。这个办法规定，兔子们采集回来的食物必须经过验收，然后可以按照完成的数量得到奖励。一时间，兔子们的工作效率为之一变，食物的库存量大有提高。

(5) 注意奖励制度的改革。兔王没有得意多久，兔子们的工作效率在盛极一时之后，很快就陷入了每况愈下的困境。兔王感到奇怪，仔细一调查，原来在兔群附近的食物源早已被过度开采，却没有谁愿意主动去寻找新的食物源。

有一只长耳兔指责兔王唯数量论，助长了一种短期行为的功利主义思想，不利于培养那些真正有益于兔群长期发展的行为动机。

(6) 当规矩被破坏之后。兔王觉得长耳兔说得很有道理。有一天，小灰兔素素没能完成当天的任务，它的好朋友都都主动把自己采集的蘑菇送给它。兔王听说了这件事，对都都助人为乐的品德非常赞赏。

过了两天，兔王在仓库门口刚好碰到了都都，一高兴就给了都都双倍的奖励。此例一开，变脸游戏又重新风靡起来。大家都变着法子讨好兔王，不会讨好的就找着兔王吵闹，弄得兔王坐卧不宁、烦躁不安。有的说："凭什么我干得多，得到的奖励却比都都少？"有的说："我这一次干得多，得到的却比上一次少，这也太不公平了吧？"

(7) 胡萝卜也会失去激励作用。时间一长，情况愈演愈烈，如果没有高额的奖励，谁也不愿意去劳动。可是，如果没有人工作，大家的食物从哪里来呢？兔王万般无奈，宣布凡是愿意为兔群作贡献的志愿者，可以立即领到一大筐胡萝卜。布告一出，报名应征者好不踊跃。兔王心想,重赏之下,果然有勇夫。

谁也没有料到,那些报名的兔子之中居然没有一个如期完成任务。兔王气急败坏,跑去责备它们。它们异口同声地说:“这不能怨我呀,兔王。既然胡萝卜已经到手,谁还有心思去干活呢?”

资料来源:http://www.dianliang.com/manage/201204/manage_208915.html。

分析:每个人的需求都会随着外部条件的改变而改变,永远都不能只用一种方法满足需求,要根据个体因素及环境变化来随时调整,最大限度地满足需求。

---

3. 消费者需要的基本特征

(1) 多样性和差异性。由于不同消费者在年龄因素,性别因素,文化和职业因素,个人经济因素,个性心理因素,社会、地区、人际、宗教、家庭等方面存在不同程度的差异,消费者心理需求的对象与满足方式也是纷繁复杂的。例如,我国人多地广,消费习惯多种多样。以吃来说,处于牧区的蒙古族、维吾尔族、藏族等习惯食奶制品,如奶豆腐、奶干、奶酪、酸奶等,品种十分丰富。回族出于信仰的原因,忌食猪肉。西北地区主要以面食为主,江南地区以米饭为主,东北地区的居民习惯食豆类、面类。

营销人员面对消费者千差万别、多种多样的需要,应根据市场信息和企业能力,确定市场目标,尽可能向消费者提供丰富多彩的商品类型。以“百货迎百客”、巧调众口,同时重视倡导符合国情、文明健康的消费观念和消费形式,消费者需要的多样性才有可能满足。

(2) 层次性和发展性。消费者需要的内容,从静态分布上看是多样化的,从动态观点上看就是由低到高、由简到繁、不断向前推进的过程,具有层次性和发展性。随着市场经济的发展和生活水平的提高,消费者需要会不断地产生新的对象,消费者的某项需要一旦被满足以后,就不再受该项需要激励因素的影响,而渴望并谋求其他更高一级的需要,并不断向新的需要发展,永无止境。

案例 3.3　中国的“三大件”

20 世纪 70 年代,中国百姓将手表、自行车、缝纫机视为家庭“三大件”;跨入 80 年代,新的“三大件”——彩电、冰箱、洗衣机给我们的生活带来了又一个惊喜;到了 90 年代,中国人注重提高生活质量,此时的“三大件”又是什么呢?有人概括为空调、电脑、电话,有人说是私人住宅、小轿车和现代通信设备,更多的人则认为,今日中国人消费走向了多元化,很难再对“三大件”作出一致的判定。回顾家庭耐用消费品发展变化的轨迹,我们可以看到这样一个事实:短短 30 年间,中国城镇家庭消费走完了由“旧三件”到“新三件”的历程,正在全力追求更有质量和品味的生活。“三大件”这种烙有时代印痕的俗称也会从人们的记忆中消失。

资料来源:http://www.yeewe.com/w/%CF%FB%B7%D1%D0%E8%D2%AA。

分析:随着生活水平的提高,中国消费者的消费需求呈现了典型的层次性,由“旧三件”发展到“新三件”,以后还会发生变化,这就说明一旦消费者的某项需要得到满足后,就会转向更高一级的需要,不断发展。

需要的发展,与客观现实刺激的变化有很大的关系,社会经济与政治体制的变革、道德风尚的变化、生活或工作环境的变迁,乃至宣传广告的改变,都可以促使消费者产生需要的转移和变化。企业在生产经营中必须以消费者需求发展的程度和趋势为标准,提供性能更好、质量更高、成本更低和用途更多的商品。如果商品的款式和功能,几年、十几年甚至几十年一贯制,就会跟不上消费者需要的发展,被市场所淘汰。

---

(3) 伸缩性和周期性。消费者需要的伸缩性表现在高低层次、多寡项目和强弱程度上,是人们用于解决"需要冲突"的适应性行为,集中体现在精神产品上。当客观条件限制了需要的满足时,需要可以抑制、转化、降级,可以滞留在某一水平上,也可以是以某种可能的方式同时或部分地兼顾满足几种不同性质的需要。在有些情况下,人们还会为满足某一种需要而放弃其他需要。例如,辛勤工作的白领,为了能有良好的业绩,放弃了看电影、看电视、读小说、打球及休息的需要。

企业在进行生产和经营时,要从消费者当前的实际消费水平和民族消费历史、消费习惯的特点出发,注意将满足物质需要和精神需要两方面有机地结合起来。

当消费者的某种需要获得满足后,在一定时间内不再产生需要,但过一段时间后这种需要还会重新出现,显示出周期性的特点,它集中体现在物质产品上。这种周期性不是简单地重复,而是不断翻新地重复,例如,皮鞋总是在方头、圆头、尖头,以及平跟、中跟、高跟之间翻来覆去变换花样。这种周期性与生物有机体的功能及自然界环境变化的周期相适应,也同商品寿命、社会风尚、购买习惯、工作与闲暇时间、固定收入获得时间等相关联。例如,许多商品的销售淡旺是由自然季节决定的;商店业务忙闲与消费者的工作日、发薪日相关并形成周期;服装流行周期与社会风尚变化相呼应;等等。企业可以根据消费者需要周期性的特点,安排好包括商品种类、销售时间、销售方式、销售对象及销售地点等在内的产、供、购、销、调、存一系列环节的工作。

(4) 可变性和可诱导性。消费者需要受到周围环境、社会风气、人际交流、宣传教育、文学艺术等因素的影响,会由一种需要转向另一种需要,由潜在需要变为现实需要,由微弱欲望发展成强烈欲望。因此,消费者的需要具有可变性和可诱导性。例如,一句成功的广告语会让一种商品一夜之间家喻户晓,一部电影能使某种时尚风靡世界,一个科普节目会改变消费者的消费习惯等。

企业在满足消费者需要的基础上,要启发和诱导消费者的需要,即通过各种有效的途径,用科学的价值观、幸福观、消费观引导消费者需要的发展变化,使其愈益合理化,使物质消费与精神消费协调统一,逐步达到消费结构和需求结构的优化。例如,国家和企业共同倡导绿色食品,引导消费者产生对绿色食品的消费需要,进而增加绿色食品的消费。

(5) 时代性和阶段性。消费者需要还会受时代风气、环境的影响,多数消费者不甘落后于时代,会随周围环境变化而变化,呈现出时代性和阶段性。例如,20世纪70年代,中国与苏联关系密切,苏联姑娘习惯穿的布拉吉(连衣裙)在中国极为流行;80年代,牛仔裤、旅游鞋传入中国,迅速影响我国人民的消费习惯;90年代,韩版的服饰大受国人追捧;2000年以后,西装、套装成为标准职业装。

企业在生产和销售产品时,要根据时代特点满足消费者追求时尚的心理需要,运用多种促销方法引导时代潮流。

3.1.2 消费者需要的种类

消费者需要直接或间接地表现在购买活动之中，影响其购买行为。消费者在购买活动中，其心理需要主要有以下几种：

(1) 习俗心理需要。由于消费者的地理、气候、人种、民族、宗教、信仰、历史、文化、传统、观念不同，会引起消费者不同的习俗心理需要。例如，南方人和北方人洗脸方式差别较大，大多数北方人洗脸时，先将双手浸入水中，把脸抹湿，再抹上洁面乳或者香皂，然后用手捧水把脸洗净，最后用毛巾把脸擦干；南方人则喜欢先把毛巾在水里浸湿，绞干之后再擦脸。这两种不同的洗脸方式，要求毛巾生产企业生产和销售的毛巾要有所差异，卖到北方的毛巾要求厚实、吸水性能好，卖到南方的毛巾要求质感柔软、大小适中、便于绞干。

(2) 同步心理需要。消费者需要会受一定时期的消费潮流、风气、消费习惯和心理以及消费者之间的互相仿效的影响，邻居间、同事间、亲友间有意无意地会产生一定的攀比现象，这种心理不一定健康合理，但却是一种客观存在的事实。消费者通常会产生欲求迎合某种流行风气或与群体中大部分成员保持一致的心理，这在消费者行为中被称为同步心理需求。

(3) 优越心理需要。消费者在社会交往中，有尊重需要，所以在消费时，希望别人肯定和赞美自己的支付能力、审美能力、挑选能力，形成了不甘落后、争强好胜、显示其超过常人的购买条件与能力的优越心理需要。例如，消费者在选购汽车时，身边的人都购买10万元左右的汽车，自己如果购买便宜的会被别人看不起，所以会购买相同价位甚至更昂贵的汽车。

(4) 趋美心理需要。对商品美感的追求，是自古以来就普遍存在的消费需求。随着社会生产的不断发展，消费者对商品美感的渴求之心也愈来愈盛。例如，消费者愿意省吃俭用购买钻石、珠宝等装饰品。

(5) 便利心理需要。在购买日用消费品时，消费者都希望能获得方便、快捷的服务，还要求商品便于携带、使用简便、维修方便等。由此，企业要生产出给消费者提供方便的产品、提供让消费者便利的服务。例如，"一拉得""一挂得"解除了消费者打领带的麻烦；"傻瓜"照相机的出现省去了调节光圈、速度的麻烦，使照相变得很简单。

案例 3.4　遥控器的发明

波利1915年11月29日出生于美国芝加哥，由母亲一手带大。1935年，为帮母亲分担大萧条时期的经济压力，他在当时的齐尼思电子设备公司找到一份工作。

20世纪四五十年代，电视逐渐在美国流行。那时，换台成了困扰不少人的麻烦事。每次换台时，人们都得离开椅子，走到电视前，用手转动旋钮或按按键。

1950年，齐尼思公司推出一款名为"懒骨头"的产品。这款产品其实就是把一根绳子与电视旋钮连接起来，让人们不必起身就能换台。但是不少人用过后发现，电视上系一根绳子会造成安全隐患，使用时的姿势也颇为不雅。

齐尼思公司创始人要求员工集思广益，制造出更好的产品。1955年，波利设计的无线遥控器上市。这种遥控器利用光线，向位于电视机四角的接收器传送信号。四角的功能各不相同，有的负责调节换台，有的负责调节音量，还有的负责开关电视。

资料来源：http://www.morningpost.com.cn/xwzx/guoji/2012-05-24/415809.shtml。

分析：遥控器的发明满足了消费者的便利心理需要，解除了起身换台的麻烦，受到消费者的喜爱。

---

(6) 选价心理需要。商品价格是消费者购买活动中最重要、最敏感的因素，消费者购买活动的心理活动与价格相关。消费者总希望付出较少的货币，获得较大的物质利益，即通常对商品所要求的物美价廉、经济实惠。

(7) 惠顾心理需要。消费者由于长期使用的习惯或对某个商店、某个商品产生特殊的好感，在购买和消费时往往不假思索地、习惯性地选择某产地、某企业、某品牌的商品，或长期到某个值得信赖的商店购买，这是出于感情上与理智上的惠顾心理需要。

(8) 新奇心理需要。消费者对构造奇特、式样新颖，或富有科学趣味、别开生面的商品，会自然产生一种新奇的感觉，希望能亲自试用，满足对消费品求新求异的欲望，以此增添生活的情趣。

(9) 偏好心理需要。有些消费者由于受习惯爱好、学识修养、职业特点、生活环境等因素影响，会对某类商品产生稳定、持续的追求与偏爱。例如，有些消费者对集邮、收藏、钓鱼等特别爱好，就会经常关注、反复购买此类商品。

(10) 求名心理需要。名牌商品是知名度高、信誉好的商品，是通过市场检验、消费者认可的商品。对名牌商品的信任与追求，对著名商标的忠实感，是不少消费者存在的一种心理需要。

上述心理需要，构成消费者的不同购买动机。熟悉和掌握消费者的心理需要，对于了解社会消费现象，预测消费趋向，以及促进营销活动起到非常重要的作用。

案例 3.5　华联商厦的展销厅

位于上海南京东路上的“华联商厦”，在二楼服装商场内专门开辟了一个面积为108平方米的展销厅。在这个展销厅内，一周一换的展销服装，一般都是提早一季的时装产品，投石问路，试试消费者的喜好和需要，等到旺季到来，便能有的放矢地组织货源、做足生意。这个服装商场正是靠这种消费趋势预测，使它的服装年销售额在2010年突破了1亿元的大关。

资料来源：http://jk.rednet.cn/xljk/xfxlx/2012051447652.html。

分析：需要是决定销售和消费的力量。熟悉和掌握消费者的心理需要，对于了解社会消费现象，预测消费趋势，以便在商品生产和商品经营中进行精心的商品设计和周到的销售服务是非常重要的。

3.1.3 消费者需要的基本内容和发展趋势

1. 消费者需要的基本内容

（1）对商品基本功能的需要。基本功能是指商品能满足人们某种需要的物质属性，即商品的有用性，它是消费者需要的基本内容。商品能成为消费对象的首要条件是要具备满足人们特定需要的功能，如果不具备特定功能，即使商品质量优良、外形美观、价格低廉，消费者也难以产生购买欲望。例如，小汽车如果不能灵活驾驶，即使外形出众、色彩漂亮、价格超低也不能引起消费者的购买欲望。

（2）对商品质量性能的需要。质量性能是消费者对商品基本功能达到满意或完善程度的要求，通常以一定的技术性能指标来反映。消费者评价商品质量时要考虑价格和有用性两个因素，即商品的性价比。例如两种冰箱，一种在容量、耗电量、噪音等技术指标方面均逊于另一种，但后者的价格远高于前者，因而对于中低收入、单身或人口少的家庭的消费者来说更有吸引力。

（3）对商品安全性能的需要。消费者要求所使用的商品卫生洁净、安全可靠，不危害身体健康。这种需要通常发生在对食品、药品、卫生用品、家用电器、化妆品、洗涤用品等商品的购买和使用中，是人类对安全的基本需要在消费需要中的体现。

案例 3.6　染色馒头

染色馒头是通过回收馒头再加上着色剂做出来的。2011 年 4 月初，《消费主张》节目指出，在上海市浦东区的一些华联超市和联华超市的主食专柜都在销售上海盛禄食品有限公司生产的三种馒头：高庄馒头、玉米馒头和黑米馒头。这些染色馒头的生产日期随便更改，食用过多会对人体造成伤害，受到全国各界的普遍关注。

前国务院总理温家宝在同国务院参事和中央文史研究馆馆员座谈时说，近年来相继发生“毒奶粉”“瘦肉精”“地沟油”“染色馒头”等事件，这些恶性的食品安全事件足以表明，诚信的缺失、道德的滑坡已经到了何等严重的地步。温总理在讲话中强调，要注重对社会转型期道德文化建设的研究。

资料来源：http://baike.baidu.com/view/5532602.htm。

分析：消费者需要安全健康的商品，然而有很多商品存在各种安全隐患，尤其是食品，社会中流传着“生产什么，自己不吃什么”的说法，试想：自己生产的食品自己都不敢吃，怎么能让消费者信赖？企业出现这种现象不单纯是道德问题，更是关系社会安全的大问题。

（4）对商品便利的需要。消费者在使用商品时，希望商品的使用方法简单易学、操作容易、携带方便、便于维修。所以，有些商品虽然具有良好的性能、质量，但由于操作复杂，不易掌握或不便携带，存在维修困难而不受消费者欢迎。

在购买过程中，消费者希望以最少的时间、最近的距离、最快的方式购买到所需商品。同类商品，质量、价格几近相同，其中购买条件便利者往往会成为消费者首先选择的对象。近年来，随着网络技术的发展，网上贸易以传统购物方式无法比拟的便利、快捷、零距离优势，正在越来越多地受到消费者的青睐。

案例3.7　光棍节

"双十一"即指每年的11月11日，由于日期特殊，因此又被称为"光棍节"。大型的电子商务网站一般会利用这一天来进行一些大规模的打折促销活动，以提高销售额度。2010年11月11日前后，发生了中国互联网历史上最大规模的商业活动：在淘宝上，众多商家推出5折优惠促销活动。2012年"11·11购物狂欢节"总销售额达191亿元，其中天猫132亿元、淘宝59亿元！

资料来源：http://baike.baidu.com/view/6699158.htm。

分析：随着互联网络的发展，消费者会越来越青睐网上购物。网上购物为消费者节约了大量的学习、选择、比较的时间，并免去逛街、搬运的麻烦，满足了消费者对商品便利的需要，会发展成为未来购物的主流方式。

(5) 对商品审美功能的需要。对商品审美功能的需要是指消费者对商品在工艺设计、造型、色彩、装潢、整体风格等方面审美价值上的需要，是一种持久性、普遍存在的心理需要。消费者通过商品消费，一方面美化环境，为自己创造优雅怡人的生活空间；另一方面美化自身，塑造富有魅力、令人喜爱的个人形象。消费者的审美标准往往不尽相同，每个消费者都是按照自己的审美观来认识和评价商品，因而对同一商品，不同的消费者会得出完全不同的审美结论。

(6) 对商品情感功能的需要。情感需要是消费者心理活动过程中的情感过程在消费需要中的独立表现，也是人类所共有的爱与归属、人际交往等基本需要在消费活动中的具体体现。消费者在购买商品时，希望商品蕴涵深厚的感情色彩，能外现个人的情绪状态，并通过购买和使用商品获得情感上的补偿、追求和寄托。例如，在欢乐愉悦的心境下，往往喜爱明快热烈的商品色彩；在压抑沉痛的情绪状态中，经常倾向于暗淡冷僻的商品色调。

消费者对亲情、友情、爱情、归属等情感具有强烈需要，这种需要主要通过人与人之间的交往沟通得到满足。例如，鲜花、礼品等商品，能够外现某种情感，因而成为人际交往的媒介和媒体，起到传递和沟通感情、促进情感交流的作用。

(7) 对商品社会象征性的需要。消费者购买、拥有某些商品是由于他能显示出自身的某些社会特性(身份、地位、财富、尊严等)，从而获得心理上的满足，是高层次社会性需要在消费活动中的体现。例如，消费者购买路虎等高档汽车大都是向别人显示自己的身份、地位，由此获得别人的尊重。

(8) 对良好服务的需要。消费者希望在购买和使用商品的全过程中享受到良好、完善的服务。良好的服务能使消费者获得尊重、情感交流、个人价值认定等多方面的心理满足。消费者支付货币所购买的已不仅仅是商品实体，同时还购买了与商品相关的服务，其中包括售前、售中、售后服务。从某种程度上说，服务质量的优劣已成为消费者选择购买商品的主要依据。

2. 消费者需要的发展趋势

(1) 消费需要结构高级化的趋向。随着人均收入和消费水平的提高，消费者的需求结构将逐步趋于高级化,居民消费逐步进入新一轮的消费周期,以家电在农村普及,住房、轿车、电脑逐步进入城市家庭为主要标志。我国居民消费结构正处于一个重要的转型时期。今后一段时间,城镇居民消费需求将从小康走向更宽裕的过渡时期,人们的消费观念、方式、内容及消费品市场供求关系都将发生重大变化。衣食等一般性消费在总消费中的比重将进一步下降,住、行以及通信、电脑、教育、旅游等服务、享受类消费将大幅度增加。而且,随着外贸的增加,国内消费也将呈现国际化趋势。

(2) 高情感消费需要与感性消费趋向。美国著名未来学家奈斯比特说:“每当一种新技术被引进社会,人类必然产生一种要加以平衡的反应,也就是说产生一种高情感,否则新技术就会遭到排斥。技术越高,情感反应也就越强烈。”①作为与高技术相抗衡的高情感需要,在消费领域中直接表现为消费者的感性消费趋向。随着经济活动的高度市场化和高科技浪潮的迅猛发展,人们生活方式由快节奏、高竞争、高紧张度转向了平缓、稳定、闲散的工作方式,食物处理机、洗碗机、个人电脑、移动通信工具、现代化办公设备等高科技产品大量涌入家庭和工作场所,互联网的普及缩短了人与人之间的距离,与全新的生活方式相对应,消费者的情感需要也日趋强烈。消费者购买商品已不仅仅看重商品的数量和质量,而是与自己关系的密切程度,是否满足自己的情感需要,能否达到商品与理想的自我概念的吻合。在感性消费需要的驱动下,消费者购买的商品并不是非买不可的生活必需品,而是一种能与其心理需求引起共鸣的感性商品。这种购买决策往往采用的是心理上的感性标准,以“喜欢就买”作为行动导向。

为此,企业在产品的设计和宣传促销上应注重感性化与个性化的诉求。例如,生产各种外形的彩屏手机,以迎合不同消费者的感性偏好。

(3) 消费与生活方式相统一的趋向。生活方式是指人们为满足生存和发展需要而进行的全部活动的总体模式和基本特征。消费者的生活方式具有多方面、多层次的特点。现代消费者越来越倾向于把消费与生活方式的其他方面统一、协调起来,从整体上把握、评价生活方式,注重提高生活方式的整体质量。

(4) 消费与环境保护一体化的趋向。在可持续发展观越来越深入人心的背景下,现代消费者的环保意识日益增强。消费者要求自身的消费活动要有利于保护人类赖以生存的自然环境,维护生态平衡,避免对自然资源的过度消耗与消费,实现永续消费。坚决杜绝过度消费,过度消费留下的不仅仅是成堆的垃圾、对环境的破坏,还将导致人类的自我毁灭。为此,不同国家的消费者把保护自然资源和生态环境视为己任,将消费与生存环境及社会经济发展联系起来,自觉地把个人消费需求和消费行为纳入环境保护的规范之中,“绿色消费”观念开始深入人心,保护环境已成为现代消费者的基本共识和全球性的消费发展趋势。

(5) 生活共感、共创、共生型消费趋向。21世纪的消费者,具有高收入、高学历、高信息、高生活能力和高国际感觉的特性。消费需求将呈现五大新的特点:一是美学性,即美的意识和艺术性;二是知识性,即教养性和科学性;三是身体性,即体感性或五感性;四是脑感性,即官能性或六感性;五是心因性,即精神性和宗教性。这些消费者的生活价值和生活意识的中

---

① 引自乔春洋:《产品的文化设计》,原文网址 http://club.jctrans.com/blog/html/87/281987-36686.html。

心将由物质转移到精神，健康、教育、娱乐、文化及信息等产业将成为新的增长点。

消费者将不满足于购买现有的企业生产出的产品，也不再安于被动地接受企业的诱导和操纵，而是要求作为参与者，与企业一起按照消费者的新的生活意识和消费需求，开发能与他们产生共鸣的"生活共感性"商品，开拓与消费者一起创造新的生活价值观和生活方式的"生活共创型"市场。消费者将发挥自身的想象力和创造性，积极主动地参与商品的设计、制作、再加工，通过创造性消费来展示独特的修改，体现自身价值，获得更大的成就感和满足感。

总之，随着时代的发展和社会环境的变化，现代消费者的需求结构、内容和性质也在不断发展变化。只有及时分析并了解消费者需要的变化动态和趋向，才能从整体上把握消费者心理与行为发展的基本趋势。

3.2　消费者的购买动机

人们所从事的任何活动都是由一定的动机所引起的，每个消费者的购买行为也总是受一定的购买动机所支配。消费者的购买动机是十分复杂和多样的，并按照不同的方式组合、交织在一起，相互作用、相互制约，构成各种各样的动机体系，指导、激励、制约着消费者的购买行为。营销人员要想探知消费者的心理，分析消费者的购买行为，必须研究引起购买行为的购买动机，并有效进行激发。

3.2.1　动机的含义

动机是维持并促使活动朝向某一目标进行的内部动力。购买动机是指直接驱使消费者实行某项购买活动的内在推动力。它是由需要和诱因两个因素引起的，需要是内部因素，包括兴趣、信念、世界观等；诱因是外部因素，包括目标、压力、责任、义务等。消费者动机理论要研究的中心问题，是消费者行为中的"为什么"问题。例如，消费者为什么需求某种商品或劳务？为什么从多种商品中选购了某种品牌的商品？为什么对商品广告有截然不同的态度？为什么消费者经常惠顾某些零售商店？解决了消费者行为的"为什么"的问题，就可以找到消费者动机的根源。有关消费者购买动机的研究，主要围绕三个方面的问题而展开：第一，消费者的个人内在能量、行为的源泉是怎样产生的？第二，消费者从许多具有不同性质的行为中选择什么？第三，消费者的行为是怎样维持的？

3.2.2　购买动机的相关理论

1. 本能理论

本能说是解释人类行为最古老的学说之一。最初的本能理论只不过是人们对观察到的人类行为赋予简单命名或贴上标签而已。最早提出本能概念的是生物进化论的创始人达尔文，而在动机心理研究方面进行深入研究的则是詹姆斯、麦克杜格尔和弗洛伊德。麦克杜格尔系统提出了动机的本能理论，认为人类的所有行为都是以本能为基础的，本能是人类一切思想和行为的基本源泉和动力，本能具有能量、行为和目标指向三个成分，个人和民族的性格和意志也是由本能逐渐发展而形成的。

本能理论认为,人的行为主要是受人体内在的生物模式驱动,不受理性支配。本能行为必须满足两个基本条件:(1)它不是通过学习获得的;(2)凡是同一种属的个体,其行为表现模式完全相同。本能论过分强调先天和生物因素,忽略了后天的学习和理性因素。实际上,本能在人类的动机行为尤其是社会动机行为中不起主要作用,在现实生活中人类纯粹的自然动机几乎是不能独立存在的,它无一不受社会因素的影响或社会动机的调节,所以,本能论只具有从理论上对自然动机进行解释的意义,而不具有重要的社会意义。

2. 驱力理论

伍德沃斯提出行为因果机制的驱力概念,以代替本能概念。这种理论认为,动机作用是过去的满足感的函数,其意义是,人对现在行为的决策,大部分以过去行为所获结果或报酬为基础进行考虑,也就是人的现在的行为动机要以过去的效益为依据。在客观上,许多人的确如此行事,以往的某个行为得到良好的结果,从中受益,人们就有反复进行这种行为的趋向。

让驱力理论得以大力推广的是赫尔,他提出驱力减少理论。他认为人要生存就有需要,需要产生驱力。驱力是一种动机结构,它供给机体的力量或能量,使需要得到满足,进而减少驱力。人类的行为主要是由习惯来支配的,而不是由生物驱力支配的,他强调经验和学习在驱力形成中的作用,认为学习对机体适应环境有重要意义。驱力为行为提供能量,而习惯决定着行为的方向。有些驱力来自内部刺激,不需要习得,称之为原始驱力;有些驱力来自外部刺激,是通过学习得到的,称之为获得性驱力。

3. 认知理论

认知理论认为,认知具有动机功能,这种理论与上述驱力理论正好相反,认为人的行为的主要决定因素,是关于信念、期望和未来变故的预测。驱力理论是着眼于过去事件的结果,认知理论则面向未来事件的预测。由此可认为,认知理论认为人的行为都是有目的性的,以有意识的意图为基础。动机的认知理论主要有期待价值理论、动机归因理论、自我功效理论、成就目标理论。

(1) 期待价值理论把达到目标的期待作为行为的决定因素,期待帮助个体获得目标。

(2) 动机归因理论认为动机是思维的功能,采取因果关系推论的方法从人们行为中寻求行为内在的动力因素;积极的归因是把成功归因于能力,把失败归因于努力不够。

(3) 自我功效理论认为人对行为的决策是主动的,人的认知变量如期待、注意和评价在行为决策中起着重要的作用。期待分为结果期待和效果期待。结果期待是指个体对自己行为结果的估计;效果期待是指个体对自己是否有能力来完成某种行为的推测和判断,这种推测和判断就是个体的自我效能感。

(4) 成就目标理论认为不同个体对自己的能力有不同的看法,这种对能力的潜在认识会直接影响到个体对成就目标的选择。

例如,消费者为货币保值而去购买价值较高的商品,如果他对这种行为能实现保值的信念十分坚定,并且认为购买的结果能得到经济上的好处,那么购物保值动机会很强烈,会作出种种努力去购买。反之,他预期得不到好处,那么他购物保值的动机会减弱,也无需再作购买的努力。

4. 卫生理论

这个理论主要是以研究劳动者动机作用为对象，基本观点是：如果劳动者的卫生因素（包括经营政策、工作条件等）得不到满足，劳动者会不满意；而如果劳动者的卫生因素得到满足，动机作用因素（包括成绩、得到认可、工作本身、晋级等）得不到满足，劳动者还是得不到真正的满足。真正的满足是卫生因素和动机作用因素同时得到满足。

日本学者小岛外弘根据这个理论，在消费者心理研究中提出了 MH 理论。小岛认为，M 指动机作用因素，是魅力条件；H 指卫生因素，是必要条件。这里，动机作用因素的含义是满足消费者需求的魅力条件，指商品的情调、设计等；卫生因素的含义是满足消费者需求的必要条件，指商品的质量、性能、价格等。MH 理论认为，当商品的卫生因素不能满足时，例如商品的质量差、价格高，消费者会感到不满。仅满足必要条件还不是真正的满足，消费者真正对某种商品感到满足，是该商品的魅力条件也得到满足。

5. 期望理论

这个理论是弗鲁姆提出的，他用诱发力、期望和力的概念，来描述人类动机作用模式。模式的内涵是，个人想要进行某种行为的力，是一切成果的诱发力及其行为由于完成这些成果而同时产生的期望强度的积代数和的单调增函数。简单一些讲，个人进行某种行为的力，是诱发力和期望强度乘积的代数和的单调增函数。其核心意义是，人的努力是由诱发力和期望相结合所决定的。

6. 唤醒理论

按照传统动因理论，人的行为旨在消除因匮乏而产生的紧张，但人类某些追求刺激和冒险的行为，例如登山、探险、看恐怖电影等，恰恰是为了唤起紧张而不是消除紧张。所谓唤醒是指个体的激活或活动水平，即个体处于怎样一种唤醒或活动反应状态。赫布和柏林等人提出唤醒理论，认为个体偏好那些具有适度唤醒潜力的刺激物，追求具有适度不确定性、新奇性和复杂性的刺激物，使其唤醒或兴奋水平保持在一定的范围内，使之既不过大也不过小，维持着生理激活的一种最佳水平。对唤醒水平的偏好是决定个体行为的一个因素。它提出了三个原理：

（1）人们偏好最佳的唤醒水平，刺激水平和偏好之间的关系是一条倒 U 形曲线；

（2）简化原理，即重复进行刺激能使唤醒水平降低；

（3）个人经验对于偏好有影响。研究表明，富有经验的个体偏好于复杂的刺激。

7. 诱因理论

20 世纪 50 年代提出的诱因理论认为，不仅内部动因引起行为，而且诱因这样的外部刺激也引起行为。在诱因理论中，感受-激励机制和预期-激励机制分别被用来描述个体在外部刺激的作用下引起行为反应的两种不同机制。感受-激励机制用来解释个体对特定刺激的敏感性以及由此产生的激励作用或激励后果。预期-激励机制是指因对行为结果的预期而产生的行为刺激后果。

3.2.3　消费者动机的激发

消费心理学认为，一个人在一定的环境刺激下产生需要，需要产生购买动机，由购买动机激发人的购买行为。在现实生活中，每个消费者的购买行为都是由其购买动机引发的，而动机又是由人的需要而产生的，例如，人饿了就会想吃饭，渴了就想要喝水，冷了就想要添衣，这就是人的需要产生动机、动机引起行为的表现。

人的需要是多方面的，甚至是无止境的，但是由于客观条件的限制，人的需要不可能同时全部获得满足，对于消费活动来说，只有那些强烈的、占主导地位的消费需要才能引发购买动机，促成现实的购买活动。需要产生以后，还必须有能满足需要的对象和条件，才能产生购买动机。研究消费者的购买动机比研究消费者的需要，对于市场营销来说，会更直接、更有效地激发消费者的购买行动。

购买动机产生之后，就要设法激发购买行为的产生。一般情况下，营销者要针对自己所营销的产品类型和特点、市场的分类、目标市场的不同以及市场定位的情况，了解、分析消费者购买自己所营销产品的动机到底是什么，购买的角色如何，等等。营销者要确定如何才能激起消费者的购买动机，以引导其购买行为。

在现实生活中，由单一动机引起消费者购买行为的情况为数不多，消费者的购买行为往往是在多个动机共同驱使下进行的，是有意识和无意识动机总和的结果。动机总和基本上有两种情况：一种情况是几个动机共同作用于促进购买行为方向的，显然，购买的动机得到强化，动机总和为各个动机之和，使消费者产生更为强大的推动购买的力量，很容易产生购买行为。在这种情况下，营销者要清楚了解消费者都会有哪些购买动机，如何激发？营销者要善于激发那些指向相同的购买动机，以使指向购买的动机得到强化，起到事半功倍的效果。另一种情况是有的动机促进购买行为，有的动机阻碍购买行为。即存在方向相反、相互抵触的动机。动机总和不是各个动机之和，要比动机之和小，但只要不为零，就说明动机总和所代表的动机是存在的，要发生作用，这时占上风的动机就决定购买行为。如果动机总和处于平衡状态，消费者就会在买与不买之间徘徊，处于犹豫不定、优柔寡断的状态。此时要使消费者决定买或不买就需要加入外力，如果所加入的是倾向购买的外力，就会增大购买的动机，对购买行为往往产生决定性的影响；如果所加入的外力是倾向不购买的话，就会增大阻碍购买的动机，使消费者决定不购买。例如某消费者逛商场时对电脑学习机产生了兴趣，他想让孩子早点学会电脑，赶上潮流，但是又对电脑学习机是否真的有用产生了怀疑，而且觉得价格太贵了，销售员若能在他犹豫之时拿出其他消费者购买后的正向评价，他就会决定购买。

3.2.4 消费者购买动机的类型与表现

消费者富有弹性的购买行为都是在生理动机和心理动机支配下发生的。消费者的购买动机，必然直接或间接地表现在购买活动之中，影响其购买行为。

1. 生存性购买动机

生存性购买动机是出于人的生存要求，以追求商品的使用价值为主要目的的购买动机。饥则求食，寒则求衣，这是人类最基本的又是最普遍的生存欲望。在生存性购买动机的支配下，人们往往事先早已计划妥当或很自然地要求购买，在购买时较少犹豫，特别重视商品的实际效用、功能质量，讲求经济实惠、经久耐用，而对商品的外观、色彩、商标、包装等不大重视。购买的对象一般都是生活必需品。

2. 习惯性购买动机

消费者由于经常地使用某类商品的某一种，渐渐产生了感情，而对这种商品、这个商标的商品或这个企业生产的其他商品产生了信任和偏爱，经常指名购买，购买时会不假思索地选中目标。其心理状况往往是“你有千条计，我有老主意”，不为别人的劝说、非议所动。购买的对象一般都是普通生活必需品或烟、酒之类的嗜好品。具有习惯性购买动机的人，往往十分注重商品的商标，并牢牢地记住自己喜爱的商品的商标。有一些为大众所称道的名牌高档商品，人们会自然地产生一种信任感，形成习惯性购买。因此，企业注重服务，善于树立产品形象和企业形象往往有助于培养、建立消费者的习惯性购买动机。

案例 3.8　习惯性购买

在一项研究中，研究者观察了 120 位消费者在三家连锁店购买洗衣粉的行为。观察结果表明，72%的消费者只看了一种品牌或包装的洗衣粉，11%的消费者看了两种以上品牌或包装的洗衣粉；83%的消费者只拿起了一种洗衣粉，4%的消费者拿起了两种以上的洗衣粉。很明显，多数消费者都没有在不同品牌或同一品牌不同包装的洗衣粉产品之间作比较分析。

资料来源：http://wenku.baidu.com/view/534017dca58da0116c174970.html。

分析：消费者在日常生活中，经常购买同一品牌的洗衣粉，形成了习惯，购买时会不假思索地选中目标。

3. 理智性购买动机

持有理智性购买动机的消费者自信心很强，购买商品时不受周围环境、气氛和言论的影响，在购买前对于商品的特点、性能和使用方法根据已有知识和经验已了然于胸，所以，销售人员只需要配合挑选，不要干涉他们的思考过程。这类消费者除了注重外观和价格外，还着重检查商品的内在质量和特殊功能，并充分运用视觉、触觉、听觉等方法反复挑选、比较，在恰当的时机立即决断。

4. 冲动性购买动机

冲动性购买动机与理智性购买动机是相互对立的，是一种常见的购买动机。持有冲动性购买动机的消费者，极易受周围环境、气氛和言论的影响，往往会被热闹的促销活动、商品的外观和式样、包装的新奇等吸引，不经过考虑和比较，改变原来早已安排好的购买计划，决意购买这些产品，但事后经常会后悔，产生退货行为。

5. 被迫性购买动机

持有被迫性购买动机的消费者是在不情愿的情况下，由于某种无法摆脱和回避的原因，不得不购买商品和劳务。这种情况下购买的物品大多数是无用的，但为了照顾某种人际关系或其他原因还得必须购买。

案例 3.9　　还是买吧

张力是一名教师，一次被迫购买经历使他不敢再敞开办公室的大门。那日，他像以往一样开着办公室的门，坐在屋里办公，忽然进来一个推销员，看见他穿着黑皮鞋，一句话没说，立刻蹲下来给他擦鞋，就在他愣神之际，只听推销员说："老师，您看您的鞋多亮呀！我就是用我手里的鞋油擦的，才十元钱一盒，看我辛苦了这么长时间，您就买一盒吧！"张老师无奈，又不好意思回绝，只好购买了一盒。

资料来源：作者整理。

分析：张老师因为自己的职业关系，不能对这个推销员大声呵斥，又不好意思不购买，所以出于被迫性购买动机，非常不情愿地购买了一盒鞋油，但这种推销方法只能成功一次，不能长期使用。

6. 时髦性购买动机

这是以追求商品的新颖、奇特、时髦为主要目的的购买动机。消费者在购买商品时，容易受广告宣传、社会环境和潮流导向的影响，特别重视商品的外观、造型、式样、色彩和包装等，追求新奇、时髦和与众不同，而对陈旧、落伍的东西不屑一顾，力图借所购买的商品达到引人注目，或显示身份和地位，或为了突出自己的形象、美化居处等目的。具有这种购买动机的消费者一般来说观念更新较快，容易接受新思想、新观念，生活也较为富裕，喜欢追求新的生活方式。

7. 求美性购买动机

这是以注重商品美学价值和艺术欣赏价值为主要目的的购买动机。消费者购买商品时特别重视商品对人体的美化作用、对环境的装饰作用和对人的精神生活的陶冶作用，追求商品的美感带来的心理享受。购买时受商品的造型、色彩、款式和艺术欣赏价值的影响较大。强调感受，而对商品本身的实用性要求不高。这样的消费者往往具有较高的文化素质和生活品位。

8. 求廉性购买动机

持有这种购买动机的消费者收入较低或者经济负担较重，有时也受对商品的认识和价值观的影响，希望以较少的支出获得较多的利益。对价格敏感是这类消费者的最大特点，在购买时不大看重商品的外观、造型等，而是受降价促销方式（如处理价、优惠价、大特价、清仓价、跳楼价）影响较大。

案例 3.10　　廉价商店

在国内外的零售商店中有很多名称各异的廉价商店。比如，美国纽约的"99商店"专营日用杂品、家用小五金等，所有商品均定价99美分。我国昆明有家商店经营各种小工艺品，全部定价0.19元，广告用语是："1角9，任君求"。其他还有2元店、8元店、10元店等，顾名思义，是指这些商店所有商品均定价2元、8元、10元。这些商店的经营状况一般都不错，靠薄利多销，利润也不算低。

资料来源：http://zhidao.baidu.com/question/212842782.html。

分析：廉价商店成功之处就是很好地引起了消费者的求廉性购买动机，这些人群大都是收入较低或经济负担较重者。同时，由于商品品种多样化，也满足了消费者的好奇心理。

---

9. 求名性购买动机

持有这种购买动机的消费者对商品的商标、商店的牌号等特别重视，喜欢购买名牌产品。在购买时受商品的知名度和广告宣传等影响较大。一般而言，青年人、收入较高的人常常具有这种购买动机。

10. 求同性购买动机

持有这种购买动机的消费者在购买商品时主要以大众化为主，跟上潮流即可，人有我有，不求创新，也不要落伍，有时也称为从众动机；受购买环境和别人的经验、介绍推荐影响较大。

11. 求便性购买动机

受求便性购买动机的驱动，人们把购买目标指向可以减少家务劳动强度的各种商品和劳务。在购买价值不高的日用消费品时，消费者常常具有这种购买动机。对于这类日用品，消费者经常购买、经常使用，购买时也不太认真挑选，讲求便利是其主要特征，他们对服务也有一定的要求。

3.2.5　购买动机与市场营销策略

诱导是消费者处于犹豫不决的购买状态时营销人员可采用的有效的沟通方式，此时的诱导如果运用得当就会起到“四两拨千斤”的作用。如何对消费者的购买动机进行诱导，进而影响其购买行为呢？一般而言，要围绕影响消费者购买的环境因素进行诱导，也要根据影响购买行为的主要动机类型进行诱导。

1. 品牌强化诱导

消费者对于购买哪类商品有明确的目的，但对于购买哪个品牌往往没有确定的指向。此时，营销人员可以突出介绍一个品牌，详细说明企业的实力和该品牌的好处，以及其他消费者对这个品牌的认识、感受，进而促进消费者的购买。

2. 特点补充诱导

当消费者对某一品牌有了好感后，营销人员可以在消费者重视的属性之外，通过品牌之间的比较，分析说明其他一些性能特点，帮助消费者进行决策。例如，消费者在购买冰箱时，通常重视外观的好看与否、容量的大小、噪声的高低，但在比较了这些因素之后还不能决定购买时，营销人员可以提示消费者××牌的冰箱环保性能优越，还可以左右开门，方便在不同地点使用等来补充产品的优点，刺激其购买。

3. 利益追加诱导

产品带给消费者的利益是感性的、有限的，这就使得消费者对商品的评价具有局限性，此时应采用利益追加诱导方式，增加消费者对某一品牌、某一品种商品的认识，提高感知价值。例如，在进行手机销售时，可以根据不同消费者不同的需求，追加不同的利益，据此提高销售的成功率。

案例 3.11　装聋作哑

有一位成功的商人，有人问他成功的秘诀是什么？他说，是他一辈子装聋作哑。

顾客走进他的店里，指着一件商品问："这个多少钱？"

"什么啊？"商人手贴着耳朵问。

"这个多少钱！？"

"什么？有多少？"

"是多少钱！！"顾客有点对商人恼怒了。

"哦！这个多少钱啊？稍等下。"商人对着里屋里的人喊："老板，这个柜台上的东西多少钱啊？"里屋传出一阵带着睡意又不耐烦的吼声："不是说了吗?！那里的商品要80块！好了别烦我！"

"哦，这样啊，好的！"商人转过身来对着顾客。

"您也听到了，老板说要50块，不过我可以给您便宜点，40块拿走怎么样？"

顾客暗自窃喜，匆匆付过钱后赶忙走了。

资料来源：http://www.worlduc.com/blog2012.aspx? bid=2271158。

分析：这个商人利用装聋作哑的方式，将价格由80元降到40元，让消费者感觉占到了很大的便宜，比直接降价更有效。这种利益追加诱导方式适用于消费者本已有一定的购买意向，再通过追加一定的利益来加速其产生购买行为的情况。

4. 观念转换诱导

消费者对某一品牌的印象不深刻，往往是由于这个品牌的商品在消费者认为比较重要的属性方面还不突出，不具有优势。此时可以采用观念（信念）转换诱导方式，改变消费者对商品的信念组合，这也是心理再定位的方法，用来改变消费者对商品属性重要性的看法。

5. 证据提供诱导

有时消费者对于选择什么样的商品、选择什么品牌的商品都已明确下来了，但是还没有十足的把握，怕有风险而犹豫不决。此时运用证据提供诱导方式，告诉消费者都有什么人以及有多少人买了这种商品，强化消费者的从众购买动机，消除其顾虑，也可以促成购买行为。

要想使诱导取得成功，还要注意克服一些不利因素的影响。比如消费者对推销员、售货员的不信任、会造成对产品的不信任、对介绍内容的不信任；销售现场的环境、诱导时机的选择同样也会影响诱导的效果。

案例 3.12　"宝宝在线"的益处

下面是"宝宝在线"的导购向起跑线幼儿园的园长推销该产品的过程。

"园长,您好!'宝宝在线'最大的特点是通过宽带网可以看见小宝宝在幼儿园里的情况。它实际上是一个远程宽带监控系统。

以前幼儿园的管理者看不见教师的教学情况,现在管理者可以通过'宝宝在线'了解教师的教学情况和幼儿学习、生活的情况,有利于幼儿园加强硬件建设,提升服务质量,建立品牌,扩大竞争力度。

家长则能够在家里或单位通过上网详细了解幼儿的一切情况,看到孩子的不足之处,及时和老师交换意见,有利于家长、教师共同改进教育教学方法,帮助孩子成长。

假如该系统由园方全额投资建设的话,视频费由幼儿园定价收取,范围在 20—50 元/月/户,若园内有 600 个幼儿,则园方每月可以获取 1.2 万—3 万元的收入。

郴州小太阳幼儿园于 2011 年 8 月正式开通了'宝宝在线',用户反馈效果非常好,现在有许多幼儿园都准备安装'宝宝在线'系统。"

资料来源:杨玉荣. 营销口才训练[M]. 北京:化学工业出版社,2011:226。

分析:导购员在介绍了产品基本特点后,园长已经有了购买意向,这时导购员又提出郴州小太阳幼儿园已经使用了这款产品,这种证据诱导让园长打消了顾虑,产生了购买行为。

3.3　消费者行为学的应用案例

从炫耀性消费看红旗车的悲剧

想当年,红旗牌轿车何等辉煌!红旗车以它典雅的造型、精致的手工工艺、宽敞的车身,代表着一种极高的社会身份,成为人人皆知的名牌,不仅中国人尊尚红旗,连外国人也仰慕红旗。如今,红旗车被人们当成奥迪的变形,不被人们看好。

以前红旗车之所以受青睐就是因为它是炫耀性物品。汽车实际有两种功能:交通工具与身份的象征。一般车的功能主要是方便交通,而特殊的名牌车(如英国的劳斯莱斯、德国的奔驰与宝马、美国的凯迪拉克等)则主要是用于炫耀身份。红旗车以前作为炫耀性物品,一是它做工精细(许多零件由高级技术工人手工制作),成本高,产量少,价格高;二是使用它有严格的限制(据说"文化大革命"以前正部级以上干部才有资格坐红旗车)。这样,它自然身价不凡,名震中外了。

像红旗车这样的炫耀性物品只有价格高才有炫耀作用,因此对这种物品的需求与一般物品不同。一般物品是价格下降,需求量增加,但炫耀物品如果降价,买的人增多,就没有炫耀的作用了。所以,炫耀性物品的生产者必须坚持低产量、高质量、高价格才能维持自己作为炫耀性物品的地位,并从中获利。

红旗车的悲剧正在于生产者把这种炫耀性物品降为普通物品。如果说一般物品走向大众化是成功的起点,那么,炫耀性物品走向大众化则是它失败的开始。红旗车大批量生产,改变了原来典雅的样式,用机械生产的部件代替了手工精制的部件,降低了价格,与其他车型在作为交通工具的市场上竞争,这时它的悲剧也就开始了。一来作为普通汽车人人都可以用,谈何身份之有?二来作为普通汽车,它的性价比又远远不如其他汽车。现在红旗车的价格几乎是捷达、富康、桑塔纳的三倍,性能比它好的本田、别克、欧宝的价格都比它低。红旗车象征身份的作用没有了,作为普通车又没有优势,它的前途能辉煌吗?

一种物品能成为社会公认的炫耀性物品是非常不容易的。劳斯莱斯、凯迪拉克这些西方公认的炫耀性名车都有将近百年的奋斗史。红旗车在人们心目中作为身份的象征也是由汽车工人的勤劳奋斗和当时特殊的历史条件形成的。但要失去这种地位很容易。红旗车几十年的奋斗成果不就在很短的几年中烟消云散了吗?这个历史的教训可不能忘啊!

其实许多名牌产品在某种程度上都可以作为炫耀性物品,消费这些产品都包含有某种炫耀性消费的成分。高质量和高价格是名牌的生命。可惜我们的一些企业领导人不懂这个道理,葬送了我国不少名牌产品。记得20世纪70年代前抽"大前门""恒大"烟还是很"牛"的,当时这些烟的价格在0.4元左右,与工资水平(50—60元左右)相比已经不低了。这些烟都是当时的名牌,无论有意无意,拿出这些烟来抽的人还是有点身份的。现在谁还抽"大前门""恒大"?没有跟随时代的脚步,提高质量保持高价,名牌不也就消失了吗?

无论伦理学家如何评价炫耀性消费,这种消费需求的存在是不容忽略的,而且还越来越重要。企业要根据市场需求生产,就不能轻视炫耀性物品的重要。我们一方面要满足广大消费者的普通需求,另一方面也要满足一些人(哪怕是极少数人)的炫耀性消费的需要。

资料来源:http://wenku.baidu.com/view/815b2ac508a1284ac850438a.html。

分析:

以前的红旗车之所以备受青睐,是因为它满足了消费者的求名心理需要和求名购买动机。经济学家认为,人的消费动机决定了人的消费行为。人的消费不仅仅是为了满足物质欲望,还要满足精神欲望。随着社会发展,人们富裕程度的提高,精神欲望也越来越重要。精神欲望是多种多样的,其中之一就是通过消费来显示、炫耀自己的社会身份。这种消费称为炫耀性消费,用于这种消费的物品称为炫耀性物品。

在市场经济社会中,人的财富总是与社会地位和身份相关的,所以,消费高价名牌的物品表现出了自己的财富,也炫耀了自己的身份。炫耀性物品就是高价的名牌产品,能够满足消费者炫耀性购买动机的产品具有价高、款式新颖、时尚等特点。红旗轿车原来定位于炫耀性物品,满足了消费者的求名心理,所以,它应该继续采取高价来维持其高定位,并不断推出新品,来满足消费者炫耀的心理。

炫耀性购买动机会给企业带来市场机遇,企业可以生产高品质、高价格、高品位的产品,获得较高的利润,但这种购买动机如果被太多人拥有,就会造成攀比心理、跟风的社会形态,对社会安定是很不利的。

模拟实训

【实训目的】

(1) 通过模拟实训,了解和掌握消费者需要和动机的种类。

(2) 调查了解消费者购买商品时是基于什么需要和动机,企业的哪些方法使消费者产生了购买动机。

【实训主题】

超市一日游。

【实训时间】

本章课堂教学内容结束后的双休日和课余时间，为期一天，或者指导教师另外指定时间。

【背景材料】

大型连锁超市中拥有的产品数量是最丰富的，到超市购物的消费者也有着不同的需要和动机，学生可以随机采访 20 人，询问其需要和购买动机，以及是商品的哪些因素促使其购买，对需要和购买动机进行分类整理。采访中，注意与人沟通的技巧。

【实训过程设计】

(1) 指导教师布置学生开展实训，以三人为一组，每组选出一名组长，组长负责组织采访活动。

(2) 实训组在组长的带领下进行分工，拟订采访计划。

(3) 进行超市实地采访。

(4) 各实训组对采访结果进行整理，写出实训报告。优秀的实训报告在班级展出，并收入本课程教学资源库。

本章小结

消费需要是推动消费从而也是决定销售的首要因素。什么是需要？如何激发消费者的需要？需要的理论与市场营销有什么关系？这些问题不仅是理论工作者关心的问题，也是营销服务人员极其关心的问题。研究消费者的需要是工商企业经营活动的起点，满足消费者的需要则是工商企业经营的目标。

消费者购买动机产生的原因不外乎内因和外因，即内部需要和外部诱因两类。没有动机作为中介，购买行为不可能发生，消费者的需要也不可能得到满足。因此，动机及其成因与行为这三者之间的关系为：内部需要和外部诱因产生购买动机，购买动机产生购买行为，购买后的使用评价，又产生内部需要和外部诱因。

本章分析了消费者的需要和动机，并利用这两个因素将消费者分为不同的类型，营销人员须依据消费者的需要设计不同的营销方法来激发消费者的购买动机，并分析消费者的需求和动机的影响因素，使营销人员在选择营销方法时做到有的放矢。

综合练习

一、单项选择题

1. 人的五种基本需要概括起来属于(　　)。

A. 物质需要　　　　B. 物质需要和精神需要

C. 精神需要　　D. 生理需要

2. 商业广告的诱导功能主要是(　　)。

A. 引起消费者的好奇　　B. 激发消费者的购买欲望

C. 改变消费者的态度　　D. 提供商品知识

3. 消费者的购买动机是激励消费者进行购买活动的(　　)。

A. 外在动力　　B. 经济动力　　C. 社会动力　　D. 内在动力

4. 消费者认牌购物所反映的主要动机是(　　)。

A. 理智性购买动机　　B. 冲动性购买动机

C. 习惯性购买动机　　D. 被迫性购买动机

5. 消费者追求商品和商号名气的具体购买动机是(　　)。

A. 求实购买动机　　B. 从众购买动机

C. 求便购买动机　　D. 求名购买动机

6. 易于接受导购人员介绍和帮助的消费者大多具有(　　)。

A. 习惯性购买动机　　B. 理智性购买动机

C. 冲动性购买动机　　D. 时髦性购买动机

7. 从年龄层次上看,时尚消费心理较强的群体是(　　)。

A. 老年　　B. 中年　　C. 青年　　D. 少年

8. 需求层次理论是1943年由美国心理学家(　　)提出的。

A. 波登　　B. 赫杰特齐　　C. 马斯洛　　D. 温得尔・斯密

9. 根据美国心理学家马斯洛将人类需要按低级到高级的顺序分类,属于人类最高级需要的是(　　)。

A. 自尊的需要　　B. 他人实现的需要

C. 自我表达的需要　　D. 自我实现的需要

二、多项选择题

1. 诱因(　　)。

A. 能引起有机体的定向活动　　B. 是能满足某种需要的外部条件

C. 可激发活动的动机　　D. 是由生理需要产生的

2. 动机和行为的关系表现为(　　)。

A. 同一行为可以由相同的动机引起　　B. 同一行为可以由不同的动机引起

C. 不同行为可以由相同或相似的动机引起　　D. 不同行为可以由不同的动机引起

3. 动机(　　)。

A. 不能进行直接的观察,但可以根据个体的外部行为表现加以推断

B. 在需要的基础上产生

C. 是激发个体朝着一定目标活动,并维持这种活动的内在的心理过程或内部的动力

D. 对有机体内部不平衡状态的反应,表现为有机体对内部环境条件的欲求

4. 期望理论是弗鲁姆提出的,他用(　　)的概念,来描述人类动机作用模式。

A. 诱发力　　B. 期望和　　C. 力　　D. 驱力

5. (　　)是可以引起动机的条件。

A. 诱因　　B. 需要　　C. 兴趣　　D. 信念

三、问答题

1. 消费者需要有哪些种类?
2. 消费者需要受哪些因素影响?
3. 消费者需要的内容有哪些?
4. 消费者动机有哪些类型?
5. 消费者动机与市场营销有哪些关系?

四、案例分析题

1. 某地电信公司开通小灵通业务,起初由于信息产业部下文限制,只能低调进行,消费者也持观望态度。经信息产业部批准后,电信公司在公共汽车车身、户外广告牌、报纸等多处发动全面广告攻势,利用消费者对移动通信资费相对较高、据传手机辐射可能影响健康等方面的消费心理,大力宣传自己低廉的通话资费、超长的通话时间、绿色环保的辐射频率等优势,迅速打开局面,发展了大批用户,创造了当地移动通信发展史上的奇迹。

问题:

请运用消费者需要的内容分析本案例中新产品满足了消费者的哪些需要?

2. 某电视台曾经播放儿童电视连续剧《小龙人》,在儿童中收视率颇高,一些儿童用品生产商便以小龙人图形作为商品包装,有文化用具、食品和服装等,孩子们见到有"小龙人"的儿童用品就争相选购。《还珠格格》和《灌篮高手》等连续剧在学龄晚期的孩子中收视率也非常高,剧中男、女主角的服饰、球鞋、发型甚至剧中主题歌的录音带和CD唱片等,都成为他们的抢手货。

问题:

请从消费心理学的角度,分析以上现象反映了少年儿童消费群体什么样的消费心理?企业应该采用什么样的心理营销策略?

第4章

消费者的个性、自我概念与生活方式

知识目标

掌握消费者个性心理的概念及其特征
掌握消费者的消费偏好、兴趣的概念及其分类
掌握消费者气质、性格、能力的概念和类型
掌握消费者自我概念的含义及其对消费者行为的影响
掌握消费者生活方式的概念及其对消费者行为的影响

能力目标

能对消费者的个性进行分析并在营销中加以运用
能对消费者的自我概念进行分析并在营销中加以运用
能对消费者的生活方式加以分析并在营销中加以运用

关键概念

个性　自我概念　生活方式

在纷繁复杂的市场竞争中，形形色色的消费者既具有共同特征，又具有显著的个体差异。营销人员需要将消费者按年龄、性别、婚姻状况、家庭人数、家庭收入、职业、受教育情况、宗教信仰、种族、国籍等人口统计特征初步分类，然后再结合不同的个性、生活方式等具体的消费者个体因素，进一步研究消费行为。

消费者任何购买行为都是为了满足自己一定的需要，对于消费者来说，产品可以满足两

方面的需要：一方面是满足功能性的需要，如消费者购买矿泉水用来解渴，这种对功能性价值的追求体现了购买行为的功能一致性；另一方面是满足其他方面的需要，消费者的购买行为受个性、自我概念、生活方式的影响，需要也呈现出多方面的特点，如某一款式、颜色的服装，除了保暖外，还要能表现出穿着者一定的风度、气质、价值观等。在本章中，主要分析消费者的个性、自我概念、生活方式与消费行为之间的关系，如图 4.1 所示。

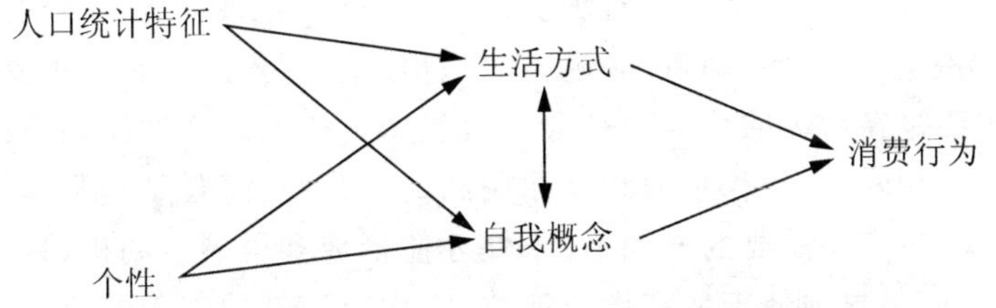

图 4.1　个性、自我概念、生活方式与消费行为之间的关系

4.1　消费者的个性与消费行为

消费行为的核心问题是消费者的购买动机的形成问题，很多学者强调，消费者的行为趋向，是决定和影响消费者的各种内在因素和外部环境共同作用的结果，因此，应对相关的所有内在因素和外部条件的作用进行系统的分析。消费者自身的欲望是驱使消费者去购买的主因。它既产生于消费者的内在需要，又来自外部环境的刺激。强烈的需要会成为决定消费者某一时期消费行为的支配力量。但是，特定需要的产生还要取决于消费者的个性、兴趣和能力等，研究这些才能探究出消费行为的真正驱动力。

4.1.1　个性心理与消费偏好

为了减少生产成本，便于管理，不同产品的生产都实现了标准化，产品趋于同质化。同质化在消费者的生活中无处不在，但是，同质化的产品不能满足消费者的个性需要。企业应从个性的角度出发，研发出符合消费者个性的产品。上海佑泽服饰有限公司总经理兼艺术总监李祖亮在采访中说："即使一个女人的衣柜里已经挂满了不计其数各种风格的衣服，但如果你品牌里的那件正好是她认为缺少的，她依然会毫不犹豫地买下，这是女性顾客消费的最大动力"。对于现代的女性消费者来说，对服饰的选择更加追求个性化，希望能够通过服装打造出自己认同的"范儿"。舒朗服装服饰股份有限公司坚持"一万个女人，一万种风情"的品牌理念，连年被评为"全国服装行业百强企业"，并于 2007 年一举获得销售利润率全国第一名。企业关注消费者个性心理，是进行产品设计、产品营销时必须要考虑的一个重要方面。

1. 个性心理

消费者购买行为的心理基础是消费者的个性。心理学中把个体身上经常地、稳定地表现出来的心理特点的总和，称为个性心理。

由于个性的复杂性，我国心理学界对个性的概念和定义尚未有一致的看法。我国第一部大型心理学词典——《心理学大词典》中关于个性的定义反映了多数学者的看法,即“个性,也可称人格。指一个人的整个精神面貌,即具有一定倾向性的心理特征的总和”。个性是在个体生理素质的基础上,经由外界环境的作用逐步形成的。个性的形成既受遗传和生理因素的影响,又与后天的社会环境尤其是童年时的经验具有直接关系。

(1) 消费者个性倾向性。个性倾向性是个性心理中最活跃的因素,它是一个人进行活动的基本动力。个性倾向性决定着人对现实的态度,决定着人对认识活动对象的趋向和选择。个性倾向性主要包括需要、动机、兴趣、理想、信念和世界观。它较少受生理、遗传等先天因素的影响,主要是在后天的培养和社会化过程中形成的。个性倾向性中各个成分不是孤立存在的,而是互相联系、互相影响和互相制约的。其中,需要又是个性倾向性乃至整个个性积极性的源泉,只有在需要的推动下,个性才能形成和发展。动机、兴趣和信念等都是需要的表现形式。而世界观处于最高指导地位,它指引和制约着人的思想倾向和整个心理面貌,它是人的言行的总动力和总动机。由此可见,个性倾向性是以人的需要为基础、以世界观为指导的动力系统。

(2) 消费者个性心理特征。消费者个性心理特征是指个人带有倾向的、本质的、相对稳定的心态特征,是消费者在多种情境下表现出来的具有一致性的反应倾向。个性心理体现了个体的独特风格和心理活动,对于消费者是否更容易受他人的影响,是否更倾向于采用创新性产品,是否对某些类型的信息更具有感受性等均有一定的预示作用。

消费者个性心理包括能力、兴趣、气质、性格等方面。消费者的能力,是指消费者能顺利完成购买活动,并直接影响购买效率的个性心理特征。能力分为一般能力和特殊能力。消费者的兴趣,是指消费者对某种客观事物积极的认识倾向,兴趣不是天生的,具有倾向性、稳定性、差别性、广泛性、效能性的特点。消费者的气质,是指消费者个体心理活动中最典型的、稳定的动力特征,它不以个人活动的目的和内容为转移。由于气质是由人的高级神经系统的生理特点决定的,因此具有稳定性、持久性以及心理活动的指向性等动力方向的特征。例如,有的消费者在购物时挑挑拣拣,三思而后行;而有的消费者则迅速购买,甚至不问价钱。消费者的性格,是指消费者对客观现实的态度和行为方式中经常表现出来的稳定倾向,是主要的个性心理特征。兴趣反映消费者的活动倾向,能力反映消费者的活动效率,气质反映消费者的活动方式,而性格决定消费者活动的内容和方向。

消费者的个性心理特征是通过人的行为方式表现出来的,消费者的个性心理特征的差异是通过不同的购买行为表现出来的。因此,研究了解消费者的个性心理特征,不仅可以解释他目前的购买行为,而且可以在一定程度上预测他将来的消费趋向。

(3) 消费者个性研究对营销的作用。消费者个性不仅对产品选择产生影响,而且还会影响消费者对促销活动的反应以及何时、何地和如何消费某种产品或服务。具体来说,研究消费者个性对于营销人员有以下几个作用:

① 运用个性研究预测购买者行为。个性特征有助于预测品牌或店铺偏好等购买活动,个性特征是行为或购买意向的有效的指示器,营销人员可以将个性研究同其他因素相结合进行市场细分,有助于推出特色产品。

② 衡量品牌个性是否与消费者个性相符。品牌包括三个方面:一是品牌的物理或实体属性,例如颜色、价格、形式、构成成分等;二是品牌的功能属性,如伊莱克斯冰箱拥有静

音的功能；三是品牌的个性，是指产品或品牌特性的传播，以及在此基础上消费者对这些特性的感知，即消费者对品牌是时尚还是落伍、是沉闷还是富有活力等方面的评价和感受。品牌的个性具有一定的主观性，一旦形成就会与其他刺激因素共同作用于信息处理过程，使消费者衡量品牌的个性与自己的个性是否相符，如果相符，就会激发自己的情绪和情感，产生购买行为。因此，营销人员在进行品牌定位和宣传时，必须要依据消费者的个性进行研究。

③ 判断消费者是否愿意采用创新产品。消费者不同的个性对是否采用新产品具有重要意义，营销人员可以运用教条主义、社会性格和最适激奋水平来衡量消费者对新事物的接受倾向与态度。

教条主义反映个体对不熟悉的事物或与其现有信念相抵触的信息在多大程度上持僵化立场。缺少教条倾向的人更可能选择创新性产品；而教条倾向严重的人则更可能选择既有产品或已经成名的产品，更可能接受带有"权威诉求"的新产品广告。所以，营销人员可以运用名人和权威人士来推广其新产品，以使那些疑心重重的消费者乐于采用新产品。

社会性格是用来描述个体从内倾到外倾的个性特质。外倾型消费者倾向于运用自己内心的价值观或标准来评价新产品，他们更可能成为创新采用者；相反，内倾型消费者倾向依赖别人的指引作出是非判断，因此成为创新采用者的可能性相对要小。上述两种类型的消费者在信息处理上也存在差别。一般来说，内倾型消费者似乎较喜欢强调产品特性和个人利益的广告，而外倾型消费者更偏爱那些强调社会接受性的广告。

不同个体的最适激奋水平受具体的个性特质影响，并与消费行为相联系。最适激奋水平与个体承担风险的意愿、与创新性和新产品采用、与收集购买信息和接受新的零售方式之间存在关系。营销人员要把握促销的度，以达到目标消费群体的最适激奋水平。

④ 根据个性解释购买决策行为。尽管个性在预测购买结果时不太准确，但它对解释不同购买决策阶段上的行为却颇有帮助。目前，多使用认知需要、是否愿意承担风险、自我驾驭三个指标来衡量消费者为什么会采取购买决策。

认知需要是指个体进行思考的努力程度，更通俗地说，是指个体喜爱思考活动的程度。广告如何影响消费者对产品态度的形成与认知需要有密切的关系，高认知需要者则更多地被广告的内容与陈述质量所影响，而低认知需要者则更多地被广告的边缘刺激如陈述者的吸引力所影响。

是否愿意承担风险将直接影响消费者对诸如新产品推广和目录销售等营销活动的反应。在个性研究中，风险不仅仅是决策后果的不确定性，它也意味着对将要发生的损失的个人预期。一些消费者被描绘成"T 型顾客"，这类顾客较一般人具有更高的寻求刺激的需要，很容易变得腻倦；他们具有追求冒险的内在倾向，更可能将成功和能力视为生活的目标。与此相反，风险规避者更可能将幸福和快乐视为生活的首要目标。

自我驾驭反映个体是更多地受内部线索还是受外部线索的影响。自我驾驭程度低的个体，对自身内在的感受、信念和态度特别敏感，并认为行为主要受自己所持有的信念和价值观等内在线索的影响。与此相反，自我驾驭程度高的个体，对内在信念和价值观不太敏感。消费者与销售人员的自我驾驭特质存在交互影响。当双方自我驾驭水平不同时，互动效果更加正面和积极。

案例 4.1 **尼古拉斯·哈耶克的成功**

当尼古拉斯·哈耶克把 SMH(以 Swatch 而闻名的一家瑞士公司)从一家净资产 11 亿美元、年亏损 1.24 亿美元的公司变成一家净资产 21 亿美元、年创利 2.86 亿美元的公司时,许多人都认为他创造了一个奇迹,那是什么原因促使他成功呢?有一位记者在一次对他的采访中问道:“你发现了什么别人没有发现的东西?”他说:“我意识到我们不仅仅是在销售一种消费品,或是一种名牌产品,而是在销售一种情感化的产品,是在提供一种个性文化。”

资料来源:http://jpkc.peizheng.net.cn/s/allcontent/jxja_09.html。

分析:对于大部分产品而言,被赋予一种情感或者个性更让消费者情有独钟。

2. 消费偏好

消费者对特定的商品、商店或商标产生特殊的信任,重复前往一定的场所,或反复消费相同商标或品牌的商品,这时消费者就是依据消费偏好来进行消费的。消费偏好是指消费者对于所购买或消费的商品和劳务的爱好胜过其他商品或劳务,所以又称“消费者嗜好”,它是对商品或劳务所产生的主观的感觉或评价。

(1) 消费偏好的影响因素

常见的消费偏好表现为习惯,习惯是消费者消费行为或方式的定型化。当消费者经常消费某种商品或经常采取某种消费方式,就会使消费者心理产生一种定向的结果。这种心理几乎每个消费者都有,只是习惯的方面及稳定程度不同。

消费偏好受到多方面因素的影响,如文化因素、经济因素、社会因素、经济收入等。例如,某人受西方文化影响比较重,所以在选择饮品时,经常选择咖啡。在这些影响因素中,经济收入往往对消费偏好的影响最大。每个消费者在有偏好的同时,不得不面对经济收入的现实问题。例如,一个消费者可能自己偏好喝咖啡,但是,当请朋友时,选择喝茶,因为茶比咖啡便宜。可见,消费者偏好和经济收入一起决定了消费者的选择。

消费偏好是消费者根据自己的意愿对可供消费的商品或商品组合进行排序后,表现出对特定产品的购买倾向性。如果其他因素不变,对某种商品的偏好程度越高,消费者对该商品的需求量就越多。

案例 4.2 **一定是他**

有一个名叫史蒂文森的人在犯罪后改名潜逃他国。经过侦察,相关人员将可能的嫌疑对象圈定为加拿大的布朗、法国的葛朗台和德国的许瓦茨,并拿到了这三名疑犯的起居、消费记录。大侦探福尔摩斯接受了此案,但在几经分析之后因为没有新的发现只好宣布证据不足,无法定案。这时他的朋友萨缪尔森正好在一旁,他研究了史蒂文森和三名疑犯的消费记录之后发现:

(1) 史蒂文森在潜逃之前每周消费 10 公斤香肠和 20 升啤酒,啤酒每升 1 镑,香肠每公斤 1 镑。

(2) 布朗每周消费 20 公斤香肠和 5 升啤酒,啤酒每升 1 加元,香肠每公斤 2 加元。

(3) 葛朗台每周消费5公斤香肠和10升啤酒,1升啤酒和1公斤香肠均为2法郎。

(4) 许瓦茨每周消费5公斤香肠和30升啤酒,1升啤酒1马克,1公斤香肠2马克。

萨缪尔森在作出四个人的预算之后,分析指出,除非史蒂文森改变其偏好,否则布朗不必受到怀疑(因为布朗所消耗的香肠比例大于啤酒比例,其他三人则均相反)。在剩下的两名疑犯中,萨缪尔森又指出,史蒂文森选择前往某地,自然其处境一定比以前好。只要其偏好未改变,他就一定是德国的许瓦茨(因为葛朗台的总消费水平与史蒂文森具有相同的效用,而许瓦茨则更大)。后来经过追查,果然罪犯为许瓦茨。

资料来源:http://blog.sina.com.cn/s/blog_4926414a01009bdi.html。

分析:从故事中可以看出一个人的消费偏好一旦确定,往往难以变更。当生活条件发生改变时(无论这种改变是由于远赴异国还是由于收入增加引起的),他往往会倾向于选择一种更好的处境,但仍然不会改变其消费偏好。

---

(2) 消费偏好形成的种类

① 消费价值观形成的消费偏好。消费价值观是消费群体对消费对象整体化的评价或价值取向,是消费者心理结构的核心。它反映着消费主体所处的文化环境和文化传统对其心理的制约与影响,这种作用集中体现在消费者对商品的使用价值、社会价值和文化价值的评价上,同时也规定着消费行为的基本特点。不同的国家、民族和地区的消费者由于所处的文化背景不一样,导致了他们价值评估和取向的差异性,形成了不同的消费行为特征。

这说明消费价值观念是和各民族的传统价值文化理念紧密地联系在一起的,它们之间具有深厚的认识基础。消费者对所购商品的享用,一方面是为了获取它的使用价值,另一方面则是为了追求商品的文化价值,只有当企业提供的商品所蕴含的价值取向与消费者的价值取向产生共鸣时,消费者才会为实现对这种取向的认同而产生购买行为。

② 消费审美取向形成的消费偏好。消费审美取向是指人们对消费对象的欣赏和情趣的感受,它是文化环境与人的心理交互作用的衍生物。

文化的民族性和国度性在消费者的审美取向上都有深刻的反映,这造成消费者的求美消费行为具有文化的选择性。研究发现,同一种文化中的消费者的审美标准和审美情趣具有高度的趋同特征,它作为一种消费需求反映在市场活动中构成了同质市场。从这个意义上说,文化因素对消费者审美取向的制约和选择是我们区分市场性质的隐性标准之一,忽视了这一点,就是缺乏对市场的深刻考察,必然对其营销活动产生不利的影响。例如,中国人认为红色是最美的,象征着热情和喜庆,所以,营销人员在销售节日礼服和礼品时应多选用红色。

③ 民族性格倾向形成的消费偏好。长期生活在一种文化中的人们,在其性格塑造过程中必定会打上文化的烙印。文化对人的性格的制约主要表现在两个方面:一是规范人们的基本生活态度和基本观点;二是调控人们行为的基本倾向。

最能反映文化对性格形成作用的、在大多数民族成员身上都体现出来的典型特征,构成了民族性格。不同的文化形成了不同的民族性格,不同的民族性格造成了消费行为倾向的差别。例如,西方民族的典型性格是热情和奔放,而中华民族的典型性格则是内敛和含蓄,这两种民族性格的不同使中国人和西方人的消费行为截然不同。中国人在消费中一般不善于直接表达自己的喜怒哀乐等各种情绪,大家都喜欢含而不露的消费风格,商家时常感到对消费者的心理有些揣摩不透，在营销工作中时有隔山打虎的感觉。而西方消费者在消费过程中，总喜欢直截了当地表达自己的消费愿望，由于西方顾客比较容易接近，营销人员在推销产品时就有了较多的成功的机会。相比较而言，营销人员面对中国消费者时，要更多地"察言观色"，通过提高工作技巧去降低由于消费者性格内向而给营销工作带来的难度，为自己创造更多的成交机会。

④ 民风民俗形成的消费偏好。由于自然环境、物质生活条件、经济发展水平和历史的作用，不同的国家和民族都有自己独特的、习惯化的生活方式，在生活的各个方面都形成了一些有别于其他国家和民族的传统风俗习惯，这些民风民俗等文化因素对消费者的心理和行为影响颇大。表现为：

第一，它促使人们形成了不同的消费偏好，各民族成员对自己民族的风俗习惯都十分尊崇，它明显地反映在衣食住行等各种消费活动中，以市场需求的方式形成了不同的消费导向。

第二，民族文化对某些方面的禁止导致了消费禁忌的形成。

第三，不同的宗教有着不同的文化偏好和禁忌，如佛教、基督教等宗教团体对其教徒的行为都有明确的规定，这些因素都制约着教徒们的消费行为。

第四，节日是人类文化中非常典型的象征，它能激发人们的情感，并有一套习惯化、程式化的消费模式。

案例 4.3　中国人"习惯"免费

众所周知，音乐和影视等下载在国外收费是天经地义的，苹果发展势头如此之好就是明证。但在中国，收费下载却一直上不了台面。有一段时间，在微软和美国方面的紧逼下，国内大力推进软件正版化工程，但由于许多消费者都不认可所谓的正版软件，甚至有很大一部分人对正版软件并没有概念，因此前景并不为人看好。中国人习惯了通用型事物和能够免费得到的东西，没有养成付费的习惯，即使免费得来的东西质量或许没有保证。所以，音乐和影视类网站在中国发展就需要另辟蹊径，不能沿用在国外收费下载的方式。

资料来源：http://tech.qq.com/a/20060927/000302.htm。

分析：西方国家由于其文化和传统的影响，在消费公共物品时付费已经成为习惯。而在中国，免费获得是习惯，所以，网站的经营者们需要利用广告获取费用来取代收费管理方式。

4.1.2 兴趣与消费行为

兴趣对消费行为的产生有着巨大的作用，消费者的个性心理倾向的差异，表现为兴趣之间的显著差别，这种兴趣的差别，是通过不同的购买行为表现出来的。因此，研究了解消费者的兴趣，不仅可以解释消费者目前的购买行为，而且可以在一定程度上预测消费者将来的消费趋向。

1. 消费者兴趣的概念

所谓兴趣，是一个人力求接触和认识某种事物的一种意识倾向。消费者兴趣是消费者对于客观事物特殊的认识倾向。所谓特殊的认识倾向,是指在认识过程中带有稳定的指向、趋向、偏好,并能持续较长的时间。在消费行为中,兴趣是消费者需要某种商品的情绪倾向。消费者的兴趣促使他们认识商品、搜集有关商品的信息并且消费商品。例如,有孩子的家庭在每年六一国际儿童节时为孩子购买新衣服、添置新文具和玩具已成为一种家庭消费习惯,因而每当儿童节临近之时,父母、孩子会对各种各样有关孩子吃、穿、用的消费品感兴趣;又如,一个人从事商业工作,那么他就总是对商业活动的信息非常感兴趣。一般来说,如果人们对自己所从事的行业是感兴趣的,那么,他的思想常常集中和倾向于自己的事业,在日常交往和谈话中,也总是把话题转到这方面来。这就是所谓的"三句不离本行"。由此可知,兴趣是人们从事各项活动的重要推动力。

兴趣不仅仅是与生俱来的,更多的是后天条件影响的结果。兴趣是在人们需要的基础上产生和发展的。例如,饥者思食,这是人的生理的需要。在消费过程中,当消费者选择吃方便面还是面包时,具体会选择哪一个厂商生产的方便面或者面包,兴趣往往成为消费者购买活动的动力因素之一。兴趣是受社会历史条件所制约的,由于各人所处的社会历史条件不同,以及所从事的实践活动不一样,人们的兴趣就有差别。消费者的兴趣一般会持续较长的一段时间,因此它对于消费行为的影响是较为持久的。消费者按照本人的兴趣进行消费活动,会给自己带来愉快和享受。

2. 消费者兴趣的特点

消费者的兴趣能够指引消费者进行信息搜集、产品评价、产品购买。消费者兴趣因人而异,概括来说,具有以下特点:

(1) 倾向性。消费者兴趣的倾向性是指消费者的兴趣总是指向某种具体商品。它可能是消费观的具体体现,也可能是在具体的购物环境中被各种外部因素所诱发的对某类商品的兴趣。在购买活动中,表现为消费者总是对某一品牌、某一类型的商品感兴趣。例如,热闹的促销活动会使消费者对某一商品感兴趣。又如,学生钻研科学的兴趣,能促使他们努力学习,增加知识;而贪玩、爱打扮的兴趣,则会使学生的学习分心。

(2) 效能性。消费者兴趣的效能性是指兴趣对消费者的活动所产生的实际效果或效能的大小。有些消费者能够把对商品产生的兴趣迅速地转变成购买行动,产生一定的实际效果,这是积极的兴趣;有些消费者则缺乏将兴趣转变成行动的力量,不能产生实际的效果,这是消极的兴趣。例如,某顾客一旦对某商品感兴趣,或迟或早总想买到它,即使借钱也要买这就是积极的兴趣。兴趣浓厚还会形成重复购买的习惯和偏好。

(3) 差异性。消费者的兴趣因人而异,差别极大。兴趣的中心、广度和稳定性与消费者的年龄、性别、职业和文化水平有着直接的联系,影响着消费者行为的倾向性与积极性。消费者兴趣的差异性是指兴趣指向商品的范围的大小。如果消费者兴趣广泛,会对商品的多方面的知识进行了解。有些消费者在广泛兴趣的背景下有着决定活动基本倾向性的中心兴趣,则会在某一方面取得更好的成绩。例如,消费者走进某一商店,虽然会对多种商品感兴趣,但对某一种商品的兴趣更浓,成为各种兴趣的中心,因此会对这一种商品产生购买的欲望,从而可能导致该种商品的购买行为的发生。

(4) 持久性。消费者的兴趣一般都会持续较长的时间。消费者对于产生兴趣的商品,会由刚开始的有趣发展成一种爱好,甚至会在爱好的基础上养成稳定的消费的习惯,即对商品进行细致了解,产生频繁的重复性购买行为。

3. 消费者兴趣的类型

消费者兴趣是复杂多变的,可以分为情趣与志趣两种。情趣是情感作用于兴趣的结果,表现为对某种消费对象的喜爱与追求;志趣是意志作用于兴趣的结果,表现为消费者热衷于创造活动,是一种间接兴趣。

消费者在兴趣特征诸方面的差异,明显地影响着消费者的消费行为,具体反映在消费者购买商品种类的倾向性上。根据消费者兴趣的程度和兴趣的范围来划分,兴趣表现为以下四种:

(1) 偏好型。这类消费者会依据兴趣的指向性形成对一定商品的特殊喜好,他们的兴趣集中,甚至有可能带有极端化的倾向。例如,这类消费者可以为买到自己所钟爱的商品跑遍几个商店,可以为得到自己偏好的商品而压缩其他方面的开支等。

(2) 固定型。这类消费者兴趣一般比较持久,一般是经过多次的消费实验以及多次的消费选择而对某一类商品产生了稳定的兴趣。表现在实际的消费活动中对于某一种商品和某一种品牌的消费习惯。

(3) 广泛型。这类消费者具有多种的兴趣,他们对外界的刺激,如商品的广告、宣传推销方式以及商品的外部包装等反应比较灵敏,容易受到这些因素的影响而重新选择购买目标,购买行为和购买对象均不确定。

(4) 随意型。这类消费者兴趣易变并且无明显的兴趣指向,一般没有对某种商品的特殊偏爱和固定的习惯,很难成为某种商品长期忠实的购买者,容易受到外界环境或自身状态的影响。

4. 消费者兴趣对消费行为的影响

消费者兴趣对人的行为有重要的影响,它可以使人积极主动地认识、了解外界事物,更有效地参与社会活动。消费者对于某种商品产生兴趣时,会有喜欢、高兴、满意等情感出现。营销人员要善于察觉消费者对客体特殊的认识倾向,包括消费者对商业经营活动中哪些事物感兴趣或不感兴趣,这是揣摸消费者心理、提高商业经营水平的重要环节。同时,由于兴趣存在着积极和消极两种倾向,研究消费者的兴趣,还有利于在商业服务工作中引导与鼓励消费者的积极兴趣,克服与改造消费者的消极兴趣,促进销售。在消费实践中,消费者的兴趣对购买行为有着重要的影响,具体表现为以下几点:

(1) 消费者兴趣有助于消费者积极认识商品,促发购买动机。从心理学的角度讲,兴趣具有很大的动机成分,如果消费者对某种商品感兴趣,就会在日常的生活中搜集该种商品的有关信息,为以后的购买做好准备。消费者在购买商品时,常常没有明确的目的,在许多情况下仅凭兴趣选购商品,兴趣越浓厚,动机形成就越迅速。兴趣有助于消费者为未来的购买活动作准备,例如对汽车有兴趣的人,可能会为购车做长期的准备工作。营销人员可以从以下几个方面引起消费者的兴趣,促发购买动机。

① 产品的使用价值。这是顾客的兴趣集中点。营销人员必须首先详细地介绍产品的功能,这是非常必要的一步。

② 时尚。它是虚荣型顾客的一个重要的兴趣集中点，营销人员可以利用商品的时尚性吸引顾客。

③ 美观。营销人员可以根据顾客的性格发掘他喜欢哪一种色彩，良好的外观可以使顾客产生购买欲望。

④ 经济。营销人员强调商品的质量和优惠价格，往往比强调优势会更好，这样会让那些经济不宽裕的顾客容易接受。

案例 4.4　奖励与罚款

山东一家饭店，开业的第一天，就在门口竖了一块招牌，敬告全城："凡来酒店用餐者，对本店的服务态度、卫生、饭菜质量一切都感到满意而提不出意见者，加收三角；能提出意见，则奖励三角。"这一手段很奇特，吸引了很多顾客。头一个月，该饭店共花掉了 5 000 多元的意见费。顾客提了意见，饭店在奖励给他们三角钱的同时，也立即改正。这样到了第二个月，形势逆转，顾客反而主动交了累计 560 元的"罚款"，再也提不出意见、挑不出毛病了。他们交"罚款"时高兴地说，只要饭菜可口、服务到位，多花三角钱也值得。

资料来源：http://hi.baidu.com/zhengxq927/item/a9902a412a9d4810896d10e9。

分析：这家饭店利用设置奖励和罚款，提起消费者了解饭店的兴趣，在观察和消费的过程中，消费者由于有很强的兴趣，所以，无论消费过程是好是坏都很兴奋，并愿意再次光临。

(2) 兴趣使消费者具有不同的偏好，选择不同的商品。消费者对商品的爱好是在兴趣的基础上形成和发展的，兴趣是影响消费者偏爱某个品牌商品的主要原因。兴趣能使消费者易于作出购买决定，促进购买行动。例如，有人已习惯使用中华牙膏，对其有了偏好，不管有何新的牙膏产品问世，他都不改变习惯，仍是购买中华牙膏。当前，在营销活动中出现的消费者购买行为的个性化趋势，进一步反映出随着消费者素质的提高、经济收入的增加，兴趣对消费行为的作用。

(3) 兴趣使消费者集中精力获得各种商品知识，更好地完成购买活动。兴趣能够使消费者较快地作出购买的决策并且尽快地付诸实施。所以，人们做某件事的兴趣越浓厚，行动的积极性就越高。当消费者积极为购买活动作准备时，他的思想就会活跃起来，注意力也放到与活动有关的事物上来。当活动遇到困难时，兴趣还有助于消费者克服困难，排除阻力，完成购买行为。在消费者实际购买感兴趣的商品的过程中，由于心情处于愉快的状态，精神集中，再加之购买前的信息准备，在兴趣倾向性的支配下，可以很快作出购买决定，完成购买行为。

兴趣还可以刺激消费者对某种商品重复购买或长期使用，消费者由于对某种商品或劳务产生持久性的兴趣，可以对其形成消费习惯和偏好，从而形成重复性或长期性的购买。

总之，兴趣对消费者的购买行为有着重要的影响。很难设想，一个对某种商品不感兴趣的消费者，他会经常地、积极地、主动地购买这种商品。一个不爱吸烟的人很难见到他去商店购买香烟。相反，一个爱美的年轻女子，你可以经常看到她去商店购买款式新颖的服装或化妆品。研究消费者的兴趣，有助于营销人员更好地了解消费者的消费心理，从而掌握消费者的购买心理的活动规律，利用各种促销手段诱发消费者对本企业产品的注意力与兴趣，促进企业产品的销售。

案例 4.5　完美房间的缺陷

一位推销员经朋友介绍要去一栋别墅里推销空调机。第一天他就吃了一个闭门羹，主人很不客气地说："我现在不需要。"

一连几天，连续吃"闭门羹"。经过了解，才知这家主人爱好设计。再次去拜访的时候，还没等主人说话，他就开口了，"你好，我今天来不是和你谈空调的，我有一个朋友想装修房子，听说你是这方面的专家，所以今天特来求教。"这位主人听后，犹豫了一下，还是把他请进了房内，并带着他参观了每一间房。这位推销员就一直跟在主人身后，听他一一讲解他的装修之道。

最后，临走的时候，他说："怎么样，我自己设计的房子，还行吧。"这位推销员说："是啊，装修得很别致，有艺术家的味道。可是，您不感觉少了些什么吗？"主人很迷惑地望着这位推销员，接着推销员又说："您想一下，如果在烈日炎炎的夏日，您大汗淋漓地从外面回来，打开空调享受一下清凉的感觉；在寒风刺骨的冬日，您浑身发抖地从外面回来，打开空调享受一下如春日的温暖，不是更好吗？"主人听后哈哈大笑了起来。结果是：他买了两台空调。

资料来源：http://mm.17k.com/chapter/271671/6394531.html。

分析：了解顾客真正的兴趣能够帮助营销人员判断生意能否成交，及时抓住顾客的心理。作为一名销售人员，在与顾客接触的过程中，要结合自己对产品的了解快速抓住顾客的兴趣集中点，围绕一至两个兴趣集中点来展开推销，做到有的放矢。

4.1.3　消费者的能力与行为差异

1. 消费者能力的含义

能力是指一个人能够顺利地完成某种活动并直接影响活动效率所必须具备的个性心理特征，即在条件相同的情况下，所表现出来的"快慢""难易""巩固程度"及"深浅程度"上的差别。能力可以分为一般能力和特殊能力。一般能力是指符合完成基本活动所要求的能力，如观察能力、记忆能力、想象能力、思维能力和注意能力等；特殊能力是指完成某种专业活动所需要的能力，如绘画能力、音乐能力、鉴赏能力等。

消费者能力是指消费者在选择和购买商品过程中所表现出来的识别能力、评价能力、鉴赏能力、挑选能力、计算能力和决策能力的综合。消费者能力的形成和发展，通常受到两方面因素的制约，一方面是个人素质，另一方面是环境、教育和实践活动。

消费者购买行为的差异，往往是由消费者能力的差异所导致的。通常对商品知识丰富、识别能力强和善于运用多种能力的消费者，购买果断，成交迅速，成交效率较高，购买后退货现象较少，不需要售货员对商品作过多介绍；而对商品知识较少、识别能力较低的消费者，挑选时常常犹豫不决，需要售货员充当购物参谋。

2. 消费者能力的构成

消费者在购买商品的过程中，也需要多种能力，并运用多种能力。例如，购买服装或布料的时候，就需要手的感觉能力，摸一摸服装或布料的质地；需要观察力，观察服装的颜色是否适合,款式有无缺陷,制作是否精致,质量是否过关;还需要鉴赏力,同其他服装或布料比较一下,看看哪一种更适合自己的需要,哪种款式、花色更好,等等。消费者应具有的能力结构,一般来说包括以下几种:

(1) 消费者的基本能力。消费者的基本能力主要包括:感知能力、分析评价能力、选择决策能力、记忆力、想象力。

感知能力是指感官对感觉、知觉的刺激进行认知的水平,取决于感官对刺激的敏感程度。如驾驶员驾车时所具有的"车感""路感",就是通过对身体周围环境的刺激作出的反应,敏感程度不同的人,反应行为不同。

分析评价能力是指把一件事情、一种现象、一个概念分成较简单的组成部分,找出这些部分的本质属性和彼此之间的关系,并单独进行剖析、分辨、观察和研究、评价的一种能力。

选择决策能力是指当消费者选中了自己满意的商品,是否能下决心买下来时应具有的能力。

记忆力是指识记、保持、再认识和重现客观事物所反映的内容和经验的能力。

想象力是指人在已有形象的基础上,在头脑中创造出新形象的能力。

例如,普通消费者购买电冰箱,只能根据一般经验对外观、颜色、造型、规格等表层信息作出浅显的分析评价;而懂得制冷知识的消费者,则可以通过观察冷凝器、压缩机等的性能指标和工作状况来评价冰箱的质量和先进性,进而作出深刻、准确的评价与判断。

(2) 消费者的特殊能力。当消费者购买特殊商品时,需要具备一些特殊能力,包括专业知识和特殊的鉴赏力。例如,对高档照相器材、专用体育器材、古玩字画、钢琴、计算机、轿车及音响等高档消费品的购买和使用,就需要相应的专业知识及分辨力、鉴赏力、检测力等特殊的消费技能。倘若不具备购买某些专业性商品的特殊能力,则难以取得满意的消费效果,甚至无法发挥应有的使用效能。

(3) 消费者对自身权益的保护能力。消费者权益是指消费者依法享有的权利及该权利受到保护时而给消费者带来的应得利益。其核心是消费者的权利,并且在广义上,消费者的权利已包含了消费者的利益,前者的有效实现是后者实现的前提和基础。消费者对自身权益的保护能力关系到消费者是否能获得消费者权利。

(4) 人际交往能力。营销工作,从心理学角度看,它是一种商业交际活动。所谓交际,是人与人之间的交往。在社会生活中,每个人所处的地位、肩负的任务不同(即他所扮演的角色不同),他的行为方式和行为准则也会不同。在市场活动中,作为买卖双方的消费者和营销人员,就代表着不同的社会角色进行着交际活动。

(5) 应变能力。营销活动要想获得满意的效果是相当困难的。这是因为买卖双方在利益上具有明显的歧异性,使得双方在心理上难以认同;还有双方在市场地位上的对立性,这种对立性尤其在市场供求严重失衡的情况下表现得更为明显。这就要求消费者具有一定的应变能力来把握购买行为的最终效果。

3. 消费者能力与消费行为

消费者能力是与年龄息息相关的,不同年龄会有不同的消费能力,产生不同的消费行为。

(1) 18—25 岁的顾客。这个年龄段的顾客群体被称为"不成熟型消费者"。因为 18—

22 岁的顾客通常还没有独立的经济来源，而 22—25 岁的顾客刚刚参加工作，收入不稳定或较低，这使他们的消费水平受到一定的制约。但是，年轻的心态、较高的欣赏水平，以及毫无家庭责任困扰的消费习惯，都会促使这个年龄段的顾客成为最积极、最冲动的消费者。应对这些顾客，营销人员不需要费尽口舌和心力，只要尽量详细地对品牌的知名度和独特性作以介绍，让产品吸引他们，他们就会倾其所有购买。这个年龄段的顾客自尊心特别强，所以要给予他们足够的尊重和重视。

(2) 25—30 岁的顾客。这个年龄段的顾客群体被称为"热情型消费者"，包括没有成家的"单身贵族型"和已经成家的"新婚贵族型"。无论成家与否，这个年龄段的顾客仍有追逐新鲜事物的热情，时时有消费冲动，并需要更多的消费鼓动才会激起消费热情。对于"单身贵族型"来说，比较关心此种消费能否给他们带来身心愉悦，比如品牌效应能否使他的消费行为受到周围朋友或同事的关注及尊重；对于"新婚贵族型"来说，则更关心此种消费能否提高他们的生活品质、增加生活情趣。所以营销人员的消费鼓动应该对症下药、言简意赅、击中要害。另外，这个年龄段的顾客通常生活节奏都较快，再加上年纪轻的关系，不喜欢听长篇累牍的介绍或推销，所以应尽量避免因过分热情或啰唆而引起他们的反感。

(3) 30—45 岁的顾客。这个年龄段的顾客群体被称为"成熟型消费者"，他们拥有稳定的经济收入和相对成熟的消费观念。一方面，固有的消费观念在他们的头脑中很难改变；另一方面，一旦认定某个品牌或某种消费趋势，他们会很快成为这个品牌忠实的消费者。与这个年龄段的顾客沟通，营销人员应该耐心地详细介绍商品的品牌背景、产品成分、功能、价位等。

(4) 45 岁以上的顾客。这个年龄段的顾客群体被称为"黄金型消费者"，他们拥有非常牢固的经济基础、悠闲的生活状态。与这个年龄段的顾客沟通，营销人员必须加倍尊重、体贴和发自内心地关爱他们，在服务过程中还要经常地赞美他们。

4.1.4 消费者的气质类型与购买行为

气质是一种稳定而典型的心理特征，它规定着消费者的心理活动的特色，是形成消费者性格的动力基础，并且对消费行为起着动力作用。气质的外部表现给每个消费者的个性涂上独有的色彩，是区别消费者之间个性的标志之一。

1. 气质的概念

气质是一个人心理活动的动力特征。所谓心理活动的动力特征，是指心理活动和状态的强度、速度、灵活性和稳定性。有的人性子急，易动感情；有的人冷静、沉着、性子慢，即使心里不高兴也不立即爆发出来；有的人反应灵敏，话语迅速而有力，不怕困难；有的人动作迟缓，说话缓慢而无力，胆小怯弱。这些都是每个人在心理过程和活动中表现出的气质特点。平常人们所说的"脾气""性情"，就是心理学上说的气质。

气质受个体生理组织特点的制约。气质的基础是天赋特性，是由个体先天的生理机能决定的。婴儿出生后刚刚与外界环境接触，不同的婴儿就表现出心理活动和动作的差异。比如，有的婴儿爱哭爱笑，动作多；有的婴儿则比较安静，动作少。

由于受先天性因素影响，气质的变化很难、很慢，具有稳定的性质。一个人的气质虽然在环境和教育的影响下，在某种程度上会得到改变，但改变是缓慢的，与能力、性格、兴趣等个性心理特征相比更具稳定性。正如俗语所说"江山易改，禀性难移"。气质虽然具有稳定性,但人在实践活动中形成的各种个性特征对气质特征能给以掩盖和改造。

气质还具有动力特征,气质的差异仿佛给每个消费者的全部心理活动涂上了个人独特的色彩,并在不同的情境、不同的活动中都表现出来,如通过人的动作速度、节奏和步态、语言、面部表现和手势等。气质会影响情绪和情感发生的速度和强度,如有些人脾气火爆,“一点就着”;有些人柔情似水,温和娴静;有些人喜怒哀乐全都表现在脸上,表情丰富;有些人不形于色,表情平淡等,这和个体独具的气质特征密不可分。总之,气质的各种特征是个体的神经系统和神经系统活动的特点和表现。

气质本身无所谓好坏,一种类型的气质会同时具有相对积极和消极的两方面。而且气质虽然使人的心理活动染上独特色彩,但它并不能决定一个人的智力发展水平,也不能决定一个人的成才方向和成就高低。

2. 气质判断的依据

一个人属于哪种气质,可根据以下六种特性来判断:

(1) 感受性。即个体对外界影响产生感觉的能力。

(2) 耐受性。即人在经受外界事物的刺激作用时在时间和强度上的耐受程度。

(3) 反应的敏捷性。例如,说话时的语速与思维反应的快慢,以及注意力转移的灵敏度等。

(4) 可塑性。虽然气质具有稳定性,但在社会生活和教育影响下也会有所改变。可塑性是指人根据外界事物变化的情况而改变自己适应性行为的可塑程度。凡是容易适应环境、能保持愉快情绪、做事果断的人,其可塑性也较大。

(5) 情绪兴奋性。是指情绪表现的强烈程度。有的人情绪兴奋性强但对情绪的控制能力较弱;有的人情绪兴奋性低但对情绪的控制能力较强。情绪的兴奋性是神经过程平衡性的表现。

(6) 外倾性与内倾性。外倾性是兴奋性强的体现,内倾性则是抑制过程占优势的反映。

3. 主要的气质学说

多少个世纪以来,古今中外的学者们都试图揭开气质的实质,他们创立了各种有关气质的学说。主要有以下几种:

(1) 体液说。古代最著名的气质学说是由古希腊的学者兼医生希波克拉底在公元前 5 世纪提出的体液说。他认为人体内含有四种体液,即血液、黏液、黄胆汁、黑胆汁。希波克拉底认为,机体的状态决定于四种体液的有机配合,即四种体液的混合。以血液占优势属多血质类型,以黏液占优势属黏液质类型,以黄胆汁占优势属胆汁质类型,以黑胆汁占优势属抑郁质类型,见表 4.1。

表 4.1　气质类型与占优势体液

气质类型	体内占优势的体液
多血质	血液
黏液质	黏液
胆汁质	黄胆汁
抑郁质	黑胆汁

体液说并没有被现代科学实践证实,是缺乏科学根据的。但在生活中人们确实可以观察到这四种气质类型的典型代表人物,这就是四种气质类型沿用至今的原因。各种不同气质类型的人,具有不同的性格特点。

① 多血质:热情活泼好动,情绪易于转换,反应机智灵敏,实现沟通迅速,言行举止快捷,属于活泼型。

② 胆汁质:喜形于色,主观易于冲动,情绪变化激烈,行为干脆利索,购物决策果断,属于兴奋型。

③ 黏液质:情绪变化缓慢,安静稳重踏实,固执多疑怯懦,反应从容不迫,言行拘谨自制,属于安静型。

④ 抑郁质:心绪消沉于内,反应迟钝犹豫,冷漠孤僻寡欢,多疑内省仔细,言行缓慢腼腆,属于抑郁型。

(2) 血型说。1901 年,维也纳大学的卡尔 · 兰德斯坦纳(Karl Landsteiner)发现血液的不同类型,创立 ABO 系统,以解决输血过程的障碍问题。这引发了日本心理学家古川竹二的灵感。1927 年古川竹二很敏感地将四种血型和四种气质类型联系在一起。他在大量调查的基础上认为,希波克拉底的四种气质类型不是由胆汁和黏液决定,而是由血型决定。他把兰德斯坦纳的 ABO 系统与四种气质类型相结合,创立了"气质的血型说"。四种血型分别是 O 型、A 型、B 型和 AB 型。不同血型气质的人,具有不同的性格特点。

① O 型气质:意志坚强、志向稳定、独立性强、有支配欲、积极进取。

② A 型气质:性情温和、老实顺从、孤独害羞、情绪波动、依赖他人。

③ B 型气质:感觉敏感、大胆好动、多言善语、爱管闲事。

④ AB 型气质:兼有 A 型和 O 型气质的特点。

血型说的最大缺陷就在于搞不清血型为什么能决定人的气质和性格,它们的内在联系是什么。父母的血型直接决定孩子的血型,但是,人的性格不是遗传的,更多是环境刺激的结果,并因为内外环境的刺激,使某方面强化或弱化。血型作为人体中负责生命运动的物质,其分子结构是固定不变的。一个人一辈子只能有一种血型,整个机体也只适应这一种血型,而人的性格却是二重的甚至多重的。

(3) 体形说。德国精神病学家和心理学家恩斯特 · 克雷奇默曾攻读过哲学,后去慕尼黑学医,在那里受到克雷佩林的影响。他在《本格和性格》(1921 年)一书中,提出了体形说。体形说认为人的气质与体形有关,不同体形的人表现出不同的性格特点。

① 矮胖型:体形健壮、腿短、胸圆,具有外向、易动感情、善于交际、好动等特点。

② 瘦长型:体型瘦长、腿长、胸窄、孱弱,具有不善交际、孤僻、沉默、羞怯、固执等特点。

③ 强壮型(运动型):肌肉结实、身体强壮,具有乐观、富有进取心等特点。

体形说主要问题在于,当代科学还不能清楚地揭示身体特征对气质究竟起什么作用。一种可能是身体特征影响社会环境,而社会环境则塑造着个性。例如,一个胖娃娃,周围人都喜欢和他开玩笑,使他容易形成开朗、活泼的性格;一个瘦弱的孩子,不大讨人喜欢,使他容易形成孤僻的性格。他们过分夸大了生物因素的作用,忽视了社会生活对气质的作用。克雷奇默又把一切人都归入精神病患者,这显然是不正确的。

(4) 高级神经活动类型说。巴甫洛夫认为人的气质是由人的高级神经活动类型决定的。大脑皮层的基本神经过程有强度、均衡性和灵活性三种基本特性。根据这三种特性可以将个体的神经活动分为不同的神经活动类型。神经过程的强度是指神经系统兴奋与抑制的能力,兴奋与抑制能力强,其神经活动就是强型;兴奋与抑制能力弱,其神经活动就是弱型。均衡性是指兴奋与抑制能力的相对强弱。根据神经活动的均衡性,可以将强型又分为两类:如果兴奋与抑制的能力基本接近,就是平衡型;如果兴奋能力明显高于抑制能力,就是不平衡型。灵活性是指兴奋与抑制之间相互转换的速度。

① 强、平衡而灵活的类型(多血质):又称为活泼型,这是一种健康、坚强、充满活力的神经活动类型,是一种最完善的类型。这种类型的人能较好地与环境维持平衡,受刺激时活泼、灵敏,没有受刺激时倾向于昏沉;很容易建立抑制性条件反射。即使生活在不良的环境中,这种类型的人也难以出现神经性疾病。

② 强、平衡而不灵活的类型(黏液质):又称为安静型,这种类型的人能够较好地适应环境。他们的情绪兴奋性较低、外部表现少、反应速度慢,一般表现为沉静安详、少言寡语、动作迟缓、善于克制忍耐、情绪不外露、做事踏实、慎重细致,但不够灵活、易固执己见。

③ 强而不平衡的类型(胆汁质):又称为兴奋型,这种类型的个体兴奋过程强于抑制过程,容易建立阳性条件反射,但很难建立阴性条件反射,在必要的情况下,也很难阻碍这种类型个体的活动。这是一种容易兴奋、不受约束的类型,所以也称为不可遏制型。在特定的要求个体有强的抑制的情境中,这种类型的个体倾向于抑郁和昏沉,或者产生难以遏制的行为或攻击性行为。

④ 弱型(抑郁质):又称为抑制型,这种类型的个体需要特殊的环境才能生存,他们难以建立条件反射。这种类型的个体神经细胞很弱,所以正常强度的刺激也会引起他们的保护性抑制,在刺激作用下,会产生错乱,甚至衰竭。这种类型的个体常出现神经官能症,他们也很难对抑制性刺激作出反应,环境中的快速、经常性的变化会引起行为错乱。弱型具有一定的保护性,他们只有在特定的环境中生活才有价值。

4. 气质类型与购买行为

体液说一直备受推崇,营销人员可以依据体液说来分析消费者的购买行为,具体来说,各种典型的消费者的购买行为有如下特点:

(1) 多血质型消费者。这类消费者比较热情、开朗,喜欢沟通交流,注意力容易转移,比较容易受商品的外表、造型、颜色、命名的影响。但是,兴趣忽高忽低,行为易受感情的影响。营销人员应该主动介绍、与之交谈,认真倾听对方的讲述,利用周围环境的感染、购买现场的刺激和社会环境的影响来加速其购买。

(2) 胆汁质型消费者。这类消费者表情外露,心急口快,选购商品时言谈举止显得匆忙,常常购买第一件合意的商品,不愿意反复选择比较,作出购买决定比较快速,甚至是草率。营销人员切记不要让这类消费者等候过长时间,为他们服务必须速度快、效率高、应答及时、语言友好,否则会激起他们的烦躁情绪,可适当向他们介绍商品的有关性能,以引起他们的注意和兴趣。

(3) 黏液质型消费者。这类消费者认真、冷静、慎重,善于控制自己的感情,不容易受广告、商标、包装的干扰和影响，喜欢自己加以细心的比较、选择后才决定购买，作出购买决定的时间比较长。文静、稳重的营业员能够得到他们的喜爱。接待这类消费者要避免过多的提示和热情，否则容易引起他们的反感；要允许他们有认真思考和挑选商品的时间，接待时更要有耐心。

(4) 抑郁质型消费者。这类消费者优柔寡断、小心谨慎、态度敏感。营销人员接待这类消费者时要态度和蔼、耐心，对他们作尽可能详细的商品介绍，以消除其疑虑，促成买卖；对于他们态度的反复，应予以理解。

现实生活中，大多数消费者并不纯属于某种气质类型，往往是以某种气质为主，兼有其他气质的混合气质类型。营销人员应从消费者的言谈举止、反应速度和精神状态等一系列外在表现来判断其主要气质，引导和利用其积极方面，控制其消极方面，使工作更有预见性、针对性、有效性。

4.1.5 消费者的性格特征与行为表现

消费者的性格反映着消费者的个性差异，表现着每个人的特殊性。

1. 性格的概念

性格是个性的重要方面。它是指人对现实的态度和行为方式中的比较稳定的心理特征的总和。例如，在待人处事中表现出豪爽果断、有原则性、肯帮助人等特征；对待自己则表现出谦虚、自信等特征。人的性格特征多种多样，如诚实、勇敢、自卑、怯懦等都属于性格特征。人和人的差别首先就表现在性格上。各种性格特征交织在一个人身上，构成了人们各不相同的性格。性格和人生观、世界观相联系，因此，是个性中最核心的部分。

性格特征表现在人对现实的态度和行为方式中，它在不同场合下表现出个人特有的风格。但是，并不是任何一种态度，或任何一种行为方式都可表明一个人的性格特征。比如，一个消费者具有果断的性格特征，在购买中一向是能很快作出决定的。偶然一次，在购物时表现得优柔寡断，这不能说明他的性格特征。只有那些经常稳定的行为方式才能代表其性格特征的本质。

人们常常根据各种气质特征，判断一个人的性格。这实际上是混淆了性格和气质两种个性特征的界限。它们二者既有区别又有联系。

气质与神经系统密切相关，受制于生理特点和遗传素质，因此，它比性格形成较早，表现在先，且不易变化或变化缓慢。

性格较多地受社会生活环境的影响，虽也有稳定性，但通过个人的主观努力能较易、较快的变化。二者是个性中的两个侧面，气质对性格的情绪性和表现速度，对性格的形式和发展的速度、动态有一定影响；性格则在一定程度上掩盖和改造气质，使它服从实践所要求的行为方式。“性格决定命运”中的“性格”就是心理学中所说的性格。“江山易改，禀性难移”中的“禀性”体现的则是心理学中所说的气质。

由于性格决定了一个人在对待事物的态度和行为方式中总是表现出某种稳定倾向，所以能预见他在某种情况下将如何行动。性格标志着某个人的行为和其行为的结果，可能有益于社会，也可能有害于社会。因此，性格有好坏之分，对道德评价具有重要意义。

2. 性格的形成

人的性格不是天生的，而是在生理素质基础上，在社会实践活动中逐渐形成和发展起来的。它的形成过程是主体与客体相互作用的过程，因而人们的性格存在着明显的差异。任何性格特征也不是一朝一夕形成的，它是从儿童时期开始就不断受到社会环境的影响、教育的熏陶和自身的实践，经过长期塑造而成的。人的社会环境，具体来说，就是他的家庭、学校、工作岗位、所属社会团体以及各种社会关系等。一个人的性格是较稳定的，同时又是可塑的。在新的生活环境和教育影响下，通过实践活动，一个人的性格可以逐渐改变。

3. 性格的特征

(1) 性格的社会特征

性格的社会特征是指主体对客观现实的态度，它包括对社会、集体、他人、劳动、工作和自己的态度，如富有同情心或无情、公而忘私或自私自利、认真或马虎、节俭或浮华、自信或自卑等等。

(2) 性格的理智特征

性格的理智特征是指人在认识过程中表现出来的特点，即人在认识事物的态度和活动方式上的差异，如认识的主动或被动、深刻或肤浅、广泛或狭隘、敢于想象或想象受阻等。

(3) 性格的情绪特征

性格的情绪特征是指经常地、比较稳定地影响人的情绪状态，具体表现在情绪活动强度、情绪的起伏和持久程度、主导心境等方面。

(4) 性格的意志特征

性格的意志特征是指人们在意志行动中的自觉调节方式和水平，包括目的性或盲目性，主动性或被动性、有自制力或缺乏自制力、镇定或惊慌、果断或犹豫、勇敢或怯懦等等。

4. 消费者性格类型与购买行为特点

在某些人身上所共有的或相似的性格特征的独特结合，构成性格类型。按照一定标准和原则对性格进行分类，有助于揭示性格的实质。消费者千差万别的性格特点，往往表现在他们对消费活动的态度和习惯化的购买行为方式，以及个体活动的独立性程度上，从而构成形式各异的消费行为。

(1) 按照智力、情感、意志在性格结构中何者占优势，可以把消费者的性格划分为理智型、情绪型和意志型

理智型消费者在消费活动中主要受理智支配，善于分析各种因素，权衡利弊作出消费决策。他们对于诸如商家的打折降价、优惠酬宾等活动或对其他消费者的争相购买，从不轻信、盲从，而是冷静分析作出决定。情绪型消费者受感情支配，易受诱因影响。只要自己喜爱就可能进行购买，比较冲动，而对实际效果考虑得相对少些。意志型消费者目标明确，认识主动，在购买中能确立明确的购买目的，迅速决策，排除干扰完成购买行为。

(2) 按照心理倾向，可以把消费者的性格划分为外倾型和内倾型

外倾型消费者开朗外露，善于交际，喜欢通过面对面的信息沟通和交往来帮助自己确定决策。因此，在购买中易受周围环境、其他顾客以及营销人员态度的影响。他们对于感兴趣的或购后评价好的商品，总是自觉或不自觉地充当着这一商品的义务宣传员。如果他们对

商品不满意,会劝说别人不要上当,这时,他们的一句话能抵得上一连串的广告。他们还喜欢给别人出主意、提建议,帮助他人选购商品。

内倾型消费者沉静、内向,喜欢自己观察体验,通过大众媒介与非面对面的交流渠道来了解有关消费知识和商品的质量、性能,往往要经过反复权衡后才会作出购买决定。

(3) 按照个体独立性程度,可以将消费者的性格划分为独立型和顺从型

独立型消费者有主见,自信心和主观性较强,在购买中能独立自主地作出判断和选择,不易受外界因素影响,他们是家庭购买决策的关键人物。

顺从型消费者则相反,缺乏主见,容易不加批判地接受别人的意见,购买过程长,易反复,应变能力差。他们一般不购买标新立异的商品,但也不固守传统。其行为受相关群体影响较大,和与自己相仿的消费者群体保持比较一致的消费水平,对社会上出现的新鲜事物不积极也不反对,能够随着社会发展、时代变迁,不断调节、改变自己的消费方式和习惯。

(4) 按照社会生活方式,可以将消费者的性格划分为理论型、经济型、艺术型、社会型、政治型和宗教型

理论型消费者求知欲强,善观察分析推理,自制力强,购买行为表现得比较理智;喜欢遵循传统消费习惯,对有关新产品的市场信息持怀疑态度,有意无意地进行抵制;信奉传统商品,经常怀恋往昔。

经济型消费者勤俭节约、朴实无华、生活方式简单,认识事物、考虑问题比较现实;对商品的价格和质量很关心,选购商品的标准是实用,不追求外观,不图名声;容易接受说明商品内在质量的内容,购买中不喜欢营销人员人为地赋予商品过多的象征意义。此类消费者在我国为数众多,尤其在中年消费者中更是多见。

艺术型消费者善于享受各种美好的情趣和审视美好事物,在购买中以美的价值和标准衡量商品,注重商品外观价值和内在美的含义,能真正消费和享受艺术性商品。

社会型消费者善良随和,乐于交际,与营销人员接触时容易形成融洽关系,而且很少挑剔。

政治型消费者喜欢权力,自信,甚至自负专横,讲原则,一般不会与营销人员有冲突。

宗教型消费者信仰坚定,以慈悲为怀,乐于沉思和自我否定,一般富有同情心。

(5) 按购买方式,可以将消费者的性格分为习惯型、慎重型、挑剔型和被动型

习惯型消费者对某一厂牌、商标的商品有深刻体验后,便会保持稳定的注意力,逐步形成习惯性的购买和消费,不轻易改变自己的信念,不受时尚和社会潮流的影响,购买中遵循惯例,长久不变。

慎重型消费者在采取购买行为之前,要作周密考虑,广泛收集有关信息;在选购时,尽可能认真、仔细地进行商品的比较,权衡各种利弊之后才作出购买决定。

挑剔型消费者一般具有一定的购买经验和商品知识;挑选商品时主观性强,善于观察别人不易观察到的细微之处,检查商品极为小心仔细,有时甚至达到苛刻程度。

被动型消费者往往是奉命购买或代人购买,没有购买经验,在选购商品时大多没有主见,表现出不知所措的言行,渴望得到营销人员的帮助。

5. 性格理论对营销活动的意义

在现实生活中,消费者的性格往往不是单一型的,而是中间型或混合型的。研究消费者的性格特征及类型,有利于更好地做好销售和服务工作,因此,有着重要的实践意义。

(1) 企业可以挑选外倾型消费者为企业免费宣传

外倾型消费者是商品的口头传播者,他们热情、外向、善交际、话多,口传信息是影响消费者行为的重要因素之一。消费者口传的信息是在没有个人企图的情况下发表的独立见解,能帮助别人分析商品的优缺点和购买的利弊。他们的评论和意见常常是根据自己的切身体验提出的,这就大大增强了信息的可信程度,因而,人们十分相信来自这些人的商品信息。企业要与这种类型的消费者搞好关系,尽量使他们成为自己的老顾客和义务宣传员。

(2) 企业可以挑选情感型消费者体验新产品

情感型消费者性格开朗,思想解放,容易接受新事物,愿意尝试新产品。因此,他们是新产品购买和使用的先行者和"活广告"。他们对新产品有着浓厚的兴趣,喜欢依靠自己的能力对新产品作出判断和评价,他们往往把比别人早一点获得新产品信息作为一种乐趣,并通常是最早作出购买尝试的;他们富有创新精神,往往为了使用新产品而不畏风险。企业在推出新产品时,可以挑选这种类型的消费者进行产品体验,往往会收到良好的效果。

(3) 性格理论有利于营销人员选择和培养个人良好的性格类型

营销人员承担着把产品从生产领域转移到流通领域,最终到达消费领域的任务。营销人员需要与各种各样的消费者打交道,与社会各界联络沟通,参加各种营销活动(即社交活动)。因此,营销人员应选择和培养自己具有有助于人与人之间接触、沟通的外向型性格类型。因为外向型性格的人,心理活动倾向于外部,经常对外部事物表示出关心和兴趣,开朗、活泼,特别善于社交。在性格的培养过程中,特别重要的是要学会对自己的性格进行自我调节和自我教育。一切外因只有通过内因才能起作用。只有当营销人员意识到自己的性格必须符合自己所从事的工作时,他才能产生积极的动机,自觉地调节自己的行为方式,重视在工作实践中培养自己良好的性格特征。因此,营销工作实践是培养良好性格特征和使它变为习惯化的行为方式的有效途径。

4.2　消费者的自我概念与消费行为

消费者的自我概念或自我形象与前面介绍的个性有紧密的联系。自我概念也称自我形象,是指个人对自己的能力、气质、性格等个性特征的感知、态度和自我评价,这一概念以潜在的、稳定的形式参与到行为活动中,对人们的行为产生极为深刻的影响。同样,自我概念也渗透到消费者的消费活动中。

每个人都会逐步形成关于自身的看法,如是丑是美、是胖是瘦、是能力一般还是能力出众等。自我概念回答的"我是谁?"和"我是什么样的人?"一类问题,是个体自身体验和外部环境综合作用的结果。一般认为,消费者将选择那些与其自我概念相一致的产品和服务,避免选择与其自我概念相抵触的产品和服务。正是在这个意义上,研究消费者的自我概念对企业特别重要。

4.2.1 自我概念的构成

自我概念是个人在社会化过程中，通过与他人交往以及与环境发生联系，对自己的行为进行反观自照而形成的。消费者不只有一种自我概念，而是由实际的自我概念、理想的自我概念、社会的自我概念、理想的社会自我概念、期待的自我概念等五种自我概念构成的。

1. 实际的自我

实际的自我是指消费者实际上如何看待自己，通过自我评价来判断自己的行为是否符合社会所接受的标准，并以此形成自我概念。

2. 理想的自我

理想的自我是指消费者期待自己是怎样的，即在消费者的自我概念中定位自己应该是个什么样的人。通俗地讲，就是消费者希望、期待自己是什么样的人，即自我定位的标准、目标。它是个人对"应当是"或"必须是"等的理想状态。

3. 社会的自我

社会的自我是指消费者感到别人是如何看待自己，通过他人对自己的评价来进行自我反映评价，从而形成自我概念。他人评价对自我评价的影响程度取决于评价者自身的特点和评价的内容。通常，评价者的权威性越大，与自我评价的一致性越高，对自我概念形成的影响程度也就越大。

4. 理想的社会自我

理想的社会自我是指消费者希望别人如何看待自己，通过与他人的比较来观察自己而形成和改变自我概念。

5. 期待的自我

期待的自我是指消费者期待在将来如何看待自己，它是介于实际的自我与理想的自我之间的一种形式。由于期待的自我折射出个体改变"自我"的现实机会，对营销者来说它也许较理想的自我和现实的自我更有价值。

人们受趋利避害的心理驱使，往往希望从外界环境中寻找符合自己意愿的信息，而不顾及与自己意愿相反的信息，以此证明自己的自我评价是合理、正确的，这一现象证明了人们经常从自己喜欢的方面来看待、评价自己。

人们都具有从实际的自我概念向理想的自我概念转化的意愿和内在冲动，这种冲动成为人们不断修正自身行为，以求自我完善的基本动力。不仅如此，人们还力求使自己的形象符合他人或社会的理想要求，并为此而努力按照社会的理想标准从事行为活动。正是在上述意愿和动机的推动下，自我概念在更深层次上对人们的行为发生影响，制约和调节着行为的方式、方向和程度。

4.2.2 自我概念与消费行为

自我概念存在于消费者的心理活动中，对其消费行为有着深刻的影响作用。不同型号、档次、质地、品牌的商品往往蕴涵着特定的社会意义，代表着不同的文化、品位和风格。消费者通过消费行为可以显示出与众不同的个性特征，加强和突出个人的自我形象，从而有效地表达自我概念，促进实际的自我向理想的自我转化。

1. 消费者往往要借助某种实物形成个人的自我概念

消费者在选购商品时，不仅以质量优劣、价格高低、实用性能强弱为依据，还常常把商品品牌特性是否符合自我概念作为重要的选择标准，即判断商品是否有助于“使我成为我想象或期望的那样的人”，以及“我希望他人如何看待我”。如果能够从商品中找到与自我印象或评价一致或相似之处，消费者就会倾向于购买该商品。例如，一个自认为具有较高欣赏品位的消费者购买家具时，会倾心于那些款式新颖、品牌定位高、设计独特的家具，而不喜欢大众化、一般化的家具。

消费者购买某种品牌的商品与他们的自我概念是比较一致的，对消费者的自我概念作深层研究，可以进一步得出结论，消费者购买某种商品，不仅是为了满足特定的物质或精神需要，同时还出于维护和增强自我概念的意愿。在这一意义上，购买商品成为加强自我概念的手段，自我概念则成为控制购买行为的中心要素。

在很多情况下，产品可能成为消费者可以依靠的“社会拐杖”。未完成个人定位的人往往倾向借助于相关象征物的购买和显示来完成身份定位，这种理论叫做表象自我形成理论。

消费者用于自我定位的产品可以划分成四个层次：一是个人层次，即消费者的个人财产，如珠宝、服饰和汽车等；二是家庭层次，即消费者的住宅及其内部装饰物等；三是社团层次，即消费者的邻居和社区关系；四是集团层次，即消费者所属的社会阶层。

案例4.6　我是总经理助理

小王是一名名牌大学的毕业生，在一个知名公司里工作不到一年就当上了总经理助理。她虽然工资不太高(月薪4 000元左右)，可她经常出入专卖店购买名牌服装，使用高档化妆品，从来不到农贸市场或者地摊上购买东西(她认为这样做有失身份)。

资料来源：http://wenku.baidu.com/view/a59c9cd128ea81c758f57819.html。

分析：小王的自我概念中认为自己已经是上流社会的人士，必须购买相应的产品以显示这种自我概念。

2. 关于消费者自我概念的研究，对于产品设计和销售具有重要的指导作用

新产品设计的主要依据应当是符合消费者某种特定的自我概念。当现有产品不能与消费者的自我概念相匹配时，才有必要设计和生产新产品。而新产品不仅要在质量、外观、性能上有别于老产品，更要具有独特的个性和社会象征意义，能够体现出尚没有特定商品与之相匹配的消费者的自我形象。在商品销售中，了解消费者的自我概念，向消费者推荐最能反映其形象特征的商品，可以有效地影响和引导消费者的购买行为，因而是商品销售的重要方式和成功要诀。

在很多情况下，消费者购买产品不仅仅是为了获得产品所提供的功能效用，而是要获得产品所代表的象征价值。比如“劳斯莱斯”“宝马”“凯迪拉克”等汽车品牌，对于它们的购买

者来说，已不是购买一种单纯的交通工具，而是要向别人传递关于自我的很重要的信息。人们倾向于根据自己的拥有物来界定自己的身份(Self Identity)。某些拥有物不仅是自我概念的外在显示，同时也是自我身份的有机组成部分。产品要成为消费者自我概念的外在显示，必须具备以下条件：

(1) 应具有使用可见性

即产品的购买、使用和处置能够很容易被人看到，并能够被别人熟知；产品的含义和象征意义必须很容易被别人理解和接纳。例如，几乎所有的消费者都知道，劳斯莱斯是贵族的象征，这样购买的人才能突显出自己的地位，显现出自我概念。

(2) 应具有购买困难性

由于资源禀赋的差异，一些消费者有能力购买，而另一些消费者则无力购买。如果每人都可拥有一辆"奔驰"车，那么这一产品的象征价值就丧失殆尽了。这类产品必须只能被一部分人拥有，如果能够轻易获得，又能够轻易丢弃，形成大众化，每个人都可以拥有，就没有象征意义了。例如，苹果手机使用的饥饿式营销，就是抓住了人们的这种心理。而那些获取时需要付出较大"精神力量"和"物质资源"的物品，更能具有象征意义。例如，高档化妆品、排队购买到的罕有邮票等。

(3) 应具有拟人化性质

这类产品能在某种程度上体现使用者的典型形象。像汽车、珠宝等产品均具有上述特征，因此，它们很自然地被人们作为传递自我概念的象征品。

营销人员应努力使产品变成消费者特殊的自我概念显示物，促进其购买，并愿意使用。

3. 自我概念影响消费行为

自我概念通过消费行为方式寻求自身表达。由于自我概念本身的复杂性，消费行为呈现出多样性和独特性。现实自我和理想自我是影响消费行为最大的两个自我领域。

(1) 现实自我对消费行为的理性约束

现实自我是客观的社会地位、教育背景和经济收入以及人际关系所决定和要求的那个自我。这个自我决定了消费者在消费时多考虑自身实际的支付能力，突出表现在价格上。产品的价格在一定程度上能反映产品拥有者的社会、政治、经济地位。消费者在购买行为中会根据自己的真实自我概念和理想自我概念对商品价格加以认同。例如，一个收入很高的消费者会倾向于购买价格高、能象征自己社会地位的产品。

除了经济因素外，产品和购物环境折射出的人格特征也占重要的决策权重，现实自我与日常功能性物品有着更为密切的关系。例如，购买日本丰田汽车的消费者认为自己较于德国大众汽车的消费者更为活跃。

(2) 理想自我对消费行为也有很强的导向作用

理想自我一般高于现实自我，两者之间的差距就是幻想的程度。这种差距的感知是促使其非现实的消费行为的动机。具有社会表现力的产品或服务和消费者的理想自我联系最为密切，包括塑形产品或服务、高档服装、高级香水、度假胜地等。这些消费都是极为可视的，具有公开的自我展现能力。例如，塑形产品或服务无论是在德国、美国，还是在中国，都是一个具有无穷潜力的市场。研究表明，使用过这类产品或者服务的消费者声称，他们的身材更像广告中代言的明星了。

由于人类的社会性，人们通常经历更多的场合和更复杂的人际关系，因此，自我的概念要更为复杂和多样，对消费行为的影响也就更为微妙而复杂，这就要求企业要进行恰当的市场细分。

4. 消费行为塑造自我概念

(1) 消费行为是身份或角色的重新定位

人们的社会身份一直处于变动之中，这种身份和角色的变化需要借助于一定的物品和消费方式。例如，结婚典礼通常是一种典型的消费仪式，通过这样的消费仪式，男女双方在心理上完成了社会角色的转变，并且要求他人也以新的身份来看待他们。人们倾向于用外在可视和可触的物品来证实和支持身份和角色的转变，这种心理意向就是他们产生新的消费行为的动机。消费方式的变动，可以作为人们职业变动、社会地位和自我形象改变的指针。例如，很多中国人购买私人轿车前后的收入、社会地位并没有太大的变化，但是，消费者对自身社会角色的认知却发生了非常积极的变化：有车，意味着成为了中产阶级的一员。企业可以利用消费者的这种心理来进行引导，倡导产品象征的社会身份和角色，帮助消费者完成身份或角色的重新定位。

(2) 消费行为使得自我概念更加完整、清晰

消费者用不同的方式和物品来构造自己存在的环境，以构建完整的自我，控制人们对自己的评价。人们的自我意象往往是模糊的，营销的创新在于，用一定的产品和服务作为背景，来廓清消费者的自我意象，帮助他们构建完整、清晰的自我概念。消费行为实际上扩展了自我的内涵，消费品已经不仅仅是满足人们基本的生理需要，而在很大程度上变成了人们定义自我和社会角色的道具。

5. 自我概念带来的营销契机

在营销过程中，考虑细分市场的人格因素是极为重要的。企业从产品概念开始，就应该考虑与潜在消费者的自我契合点，即所谓先人格营销。

(1) 企业应该考察消费者的产品自我关联域

产品自我关联域指产品能够激发消费者的自我领域。不同产品有着不同的产品自我关联域。把同一产品分为几个不同档次就可以照顾到不同的自我领域。在广告宣传中，与现实自我关联较强的产品应该注重强调其实际的使用功能，让消费者明白能给自己带来的确切利益；而与理想自我关联较强的产品，应该着力突出其象征性的社会意义，以满足消费者的幻想。需要注意的是，随着生活水平的提高，以往的现实自我领域正在变得萎缩，而理想领域自我在决策中的权重越来越大。

(2) 企业要通过有效的宣传，来营造消费气氛，以塑造消费者的自我概念

消费者的需要并没有历史性的变化，但满足需要的方式却日新月异，不同的满足方式导致不同的自我认知和自我概念。用新的消费方式来刺激消费者重新审视自我概念，是创新营销的关键。企业推出新颖的产品和服务，通过广告，可以影响消费者对自我的看法，并改变其自我观念，这就是塑造作用。例如，中国移动公司的“我的地盘，听我的”“时尚、好玩、新奇”的宣传口号，激活了广大青少年的自我体验感，塑造了一代青少年的自我概念：自我意识膨胀、特立独行、敢于立异、崇尚自由和时尚。

4.3 消费者的生活方式与消费行为

企业的经营模式有三波浪潮:第一波是“产品时代”,产品决定顾客;第二波是“顾客时代”,企业寻找或创造顾客;第三波是“生活方式的时代”,顾客消费的不是产品和服务,而是一种生活方式,企业的责任是创造生活方式。现如今企业的经营模式正进入第三波浪潮。

4.3.1 生活方式的概述

1. 生活方式的内涵

生活方式就是人如何生活,它是个体在成长过程中,在与社会诸因素交互作用下表现出来的活动、兴趣和态度模式。每个人都有自己认同和向往的生活方式。有的人喜欢自由奔放和无拘无束,有的人喜欢豪华与尊贵,有的人喜欢挑战和冒险,有的人喜欢恬淡与安逸……无论哪种生活方式,都是人们个性化生活历程中的一种宝贵体验。个体和家庭均有各自的生活方式,家庭生活方式部分地由家庭成员的个人生活方式所决定,个人生活方式也受家庭生活方式的影响。

关于生活方式的内涵,《中国大百科全书 · 社会学卷》作了比较严谨的科学表述:“不同的个人、群体或社会全体成员在一定的社会条件制约和价值观指导下,所形成的满足自身生活需要的全部活动形式与行为特征的体系。”一方面,生活方式是一个历史范畴,在不同的社会历史背景中,受社会生产生活条件的限制,人们会形成不同的生活价值取向,形成相应的生活方式。另一方面,人们的生活方式受特定的生活价值取向和生活观念影响,生活价值取向、生活观念体现在生活方式的方方面面。

2. 生活方式与个性

生活方式与前面讨论的个性既有联系又有区别。一方面,生活方式在很大程度上受个性的影响。比如一个具有保守、拘谨性格的消费者,其生活方式不大可能包含探险一类的活动。另一方面,生活方式关心的是人们如何生活、如何消费、如何休闲等外显行为。个性则侧重从内部来描述个体,它更多地反映个体思维、情感和知觉特征。可以说,两者是从不同的层面来刻画和区分个体的。

3. 生活方式的内容

人们的生活时间分为四大类,即工作时间、家务劳动时间、生理需要(如睡觉、吃饭等)时间和休闲活动时间。以家庭生活方式而言,家庭生活方式的内涵比较丰富,它指的是家庭为满足其全体成员的生存和发展需要而进行的全部活动的总体模式和基本特征,它所涉猎的领域是十分广泛的。就其活动类型划分,主要有家庭精神价值、家庭消费方式、家庭劳动方式、家庭闲暇方式等基本内容。

研究消费者生活方式通常有两种途径:一种途径是研究人们一般的生活方式模式;另一种途径是将生活方式分析运用于具体的消费领域,或与公司所提供的产品、服务最为相关的方面。在现实生活中,消费者很少明确地意识到生活方式在其购买决策中所起的作用。例如,在购买登山鞋、野营帐篷等产品时,很少有消费者想到这是为了保持其生活方式。然而,追求户外活动和刺激生活方式的人可能不需多加考虑就购买这些产品，因为这类产品所提供的利益与其活动和兴趣相吻合。

4.3.2　生活方式的测量方法

随着信息社会科技、经济的快速发展变化，个人的兴趣爱好和价值观日益多元化，仅仅依靠传统的人口统计资料，往往不能很好地预测消费者的行为，即使在一个特定的收入水平或特定地域内，消费者行为的差异性表现还是非常突出的，也很难精确把握适宜的营销方式，因而需要更进一步探索消费者的生活方式，更精准地了解消费者。目前测定消费者的生活方式的方法主要有 AIO 量表法和 VALS 量表法。

1. AIO 量表法

AIO 量表法又称活动、兴趣、意见测试法。其基本思想是通过问卷调查的方式了解消费者的活动（Activity）、兴趣（Interest）和意见（Opinion）以区分不同的生活方式类型。研究人员从消费者中抽取大量样本，以问卷的方式向调查者提出一系列问题和答案，请消费者以文字表述或选择答案的方式回答。提出的关于活动方面的问题是消费者做什么、买什么、怎样打发时间等；兴趣方面的问题是消费者的偏好和考虑的事物；意见方面的问题是消费者的世界观、道德观、人生观、对经济和社会事务的看法等。表 4.2 列出了测量消费者的态度、兴趣和意见因素的主要指标以及回答者的人口统计项目。

表 4.2　消费者的态度、兴趣、意见和人口统计测试项目表

活　　动	兴　　趣	意　　见	人口统计项目
工作	家庭	自我表现	年龄
爱好	住所	社会舆论	性别
社会活动	工作	政治	收入
度假	交际	业务	职业
文娱活动	娱乐	经济	家庭规模
俱乐部会员	时髦	教育	寓所地理区域
社交	食品	产品	教育
采购	媒介	未来	城市规模
运动	成就	文化	生命周期阶段

从表 4.2 中，通过了解人们怎样支配时间，对什么感兴趣，什么对他们重要，他们如何对待自己及周围的世界等方面的问题，用统计数据“浓缩”出人们的生活方式来。例如，在我国的一些大城市，很多消费者比较普遍的打发闲暇时间的方式是逛商场。

那么，到底怎样编制一份 AIO 量表呢？首先，研究者应当尽量使用手机得到有关市场调研的资料，找出有意义的关键变量。其中，有关动机研究的资料可能尤为有用。因为消费者的经验和需要量最容易从这里流露出来。其次，针对关键变量，研究者形成各种类型的陈述,以反映自己所想知道的消费者的活动、兴趣和意见。在建构陈述时,还要注意消费者是否能够准确无误地理解陈述的含义,还要注意消费者是否会作出社会赞许性回答。最后,将诸多陈述排列起来,让消费者去回答他们对每条陈述的同意程度。生活方式量表涉及面广,陈述通常超过 100 条,但由于只要勾勾画画,也不会占用回答者太多的时间。

表 4.3 是美国电话电报公司(AT&T)用来研究消费者与电话有关的生活方式量表的一部分。

表 4.3 生活方式量表(举例)

请阅读以下每一条陈述,在最符合您同意或不同意程度的括号内打上一个"√"

	非常同意	比较同意	有些同意	有些不同意	比较不同意	非常不同意
我是一个凡事都有计划的人	( )	( )	( )	( )	( )	( )
我试图给每月的长途电话费设置一个限度	( )	( )	( )	( )	( )	( )
在最近三年内,我可能会迁居	( )	( )	( )	( )	( )	( )
在使用一种新产品之前,我很少征求他人意见	( )	( )	( )	( )	( )	( )
当我情绪低落的时候,给合适的人打个长途电话,便能振作起来	( )	( )	( )	( )	( )	( )
亲密的朋友和亲戚在我给他们打了长途电话后总感到很高兴	( )	( )	( )	( )	( )	( )
我会选择每月能给我省几块钱的长途电话公司	( )	( )	( )	( )	( )	( )

生活方式量表在市场细分、产品定位和促销沟通活动中有着广泛的应用价值。例如,"我购买服装的时候,既看重款式又看重价格""我与朋友经常谈有关时尚的问题""我认为穿漂亮衣服是表现自己的一种重要方式"等等。在这样的有关时装方面的量表中,可以通过同意程度高低来判断消费者对时装的态度,从而可以根据这种消费者态度的程度,细分为若干个市场,并采取相应的营销策略。

2. VALS 分析法

VALS 分析法又称价值观和生活方式结构法(Value and Lifestyle, VALS)。这套方法是由美国的 SRI 国际公司开发出来的。20 世纪 80 年代该公司的研究者对大约 1 600 户美国家庭进行了全面调研,设计出一个把消费者放在 9 种生活方式群体中的系统,也称 VALS 类型。VALS 系统现已被 200 多家公司和广告代理商运用于营销实际活动中,但是,许多企业经理仍觉得运用时有相当的困难。例如,VALS 将 2/3 的人口划分在 2 个组里,这使得其他 7 个组的人口数量太少,以致在某种程度上降低了这一分类系统的实用性。

由于这些原因,SRI 公司在 1989 年引进了被称为 VALS2 的新系统。VALS2 有着更为广泛的心理学基础,而且更加侧重于活动与兴趣。VALS2 试图更多地选择那些相对具有持久性的态度和价值观,用以反映个人的生活方式。要求被试者在 42 个陈述句上表明其同意或不同意的程度。以下是其中的一些陈述句:

- 我往往对理论感兴趣。
- 我经常渴望兴奋。
- 我喜欢学校里的大部分科目。
- 我喜欢使用木匠器具或机械工具工作。
- 我必须承认我喜欢炫耀。
- 我对周游世界兴趣不大。
- 我喜欢负责领导一个小组。
- 我憎恨双手沾满油垢。

这些问题是根据被试者各自的自我取向(Self Orientation)而设计出来并用以对其分类的。自我取向是 VALS2 要测量的两个层面之一。SRI 识别了三种主要的自我取向:

一是原则取向。这些人在进行选择时主要受他们的信念和原则的指导,而不是依赖情感、事件或获得认可的愿望。

二是地位取向。这些人的选择显著地受到行为、赞许和他人想法的影响。

三是行动取向。这些人渴望社交或体能性活动,喜欢多样化和勇于承担风险。

VALS 所测量的第二个层面为资源,它反映了个人追求他们占支配地位的自我取向的能力,涉及心理、体能、人口统计特征和物质手段等方面。一个人从青春期到中年阶段个体资源处于上升期,然后保持相对的稳定,随着日渐衰老,资源将逐步减少。

以资源和自我导向这两个概念为基础,SRI 公司识别出 8 个一般的心理细分市场,如图 4.2 所示。

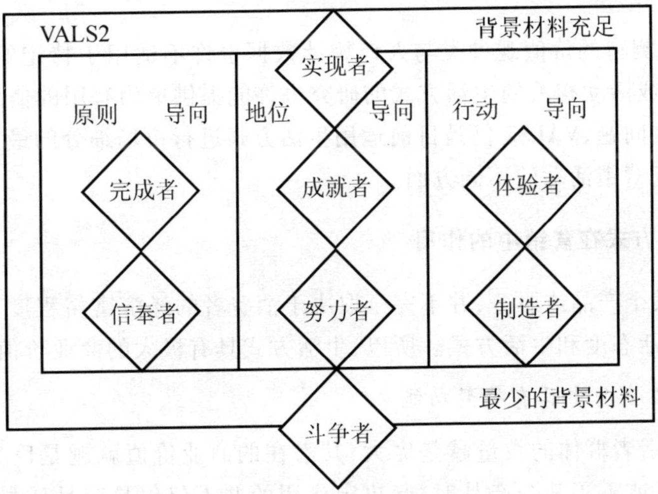

图 4.2　心理细分市场

① 实现者。即指拥有很多资源和较高自尊的成功、积极和老练的消费者。他们具有广泛的兴趣,关心社会事务,乐于接受变化,勇于面对挑战,相当在乎自己的形象。

② 完成者。即指满意、成熟、舒服和思考的消费者。他们精于实践,会寻找他们所购买产品的功能、价值和耐用性。

③ 信奉者。即指保守和比较传统的消费者。他们信守传统的家庭、宗教、社会文化的

道德规范,循规蹈矩;他们的生活在很大程度上是以所属的家庭、社会或宗教组织为中心的。作为消费者,他们是保守的和可预测的,偏爱本国产品和有声望的品牌。

④ 成就者。即指以职业为导向的消费者。他们喜欢控制自己的生活,也喜欢预测,而不喜欢冒险和自我发现;他们的生活围绕着家庭、教堂和职业旋转;他们喜欢成功的、有影响力的品牌,而不喜欢其他品牌。

⑤ 努力者。即指在乎其他人的认可并寻求自我、安全和成功形象的消费者。尽管他们想努力赶上他们奋斗的目标,但缺少达到目标的资源。

⑥ 体验者。即指喜欢冒险、变化和兴奋且年轻、热情而冲动的冒险者。他们喜欢新的和异常的产品和活动。因为他们的年龄,他们还没有形成生活的价值观、行为或政治联系。

⑦ 制造者。即指注重自我满足,生活在家庭中,对外面的世界很少关心的消费者。他们能自己修车和做事,只羡慕功能强大的固定资产,如一个新工具或卡车。

⑧ 斗争者。即指生活窘迫,受教育程度低,缺乏技能,没有广泛的社会联系,一般年纪较大的消费者。他们常为健康担心,常受制于人和处于被动;他们是十分谨慎的消费者,并寻找着安全感。

VALS2 同样存在 VALS 系统所具有的某些局限,其中备受关注的是如下几个方面:

① VALS2 是针对个体进行的测量,但大多数消费者决策是以家庭为单位作出的,或很大程度上受家庭其他成员的影响。

② 很少有人在自我取向方面是“纯而又纯的”。虽然 SRI 所识别的三个主题总有一个对消费者具有支配性影响,然而支配的程度以及处于第二位的自我取向的重要性会因人而异。

③ 由 VALS2 测得的价值观种类与人口统计数据也许不适用于特定的产品和情境。在此情况下,与产品或活动相关的生活方式的研究也许能提供更为有用的信息。

尽管存在这些问题,VALS2 仍是目前运用生活方式进行市场细分的最完整的系统,它被广泛地运用于市场营销活动的不同方面。

4.3.3 生活方式在营销中的作用

消费者选择某个产品或服务,并不完全取决于消费者的经济富裕程度,而是取决于消费者的生活观念、生活态度和生活方式。所以,生活方式具有极大的商业价值。

1. 生活方式在商业中具有凝聚功能

通常来说,消费者群体的数量越是庞大,其潜在的商业价值就越是巨大,反之亦然。当一个消费者决定买或不买某个产品时,起决定作用的并不仅仅是产品质量问题、价格问题,而是生活方式在其中起着决定性作用。通常以年龄、性别、地域、习惯等方法来划分目标顾客或消费阶层群体,事实证明,这种划分并不科学。如先前总是把“玩具”定位为儿童产品,目标消费者只有儿童,无形中限制了消费人群的数量。现在让“玩具”代表一种快乐的生活方式,那么,它的目标消费者除了儿童外,还有所有追求快乐的男女老幼。

2. 生活方式对消费者具有分类功能

首先,消费者流量决定了商业空间的大小,生活方式引领人群数量,如随着人们生活水平的提高,休闲旅游成为人们的一种生活方式,这使得游客数量逐年增多。其次,即便是相同的顾客,其消费方向也是完全不同的,关键是其生活方式决定了市场的方向。所以,生活方式具有分配消费者流量的分类功能。

目标消费者并不重要,重要的是一种生活方式是否能够吸引足够的消费者数量。产品所代表的生活方式越是流行,吸引的消费者数量就越多,产品所进入的生活方式的影响力越大。例如,迪士尼宣称自己的产品是一种基于快乐的生活方式:"迪士尼所带给你的将全部是快乐的回忆,无论什么时候"。又如,矿泉水之所以能够成为一种产品,本身就是一件不可思议的事,只有从健康角度出发的生活方式才可以理解它:"矿泉水不是水,它是健康的生活方式"。

4.4　消费者行为学的应用案例

看电影迟到的人

苏联的心理学家以一个人去电影院看电影迟到为例,对人的几种典型的气质作了说明。假如电影已经放映了,门卫又不让迟到的人进去,不同气质类型的人会有不同的表现。

第一种人匆匆赶来之后,对门卫十分热情,又是问好又是感谢,急中生智会想出许多令人同情的理由,如果门卫坚持不让他进门,他也会笑哈哈地离开。

第二种人赶来之后,对于自己的迟到带着怒气,想要进去看电影的心情十分迫切,向门卫解释迟到的原因时,让人感到有些生硬,如果门卫坚持不让他进门,他也会带着怒气而去。

第三种人赶来了之后,犹犹豫豫地想进去又怕门卫不让,微笑而又平和地向门卫解释迟到的原因,好像不在乎这部电影早看一会儿或迟看一会儿,门卫一定不让他进去的话,他也会很平静地走开。

第四种人赶来之后,可能会先看一看迟到的人能不能进去,如果看到别人能够进去,自己也跟进去;如果门卫不让他进,也不愿意解释迟到的原因,默默地走开,最多只是责怪自己为什么不早一点来。

资料来源:http://max.book118.com/html/2012/0323/1376242.shtm。

分析:

按照体液说分析,第一种人属于多血质,热情活泼好动,情绪易于转换,反应机智灵敏,实现沟通迅速,言行举止快捷,活泼型。第二种人属于胆汁质,喜形于色,主观易于冲动,情绪变化激烈,行为干脆利索,购物决策果断,兴奋型。第三种人属于黏液质,情绪变化缓慢,安静稳重踏实,固执多疑怯懦,反应从容不迫,言行拘谨自制,安静型。第四种人属于抑郁质,心绪消沉于内,反应迟钝犹豫,冷漠孤僻寡欢,多疑内省仔细,言行缓慢腼腆,抑郁型。

这四种类型的人在购买行为中也会体现出不同的特点。多血质的消费者愿意与销售人员沟通,购买动作快,容易受到宣传和促销的影响;胆汁质的消费者非常容易受购物现场的影响,作出购买决定的速度快,甚至是草率;黏液质的消费者会在购买前搜集大量的信息,进行反复比较,不易受购物现场的影响,作出购买决定的速度较慢;抑郁质的消费者作出购买决定的速度更为缓慢,不愿意与营销人员沟通,甚至有点害怕营销人员的热情。

模拟实训

【实训目的】

(1) 通过模拟实训,加深学生对个性的理解。

(2) 通过模拟实训,使学生掌握如何针对不同个性的消费者生产特色产品。

【实训主题】

个性和产品的完美结合。

【实训时间】

本章课堂教学内容结束后的双休日和课余时间,为期三天,或者指导教师另外指定时间。

【背景材料】

华美公司是一家生产服装的企业,现在该公司想拓展年轻人市场,主要以大学生为主,但是不知道,现在的学生喜欢什么样的服装。请本班学生帮助该公司设计符合现代大学生的服装。

【实训过程设计】

(1) 指导教师布置学生开展实训,组织分组,三人一组;

(2) 每组进行问卷设计,目的是调查出大学生的个性特点及其喜爱的服装特点;

(3) 进行问卷结果处理,并写出调研报告,注意对大学生的个性进行归类,并找出各类型大学生对服装的要求;

(4) 利用多媒体进行现场展示,并说明原因;

(5) 教师和学生对该小组的作品进行评价(能否完成任务 10 分,作品质量 40 分,团队合作 20 分,现场表述 20 分,时间掌握 10 分);

(6) 小组成员进行现场答疑。

本章小结

本章分析了消费者的个性、自我概念与生活方式,并研究了营销人员如何运用各种营销方法来应对消费者不同的个性、自我概念与生活方式。构成消费者千差万别、各具特色的购买行为的心理基础,是消费者的个性心理特征。心理学中把个体身上经常地、稳定地表现出来的心理特点的总和,称为个性。消费者的个性心理特征的差异,是通过不同的购买行为表现出来的。消费者的自我概念或自我形象与个性有紧密的联系。自我概念也称自我形象,是指个人对自己的能力、气质、性格等个性特征的感知、态度和自我评价,这一概念以潜在的、稳定的形式参与到购买行为活动中,对人们的购买行为产生极为深刻的影响。生活方式就是人如何生活,是个体在成长过程中,在与社会诸因素交互作用下表现出来的活动、兴趣和态度模式。

消费者的个性、自我概念与生活方式多种多样,营销人员只有仔细研究才能够有针对性的入手,满足消费者的需求,促其产生购买行为。

综合练习

一、单项选择题

1. 心理学中把个体身上经常地、稳定地表现出来的心理特点的总和，称为(　　)。

A. 个性　　B. 气质　　C. 兴趣　　D. 消费偏好

2. 消费者对特定的商品、商店或商标产生特殊的信任，重复前往一定的场所，或反复消费相同商标或品牌的商品，这时消费者就是依据(　　)来进行消费的。

A. 兴趣　　B. 个性　　C. 消费偏好　　D. 自我概念

3. 受传统观念影响，我国北方人认为购买房屋和装饰房间是最重要的，所以，北方人倾向于购买大房子和昂贵的装饰材料，这是由(　　)形成的消费偏好。

A. 消费审美取向　　B. 民族性格倾向　　C. 民风民俗　　D. 消费价值观

4. 有些消费者可以为买到自己所钟爱的商品跑遍几个商店，这种消费者的兴趣属于(　　)。

A. 偏好型　　B. 固定型　　C. 广泛型　　D. 随意型

5. 驾驶员对汽车的"车感""路感"，属于消费者基本能力中的(　　)。

A. 分析评价能力　　B. 感知能力　　C. 选择决策能力　　D. 记忆力

6. 体液说认为以(　　)占优势属黏液质类型。

A. 血液　　B. 黏液　　C. 黄胆汁　　D. 黑胆汁

7. "江山易改，禀性难移"中的"禀性"体现的是心理学中的(　　)。

A. 气质　　B. 性格　　C. 兴趣　　D. 自我概念

8. 有些消费者既不注重经济保障，也不会去参加什么培训、学习新知识，年龄较大，生活节奏较缓慢，他们属于(　　)。

A. 时尚型　　B. 自保型　　C. 迷茫型　　D. 平庸型

二、多项选择题

1. 消费者个性心理特征是指个人带有(　　)的心态特征，是消费者在多种情境下表现出来的具有一致性的反应倾向。

A. 倾向　　B. 本质　　C. 相对稳定　　D. 不稳定

2. 品牌包括三个方面，它们是(　　)。

A. 品牌的物理或实体属性　　B. 品牌的功能属性

C. 品牌的精神属性　　D. 品牌的个性

3. 消费者兴趣的特点有(　　)。

A. 倾向性　　B. 效能性　　C. 差异性　　D. 持久性

4. 自我概念是由(　　)构成的。

A. 实际的自我概念　　B. 理想的自我概念

C. 社会的自我概念　　D. 理想的社会自我概念

E. 期待的自我概念

5. 生活方式的特点有(　　)。

A. 生活方式是一种群体现象,受到相关社会群体和人际关系的影响

B. 生活方式覆盖了生活的各个方面,行为具有连贯性

C. 生活方式反映了一个人的核心生活利益,包括家庭、工作、休闲和宗教等

D. 社会变迁也会导致生活方式的改变

三、问答题

1. 消费者兴趣对消费行为有什么影响?
2. 性格具有哪些特征?
3. 消费者性格有哪些类型?每种类型的消费者购买行为有哪些特点?
4. 自我概念带来什么营销契机?
5. 根据生活方式进行消费者分类对于营销有哪些作用?

四、案例分析题

消费者退换商品策略

3月15日是"国际消费者权益保护日",某大型零售企业为了改善服务态度、提高服务质量,向消费者发出意见征询函,调查内容是"如果您去商店退换商品,售货员不予退换怎么办?"要求被调查者写出自己遇到这种事时是怎样做的。其中有这样几种答案:

(1) 耐心诉说。尽自己最大努力,苦口婆心慢慢解释退换商品的原因,直到得到解决。

(2) 自认倒霉。向商店申诉也没有用,商品质量不好又不是商店生产的,自己吃点亏下回长经验。

(3) 灵活变通。找好说话的其他售货员申诉,找营业组长或值班经理求情,只要有一个人同意退换就有望解决。

(4) 据理力争。绝不求情,脸红脖子粗地与售货员争到底,不行就往报社投稿曝光,再不解决向工商局、消费者协会投诉。

问题:

1. 这个调查内容能否反映出消费者个性心理特征的本质差异?
2. 上述四种答案各反映出消费者哪些气质特征?
3. 请你写出另外两种可能的答案。

第5章

消费者的态度、学习与特殊心理

知识目标

掌握消费者态度的含义、特征及其在消费者行为中的功能
掌握消费者态度改变的策略及其态度测量
掌握消费者学习的含义、作用和方法
掌握消费者学习的相关理论和学习的基本特征
掌握消费者的特殊心理特征

能力目标

能进行消费者态度分析
能运用适当策略进行消费者态度改变
能运用消费者学习进行营销分析
能进行消费者特殊心理分析并运用到营销活动中

关键概念

消费者态度　消费者的学习　逆反心理　预期心理

5.1　消费者的态度

态度来源于消费者以往的消费体验,同时又会直接影响到消费者未来的购买行为。通

常情况下,消费者对产品和品牌肯定的态度和偏好,会产生爱屋及乌的行为,而否定的态度,则会阻碍购买行为的发生,这也是企业营销人员研究消费者态度的原因之一。此外,态度作为一种复合型心理因素,具有外显和能够加以分析测量的特点。因此,在消费者行为研究中,对于态度的研究十分重视。而消费者态度主要包括态度的构成与特性、态度的改变与测量等内容。下面主要围绕这几个方面来论述。

5.1.1 消费者态度的构成和特性

1. 消费者态度的含义和构成

(1) 消费者态度的含义

经过一次尝试性的消费,消费者可能会经常进行该产品的消费,也可能再也不会消费。也就是说,经过学习的过程,增强了的反应会促使个体不断消费某产品,而减弱了的反应会促使个体不再消费某产品,这样消费者会对有关事物产生概括性的评估,并以持续的赞成或不赞成的方法表现出对客观事物的倾向,这就是态度。

态度,即我们对于所处环境的某些方面的动机、情感、直觉和认识过程的持久体现。态度作为一种心理倾向,通常以语言形式的意见或非语言形式的动作、行为表现出来。态度总是针对客观环境中某一具体对象产生的,表现为对某种事物的态度。消费者态度是消费者在购买过程中对商品或劳务等表现出的心理反应倾向。

态度对于个体的生活方式影响深远,态度反映了消费者如何评价广告、品牌、产品、商场等,以及如何作出反应。态度构成中的情感因素是消费者心理活动中的非理性因素,消费者对商品了解得越多,对商品风格越是喜欢,特别是对那些名牌产品的动态,消费者的态度就更为关注和敏感。由此可见,消费者的态度与其购买行为之间存在着相当密切的关系。

购买行为是消费者产生购买动机,形成购买意图,采取购买行动的连续过程。其中购买意图是导致实际购买行动,并最终完成购买过程的关键。而明确的购买意图来自对商品或劳务的坚定信念和积极态度。态度在消费者购买行为中具有以下影响:

① 适应功能。又称导向功能,即在纷繁的商品世界中,将消费者的意念直接导向能满足其需要的商品,使购买行为和消费需要相互衔接和适应。

② 识别功能。又称认知功能,即在态度倾向性的支配下,广泛搜集信息,了解和鉴别有关商品或劳务的性能、质量及功用,并评价其对消费者的价值大小,从而为正确制定与实施购买决策奠定基础。

③ 表现功能。即通过态度表现出消费者的性格、志趣、文化修养、价值观念及生活背景等,同时反映消费者可能选择的决策方案和即将采取的购买行动。

④ 自卫功能。即当消费者的个别行为与所属群体的行为相左,或与社会通行的价值标准发生冲突时,消费者可以通过坚持固有态度以保持自身个性的完整;或适当调整和改变态度,求得与外部环境的协调,从而减少心理紧张,保持心理平衡,同时增强对挫折的容忍力与抗争力。

(2) 消费者态度的构成

消费者态度主要是由认知、情感和行为倾向等三种要素构成。

① 认知。认知是构成消费者态度的基石,它表现为消费者对有关商品质量、商标、包

装、厂店服务与信誉等的印象、理解、观点、意见。消费者只有在对上述事物有所认知的基础上,才有可能形成对某类商品的具体态度。

② 情感。情感是构成消费者态度的动力,它表现为消费者对有关商品质量、商标、信誉等喜欢或厌恶、欣赏或反感的各种情绪反应。如果说认知是以消费者的理性为前提,那么情感则带有非理性倾向。在态度的基本倾向或方向已定的条件下,情感决定消费者态度的持久性和强度。

③ 行为倾向。行为倾向是构成消费者态度的准备状态。它表现为消费者对有关商品、劳务采取的反应倾向,其中包括表达态度的语言和非语言的行动表现。行为倾向是消费者态度的外在显示,同时也是态度的最终体现。只有通过行为倾向,态度才能成为具有完整功能的有机系统。

2. 消费者态度的特性

态度带有浓厚的感情色彩,它往往是思考和判断的结果,是对客观事物的稳定认识和倾向性评价,在态度指导下的行为往往不再进行认真的思考,而成为一种惯性。

态度是经验的升华,是学习的结果,包括自身的学习和向他人的学习。消费者自身的经历和体会,如得到的经验和教训都会建立和改变人们的态度;家人、朋友以及推销人员所提供的意见和看法也是一种间接的经验,同样会对人们的态度产生正面或反面的影响。

消费者态度主要具有以下几个特性:

(1) 态度的对象性。态度总是针对某一特定的对象,它可以是具体的事物,也可以是某种状态,还可能是某种观念。

(2) 态度的社会性。消费者对某类商品或劳务的态度并非与生俱来,而是在近期的社会实践中不断学习、不断总结,由直接或间接经验逐步积累而成的。因此,消费者的态度必然带有明显的社会性和时代特点。

(3) 态度的价值性。在消费活动中,消费者之所以对某类商品或劳务持有这样或那样的态度,无不取决于该商品或劳务对自己具有的价值大小。凡实现价值大的,消费者就持积极的态度倾向;反之,则持消极的态度倾向。

(4) 态度的相对稳定性。某种态度一旦形成,便保持相对稳定,而不会轻易改变。态度的稳定性使消费者的购买行为具有一定的规律性、习惯性,从而有助于某些购买决策的常规化、程序化。

(5) 态度的差异性。消费者的态度因人而异。不仅不同的消费者对待同一商品可能持有完全不同的态度,而且同一消费者在不同的年龄阶段和生活环境中,对同一商品也可能产生截然不同的态度。

(6) 态度的知识性。当态度帮助消费者适应复杂的、不断变化的社会的时候,就发挥着知识的功能。态度的知识功能对于指导消费者购买行为非常重要。

5.1.2 消费者态度的改变与测量

1. 消费者态度的改变

(1) 消费者态度的改变方式

根据变化方式的不同,消费者态度的改变可以分为性质的改变和程度的改变两类。

① 性质的改变。性质的改变表现为态度发生方向性的变化，即由原来的倾向性转变为相反的倾向性，它是以新态度取代旧态度。

② 程度的改变。在程度的改变中，态度不发生方向性变化，而是沿着原有倾向呈现增强或减弱的量的变化。

在实际生活中，以上两种方式的区分并非是绝对的。在性质的改变中包含着程度或量的改变；而量的改变积累到一定程度，又会引起质的变化。通过各种途径将消极态度转化为积极态度，使一般的好感增强为强烈的赞许、支持，同时阻止积极态度向消极态度退化，力求使恶意或反感得到弱化，正是改变消费者态度的目的所在。在相同情境下，态度的程度改变比性质改变更容易发生。

(2) 影响消费者态度改变的因素

消费者态度的改变，主要受到以下因素的影响：

① 态度的特点对态度改变的影响。首先，形成态度的强度直接影响态度的转变。消费者对不同程度的刺激会产生不同的心理反应。因此，形成态度的强度也有很大的区别，这直接关系到态度的转变。一般来说，消费者所受的刺激越强烈、越深刻，形成的态度越不易改变。消费者态度一经形成后持续的时间越长，则越根深蒂固，难以改变。形成态度的因素越复杂，则态度的改变越困难。如果一个人的态度形成只依赖于某一个事实，那么只要证明这一事实是假的或错误的，则态度就会改变。但如果态度形成是建立在许多事实的基础上，则态度改变就十分困难。构成态度的三要素（认知、情感和行为倾向）一致性越强，则态度越不易改变；反之，则态度容易改变。其次，态度的中心性直接影响态度的转变。态度的中心性是指形成态度基础的价值观与该态度相联系的程度。绝大多数商品或服务都象征性地代表一种特别的形象，当它与消费者所持有的价值观相吻合时，就会形成对该产品的良好印象，并难以改变。

② 外界条件对态度改变的影响。这主要通过信息的作用、个体之间的态度、团体的压力、自我知觉等因素的影响。信息是主体同外部客体相互作用过程中所交换的内容或名称。如果消费者认为信息是可靠的，并同原有的经验、知识、期望相吻合，就会对商品形成积极肯定的态度。消费者对信息传达者或输送渠道越信任，所产生的态度变化就越大。

态度具有相互影响的特点。在个人态度受外界影响的因素中，他人的意见是很重要的因素。很多心理实验证明，当一个人首先表示他对某事的意见时，在场的很多人很容易附和。当另一种意见更有说服力时，人们又可能转变认识。这说明人们对事物的看法、见解很容易互相影响。消费者的态度通常是与消费者个人所属团体的期望和要求相一致的。这是因为团体的规范和习惯力量会无形中形成一种压力，影响团体内成员的态度。

就态度改变来讲，改变消费者的行为也可以改变其态度。因为人们以某种方式行动时，实际上已经作出了承诺。这种承诺会产生态度的改变，这就是自我知觉理论。其核心是在消费者行为中，存在着一些行为模式，这种模式作用的结果能使态度有不同程度的改变，而行为能导致态度改变的关键是它们所包含的承诺程度。

(3) 消费者态度的改变策略

态度的改变过程同时也是说服与被说服的过程，因此态度的改变主要是靠说服的方法。按照说服方式的不同，可分为直接说服与间接说服两类。

① 直接说服。即以语言、文字、画面等为载体，利用各种大众宣传媒介或推销员等直接向消费者传递有关信息，以达到改变其固有态度的目的。

当某种品牌具有独特的优点，而且这种独特的优点是该种产品的核心所在时，消费者最容易被打动。对于说服的效果如何，有一种典型的传播模型，包括信息源、传播渠道和接收者三种元素，它可以使营销人员了解说服如何产生，以及如何评估和改善说服性信息的传播；还可以利用这个模型来探讨广告重复的频率问题，以及选择最有效的渠道或媒介去说服消费者。这一模型中的三种元素具体包括以下内容，即直接说服的效果受信息发出源的信誉和效能、传递信息的媒介和方式、消费者的信息接收能力等因素的影响。

第一，信息发出源的信誉和效能。信誉是指信息发出者和信息本身的可信程度，效能则指所发信息是否清晰、准确、易于理解和记忆。例如信息源的信誉方面，如传递者的权威性、传递者的可靠性、传递者外表的吸引力、传递者的受喜爱程度等都会对说服的效果产生巨大影响。

案例 5.1　学生的变化：传递者的权威性

西方心理研究人员做过一个心理实验，研究人员提供给一所学校一些学生名单，并告诉校方，他们通过一项测试发现，该校有几名天才学生，只不过尚未在学习中表现出来。其实，这是从学生的名单中随机地抽取出来的几个人，有的甚至是学习很差的学生，不过这些校方人员根本不知道，他们以为这些学生真的都是天才。有趣的是，在学年末的测试中，这些学生的学习成绩的确比其他学生高出很多。研究者认为，这就是由于教师期望的影响。由于教师认为学生是天才，因而寄予他更大的期望，在上课时给予他更多的关注，通过各种方式向他传达“你很优秀”的信息，学生感受到教师的关注，并且在学生眼中教师是很有权威的，因而产生一种激励作用，学习时加倍努力，因而取得了好成绩。

资料来源：叶敏，张波．消费者行为学[M]．北京：北京邮电大学出版社，2008：327。

分析：研究人员给随机抽取的学生盖上天才的印章，使校方也认为他们就是天才，并在平时的教学中给予更多的期望和鼓励，使这些普通的学生成绩得到较大提高，说明信息传递者的权威性更容易使人们发生态度的改变。

当消费者低度参与购买行为时，信息的来源更重要，应增强来源的吸引力，选择参照型代言人；当消费者高度参与购买行为时，信息的内容更重要，应增强来源的可信度，选择专家型代言人。

第二，传递信息的媒介和方式。传递信息的媒介和方式不同，对消费者的说服效果不尽相同。为此，在向消费者进行说服时，应根据信息的内容、被说服者的特点及情景条件选择适宜的媒介方式。例如，传递信息时利用对消费者理性、恐惧、情感等各种诉求的唤起，变换传递单面信息与双面信息等。

一般对消费者各种诉求的唤起，主要有以下形式：

一是理性诉求。利用理性诉求发布的广告，主要针对功能性产品，往往传达以下几个方面的信息:产品或服务的质量、服务的范围或产品的性能、消费者购买产品或服务可能获得的利益。如黄金搭档“花一样钱,补五样”、王老吉的“怕上火,喝王老吉”等。

二是情感诉求(爱情、亲情、乡情等)。情感诉求能提高消费者的注意水平、提高消费者对广告的喜爱程度、提高消费者的广告记忆、用经典条件反射形成对产品的喜爱。它适用于更可能激发情感的有关产品、被消费者看作自我形象一部分的产品、不需要传播产品特点和信息的产品等。

三是恐惧诉求。恐惧诉求强调消费者的态度和行为如果不改变将会面临一系列令人不快的后果。如头屑、蛀牙、脚气、狐臭等的信息传播,利用消费者的恐惧诉求,会引起人们不必要的焦虑而被人们所批评,怎样才能更有效呢?要提高效果,应该注意以下几点:恐惧内容应适度,中度警示效果更好,以免消费者曲解或者拒绝观看;消费者认识到可能受到威胁时效果更好;广告中显示了处理此恐惧问题的方法,并且该方法很容易实现。

四是幽默诉求。幽默诉求能起到引起消费者的注意力、提高广告受欢迎程度的作用,虽然在提高劝说效果上不一定有效、不一定能增强记忆,但适用于低介入度的产品,同时对现有产品采用幽默诉求比对新产品采用幽默诉求更有效。幽默诉求必须要满足以下条件:真正展现产品将带给消费者的利益,幽默必须与产品之间有天然的联系,这样才能使其产生最佳效果。

五是比较诉求。比较诉求有助于提高消费者的注意力、提高品牌感性知觉程度,对新产品、市场份额较低的产品、与竞争对手比并不明显出众的产品更有效。

此外,单面信息与双面信息分别有一定的适用性。单面信息主要用于听众与劝说者的观点一致、对所接触的问题不太熟悉,以及巩固已有态度时;双面信息则用于改变已有的强烈态度(如陈述同类产品的共有缺点),以及对于受过高等教育者(因为可以取信于人),但同时也可能降低信息的冲击力,从而影响传递效果。

单面信息主要适用于以下情况:消费者受教育程度不高;对广告人员的观点表示赞同;消费者是广告品牌的忠实用户。双面信息则适合以下情况:当消费者有负面态度时;当消费者涉入程度比较高,精细加工时;负面信息不能超过2/5且应该在前面出现,但不是第一个;被说成负面的属性,重要性应该是中下等。

第三,消费者的信息接收能力。接收能力是消费者的动机、个性、文化水平、知觉、理解、判断等方面能力的综合反应。由于各个消费者在上述方面存在着众多差异,其接收能力也有着显著的个体差别。

② 间接说服,又称间接影响。与直接说服的主要区别在于,间接说服是以各种非语言方式向消费者施加影响,通过潜移默化,诱导消费者自动改变态度。间接影响可以采取以下方式进行:

第一,利用相关群体作用。消费者生活在一定的社会群体或组织中,所属群体在消费方式上的意见、态度、行为准则等对消费者的态度有着深刻而重要的影响。

第二,亲身体验实践。营销者可以提供必要条件,给消费者以亲自尝试和验证商品的机会,通过第一手资料达到消费者自己说服自己的目的。

2. 消费者态度的测量

消费者具有的某种态度将直接决定购买决策与购买行为的实现程度。深入分析消费者的态度，对于企业营销具有十分重要的意义。但是，现实生活中，消费者对某类商品或服务的态度在形态上表现为一种心理活动和行为的准备状态，无法直接加以观察，因此，必须采取一定的技术方法进行间接测量。

态度测量是指按照一定的程序与法则，将人们的社会态度数量化的过程。一个合格的态度测量至少要具备两个功能：一是分类功能，即把对待同一现象的正反态度（赞成或反对、喜爱或憎恶等）区分出来；二是确定等级功能，即分出态度的强弱力度。态度测量的方法有以下几种：

（1）问卷法。问卷法又称态度测量法，即通过被测者对预先拟定问卷的回答，了解消费者对某一类商品或劳务的态度。运用态度测量法的关键是合理设计问卷。问卷一般由反应测量内容的若干条陈述性题目构成，各题目按照被测量者的反应范围或程度标以分数或量值，最后根据得分状况判定消费者的态度。

问卷的具体设计方法又分为两种：

① 瑟斯通（L. I. Thurstone）量表法。该方法的特点是以等间隔方式拟定有关事物的题目，使问题按照强弱程度成为一个均衡分布的连续统一系统，并分别赋予量值，然后让被测者任意选择自己所同意的题目。主测者根据被测者所选题目的量值，来确定其态度的倾向及强弱程度，得分越高表明其态度越强烈。

例如，某彩电厂家为了解消费者对发展平板彩电（液晶、等离子、背投）的意见，设计了一份问卷调查表，见表 5.1。

表 5.1　瑟斯通量表法举例

量表值	题号	题　　目
7.5(　　)	1	今后应大力发展平板电脑，纯平彩电可被淘汰
5.0(　　)	2	应以发展平板彩电为主，可少量生产纯平彩电
3.5(　　)	3	平板彩电和纯平彩电各有优点，应共同发展
2.0(　　)	4	对彩电是平板还是纯平无所谓
0.5(　　)	5	老款彩电价格低，符合我们目前的消费水平，应以纯平彩电为主

被测者赞成该题目时，在括号(　　)内打“√”，不赞成则打“×”。主测者根据得分高低判断消费者的态度倾向。

② 李克特（R. A. Likert）量表法。这个量表是在瑟斯通量表的基础上，设计出的一种更为简便的态度测量表。该表同样使用陈述性语句提出有关态度的题目，但不将题目按内容强弱程度均衡分解为若干个连续系列，而是仅采用肯定或否定两种陈述方式，然后要求被测者按照同意或不同意的程度作出明确回答。供选择的态度程度在量表中用定性词给出，并分别标出不同的量值。程度的差异一般可做 5—7 级划分。比如，仍用上例，采用李克特量表法可作如下设计，见表 5.2。

表 5.2 李克特量表法举例

题目	我愿意使用平板(纯平)彩电				
等级	非常愿意	愿意	无所谓	不愿意	非常不愿意
分数	2	1	0	-1	-2

被测者可以按照自己的意愿从中选择任一等级,打上"√",最后由主测者根据得分情况对被测者的态度倾向进行定量分析。

以上两种方法各有所长。瑟斯通量表法可以比较详尽地给出供选择的题目,准确反映态度倾向的细微差异,因而对于复杂态度的测量具有良好效果。但是该表的测量程序比较复杂,对陈述项目的分类标准难以把握,因而在一定程度上削弱了其实用价值。相比之下,李克特量表法较为简单明确,易于得到被测者的配合,且包容量大,可以同时测量消费者对多方面问题的态度,因而在实际测量中得到更广泛的认可和应用。

(2) 语意差别量表法。语意差别量表法又叫语意分析量表法,其基本思想是,对态度的测量应从多个角度并采用间接的方法进行。因为直截了当地询问人们对某一主题或邻近问题的看法与态度,结果不一定可靠;人们对某一主题的态度,可以通过分析主题概念的语意,确定一些相应的关联词,然后再根据被测者对这些关联词的反应来加以确定。

具体应用是:主测者设计一对对反义词分置两端,中间分为七个部分,要求被测者对某一物品的形容词的两极描述作出选择,在相应的位置上打"√"符号。下面以消费者对 A、B 两个品牌微波炉的评价来进一步说明语意差别量表法的具体运用。图 5.1 绘出了 150 位消费者对 A、B 两个品牌微波炉评价结果的平均值。从图中可以看出,消费者对 A 品牌的微波炉持否定的态度,而对于 B 品牌的微波炉持肯定的态度。

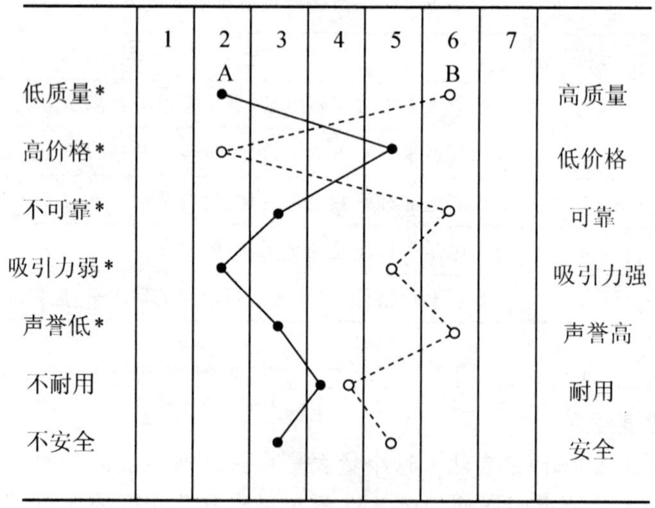

图 5.1 关于 A、B 品牌微波炉的态度折线图

差别量表构造比较简单,使用范围广泛,几乎可以用来测量消费者对任何事物的态度,尽管如此,这种态度测量方法也是有局限性的,它并未摆脱被测者自我报告程式,而且量表中各评价项目仍带有一定的主观性。

(3) 多重性测量法。多重性测量法又称多属性测量法,包括多种不同的策略模型,这里主要介绍最常用的费宾斯期望值模型。费宾斯模型的主要观点是,人们对显著信念的评价能引发他们对事物的整体的态度。简单地说,人们趋向喜欢有“好的属性”的对象,趋向不喜欢有“坏的属性”的对象。在费宾斯模型中,对对象的整体态度由两个因素构成:显著信念与对象的联系程度和对显著信念的评价。其公式如下:

$$A_0 = \sum_{i=1}^{n} B_i E_i$$

其中:A_0 为消费者对于受测试产品的态度;B_i 为消费者相信商品具有属性 i 的程度(其属性既包括功能上的,也包括心理上的);E_i 为消费者对商品属性 i 的评价值;n 为有关属性的数目。

该模型指出消费者对于一个给定产品的态度是:该产品具有各显著属性的程度 B_i 与属性的评价值 E_i 乘积的和。下面我们以测试消费者对三种品牌手机的偏好为例,说明该模型的应用。

首先,要找出测试产品的显著属性,最常用的方法是询问消费者,在他们评价各品牌手机时都看重哪些属性,将那些最经常被提到或者说被高度关注的属性挑选出来作为显著属性。假定下列属性被挑选出来:多功能、价格是否低于 2 000 元、质量性能是否优越、外观大方稳重。

其次,测试 B_i 和 E_i 的值。

B_i 表示认为某一品牌手机具有某属性的程度。B_i 在 5 等分或 7 等分表中选择,从“很可能”到“很不可能”。例如:

A 品牌手机的价格低于 2 000 元是:

最不可能 ← −3　−2　−1　0　1　2　3 → 最可能

E_i 表示对属性的评价。例如,以低于 2 000 元的价格买手机:

非常糟糕 ← −3　−2　−1　0　1　2　3 → 非常好

用这种方法来依次调查消费者对每种属性的 E 值以及每种品牌每一显著属性的 B 值。

假定现在向一位高校学生进行品牌调查,所得数据见表 5.3。

表 5.3　某高校学生品牌认识调查表

属性	评价值(E_i)	品牌属性程度(B_i)		
		品牌 A	品牌 B	品牌 C
多功能	+2	+2	+1	−1
价格是否低于 2 000 元	−1	−3	−1	+3
质量性能是否优越	+3	+3	+1	−1
外观大方稳重	+3	+2	+3	+1
总值($\sum B_i E_i$)		+22	+15	−5

总分计算如下：先将每个品牌的 B_i 和 E_i 相乘，各乘积之和即为该品牌的态度值。如品牌 A 的态度值：$A_0=2\times2+(-1)\times(-3)+3\times3+3\times2=22$，如此，同样可以得出 B 和 C 两个品牌的态度值。

通过计算，品牌 A 的得分最高，可知这位高校学生最为偏爱品牌 A，因此它具有比较符合他期望的属性。

期望值模型可以用于消费者调查，来识别自己品牌与竞争品牌之间的消费者态度（偏好）。

总的来说，营销人员希望消费者认为他们营销的品牌：一是拥有期望的属性，也就是说 E 和 B 的值正负一致；二是没有不理想的属性，也就是说，当 E_i 是负值时，B_i 也应是负值。在营销实践中，营销人员往往以此确定宣传的目标。

多重性态度模型的用途在于综合诊断功能。它帮助营销人员洞察消费者进行各种选择的深层原因，鉴别出消费者对本企业产品或服务的概念误区和竞争性产品的威胁方向。

多重性态度模型还可以用于检测、比较不同广告的效果。如果一个新产品有两套广告方案，就可用此模型检测。即把被测试者分为两组，分别向他们实施一种广告方案，然后测试这两组人员的产品态度值。由于所受广告刺激不同，两组人员对产品的印象、感觉和属性评价就会出现差异，由此产生产品态度差异。营销人员可以据此对广告方案作出选择或修改。

多重性态度分析的另一个意义是它可用于新产品开发。如果发现市场上现在的商品销售量下降并缺乏理想品牌，这就意味着向市场引进新的、接近理想品牌产品的机会出现了。

5.2 消费者的学习

内在需要加外在刺激使消费者产生动机，这种动机可能在多次购买后仍然存在，也可能在一次购买后就消失。为什么会这样呢？心理学家认为来自“后天经验”，可以用“学习的模式”来加以解释。

企业的营销人员关心消费者的学习过程，是因为他们想知道，如何向消费者宣传有关产品的特性等沟通信息才能引起注意、得到信任，被消费者消化理解、牢牢记住，并且能及时地回忆。

5.2.1 消费者学习的概念与作用

1. 消费者的学习

狭义的学习，指学习文化知识；广义的学习，泛指一切经过重复练习而产生的较为持久的认知或行为上的变化。

消费者的学习即广义的学习，从营销人员的视野看，即在购买和使用商品的活动中，消费者不断积累购买和消费的知识、经验和技能，完善其购买行为的过程。

关于消费者的学习，有几个值得注意的观点：

(1) 学习是个过程，是消费者主观能动性不断发展变化的过程。这一过程开始于消费者的观察、认知、经验、学习等，经过大脑的分析、加工、处理，最后使消费者的行为发生一定的变化，而这个最终的变化则是学习的结果和外显部分。

(2) 经验作为学习的一个要素,意味着学习并不都是一个有计划的探索过程。大多数学习都是有目的的,但也有相当部分是偶发的,一些偶然或没有经过任何意志努力的过程也能获得经验从而产生学习。例如,虽然我们购买杂志是为了看里面的文章,但是杂志上的广告也会诱发学习,让我们对广告有一定印象。

消费者的学习可能是高介入度的,即有意识地、主动地处理和学习信息。例如,为购买电脑而去学习各种电脑的品牌和知识信息;也可能是低介入度的,没有推动力的学习;又如,电视中播放我们没有使用过的品牌,但是这些广告展露在我们面前却是事实,研究显示,这些展露虽然不能使消费者确切记忆,但也增加了消费者喜爱该品牌的程度,进而增加了该品牌进入消费者的品牌考虑域的可能性,即以后购买时会考虑到这个品牌。因此,即使是低介入度的学习,对企业来说也是有意义的,这就是企业不断做广告的目的所在。

(3) 学习是商品、广告刺激和购买反应之间的一个中间变量,属于"黑箱"部分。因此这个过程是我们所不能看到的,例如学习游泳的行为。一位游泳爱好者通过学习游泳理论、观看视频资料以及自己反复地练习,最终学会了游泳。我们只能看到外在的部分(他学会了游泳),而其大脑中是如何掌握游泳技巧的过程是看不到的。

2. 学习的作用

学习具有以下作用:

(1) 获取消费信息。消费者的购买决策是以获得有关购买问题的知识和信息为前提的。信息获取本身就是一种学习,而通过哪些渠道获取信息,获取哪些方面的信息,都需要借助学习这一手段。另外,现代社会,随着产品更新换代的加快,消费者获取信息的内容也越来越多、越来越广、越来越杂,消费者或主动或被动地接触这些信息,而其中被消费者接受并能够影响消费者行为或行为潜能的可能只有一小部分,但是,正是这一小部分信息,使消费者行为不同以往,使他的购买决策更富于理性和趋于优化。

(2) 触发消费联想。联想是指消费者由此事物想到另一事物的心理过程。人们一提起教室,就联想到黑板、多媒体教学设备;最近几年,人们一提起"i",就联想到苹果品牌,"i"军团计划成了苹果的代名词。

联想有两种类型:一是刺激对象之间的联想,如由钢笔联想到墨水,由冬天联想到寒冷等;二是行为与结果之间的联想等,如由饮料联想到解渴,由面包联想到充饥等。联想在消费者行为中有着非常重要的作用。它既能触发消费者的购买行为,又能抑制或阻碍消费者的购买行为。许多企业在宣传其产品时,都试图通过语言、文字、画面促发消费者的积极联想,从而激发消费者的购买欲望。同样的刺激或暗示,对于不同的人可能会激发不同的联想,其中一个重要原因就是学习与经验的差别。而且,企业营销人员发现,经由学习而产生的联想,经多次重复、日久天长,便会形成习惯。例如,家里的洗洁精快用完了,消费者会自动联想到离家不远处的某超市和某品牌的洗洁精。所以,企业营销人员千方百计地在产品、品牌、体验营销、学习、联想与购买之间寻找结合点,希望消费者长期购买本企业品牌的产品。

(3) 影响消费决策。学习的过程常常贯穿于消费者的购买决策全过程。我们分解消费者的购买决策过程,会发现消费者通过学习,获取所需要的信息,对所要购买的商品有了大致意向后,在确定方案阶段,还要通过学习进一步掌握新的信息,以作出最后决策。所以,学习的过程,也是选择购买方案的过程。需要指出的是,学习的作用会因学习的方式不同而有所区别。学习可以分为正式和非正式两种。人们往往把学校的学习、系统的培训作为正式的学习。但就消费者购买行为来讲,更多的学习是非正式的。比如,从商场的橱窗中观察商品的陈列,或者在购买决策过程中,听取来自家人、同事、朋友的意见,亲自使用某产品的体会等,都会不同程度地影响消费者的购买行为。

5.2.2 消费者学习的相关理论

1. 认知学习理论

认知学习理论把人看成一个信息加工系统,主要强调已有的知识和经验对人们学习过程的影响。该理论认为,学习是一个问题解决的过程,包括对信息加工处理的过程。

最早研究认知学习现象的是德国心理学家柯勒。柯勒在1917年报告了他对黑猩猩的学习研究。在房间中央的天花板上吊着一串香蕉,但是站在地面够不到,房间里有一些箱子,但又不在香蕉下面。开始时,黑猩猩通过跳跃去取香蕉,但没有成功。于是,它不再跳了,而是在房间里走来走去,突然停在箱子前面,然后很快地把箱子挪到香蕉下面,爬上箱子,从箱子上一跳,取得了香蕉。有时站在一个箱子上仍然够不到香蕉,黑猩猩还会把两个或几个箱子叠起来,取得香蕉。柯勒认为,这就是对问题情境的一种"顿悟",并且认为黑猩猩解决问题是靠领悟了事物之间的关系,对问题的情景进行改组,才使问题得以解决的,是突然发现的。认知心理学派认为学习不是尝试错误过程,而是知觉经验的重新组织,是突然的顿悟。

按照这一理论,消费者的购买行为总是先从认识需要开始,然后评估满足需求的可选品牌,接着选出他们认为最可能满足他们的产品,最后评估产品满足需求的程度。

2. 经典性条件反射理论

(1) 经典性条件反射理论的含义。经典性条件反射也叫联想学习,是运用刺激和反应之间某种既定的关系,使个体对不同的刺激产生相同反应的过程就叫经典性条件反射。该理论认为,借助于某种刺激与某一反应之间的已有联系,经由练习可以建立起另一种刺激和同样反应之间的联系。

案例 5.2　巴甫洛夫喂狗食实验

联想学习是以俄罗斯著名生理学家巴甫洛夫的实验研究为基础建立起来的。巴甫洛夫以狗作为实验对象,在给狗喂食时,他按铃后立即把食物放入狗的嘴里,结果引起狗分泌唾液。在多次重复先响铃再给食物后,单独的铃声刺激也能引起狗分泌唾液。这种通过铃声和食物多次成对出现,在铃声刺激和分泌唾液之间建立起一种新的联系,就是经典条件反射的形成过程,也是联想学习的形成过程。

资料来源:王曼,白玉苓. 消费者行为学[M]. 北京:机械工业出版社,2011:141。

分析:这一理论揭示了刺激和反应之间的关系,表明借助于刺激与反应之间已有的关系,经过练习能使另一种刺激与同样的反应之间建立起联系,从而达到学习的目的。该原理及其所得到的科学事实,可以用于消费者的学习。

案例 5.3　幽默广告的情感反应

有的幽默广告本身能引起消费者情感的反应，开始时消费者的情感仅限于对广告本身，但如果反复给消费者看这些广告，那么广告所宣传的品牌同样能引起消费者愉快的感受，产生所谓的条件反射或者成为“移情”。在这里，消费者有意无意地学习了对特定品牌商品的积极态度和行为。换句话说，一则令人感到亲切的广告，通过经典性条件反射就可能加强消费者对品牌产生积极的态度，而并不需要表明使用该品牌本身会带来的满足。

资料来源：叶敏，张波．消费者行为学[M]．北京：北京邮电大学出版社，2008：236。

分析：幽默广告通过将幽默愉快的氛围传递给消费者，使消费者对广告所宣传的品牌也产生积极的态度认可。

(2) 策略性应用。如何通过一些策略的应用，借助于某种刺激与某一反应之间的已有联系，经由练习来建立起另一种刺激和同样反应之间的联系，是经典性条件反射理论的实际应用。

① 重复。重复可以提高一个条件刺激和一个无条件刺激之间联结的强度，减缓了遗忘的进度，但是要避免消费者产生广告疲倦效应，而这需要通过改变广告词来降低。因此一些商家在重复相同的广告主题时，就通过采取修饰性变化策略来避免疲劳，如使用不同的背景、不同的印刷字体、不同的广告播音员等。

② 刺激泛化。学习不仅依赖于重复，还依赖于消费者自身的概括能力。消费者会对稍微不同的刺激作出相同的反应。这也解释了为什么假冒产品在市场上会成功，因为消费者容易混淆。

③ 刺激辨别。使特定的刺激从相似的刺激中凸显出来。这一理论可以为某一品牌在消费者头脑中创建一个唯一的品牌形象。关键是有效的定位，它是商家要争夺领导地位必须确立的竞争优势。即做市场里的老大，则被混淆的机会会减少很多。

3. 工具性条件反射理论

(1) 工具性条件反射理论的含义。工具性条件反射理论也叫操作性条件反射理论、强化反应理论。由于经典性条件反射理论只解释了由刺激所引起的行为，但是大部分情况下，人的行为不仅仅是被动的行为，也可以是为了适应环境而主动地采取相应的行为。工具性条件反射理论解释的就是人为适应环境而主动地采取的行为。该理论认为，学习的发生是尝试错误的过程，习惯的形成是对某种特定反应或行为进行奖赏的结果。人们之所以学会某种特定的行为，是因为在该行为之后，有某种令人愉快的事情或满足需要的事情发生；人们之所以会避免某种特定的行为，是因为在该行为之后有某种令人不愉快的事情出现。

案例 5.4　小白鼠踏杠杆获得食物

美国著名心理学家斯金纳把一只处于饥饿状态的小白鼠放进一个箱子里，箱子里有一个杠杆，杠杆连接着一个装置，只要小白鼠踏到杠杆上，就有一粒食物滚进箱子里。小白鼠在箱子里起初是乱跳乱窜，偶尔踏到杠杆上，接着令其愉快的事情发生了，有一粒食物滚了进来。经过几次这种经历,小白鼠很快就学会了踏杠杆的行为,即从无意识踏杠杆变为有意识踏杠杆。

资料来源:王曼,白玉苓. 消费者行为学[M]. 北京:机械工业出版社,2011:142。

分析:小白鼠之所以能学会踏杠杆,是因为满足其需要的食物强化了小白鼠的行为,形成条件反射。由于触动杠杆是获得食物的一种手段或工具,因此这一类型的学习被称为工具性条件反射。

(2) 与经典性条件反射理论的区别。经典性条件反射是先有刺激后有反应,行为反应是由刺激引发的。而工具性条件反射则是先有行为后有刺激,行为反应是自发的,而后才被刺激所增强。

案例 5.5　被水淋湿的猴子

有一个著名的实验是这样的:研究人员把五只猴子关在一个笼子里,笼子一端挂了一串香蕉,香蕉旁边有个自动装置,若侦测到有猴子要去拿香蕉,立刻会有水喷向笼子。实验开始后,有只猴子去拿香蕉,喷出来的水顿时把猴子们淋成了"落汤鸡",每只猴子都去尝试了,发现都是如此。于是,猴子们达成了一个共识——"不要去拿香蕉,因为会有水喷出来"。

后来实验人员把其中的一只猴子拿走了,换进一只新猴子,这只猴子进到笼子里看到香蕉,马上想去拿,结果被其他四只猴子揍了一顿,因为其他四只猴子认为新猴子会害得他们被水淋湿。新猴子尝试了几次,结果被打得头破血流,还是没有拿到香蕉,当然这五只猴子也没有被水喷到。

再后来实验人员把喷水装置拿走了,并把一只猴子带走,换进另外一只新猴子。这只猴子看到香蕉,当然也是马上要去拿,结果又是被其他四只猴子痛打了一顿。新猴子尝试了几次总是被打得很惨,只好作罢。

最后,实验人员慢慢地、一只一只地把所有的猴子都换成新猴子,可大家都不敢去动那串香蕉,但是它们都不知道为什么。

资料来源:王曼,白玉苓. 消费者行为学[M]. 北京:机械工业出版社,2011:143。

分析:小猴子看到香蕉想去取,这是自发的行为,但结果总是被水淋,或被打,这样的刺激使它们不敢再去取香蕉了。

(3) 工具性条件反射理论的应用。借用工具性条件反射理论,我们可以解释这种现象,在选择商品或零售店时,消费者会学习选择那些在自己所能承受的价格范围内出售其喜欢的商品的零售店,一旦他们发现了某家商店所出售的商品能满足他们的需要,就很可能会多次光顾。例如,网上购物之所以盛行,是因为消费者发现网上也有正品并且价低,自然大大改变了传统购物模式,转变为"想到即搜索"。

所以,消费活动中,强化学习对消费者某种消费活动的形成起着关键性作用。任何能够提高消费者某种特定消费反应出现概率的刺激物都可以被看作强化。强化学习理论认为:只有通过强化才能最终形成学习,而且强化程度越高;消费者出现相应行为反应的频率越高;强化对学习的目的性、学习的速度以及学习的效果,都有直接的影响。市场上流行的“买一赠一”“有奖销售”等活动,也是利用强化学习理论,增强消费者的反应。

正强化和负强化即积极刺激和消极刺激。例如,某些产品用过之后会怎么样?是否有一些不好的后果?人寿保险即是用负强化来刺激顾客购买保险的,在广告中向消费者宣传,如果他们意外死亡可能会引发哪些可怕的后果。

(4) 工具性条件反射理论的其他现象。该理论下,有一种现象叫自然消退,是指某种条件反射形成后,如果不再受到强化,那么这种反射就逐渐减少,甚至消失。例如,消费者在有奖销售的情况下,购买了某种商品,当他以后再次购买同类商品时,没有受到奖励,就有可能不再购买该商品。另外,消费者对某一品牌或服务不再有好感,消退过程(即终止刺激和预期回报之间的联系)就会发生,消退过程使消费者再次购买相同品牌的可能性迅速降低。

4. 观察学习理论

观察学习理论又称社会学习理论,主要由美国心理学家班图纳(A. Bandura)所倡导。这一理论的一个最显著的特点是强调学习过程中社会条件的作用。班图纳认为,人的很多行为是通过观察学习获得的。所谓观察学习,或称替代学习,是“经由对他人行为及其强化性结果的观察,一个人获得某些新的反应,或使现有的行为反应得到矫正,同时在此过程中观察者并没有外显性的操作示范反应”。

观察学习具有以下特点:首先,观察学习并不必然具有外显的行为反应;其次,观察学习并不依赖于直接强化,在没有强化作用的情况下,观察学习同样可以发生;最后,观察学习不同于模仿。模仿是指学习者对榜样行为的简单复制,而观察学习则是从他人的行为及其后果中获得信息,它可能包括模仿,也可能不包括模仿。例如,两辆汽车行驶在公路上,前一辆车不小心撞上了树桩,后一辆车急忙转弯,以避免与前一辆车碰撞。在这个例子中,后面司机的行为是观察学习的结果,但并不涉及任何模仿的因素。

利用这一理论可以诱导消费者特别是潜在消费者的反应。首先,通过榜样说明产品的肯定的结果,演示产品的使用方法,可以引起潜在消费者的注意,使他们模仿使用该产品;其次,消费者可以通过观察别人的体验营销,利用观察者的口碑扩大营销效果。

5.2.3 消费者学习的特征与方法

1. 消费者学习的一般特征

(1) 消费者学习是源于消费需求的被动性学习。与学生积极主动的学习不同,消费者学习是一个被动的学习过程。消费者认识一种商品一般不会像学生一样接受专门的学习和培训,他们是在消费需求的指引下对商品的“无奈”学习。因为要穿衣服,所以要了解一些服装面料、款式的知识;因为要饮食,所以要知道一些食物营养、烹制方法方面的知识。

因为学习具有被动性,所以消费者的学习水平相对肤浅,一般缺乏对商品的深刻认识。而且,消费者学习的知识一般都比较零散、缺乏系统性。

(2) 消费者学习是对消费领域各方面内容的学习。消费者的学习是对商品购买、享受服务过程中各个环节内容知识的学习和相关技能的获得,具体有:

① 商品、服务知识。消费者要了解商品的性能、使用方法、安全性能等方面的知识。

② 维权知识和方法。在消费过程中,因商品质量问题、安全问题而引发的各种纠纷是不可避免的。消费者要掌握缺陷商品的退换办法、了解投诉方法和渠道,以及其他一些必要的维权知识。

③ 消费技能。生活中常能发现,有的人经常买到一些又好又便宜的商品,有的人则恰恰相反,买的东西不仅贵,而且质量差。这里面就有消费技能的问题。消费者要掌握鉴别商品质量优劣的技能,学会在交易中与对方砍价的方法。

④ 消费观念。消费者的消费观与人们的其他价值观一样,是使用一种价值判断来衡量事物,并且在这种判断标准的指导下,避开消极的、不能接受的商品和消费行为,而去追求积极的、符合已有价值判断的商品和消费行为。人们的消费观是其已有价值观念在消费领域的反映,也可以通过消费学习强化、获得,甚至改变个体的消费观。

⑤ 消费态度。消费态度是人们对待某一商品(或服务),或从事某项消费活动前的心理倾向性,它影响着消费决策和行为的方向。消费态度与人的情感因素相联系,有一定的主观性和自发性,但它也是学习的结果。消费者通过学习,领悟到某种商品的特性,并与自己的兴趣爱好、价值观等加以参照,作出不同的态度反映。

(3) 消费者学习是实践性学习。实践是主体的行为,是实践意识的表现形式。实践是主体在实践意识指引下,对影响主体生存和发展的事物、现象、环境、矛盾和问题进行处置,以实现主体生存和发展目标的行为。实践是人们认识世界、改造世界的活动,是人类认识的源泉之一。

消费者的学习行为是人类实践活动的一部分,它是人获得直接消费经验、消费知识和消费技能的主要途径和方式。消费者的每一次消费过程也是一次实践学习过程。比如购物过程,消费者通过观察、对比,了解到不同商品的差异,这就是学习过程。消费者的实践性学习包括几个方面的内容:消费实践过程是由一系列消费操作行为组成的;实践性学习以物体材料(具体商品)为学习对象;实践性学习是选择和对比的过程;学习结果影响以后的消费实践行为。良好的结果能够强化已有的知识经验,增加同一消费行为的重复机会,否则将减少或停止原有的消费行为。

(4) 消费者学习是隐性知识的学习。早在20世纪60年代初,波兰伊(Michael Polanyi)首先提出隐性知识的概念,管理大师德鲁克(P. F. Drucker)、日本学者野中郁次郎(Ikujiro Nonaka)也都对此作过进一步的研究。他们认为:隐性知识来源于个体对外部世界的判断和感知,来源于经验,是高度个人化的知识,有其自身的特殊含义,因此很难规范化,也不易传递给他人,它只能被演示证明是存在的。学习这种技能的唯一方法是领悟和练习。

消费者的隐性知识可以划分为两类:一类是技能方面的隐性知识,包括消费者购物过程中非正式的、难以表达的技能、技巧、经验和诀窍等;另一类是认识方面的隐性知识,包括消费者对于商品的洞察力、直觉、感悟、兴趣爱好等。

2. 消费者学习的方法

消费者学习主要由动机、暗示、反应、强化、重复等几个基本要素构成。动机用来激励学习,如考前辅导。暗示为动机指向的确定提供线索,如商品陈列。反应是根据刺激和暗示采取的行动,即选择。强化是能够增加某种反应在未来重复发生的可能性的任何事物,包括正强化和负强化。正强化是指如果行为反应后能得到愉快的再刺激,即愉快的结果,那么以后这个行为出现的频率就会趋向增加，即趋利；负强化是指当排除一个跟随在某种反应之后的令人不愉快的刺激后，便能提高这一反应的概率，从而带来满足的结果，即避害。重复既能增加学习强度又能增加学习速度，熟能生巧，如脑白金广告。

根据以上构成要素，消费者学习主要通过以下几种方法：

(1) 模仿式学习。即通过获取信息、观摩效仿的方法进行学习，其结果是消费者摒弃旧的消费方式，适应新的需求水平，这是消费者学习的一种重要方法。演艺明星、体育明星的发型、服饰，之所以能在大众中流行开来，就是模仿式学习的结果。

模仿可以是有意的、主动的，也可以是无意的和被动的。当被模仿行为具有榜样作用，社会或团体又加以提倡时，这种模仿就是自觉进行的，如国家提倡的节约风尚。社会生活中还有很多模仿是无意识的，如孩子模仿大人的行为，以及作为某个群体中的成员，就会不自觉带有该群体的行为特征等。

(2) 反应式学习。又叫尝试错误法，即消费者通过尝试与错误，从而在一定的情境和一定的反应之间建立联结。如口渴时，消费者可以喝茶、咖啡、可乐或纯净水等，也就是说可以作出许多不同的反应，但经过多次尝试，发现作出某种特定反应能获得最满意的效果，于是此种反应与这一情境的联结就会得以保存。如果在今后的行为中，作出此种反应之后总是伴随着满足，则联结的力量将会增强；反之，若作出反应之后伴随着的是不满和烦恼，联结的力量将会减弱。

(3) 认知式学习。即通过对前人经验的总结与学习，辅之以复杂的思维过程所学到的分析与解决问题的能力，用自己的学识和辨别能力，应对不断面临的购买决策问题。消费过程中，消费者或自觉或不自觉地观察他人的消费行为，并以此指导自己的消费实践。此方法突破直接经验的限制，获得很多来自间接经验的知识、观念和技能，是消费者所采用的十分普遍的学习方法。

3. 消费者学习的效果及企业营销策略

消费者通过学习可以改变他的购买态度和行为方式，态度和行为方式的改变对于生产企业和商品销售者来说具有很大意义。一般来说，消费者学习之后对于原来行为的改变有三种效果：第一，加强型学习。即通过一段时间学习，加强了原来的行为，增加了购买行为的频率。第二，无效型学习。即无论怎样学习，都没有改变他对待这种商品的行为方式。第三，削弱型学习。即接受了商品的信息，了解到商品的某些特点，反而削弱或转变了行为方式。因此，企业的营销策略应该是促成加强型学习，强化消费者对企业和产品的良好印象，提高产品质量和适用性，防止或减少削弱型学习的不良后果。具体应采取以下方式：

(1) 树立良好的企业形象，提高产品质量，增加人性化设计，减少消费者获得负面学习效果的机会。对于特定的生产企业来说，消费者的学习可能涉及两方面的内容：一是企业的形象；二是产品的美誉度。二者又是相辅相成的关系，一方面，企业的良好形象可以提高产品的知名度和销售业绩，使消费者产生“爱屋及乌”的演绎性联想；另一方面，美誉度高的产品可以帮助树立良好的企业形象，使消费者产生“由点带面”的归纳性联想。

归根结底，企业还是要通过产品来赢得市场和消费者，因此，企业要注意产品的质量和人性化设计，强化消费者的认知和学习行为，促使消费者保持积极的消费态度，并产生重复的消费行为。

(2) 改变单一的广告宣传策略,采取多种方式,加强主动宣传的力度。现代企业都十分重视广告的作用,以至于广告成本被列入产品成本之中。但是,这些还不够。我们知道,消费者是被动的学习和实践性的学习,这样学习得到的知识缺乏深度和系统性,影响消费者的学习效果。企业要加大宣传的力度,对消费者施加更加积极的影响,努力强化消费者对自己产品的学习程度。比如,在卖场与消费者互动,通过多种媒体沟通方式与消费者互动交流,有计划、有组织地推介产品,都是主动帮助消费者学习的措施。

5.3 消费者的特殊心理

人们在产生购买行为时,不可能在真空里作出自己的决策,消费者的购买决策在很大程度上受到经济文化、社会环境、营销刺激等各种外界因素的影响。如果输入的刺激因素超过消费者所能承受的限度,会引起其反感、抵触、排斥的心理,这样会使消费者产生逆反心理。同时,消费者一般是会根据过往的消费经验形成自己的预期。消费者常常是短视的,即预期今天正确的东西明天也正确。有时消费者的预期是适应性的,即根据最近发生的事向未来进行前推。在不同的社会环境下,消费者预期的表现形式、作用方式以及影响后果都存在着显著的差异。本节就消费者的特殊心理即逆反心理和预期心理进行论述。

5.3.1 消费者的逆反心理与行为

逆反心理是一种人们常见的、普遍的心理现象,即作用于个体的同类刺激超过了其所能接受的限度而产生的一种相反的心理体验,也是个体有意脱离习惯的思维轨道而进行反向思维的心理倾向。

1. 消费者逆反心理的表现及其成因

逆反心理广泛存在于人类生活的各个领域和层面,也同样大量地存在于消费者的消费活动中。一般来说,当消费者在接受外部刺激后,会按照刺激的方向及强度作出相应的心理反应,即消费者的反应处于正常的心理状态中。但在某些特定的情况下,消费者会逆刺激方向及强度作出相反的心理反应,这就是逆反心理的表现。当消费者在从事消费活动时,不断接受来自商品本身、广告宣传及厂商各种各样的消费刺激,倘若某种刺激持续的时间过长、刺激量过大,超过了消费者所能承受的限度,就会引起相反的心理体验而产生逆反心理及其相应行为。现实当中,由于消费刺激的内容不同,消费者逆反心理也有多种不同的表现。

(1) 常见的逆反心理现象。主要有以下几种:

① 感觉逆反。消费者的感觉器官持续受到某一消费对象的过度刺激,会引起感受力下降,形成感觉(迟钝、疲劳)逆反效应。例如,连续品尝糖果,会降低对甜度的感受,产生味觉逆反效应;大量吸闻香料,会减弱对香气的感受,形成嗅觉逆反效应;长时间观看同一商品的色彩,会降低对色彩的感受力,造成视觉逆反效应。此时,倘若继续增加刺激量,就会引起消费者的厌倦、腻烦等心理体验,对刺激物产生抵触、排斥心理。

② 广告逆反。在广告宣传中,某些不适当的表现形式、诉求方式也会形成过度刺激,引起消费者的逆反心理。比如,表现手法单一化、雷同化,会降低消费者的兴趣和注意力;同一时间连续播放几十则广告,会造成消费者的心理疲劳;过分渲染、夸大或吹嘘,会引起消费者

的怀疑、不信任感；表现内容庸俗低级、搞噱头、吊胃口，会招致消费者的厌烦、抵触，以致产生"广告好的不一定是好货""广告宣传得越多越不能买"的逆反心理。

③ 价格逆反。价格在诸多消费刺激中具有敏感度高、反应性强、作用效果明显的特点。价格涨落会直接激发或抑制消费者的购买欲望，二者的变动方向通常呈反向高度相关。但是，受某种特殊因素的影响，如市场商品供应短缺引起的心理恐慌，对物价上涨或下降的心理预期，对企业降价销售行为的不信任等，也会引起消费者对价格变动的逆反心理，产生"买涨不买落""越涨价越抢购""越降价越不买"以及"持币待购"诸如此类的逆反行为和现象。

④ 政策逆反。政府制定的经济政策，特别是对消费者收入水平、购买力等有直接影响的宏观调控措施，如工资、物价、利率、税收等的变动，是消费刺激的重要组成部分。尤其在不成熟的市场经济条件下，由于市场运行不太规范，宏观调控体系不够完善，消费者成熟度较低等原因所致，消费者对宏观政策及调控措施的心理反应经常与政府意图相悖，以致作出与调控方向相反的行为反应，使调控难以达到预期效果。例如，我国自 1997 年起为启动持续疲软的市场，中国人民银行曾先后连续 7 次下调利率，而消费者在逆反心理驱使下，非但没有提款购物，反而纷纷增加存款，导致出现利率下调、存款上升的反常现象。

⑤ 购后逆反。消费者购买商品后会通过商品使用过程检验自己购买决策的正确性，确认满意程度，作为以后类似购买活动的参考。消费者的购后评价不仅仅取决于产品质量和性能的发挥状况，而且取决于消费者的预期和认识差距等心理因素，如果消费者对所购买的商品感觉和预期、认识相差很远，会产生不满意甚至严重的失调感，就有可能采取抵制行为，如不再购买或带动周围人群拒买等。

除上述方面外，消费者的逆反心理还表现在诸如购买现场的说服逆反、名人权威的示范逆反、社会公众的舆论逆反、消费时尚的流行逆反、消费观念与方式的超前或滞后逆反等方面。但无论何种形式的逆反，在心理机制上都是由于消费者对消费刺激的感受存在一定限度，超过限度的过度刺激会削弱、抑制消费者的感受力，使之发生逆向转化。在心理形态上，逆反心理则表现为消费者态度的失衡，即态度的认知、情感、行为倾向等在作用方向上不一致，其中某种成分与其他成分发生偏离。例如，消费者对价格下降后应增加购买已形成认知，但在情绪上对降价持有怀疑、疑虑，从而导致整体态度倾向于不增加购买。此外，就心理反应方式考察，在逆反心理的产生阶段，消费者通常会受到某种欲望、需求、思想观念或习惯以及思维方式的影响和推动，对过度刺激下意识地产生逆反倾向。此时的逆反心理是非理性的、不自觉的、情绪化的和不稳定的，是一种内在的心理冲动。而在逆反心理形成并转化为相应的购买决策及行为阶段，则表现为有意识地坚持逆反倾向，并为这种心理倾向付诸实践进行行动准备。这时的逆反心理是非理性的、自觉的和稳定的，是公开的、合乎逻辑的态度倾向。相应地，当逆反心理处于产生阶段时，尚有可能并比较容易加以调节转化；进入形成阶段后，则很难扭转和改变。

（2）逆反心理的成因。现实中，导致消费者逆反心理形成的原因是多方面的，其中既有需要、欲望、个性、思维方式、价值观念等个人心理因素，也有群体压力、社会潮流等外部环境因素。例如，具有求新需要的消费者，往往富有好奇心，喜欢追逐新奇，渴望变化，因而容易对传统、陈旧、一成不变的消费刺激产生逆反心理。而争强好胜的心理要求经常驱使一些消费者无视各种限制规定,有意采取相反的举动。具有高度自主性、独立性和叛逆性格的消费者,更愿意坚持自我,不受约束,并经常逆社会规范或潮流而行。崇尚传统、因循守旧的消费者,则固守过时的消费观念,对新产品、新消费方式抱有本能的排斥心理。有的消费者,外部压力越大,抵触情绪越强,越有可能采取反向行动;有的消费者则当大多数人持逆反心理时,采取追随和从众方式,以逆反行为与多数人保持一致。各种导致逆反心理的因素,有些情况下各自起作用,有时也会交织在一起,综合发生作用。

2. 逆反心理与消费者行为

人们不可能在真空里作出自己的决策,消费者的购买决策在很大程度上受到文化、社会、个人和心理等因素的影响。

逆反心理对消费者行为具有直接影响。在一定条件下,消费者由于某种刺激因素,产生逆反的心理倾向,其消费行为也会向逆反方向进行。这种逆反行为与正常的消费行为有着明显的差异。通常正常心理作用下的消费行为,是消费者受到内部或外部因素的刺激产生需要、引发动机、驱动行为的结果,逆反心理作用下的消费行为则完全不同。如果输入的刺激因素超过消费者所能接受的限度,引起反感、抵触、排斥的心理体验,消费者就会在逆反心理的驱使下,改变行为方向,进行相反的新的决策过程。

消费者的逆反行为同样要经历一系列程序或阶段。首先,对过度刺激加以认识,并产生相反的心理体验;其次,在逆反心理的作用下,对各种消费刺激作出否定的评价;再次,重新探讨可能选择的各种相反的决策方案,并从中确定与刺激方向相反的最佳决策;最后,将逆反购买决策付诸实施。

3. 逆反心理的调整策略

营销人员应当了解和掌握消费者逆反心理的特点及其活动规律,根据各种不同的逆反行为表现采取相应的心理策略。

(1) 根据消费者的感受限度,调节消费刺激量和强度,避免产生逆反心理。适当调整消费刺激量以及时间和强度,使之与消费者的感受能力相适应,是预防产生逆反心理的首要策略。

(2) 及时采取引导和调节措施,力求在萌生阶段使逆反心理得到扭转。某些逆反心理的产生,往往是由于信息获取不全面,接收了失真或错误的信息,对信息发出源不信任,或者对未来趋势不准确的判断和预期等原因造成。针对这种情况,营销人员应采取各种引导和调节措施,向消费者全面、准确地提供有关商品信息,满足消费者的知情权。

(3) 有意设置刺激诱因,激发消费者好奇的逆反心理,促成预期的逆反行为。对于不熟悉、不了解的新奇事物,消费者往往具有强烈的好奇心,特别是在信息通道受到人为阻隔的情况下,更易激发探求真相的欲望。利用这一心理特点,企业营销人员可以对所要传递的信息采取欲扬先抑的方法,从反向促使消费者主动寻求接收信息。

(4) 发挥消费带头人作用,促成大规模逆反行为的转化。在发生大规模、群体性逆反行为的情况下,应特别注意消费带头人或意见领袖的作用。因为许多消费者之所以采取逆反行为,往往并非完全出自个人的逆反心理,而是追随大多数人行为的结果。

5.3.2 消费者的预期心理与行为

1. 预期心理的含义

预期心理是指人们在一定经济环境作用下，根据自己掌握的有关经济形势和经济变量的信息，对自身物质利益的得失变化进行预测、估计和判断，并据此采取相应的消费对策和参与投资、商品交换等经济活动的心理及行为现象。

在不同的社会环境下，消费者预期的表现形式、作用方式以及影响后果存在着显著的差异，造成这一差异的主要原因包括社会经济运行模式、消费者在市场活动中的地位、经济形势的变动趋势和程度、消费者行为选择度和选择能力、政府对经济的干预方式和干预程度、社会信息化水平、消费者素质及其民族文化特征等。

后凯恩斯主义的预期经济学派于 20 世纪 70 年代首次提出“预期假说”，把这一普遍存在的客观现象上升为可以认知的理性概念。许多西方国家政府也把预期作为分析市场动态、制定宏观政策和采取调节措施的重要参数。

2. 预期心理与消费者行为

由于我国的经济模式正处于从计划经济向市场经济转换的阶段，消费者自身的成熟程度与心理承受能力还不能适应这一变革所引起的各种摩擦和震荡。因此，预期心理的形成机制和表现形式具有很大的不规范性。具体表现在以下方面：

(1) 预期非理性化。由于金融意识、风险意识相对薄弱，加之市场信息传输不畅，消费者往往不能对经济形势及个人货币投向的效用得失作出客观合理的分析判断，而经常表现为非理性地、主观片面地看待经济环境的得失变化。

(2) 对价格变动过度敏感。由于多数消费者对价格变动（主要是上涨）的心理承受能力相对较弱，而几度经济过热引发的通货膨胀导致货币贬值，实际购买力降低，造成消费者对价格变动的预期过度敏感，稍有风吹草动便如惊弓之鸟，迅速作出反应并广泛蔓延，形成一个或几个地区乃至全国性的抢购风潮。

(3) 大规模从众。从众是在群体规范或群体压力作用下，个体自愿或非自愿遵从大多数人意志的一种社会心理现象。这一现象同样存在于消费预期中。多数消费者面对变化起伏的市场环境，难以作出清晰的判断和理智的预期。为避免蒙受损失，而不得不参照他人预期，追从大多数人的行为选择。

(4) 逆反心理趋强。我国消费者的预期心理经常是逆反状态，往往与国家政策和宏观调控导向直接相悖，“买涨不买落”“越贱越不买”的反向消费倾向十分突出。与政府意图逆反的预期心理直接导致宏观调控无力甚至失效，使国家对经济的干预作用严重减弱。同时也使得企业依照市场供求变化趋势采取的种种努力失去应有效果。

3. 预期心理的引导

预期心理作为市场经济条件下客观存在的消费心理现象，在我国还远未进入成熟阶段。因而其对市场变动趋势进行综合反映、为政府宏观调控提供依据、对企业进行行为导向等积极作用未能得到应有发挥。所以我们应该加强对消费者预期心理的调节与引导：

(1) 西方预期理论为有关预期研究提供了重要思路。我们应该结合我国的实际情况对我国预期心理及现象进行系统的研究，深入探讨日益发展的社会经济环境与消费预期形成的紧密联系，把握其中带有规律性的东西，为调节和引导消费者的心理预期提供理论指导。

（2）建立社会预期监测和预警系统。运用现代调查分析、模拟预测等科学方法和技术手段，随时监测消费者心理和行为的变化动向，并对可能发生的预期倾向及其后果作出准确预测，从而为宏观及微观经济决策提供依据。同时逐步形成新的决策机制和惯例，以便使政府决策与企业及国民行为有效衔接起来，避免忽略消费者预期而导致的决策失误。

（3）加强社会信息系统建设。充分利用大众传播媒介等舆论工具，广泛传输有关信息，增加透明度，促进社会公众对经济形势、产业政策、政府意图、市场变化以及中长期发展趋势等情况的了解，使之在充分占有信息和宏观、微观经济格局的基础上正确判断利益得失，作出准确预期。

5.4 消费者行为学的应用案例

高露洁的口腔护理教育

提起口腔护理，人人都能想到高露洁。而一提起高露洁，很多人就会脱口而出"没有蛀牙"，这是因为高露洁那句经典的广告语"高露洁的目标是——没有蛀牙！"以及围绕防蛀的主题变换的其他广告语，如"海狸先生牙齿为什么这么白呢？因为我用的是高露洁草本牙膏！它富含草本盐，防蛀效果更好！"等都已深深印在消费者的心中。

无论是电视上，还是报纸杂志或网络上，高露洁广告都有两类不变的角色，一是以一群孩子和牙科保健医生为其产品代言人；二是以实验对比过程唤起人们对牙齿保健的重视，借助专家增加广告诉求的科学性和权威性。

高露洁的成功与它两百多年来在全世界倡导口腔健康教育密不可分。高露洁以"我们的目标是——没有蛀牙！"作为公司的营销口号。为了提高人们口腔健康意识，高露洁做了一系列的活动。如1994年高露洁棕榄公司与世界卫生组织签订了一项协议，在全球推广"甜美的微笑，光明的未来"口腔保健教育计划，通过与各国政府及专业组织密切配合，在世界范围内开展口腔健康教育活动，旨在帮助儿童从小养成良好的口腔卫生习惯，降低儿童口腔疾病发病率。

在中国，高露洁更加积极致力于针对消费者的口腔护理观念教育。

1994年，高露洁将口腔健康教育活动"甜美的微笑，光明的未来"引入中国。十多年来，已经有超过1亿的小学生从中接受了口腔教育和预防治疗。

1996年，高露洁棕榄公司首先与中国牙医协会（CDA）合作，共同组织了一系列活动，旨在发展和加强中国人的牙齿护理意识。

2001年，高露洁又将公关眼光投向了中国广大的西部市场，在中国卫生部的直接指导下，与中华预防医学会、中华口腔医学会等专业团体合作，开展了规模宏大的"口腔保健微笑工程西部行"活动。全程共组织活动30多次，累计30万群众直接受益。

2004年，中国高露洁传播概念上已经与全球高露洁全面对接，其在中国内地的传播主题是“2004 高露洁目标：让全世界没有蛀牙”。在这样的主题方向下，高露洁不仅在影视传播上具备了强大的创意执行能力，而且在平面视觉上也呈现出精彩纷呈的平面效果。在媒体选择上，高露洁围绕主题，采用电波媒体、平面媒体、网络媒体等多种媒体，获得了非常强大的市场震撼效果。

2006 年，中国教育发展基金会、教育部体育卫生与艺术教育司与广州高露洁棕榄有限公司在北京共同签署了“甜美的微笑，光明的未来”全国口腔健康教育项目在中国的第三个五年合作计划(2006—2010 年)。这意味着广州高露洁公司在未来五年将继续免费向国内的小学校提供价值 1 亿元人民币的口腔健康教学材料及儿童口腔护理用品。

2007 年，由中华口腔医学会主办、国家卫生部疾病预防控制局支持、高露洁棕榄有限公司承办的“零蛀牙，一起来！——2007 年全国口腔健康活动月”项目在北京正式启动。本次活动从 2007 年 8 月中旬开始到 9 月底结束，为期 1 个月，覆盖全国 29 个省、市、自治区的 42 个城市，提供近 8 万个免费专业口腔检查机会。此举充分显示了高露洁在中国的一贯承诺：提高消费者的口腔健康水平。

2008 年是“全国爱牙日”设立 20 周年，“关注中老年人口腔健康”被正式确定为当年“全国爱牙日”的主题。为响应政府号召，由高露洁棕榄(中国)有限公司主办的“卓越口腔健康，我们的目标——2008 全国爱牙日宣传活动”于 9 月 20 日同时在北京、上海、深圳三大城市举行。另外，高露洁已深入北京、广州、上海、成都、沈阳、重庆、杭州、南京、武汉、天津等十大城市的共 20 个居民社区，为居民提供免费口腔健康咨询。

资料来源：张理．消费者行为学[M]．北京：清华大学出版社，北京交通大学出版社，2008:383。

分析：

高露洁不遗余力地对消费者进行口腔护理教育，主要是通过直接说服的方式来改变消费者态度的程度，形成消费偏爱。

在直接说服中，高露洁采取牙科医生这样的专业人士作为信息发布源，以增加说服的可信度，同时加入孩子这一容易使消费者产生亲切感的元素；在信息传播方式中，以实验对比过程唤起人们对牙齿保健的重视。

模拟实训

【实训目的】

通过模拟实训，加深学生对于态度测量技术中语意差别量表的应用。

【实训主题】

对商场的态度测量。

【实训时间】

本章课堂教学内容结束后的课余时间。

【背景材料】

某家商场想要了解消费者对其商品质量、购物环境、售后服务等方面的看法，拟请调研机构帮忙调查消费者对自身及其竞争对手的综合印象评价，并为其提出改进建议。

【实训过程设计】

1. 将班级同学分为若干小组,5 人一组,根据大家对商场综合评价的各个方面,拟定一份语意差别量表。

2. 由各小组成员分别选择附近居民为调查对象,用语意差别量表调查他们对于两家商场的看法。

3. 根据小组的调查结果,为商场提出改进意见,考核以建议书和交流发言情况为依据。重点考核建议书的真实性、规范性和合理性。

4. 指导教师对各个小组调查过程及改进建议进行评价总结。

本章小结

消费者态度是消费者对一个物体、人物、事件或行为等对象的总体评估。态度由认知成分、情感成分和行为成分三部分组成。这三者共同形成对态度对象的评价。态度测量是按照一定的程序与法则,将人们的社会态度数量化的过程。进行态度测量的方法主要有:问卷法、瑟斯通量表法、李克特量表法、语意差别量表法、多重性(多属性)测量法。消费者态度的改变是在旧态度上发生新变化的过程。消费者态度的改变包括两层含义:一是指态度强度的改变;二是指态度方向的改变。

消费者学习与消费者行为之间有密切关系。学习是人们适应环境的动态过程,消费者购买活动的每一步都是在学习。消费者的学习理论主要有认知学习理论、经典性条件反射理论、工具性条件反射理论、观察学习理论等。消费者学习的特点表现在它是源于消费需求的被动性学习,是对消费领域各方面内容的学习,是实践性和隐性知识的学习。而消费者的学习方法主要有模仿式学习、反应式学习和认知式学习。

消费者的特殊心理主要有逆反心理和预期心理。人们不可能在真空里作出自己的决策,消费者的购买决策在很大程度上受到文化、社会、个人和心理等因素的影响。如果输入的刺激因素超过消费者所能接受的限度,引起反感、抵触、排斥的心理体验,就会使消费者产生逆反心理。消费者一般是根据过去的经验形成自己的预期。因此,消费者常常是短视的,即预期今天正确的东西明天也正确。有时消费者的预期是适应性的,即根据最近发生的事向未来进行前推。在不同的社会环境下,消费者预期的表现形式、作用方式以及影响后果存在着显著的差异。

综合练习

一、单项选择题

1. 态度作为一种(　　),通常以语言形式的意见、非语言形式的动作、行为等作为自身的表现形式。

A. 心理倾向　　B. 个性特征　　C. 心理欲望　　D. 行为动机

E. 以上都对

2. 当作用于个体的同类刺激超过了其所能接受的限度时，消费者会产生(　　)，也是个体有意脱离习惯的思维轨道而进行反向思维的心理倾向。

A. 预期心理　　B. 反心理　　C. 焦虑心理　　D. 期盼心理

3. (　　)是先有刺激后有反应。

A. 工具性条件反射　　B. 经典性条件反射

C. 认知学习法　　D. 观察学习法

二、多项选择题

1. 消费者态度的基本构成要素包括(　　)。

A. 心理欲望　　B. 认知成分　　C. 情感成分　　D. 行为倾向

2. 消费者学习的方法主要有(　　)。

A. 认知式学习　　B. 反应式学习　　C. 试误法学习　　D. 模仿式学习

E. 以上都对

3. 消费者的逆反心理现象主要有(　　)。

A. 价格逆反　　B. 广告逆反　　C. 感觉逆反　　D. 购后逆反

E. 政策逆反

三、问答题

1. 影响消费者态度改变的因素有哪些？

2. 消费者学习的基本理论有哪些？

3. 消费者的特殊心理主要有哪些？

四、案例分析题

中国市场，丰田如何面对

丰田公司全球范围汽车召回从2009年11月份开始，全球共召回1 063.7万辆。其中因油门踏板故障隐患召回445万辆，刹车系统稳定性问题召回43.7万辆，脚垫卡住油门问题召回575万辆。因约有210万辆车同时存在油门踏板和脚垫问题，因此实际召回总量约854万辆。

丰田此次大规模召回事件，在全球范围内产生了巨大影响，引发业内专家、行业机构以及媒体舆论的持续关注。美国一家汽车研究机构曾悲观预测，2010年2月丰田在美国的销量可能下降1/3，但是2月份结束后，统计数字显示，丰田汽车在美国的销量仅缩水8.7%。仅就丰田销量而言，“召回门”事件对消费者的影响似乎有限。贝叶斯咨询公司则认为，这主要应该得益于丰田长期以来在该国积累的品牌影响力。

2010年“3·15消费者权益保护日”前夕，贝叶斯咨询公司开展了“3·15消费者专题调查”，该调查是针对中国汽车消费者的一次品牌大调查，重点是丰田“召回门”事件对中国消费者的影响。

1. 消费者理性对待，丰田影响力下降

虽然召回事件在全球范围内引起了极大的震动，在美国更是遭遇国会、检察机构、国家公路交通安全管理局等机构的调查。但据贝叶斯咨询公司进行的《丰田召回事件消费者调查报告》显示,在中国仍有一半的消费者理解并支持丰田汽车召回,表示“召回是丰田负责任的表现”。这不仅体现出中国消费者惯有的宽容,同时体现出中国消费者从消费心态到消费观念正在慢慢趋于理性和成熟。

虽然消费者对丰田召回问题车辆的行为表现出了支持和认可,但丰田品牌形象受损已不可避免。根据《丰田召回事件消费者调查报告》显示,召回事件发生后,丰田汽车在消费者心目中的品牌影响力下降十分明显,排名由第一位降至第五位。43.1%的消费者认为召回影响了丰田品质优良的国际形象,更有29.4%的消费者对丰田品牌形象、产品质量产生怀疑。同为日系品牌的本田汽车也受到此次召回的波及,品牌影响力也有所下降,但下降趋势不明显,仍居第二的位置。

2. 亡羊补牢,机会尚存

对丰田客户的调查显示,57.2%的消费者更关注丰田处理危机的方法、态度,希望丰田能尊重事实、尊重消费者,真诚处理,解决问题和危机。丰田处理问题的方式和态度不仅关乎能否重塑中国消费者的消费信心,更关乎能否维护好已有客户。贝叶斯咨询公司认为,如果丰田在处理召回事件的过程中采取双重标准,对每个市场的消费者区别对待,势必会伤害消费者的感情,造成既有客户与潜在客户的进一步流失。

《丰田召回事件消费者调查报告》显示,召回事件已经直接对消费者的购车计划产生影响,63.8%的消费者在购车时曾将丰田列入考虑范围,但是召回事件的发生使得40.2%的消费者不再考虑购买丰田汽车,转而将目光更多地投向了大众汽车及通用汽车。目前丰田汽车召回成本初步估算或超过50亿美元,到那时丰田需要担心的还远远不止这些,当前丰田最棘手的问题应该是如何减轻召回对品牌形象的影响,如何重塑消费者的消费信心。如果丰田不采取及时有效的补救措施,在未来一年内由于销量减少而导致的损失将是对丰田的沉重打击。

资料来源:http://autos.cn.yahoo.com/10-03-/321/28jir.html。

问题:

1. 消费者对丰田汽车的态度反映了态度的哪些特点?
2. 消费者对丰田汽车态度的改变受到了哪些因素的影响?
3. 从《丰田召回事件消费者调查报告》的分析中,丰田汽车应如何转变消费者的负面态度。

第6章

消费者的购买决策与购买行为

知识目标

理解购买决策的含义与特点
掌握消费者购买决策的程序
了解购买决策的类型
掌握消费者购买行为的概念
理解消费者购买行为的分类及其影响因素
了解消费者购买行为的模式

能力目标

能根据消费者购买决策程序开展相应的营销活动
能根据消费者的行为模式制定相应的营销策略

关键概念

消费者购买行为模型　消费者购买决策过程　链式消费行为

消费者的购买行为是由一系列环节、要素构成的完整过程。在这一过程中，购买决策居核心地位；决策的正确与否直接决定购买行为的发生方式、指向及效用大小。消费者制定购买决策时的参与度不同，决定了他们获取信息的方式和采用的决策方法存在差异。在实施购买行为后，消费者还会对所购商品或服务进行评价，并向其他消费者交流传播。因此，研究消费者的购买行为模式与过程、购买决策的过程以及消费者的购后评价与反应，有助于全面把握消费者的购买行为特点与规律，为企业影响和引导消费者的购买决策与行为提供依据。

6.1 消费者购买行为模式的类型

消费者的购买行为是由一系列环节、要素构成的完整过程。在这一过程中，市场营销人员必须了解目标消费者的欲望、观念、偏好和行为模式，以便全面把握消费者行为的特点与规律。

6.1.1 消费者购买行为的相关概念

1. 消费者购买行为的概念

消费者购买行为是指人们为了满足个人、家庭的生活需要或者企业为了满足生产的需要，购买爱好的产品或服务时所表现出来的各种行为。

2. 消费者购买行为的类型

在购买活动中，每个消费者的购买行为各有不同，区分不同类型的消费者购买行为，找出不同购买类型的差异，是企业营销人员必须掌握的。

(1) 根据消费者对购买过程的参与程度与品牌差异大小划分

消费者在购买商品时，会因商品价格、购买频率的不同，而投入购买的程度不同。西方学者根据购买者在购买过程中参与者的介入程度和品牌间的差异程度，将消费者的购买行为分为四种类型。

同类产品不同品牌之间的差异越大，产品价格越昂贵，消费者越是缺乏产品知识和购买经验，感受到的风险越大，购买决策过程越复杂。

表 6.1 购买行为的类型

		购买者的介入程度	
		高	低
品牌差异程度	大	复杂的购买行为	多样性的购买行为
	小	减少失调感的购买行为	习惯性的购买行为

① 复杂的购买行为。当消费者初次选购价格昂贵、购买次数较少的、冒风险的和高度自我表现的商品时，就属于高度介入购买，即复杂的购买行为。由于对这些产品的性能缺乏了解，为慎重起见，他们往往需要广泛地收集有关信息，并经过认真地学习，产生对这一产品的信念，形成对品牌的态度，并慎重地作出购买决策。

对这种类型的购买行为，企业应设法帮助消费者了解与该产品有关的知识，设法让他们知道和确信本产品在比较重要的性能方面的特征及优势，使他们树立对本产品的信任感。这期间，企业要特别注意针对购买决定者做介绍本产品特性的多种形式的广告，运用印刷媒体、电波媒体和销售人员宣传本品牌的优点，发动销售人员和购买者的亲友影响最终购买决策，简化购买过程。

② 减少失调感的购买行为。当消费者高度介入某项产品的购买，但又看不出各品牌有何差异时，对所购产品往往产生失调感。因为消费者购买一些品牌差异不大的商品时，虽然对购买行为持谨慎的态度，但他们的注意力更多地集中在品牌价格是否优惠、购买时间、地点是否便利上，而不是花很多精力去收集不同品牌间的信息并进行比较，而且从产生购买动机到决定购买之间的时间较短。因而这种购买行为容易产生购后的失调感，即消费者购买某一产品后，或因产品自身的某些方面不称心，或得到了其他产品更好的信息，从而产生不该购买这一产品的后悔心理或心理不平衡。为了改变这样的心理，追求心理的平衡，消费者广泛地收集各种对已购产品的有利信息，以证明自己购买决定的正确性。为此，企业应通过调整价格和售货网点的选择，提供完善的售后服务，并向消费者提供有利于本企业和产品的信息，帮助消费者消除不平衡心理，使他们相信自己的购买决定是正确的，坚定其对所购产品的信心。

③ 多样性的购买行为。如果消费者购买的商品品牌间差异虽大，但可供选择的品牌很多，尤其是当价格比较低并且购买频率比较高时，他们并不会花太多的时间选择品牌，而且也不专注于某一产品，而是经常变换产品的消费种类和消费形式。比如购买夹心饼干，他们上次买的是巧克力夹心，而这次想购买奶油夹心。这种品种的更换并非对上次购买饼干的不满意，而是想换换口味。

面对这种广泛选择的购买行为，市场领导者应注意以充足的货源占据货架的有利位置避免脱销，并通过提醒性的广告促成消费者建立习惯性购买行为；市场挑战者则应以降低产品价格、折扣、赠券、赠送样品、介绍新产品的独特优势等方式，鼓励消费者进行多品种的选择和新产品的试用。

④ 习惯性的购买行为。消费者有时购买某一商品，并不是因为特别偏爱某一品牌，而是出于习惯。这类商品品牌之间差异很小，消费者常常根据自己的习惯和经验来消费自己熟悉的品牌，购买后也不评价产品。比如醋，它是一种价格低廉、品牌间差异不大的商品，消费者购买它时，大多不会关心品牌，而是靠多次购买和多次使用而形成的习惯去选定某一品牌。

针对这种购买行为，企业要特别注意给消费者留下深刻印象，企业的广告要强调本产品的主要特点，要以鲜明的视觉标志、巧妙的形象构思赢得消费者对该企业产品的青睐。为此，企业的广告要加强重复性、反复性，以加深消费者对产品的熟悉程度。

（2）按消费者购买目标的选定程度划分

① 全确定型。这类消费者在进入商店、发生购买行为之前，已有非常明确的购买目标，对所要购买的商品种类、品牌、价格、性能、规格、数量等均有具体要求，一旦商品合意，便毫不犹豫地买下。这类消费者不需别人的介绍、帮助和提示，但在实际营销活动中为数较少。

② 半确定型。这类消费者在进入商店、发生购买行为之前，已有大致的购买意向和目标，但是这一目标不是很具体、明确。直至购买行为实际发生时，需经过对同类商品的反复比较、选择之后，才能确定购买的具体对象。这类消费者易受他人观点的影响，成交时间长，一般需要提示或介绍，营销人员可见机参谋以坚定其购买决心。他们在消费者中为数众多，应是服务的重点对象。

③ 不确定型。这类消费者在进入商店、发生购买行为之前，没有任何明确的购买目标。茶余饭后散步或是顺路都可能进入商店，漫无目的地浏览。所见某一商品、所闻某一商品的信息，都可能引发他们的需要，唤起其购买欲望。一旦有了购买目标，消费者会马上发生购买行为，但有时也可能不买任何东西。究竟发生购买行为与否，与商店内外部环境及消费者心理状态有关。对这类消费者，营销人员应主动热情地服务，尽量引起他们的购买兴趣。

(3) 按消费者购买态度与要求划分

① 习惯型。这类消费者依靠过去的购买经验和消费习惯购买。

② 理智型。这类消费者善于观察、分析、比较，广泛收集商品信息，理智慎重，不受他人及广告宣传的影响。

③ 经济型。这类消费者对商品的价格非常敏感，根据价格判断商品质量的高低。

④ 冲动型。这类消费者对外界刺激敏感，心理反应活跃，在外界(如商品广告、推销员、他人影响等)的刺激下，以直观感觉为依据从速购买。

⑤ 感情型。这类消费者心理活动丰富，在购买时容易受感情支配，也易受外界环境的感染诱导，往往以商品是否符合自己的感情需要来确定购买决策。

⑥ 疑虑型。这类消费者性格内向、言行谨慎、多疑，购买前三思而后行，购买后还会疑心上当受骗。

⑦ 随意型。这类消费者或缺乏经验，或缺乏主见，或奉命购买，在选购时大多表现得优柔寡断、缺乏主见。

(4) 按消费者在购买现场的情感反应划分

① 沉着型。这类消费者购买动机一经确定，就不易改变；在购买时，少言寡语，感情不外露。

② 温顺型。这类消费者神经过程比较薄弱，在生理上不能忍受过大或过小的神经紧张，对外界的刺激很少在外表上表现出来，但内心却又体验深刻；在购买时，愿意听取售货员的介绍和意见。

③ 活泼型(健谈型)。这类消费者神经过程平衡而灵活性高，善于适应各种环境，有广泛的兴趣爱好；在购买时，健谈、活泼。

④ 反抗型(反感型)。这类消费者具有较高的敏感性，时时警觉着外界环境细小的变化，多愁善感，性情孤僻；在购买时，不喜欢听取别人的意见，以怀疑的观点审视周围的一切。

⑤ 激动型(傲慢型)。这类消费者易于激动，言行举止时有暴躁、狂热的表现，自制力差；在购买时，不善于考虑，傲气十足。

6.1.2 消费者购买行为理论

消费者的购买行为是否有规律可循呢？这一点对企业来说是很重要的，经过大量研究，总结出一些解释消费者购买行为的理论，主要有以下几种：

(1) 习惯建立理论

该理论认为消费者的购买是一种习惯建立的行为，消费者对商品的喜好是在重复使用中逐步建立起来的,不一定要经过认识过程。因此,某种商品的信息长时间地、反复地向消费者传递,就能使消费者产生喜好。消费者的购买行为是驱使力、刺激物、提示物、反应和强化五种因素相互作用的结果。习惯建立理论可以解释日常生活中普遍存在的习惯性消费行为,如买饮料、牙膏等日用品,但是具有一定的局限性,即不能解释所有购买行为。

(2) 信息加工理论

把人看成一个信息处理器,接受信息的输入、进行编码、加工储存、提取和使用。这一理论要求人是理性的,所以该理论适用于高投入并有大量和商品信息可资利用的复杂性购买行为,例如购买电脑、照相机等高科技产品。

(3) 风险减少理论

该理论认为消费者的购买是一种减少风险的行为。所谓购买风险是指消费者所承受的在购买之后可能遭受损失的危险。购买的过程,总是伴随着无法预测和控制的后果,比如结果是否满意等,因此购买行为带有不确定性。消费者购买行为就是想方设法地寻找减少风险的途径。该理论尤其适用于那些消费者不易了解产品成分及功效的情况。消费者控制风险主要通过以下几种方法:多收集信息,选择高价、名牌产品,选择熟悉的、有信誉的渠道,寻求安全保证(如能退货、提供权威检测报告)等。

(4) 问题解决理论

人的生理和心理上的各种需求,使人产生许多问题,解决问题的一个办法就是人们的需求得到满足。需求如果得不到满足,就会产生内在的紧张情绪,会觉得不舒服,就要设法恢复平静。其结果往往是消费者作出购买消费品的决定。

6.1.3 消费者购买行为模式

1. 尼科西亚模式

尼科西亚(Nicosia)于1966年在《消费者决策程序》一书中提出这一决策模式。尼科西亚模式主要是将消费者购买过程划分成决策程序的流程图,以此对消费者决策过程进行模拟。该模式由四部分组成,见图6.1。

第一部分,从信息源到消费者态度(包括企业和消费者两方面的态度)。厂商将有关产品的信息通过广告等媒介传至消费者,经过消费者的内化(Internalization)后,形成态度。

第二部分,消费者对商品进行调查和评价,并且形成购买动机的输出。消费者态度形成后,对厂商的产品产生兴趣,通过信息收集作为评估准则,因此而产生购买动机。

第三部分,消费者采取有效的决策行为。消费者将动机转变为实际的购买行动,这一过程受品牌的可用性、经销商因素的影响。

第四部分,购后信息存贮。消费者购买行动的结果被大脑记忆、贮存起来,供消费者以后的购买参考或反馈给企业。消费者购买产品以后,经过使用过程,对所购买的产品产生实际的消费经验,由购后使用的满意程度影响再购行为,同时厂商也由消费者的购买意向与使用的满意程度,获得信息的反馈,以作为品质改进、定价、广告以及其他营销策略的参考依据。

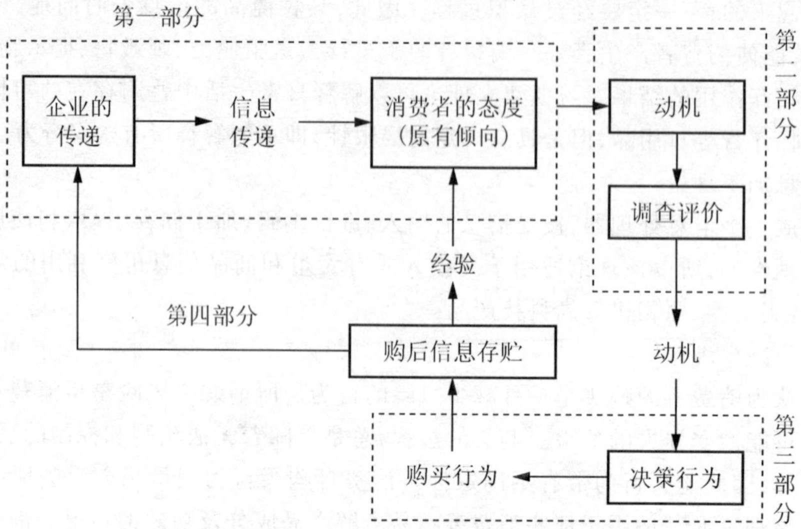

图 6.1 尼科西亚决策程序流程图

2. 恩格尔-科拉特-布莱克威尔模式（EKB 模式）

恩格尔（Engel）模式又称 EKB 模式，为目前消费者行为中，较为完整而清晰的一个理论。此模式是由恩格尔、科拉特（Kollat）和布莱克威尔（Blackwell）三人于 1968 年提出，并于 1984 年修正而成的理论框架。其重点是从购买决策过程去分析。

整个模式分为四个部分（见图 6.2）：中枢控制系统，即消费者的心理活动过程；信息处理程序；决策过程；环境因素。

恩格尔模式认为，外界信息在有形和无形因素的作用下，输入中枢控制系统，即对大脑引起、发现、注意、理解、记忆与大脑存储的个人经验、评价标准、态度、个性等进行过滤加工，构成了信息处理程序，并在内心进行研究评估选择，对外部探索即选择评估，产生了决策方案。在整个决策研究评估选择过程中，同样要受到环境因素，如收入、文化、家庭、社会阶层等影响。最后产生购买过程，并对购买的商品进行消费体验，得出满意与否的结论。此结论通过反馈又进入了中枢控制系统，形成信息与经验，影响未来的购买行为。

3. 霍华德-谢思模式

霍华德-谢思模式是美国学者霍华德和谢思提出的模式，这个模式包括四大变量，即投入因素（刺激因素）、内在因素、外在因素和产出因素（反应因素），见图 6.3。

投入因素（刺激因素），包括产品刺激、符号刺激和社会刺激。产品刺激是指物品、商标本身产生的刺激；符号刺激是指由推销员、广告媒介、商标目录等传播的语言、文字、图片等产生的刺激；社会刺激是指消费者在同他人的交往中产生的刺激，这种刺激一般与提供有关的购买信息相连。消费者对这些刺激因素有选择地加以接受和反应。

内在因素介于投入因素和产出因素之间，由知觉过程和学习过程构成。知觉过程是完成与购买决策有关的信息处理过程；学习过程是完成形成概念的过程。知觉过程和学习过程都是在“暗箱”内完成的，经过“暗箱”的心理活动向外部输出产出因素。

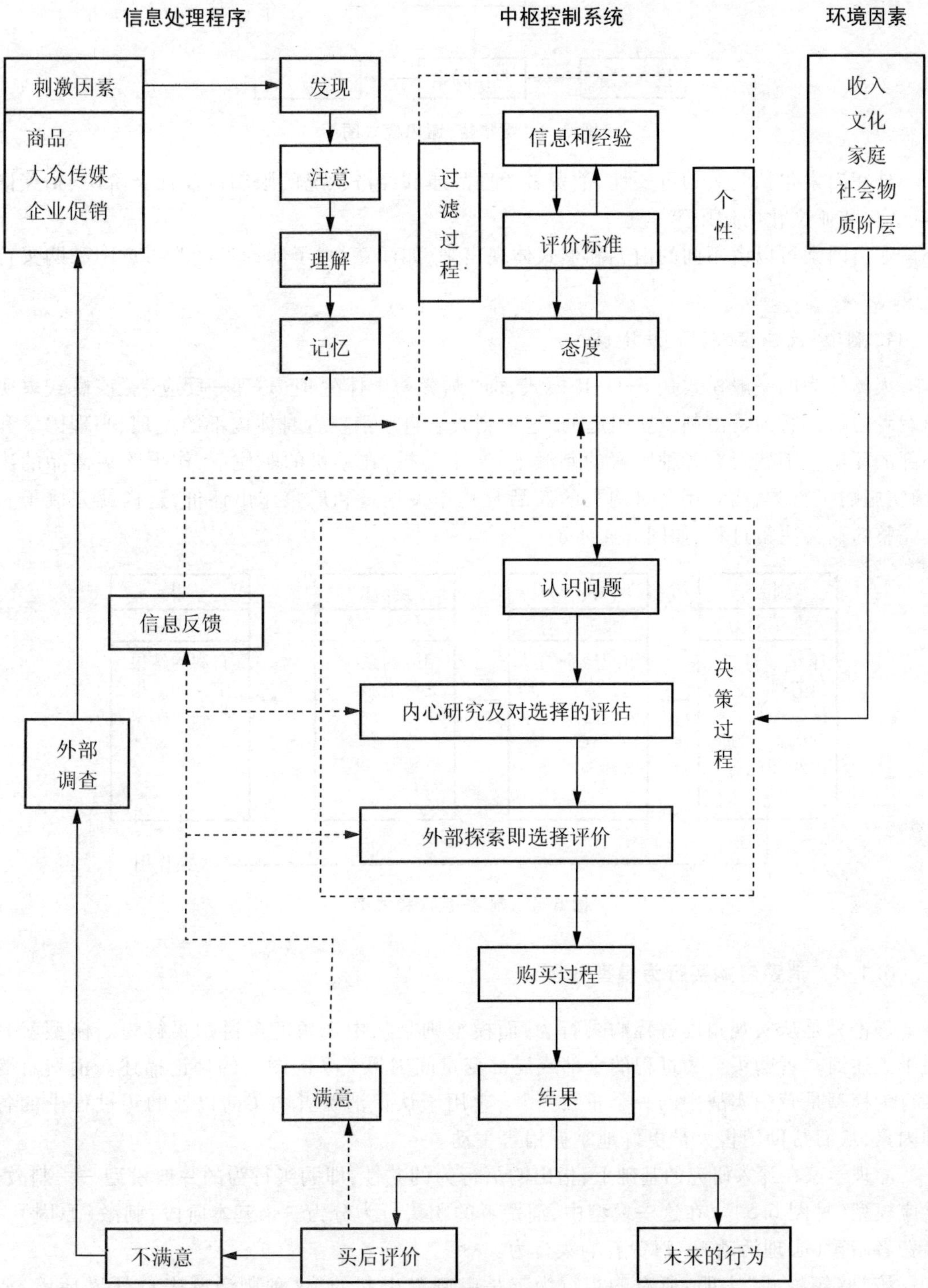
信息处理程序
中枢控制系统
环境因素
刺激因素
商品
大众传媒
企业促销
发现
注意
理解
记忆
过滤过程
信息和经验
评价标准
态度
个性
收入
文化
家庭
社会物质阶层
认识问题
信息反馈
内心研究及对选择的评估
决策过程
外部调查
外部探索即选择评价
购买过程
满意
结果
不满意
买后评价
未来的行为

图 6.2　恩格尔模式图

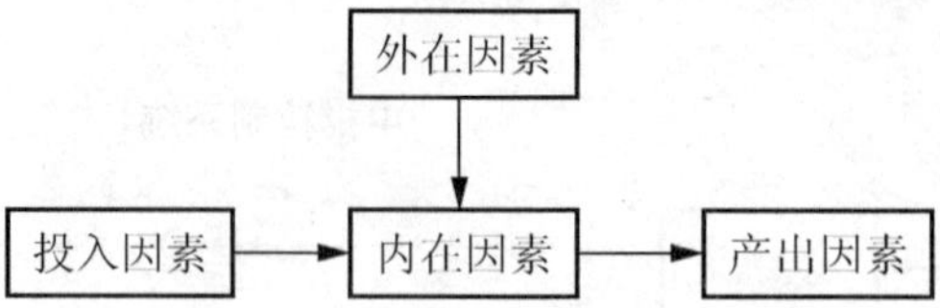

图 6.3 霍华德-谢思模式图

外在因素包括购买的重要性、消费者个性品质和经济状况的限制以及社会阶层、相关群体、文化和亚文化的作用等。

产出因素可以由不同的内容和形式体现出来,如注意力、了解、态度、购买意图和购买行为等。

4. 刺激-反应模式(S-O-R 模式)

人类行为的一般模式是 S-O-R 模式,即"刺激—个体生理、心理—反应"。该模式表明消费者的购买行为是由刺激所引起的,这种刺激来自于消费者身体内部的生理、心理因素和外部的环境。消费者在各种因素的刺激下,产生动机,在动机的驱使下,作出购买商品的决策,实施购买行为,购后还会对购买的商品及其相关渠道和厂家作出评价,这样就完成了一次完整的购买决策过程,如图 6.4 所示。

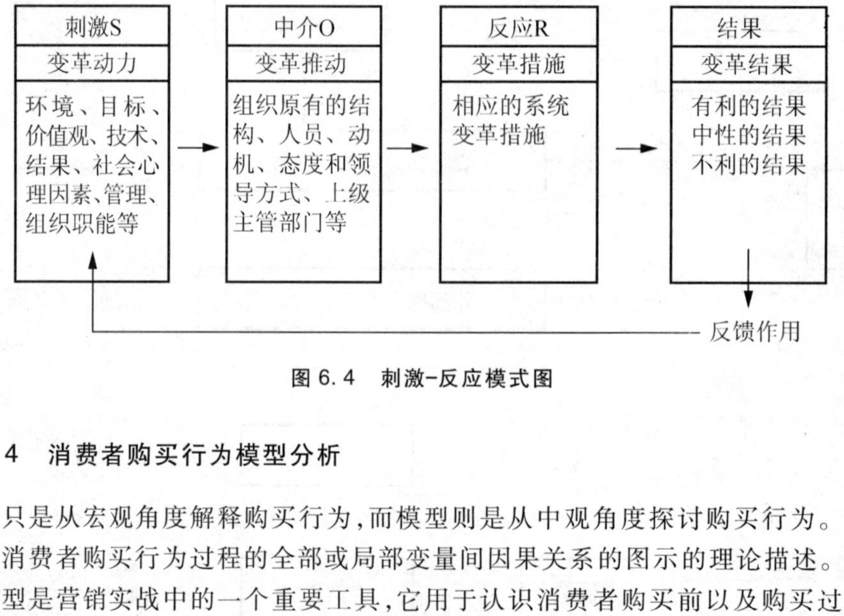

图 6.4 刺激-反应模式图

6.1.4 消费者购买行为模型分析

理论只是从宏观角度解释购买行为,而模型则是从中观角度探讨购买行为。模型就是用于表述消费者购买行为过程的全部或局部变量间因果关系的图示的理论描述。消费者购买行为模型是营销实战中的一个重要工具,它用于认识消费者购买前以及购买过程中的各种因素,从而帮助销售人员更好地掌握销售主动。

心理学家在深入研究的基础上,指出购买行为的共性,即购买行为的一般模型——刺激-反应模型(见图 6.5)。在这一模型中,消费者的购买行为分为三个基本阶段:刺激(原因)→消费者暗箱(心理活动)→消费者购买行为。

该"暗箱模式"表明:所有购买行为都是由刺激引起的,这种刺激既来自外界环境,如社会的经济情况、政治情况、科技水平、文化因素、企业市场营销的刺激,也来自消费者内部的生理和心理因素,如需要、动机、个性、态度、观念、习惯等。消费者在各种刺激因素的作用下,经过复杂的心理活动过程,产生购买动机,在动机驱使下,作出购买决策,采取购买行动。

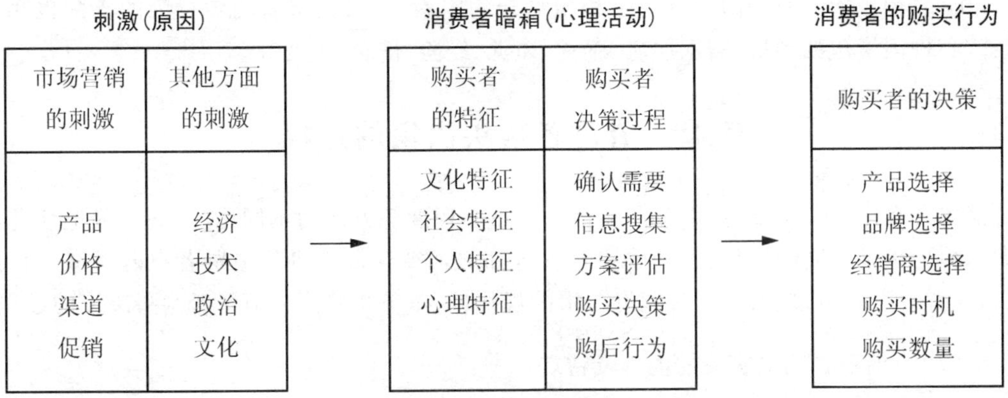

图 6.5　消费者的"刺激-反应"模型

对企业而言,最关心的就是在出现外部刺激后到作出购买决策前的购买者意识中所发生的情况,认识消费者的购买行为规律,根据本企业的特点,向消费者进行适当的营销"刺激",以使该刺激因素与消费者内在心理活动发生互动作用,形成购买决策。

从消费者购买行为模型中我们可以看到,消费者受到产品、价格、政治、文化等因素的刺激,其中又以文化的内涵最为丰富,它可以分为六个方面:

(1) 社会文化因素。这里的文化指的是泛文化,或者说广义的文化,它是人类物质财富和精神财富的总和,是根植于一定的物质、社会历史传统基础上所形成的特定价值观念、信仰、思维方式、宗教和习俗等的综合体。任何人的欲望和行为,都受到文化的左右,消费行为也不例外。

(2) 社会阶层因素。根据社会经济地位、利益、价值观等标准,可以将社会总人群划分为若干个阶层。在同一阶层中,因经济状况、价值观倾向、生活背景、受教育程度等相近,其生活习惯、消费水平、兴趣和行为也相近,在购买行为上,也自然相近。而不同阶层中的人,购买行为却可能相差很大。比如,如果按经济收入划分阶层,下层人士倾向于购买廉价商品,对品牌不是非常看重,而上层人士倾向于购买知名度和美誉度高的品牌商品,对价格却不敏感。

(3) 相关群体的影响因素。任何一个人,都是工作、生活于某一个甚至多个群体之中的,这些群体可以通俗地理解为"社交圈",其消费行为,往往受到圈中人的影响。比如,购买某种时尚消费品的人,他接触的人通常都是乐于追赶时尚的人,否则,他的购买行为不会得到赞同和欣赏。

(4) 家庭因素。家庭是一个人最重要的相关群体,同时,它又是一个消费单位和购买决策单位。在家庭成员中,任何一个人的购买行为,都可能受到其他家庭成员的影响,而且家庭成员的影响力是不一样的。通常情况下,日常用品的购买由女主人拿主意,而大宗商品如汽车、房子等的购买则由男主人拿主意。

(5) 个人因素。消费者自身的因素,也对购买行为产生非常重要的影响。不同年龄层次、不同性别的人,单身者和成家者,孩子尚小的家庭与孩子长大自立的家庭,购买行为都不一样。其他诸如职业、受教育程度、业余爱好、经济状况、生活方式、性格、外表形象等，也影响着购买行为。

（6）心理因素。心理因素是一个相当复杂的因素，它对消费者购买行为的支配也相当复杂。心理因素包括动机、需求层次、感觉、知觉、经验、信念、态度等。

6.2 消费者购买决策的过程

消费者在作购买决策时，由于产品性质和重要程度等方面的不同，在不同产品上所花的时间和精力也是不同的，消费者的购买过程也随之而变化。但每位消费者在购买某一商品时，均会有一个决策过程，这个过程有一定的规律性，本节主要论述消费者购买决策的过程。

6.2.1 消费者购买决策的内容及特点

1. 消费者购买决策的含义和作用

一般意义上的决策，是指为了达到某一预定目标，在两种以上的备选方案中选择最优方案的过程。消费者决策是指为了实现满足需求这一特定目标，消费者作为决策主体，在购买过程中进行的评价、选择、判断、决定等一系列活动。

购买决策在消费者购买活动中占有极为重要的关键性地位。

（1）消费者购买决策作出与否，决定了其购买行为发生或不发生。购买决策是为了实现满足需求这一目标，而进行的商品的评价、选择、判断、决定等一系列活动。如果购买决策不进行，则购买行为也无法发生。

（2）消费者购买决策的内容规定了购买行为的方式、时间及地点。现代社会购买方式多种多样，可以直接到零售商店购买，也可以邮购或网购。购买地点和时间也是由路途远近、可供挑选品种数量、价格、服务、购买动机的迫切性等因素综合决定。而购买决策过程中收集的信息，以及通过备选方案评估确定的最终购买决策，都是帮助消费者决定到底以何种方式、在哪里来购买以及什么时间购买。

（3）消费者购买决策的质量决定了购买行为的效用大小。正确的决策会促使消费者以较少的费用、精力，在短时间内买到质价相符、称心如意的商品，最大限度地满足自身的消费需要；反之，质量不高或错误的决策，不但会造成时间、金钱的损失，还会给消费者带来不同程度的心理挫败感，对其以后的购买行为产生不利影响。所以决策在购买行为中居于核心地位，起着支配和决定其他要素的关键作用。

2. 消费者购买决策的内容

消费者购买决策的内容因人、条件及所处环境不同而不同，但所有的消费者购买决策都离不开以下几个方面的内容：

（1）购买动机决策。消费者的购买动机是多种多样的。

（2）购买对象决策。这是决策的核心和首要问题。消费者决定购买目标不只是停留在一般类别上，而是要确定具体的对象及内容，包括商品的名称、品牌、商标、款式、规格和价格。

(3) 购买数量决策。购买数量一般取决于消费者的实际需要、支付能力及市场的供应情况。

(4) 购买地点决策。购买地点是由多种因素决定的,如路途远近、可挑选的品种数量、价格以及服务态度等。它既和消费者的惠顾动机有关,也和消费者的求廉动机、方便动机有关。

(5) 购买时间决策。它与主导购买动机的迫切性有关。在消费者的多种动机中,往往由需要强度高的动机来决定购买时间的先后缓急;同时,购买时间也和市场供应状况、营业时间、交通情况、消费者可供支配的空闲时间有关。

(6) 购买方式决策。消费者采取的购买方式是函购、邮购、预购还是代购;是付现金、开支票还是分期付款等。

(7) 购买频率决策。购买频率决策与商品的寿命、使用周期以及消费者的家庭状况有直接的关系。

3. 消费者购买决策的特点

消费者的购买决策具有以下共同特点:

(1) 决策范围的有限性。由于购买决策多是解决如何满足消费者个人或家庭消费需要的问题,因而同其他事项的决策相比,消费者的决策范围相对有限,仅仅是围绕满足个人或家庭需要而进行的,所以范围比较有限,不需借助现代的决策技术、手段和方法,决策的内容仅限于购买何种商品、购买时间和地点、购买方式等方面。

(2) 决策因素的复杂性。影响购买决策的因素复杂多样,既受消费者的个性品质、兴趣爱好、态度倾向、生活习惯、收入水平等个人因素,又受社会时尚、所属相关群体、社会阶层、家庭等环境因素的影响。

(3) 决策内容的情境性。由于影响决策的各种因素不是一成不变的,而是随着时间、环境的变化不断发展变化的。因此,消费者的决策具有明显的情境性,其具体内容、方式因所处情境不同而不同。

(4) 决策主体的单一性。由于购买商品是满足消费者个人或家庭消费需要的个体行为活动,因而通常表现为消费者个别的、独立的决策过程,即由消费者个人单独决策,或由家庭成员共同制定决策。

4. 消费者购买决策的方式

(1) 个人决策。这是指消费者个人利用自己的经验和手头的信息,凭借个人智慧作出的购买决定。人们平日大量的购买行为都是常规性的。日常生活必需品和一些急需作出购买决策的产品,需要消费者直接作出购买决策。

(2) 家庭决策。这是指重大购买行为由家庭成员共同商议,凭借集体的经验和智慧作出决定的决策方式。消费者购买商品,往往是以家庭为单位的,日常消费品通常由个人决策即可,但耐用消费品和重要商品的购买,一般很难由个人进行决策。购买商品的消费支出占家庭总支出的比重越大,个人决策的可能性就越小。另外,如果个人对欲购商品的经验不足,也需要其他家庭成员的参与。

(3) 社会协商式决策。这是指消费者在购买决策过程中,通过社会化的渠道搜集信息,进行协商,凭借社会化的经验和智慧作出集体决策。由于个人和家庭对数以万计的商品缺乏了解,再加上新的商品不断推出,仅凭个人和家庭的经验很难对一些商品作出购买决策。所以消费者需要借助于广告,或向销售人员进行咨询来作出决策。

5. 消费者制定购买决策的原则

(1) 最大满意原则。该原则认为,消费者总是力求通过决策方案的选择、实施,取得最大效用,使某方面需要得到最大限度的满足。

(2) 相对满意原则。该原则认为,在制定购买决策时,消费者只需作出相对合理的选择,达到相对满意即可。

(3) 遗憾最小原则。该原则认为,消费者在制定购买决策时,通常要估计各种方案可能产生的不良后果,比较其严重程度,从中选择后果最轻的作为最终方案。

(4) 预期-满意原则。该原则认为,消费者在对备选方案进行比较选择时,总是与个人的心理预期进行比较,从中选择与预期标准吻合度最高的作为最终决策方案。

6.2.2 消费者购买决策过程的参与者

消费者消费虽然是以一个家庭为单位,但参与购买决策的通常并非一个家庭的全体成员,许多时候是一个家庭的某个成员或某几个成员,或者由几个家庭成员组成购买决策层,其各自扮演的角色亦是有区别的。人们在一项购买决策过程中可能充当以下角色:

(1) 发起者。即首先想到或提议购买某种产品或劳务的人。

(2) 影响者。即其看法或意见对最终决策具有直接或间接影响的人。

(3) 决定者。即能够对买不买、买什么、买多少、何时买、何处买等问题作出最后决定的人。

(4) 购买者。即实际采购的人。

(5) 使用者。即直接消费或使用所购商品或劳务的人。

案例 6.1　一个家庭参加健身俱乐部可能涉及哪些角色?

(1) 丈夫首先建议妻子去参加健身俱乐部,以改善体型、增进健康——发起者(丈夫);

(2) 朋友、同事、媒体推荐她参加某家女子健身会所——影响者(朋友、同事、媒体);

(3) 妻子决定去该会所办会员卡——决定者(妻子);

(4) 女儿去母亲选好的俱乐部挑选会员卡——购买者(女儿);

(5) 妻子和女儿共同使用会员卡——使用者(妻子、女儿)。

了解每一个购买者在购买决策中扮演的角色,并针对其角色地位与特性,采取有针对性的营销策略,就能较好地实现营销目标。比如购买一台空调,提出这一要求的是孩子;是否购买由夫妻共同决定,而丈夫对空调的品牌作出决定,这样空调公司就可以对丈夫作更多有关品牌方面的宣传,以引起丈夫对该企业生产的空调的注意和兴趣;妻子在空调的造型、色彩方面有较大的决定权,空调公司则可设计一些在这些方面受妻子喜爱的产品……只有了解了购买决策过程中参与者的作用及其特点,企业才能够制订出有效的生产计划和营销计划。

营销人员最关注的是决定者是谁,然后根据参与者的分类,据此设计、开发适销对路的产品,并有针对性地安排广告策略和促销策略。

6.2.3　消费者购买决策的一般过程

不同购买类型反映了消费者购买过程的差异性或特殊性,但是消费者的购买过程也有其共同性或一般性,西方营销学者对消费者购买决策的一般过程作了深入研究,提出若干模式,采用较多的是四阶段模式(适用于复杂购买行为),如图 6.6 所示。

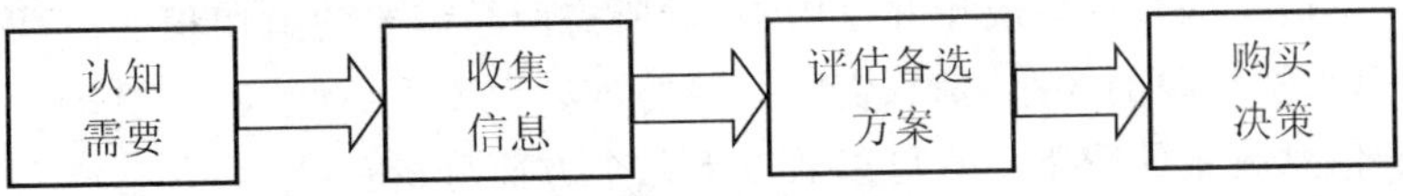

图 6.6　消费者购买决策过程

1. 认知需要

认知需要是消费者购买决策过程的起点。心理学研究表明,当人们缺乏某种东西时,会产生心理的紧张和不安,当这种感觉被人所意识到,便产生解除这种紧张和不安的心理愿望,这就形成一定的需要,而购买需要正是来自于这种未被满足的生理和心理的需求。由"缺乏感"转为"需要感"便构成了消费者产生购买动机的基础。当消费者在现实生活中感觉到或意识到这种需求时,购买的决策便产生了。消费者的这种购买需要或动机,可以由两种刺激引起,一是来自消费者内部的生理及心理缺乏状态,即内在刺激,它是人体内的驱动力,如肠胃里血糖水平下降会产生进食的需要,口渴会产生喝水的需要,体冷会产生穿衣的需要等;二是来自外部环境的刺激,外在刺激是外界的"触发诱因",如面包的香味、琳琅满目的商品等。内外部刺激的共同作用,会唤起消费者的某种需要。

促使消费者产生认知需要的主要原因有:消费者的某种物品即将用完;消费者对现有的东西不再满意;消费者收入的变化;需求环境的变化;新产品的不断涌现;消费者对配套产品的需求。

市场营销人员应注意识别引起消费者某种需要和兴趣的环境,并充分注意到两方面的问题:一是注意了解那些与该企业的产品有实际或潜在关联的驱使力;二是消费者对某种产品的需求强度,会随着时间的推移而变动,并且被一些诱因触发;三是企业要善于安排诱因,促使消费者对企业产品产生强烈的需求,并立即采取购买行动。

2. 收集信息

当消费者产生了购买动机之后,便会开始进行与购买动机相关联的活动。如果他所欲购买的物品就在附近,他会立刻实施购买活动,从而满足需求;但是当他所欲购买的物品不易购到,或者说需求不能马上得到满足时,他便会把这种需求存入记忆中,并注意收集与需求相关和密切联系的信息,以便进行决策。

(1) 消费者的信息来源。消费者在购买目标已经确定的前提下,开始了围绕目标广泛收集信息资料的阶段,目的是寻找满足其消费需要最佳的目标客体。

消费者信息来源主要有四种渠道:一是经验来源,指消费者自身通过参观、试用、实际使用、联想、推论等方式获得的信息。二是个人来源,指从家庭、亲友、邻居、同事等个人交往中获得信息。三是公共来源,指消费者从电视、广播、报刊等大众传播媒体所获得的信息。四是商业来源,这是消费者获取信息的主要来源,其中包括广告、推销人员的介绍、经销商、展销会、商品包装、产品说明书等提供的信息。这一信息源是企业可以控制的。

上述四种信息来源中,商业来源最为重要,从消费者角度看,商业信息不仅具有通知的作用,而且具有针对性、可靠性,个人和经验来源只能起验证作用;而对企业来说,商业信息是可以控制的。消费者可以通过商业信息的渠道了解该企业的产品,进而购买该企业的产品。

消费者收集信息的快慢取决于几个因素:对所需商品需要的迫切程度;对该商品的了解程度;选错信息承担风险的大小;信息资料取得的难易程度等。

(2) 影响信息收集的因素。它可以从以下几个方面分析:

① 从经济层面分析。消费者收集更多的信息是为了获得更多产品的备选方案以及价格优惠,最终获得较满意的性价比。而消费者在为购买决策收集信息时,同样也需要支出时间、精神和体力成本,这些成本的支出意味着并伴随着一定货币成本的产生。如果为此而付出的货币成本超出了由此获得的货币成本的节约,那么收集信息的活动应该到此停止。

案例 6.2　信息收集的成本

考虑买一辆 1 000 元左右的变速自行车,假如住在 10 万人左右的小城,可能会花一些时间查阅有关的报纸广告,或花上一天的时间到城里几家主要的自行车行转上一圈。通过此番信息收集活动,你可能对某一两个牌子的自行车有了初步意向。接下来的问题是,你是否应当到离家 40 公里的省城继续搜寻?这时我们将对继续搜寻的成本与收益作一个比较,如果认为跑一趟省城的收益不足以补偿信息收集成本,搜寻活动会就此停止。

资料来源:王芳. 全国第 11 届多媒体课件陕西省二等奖作品《消费者行为学》第三章 PPT。

分析:这就是说我们会在这一点停止,在这一点上,收集活动的边际收益等于边际成本。只有边际收益超过边际成本时我们才会继续做进一步的收集工作。

② 从决策角度分析。主要有以下几个因素:

一是购买风险因素。即消费者对购买产品的风险预期,如果风险大,则需要多花时间和精力进行收集,以减少决策风险。研究认为,消费者在购买服务类产品时,一般倾向于更多地收集信息,将别人的经验作为信息来源。因为服务产品无形,不像有形产品那样标准化程度高,使风险加大。

二是消费者因素。即消费者对商品或服务的知识水平。如果对商品和服务了解得多、认知度高,甚至有消费经验,则收集过程短、收集信息少。

三是情境因素。如可以用于购买的时间是否充裕;面临的购买任务及性质(如为好友购买结婚礼物);市场的性质,如果备选品数量越多,同类产品的店铺越多并彼此靠近,则会有更多的信息收集工作。

(3) 不同类型的消费者对信息的反馈和处理。由于消费者具有不同的个性、职业、文化素养和社会环境，他们对信息的反馈和处理是不同的。

① 消费者的个性特征对信息接收的影响。循规蹈矩的消费者主要依赖意见领导者来获得信息，而善于随机应变的消费者则可以灵活地利用各种信息来源。严肃拘谨的消费者不喜欢幽默的广告，热情开朗的消费者不喜欢形式呆板的广告。

② 消费者的教育水平对信息接收的影响。受过很好教育的消费者倾向于全面地利用各种信息，特别是他们认为是科学权威的信息，而受教育水平低的消费者则更喜欢亲身体验，喜欢更直接的信息传递。

③ 消费者的职业对信息接收的影响。由于职业不同，不同的消费者会形成特有的嗜好和习惯性的反应以及不同的思维方式和行动方式。这些都会影响消费者对信息内容的理解与处理。

④ 营销策略中的各个要素对信息接收的影响。营销策略中的各个要素直接影响消费者对信息的接收与反馈。比如，产品的价格越高，消费者所进行的外部调查就越多；竞争产品之间的差别越大，消费者的信息调查量就越会增加；当消费者重复购买某一特定品牌的商品时，就会减少对外界信息的调查。

3. 评估备选方案

当消费者从不同的渠道获取到有关信息后，便对可供选择的品牌进行分析和比较，并对各种品牌的产品作出评价，以便最后作出购买决定。由于消费者的价值观等差异较大，其选择和评价标准会有很大差异。例如，有的消费者喜欢物美价廉，有的消费者喜欢时尚新潮，有的消费者喜欢造型美观，有的消费者喜欢结实耐用，还有的消费者喜欢追求个性化。因此，对同一方案，不同的消费者会作出完全不同的评价，其取舍的结果也会截然不同。消费者进行评价所花的时间也有很大的差异。对于紧俏产品、名牌产品、低档产品以及生活必需品，消费者评价所花的时间很短，而对于高档产品、价格昂贵的产品、十分重要的产品，消费者的评价时间会长一些。

备选方案评估是消费者的购前活动，是促使消费者实现购买行为的重要因素。因此，营销者要尽量掌握消费者的评价方式，善于运用广告宣传、商业展览和柜台服务等各种促销手段，为消费者提供信息和方便，诱导并帮助消费者进行比较评价，以便作出购买决定。

消费者主要从以下几个方面对收集到的各种产品的信息进行评价：

(1) 分析产品属性。产品属性即产品能够满足消费者需要的特性。消费者一般将某一种产品看成是一系列属性的集合，对一些熟知的产品，他们关心的属性一般是：

① 照相机：照片清晰度、速度、体积大小、价格；

② 计算机：信息存储量、图像显示能力、软件适用性；

③ 牙膏：洁齿、防治牙病、香型；

④ 轮胎：安全性、胎面弹性、行驶质量；

⑤ 手表：准确性、式样、耐用性。

这些都是消费者感兴趣的产品属性，但消费者不一定对产品的所有属性都视为同等重要。市场营销人员应分析该企业的产品具备哪些属性，以及不同类型的消费者分别对哪些属性感兴趣，以便进行市场细分，对不同需求的消费者提供具有不同属性的产品，既满足顾客的需求,又最大限度地减少因生产不必要的属性所造成的资金、劳动力和时间的耗费。

(2) 建立属性等级。即消费者对产品有关属性所赋予的不同的重要性权数。在非特色属性中,有些可能被消费者遗忘,而一旦被提及,消费者就会认识到它的重要性。市场营销人员应更多地关心属性权重,而不是属性特色。

(3) 确定品牌信念。消费者会根据各品牌的属性及各属性的参数,建立起对各品牌的不同信念,比如确认哪种品牌在哪一属性上占优势、在哪一属性上相对较差等。

(4) 形成"理想产品"。消费者的需求只有通过购买才能得以满足,而他们所期望的从产品中得到的满足,是随产品每一种属性的不同而变化的,这种满足程度与产品属性的关系,可用效用函数描述。效用函数,即描述消费者所期望的产品满足感随产品属性的不同而有所变化的函数关系。它与品牌信念的联系是,品牌信念指消费者对某品牌的某一属性已达到何种水平的评价,而效用函数则表明消费者要求该属性达到何种水平他才会接受。每一消费者对不同产品属性的满足程度不同,形成不同的效用函数。比如,某一消费者欲购买一台摄像机,他的满足感会随着摄像机功能的齐全、图像的清晰、操作的方便等而得以实现,但也会因价格的上升而使满足感减小。把效用的各个最高点连接起来,便成为消费者最理想的购买摄像机的效用函数。

(5) 作出最后评价。消费者从众多可供选择的品牌中,通过一定的评价方法,对各种品牌进行评价,从而形成对它们的态度和对某种品牌的偏好。在这一评价过程中,大多数的消费者总是将实际产品与自己的理想产品进行比较。也就是说,偏好和购买意图并不总是导致实际购买,尽管二者对购买行为有直接影响。

4. 购买决策

(1) 购买意向转为购买行动的影响因素。某调查表明,在对 100 名声称年内要购买 A 牌家用电器的消费者进行追踪研究后发现,只有 44 名消费者实际购买了该种产品,而真正购买 A 牌家用电器的消费者只有 30 名。这表明消费者经过方案评估后会形成一种购买意向,但是不一定导致实际购买,因此,只让消费者对某一品牌产生好感和购买意向是不够的,真正将购买意向转为购买行动,其间还会受到两个方面的影响:

① 他人态度。他人态度的影响力取决于他人持否定态度的强度、他人与消费者的关系、他人的权威性等三个因素。消费者的购买意图会因他人的态度而增强或减弱。他人态度对消费意图影响力的强度,取决于他人态度的强弱及他与消费者的关系。一般来说,他人的态度越强、他与消费者的关系越密切,其影响就越大。例如,丈夫想买一套家庭影院,而妻子坚决反对,丈夫就极有可能改变或放弃购买意图。

② 意外因素。如果预期条件受到一些意外因素的影响而发生变化,购买意向就可能改变。消费者购买意向的形成,总是与预期收入、预期价格和期望从产品中得到的好处等因素密切相关。但是当他欲采取购买行动时,发生了一些意外的情况,诸如因失业而减少收入,因产品涨价而无力购买,或者有其他更需要购买的东西等,这一切都会使他改变或放弃原有的购买意图。

(2) 进入决定购买阶段。如果他人的态度是积极的、支持的,消费者也没有遇到意外的环境变化,就可以进入决定购买阶段。这一阶段一般有三种性质的购买行为:

① 试购。由于消费者没有实践经验,难免心存疑虑。为减少风险,购买者常常先购买少量产品试用,以证实产品是否货真价实。

② 重复购买。消费者对于以前买过的效果较好的产品会继续购买,这种重复购买行为会使消费者产生对品牌的偏爱。

③ 连带购买。当产品用途之间具有密切相关关系时,购买行为也表现出连带性。

(3) 作出购买决策。顾客一旦决定实现购买意向,必须就以下问题作出决策:

① 产品种类和品牌决策。即消费者决定购买的目标不只是停留在一般类别上,而是要确定具体的对象及具体的内容,包括产品的名称、品牌、商标、款式、规格和价格。

② 时间决策。即作出何时购买的决定。在消费者的多种动机中,往往由需要强度高的动机来决定购买时间的先后缓急;同时,购买时间也和市场供应状况、营业时间、交通情况和消费者可供支配的空闲时间有关。

③ 经销商决策。即选择在哪个经销商处购买。比如,求便利的顾客会光顾便利店,追求声望的顾客会去高档百货店,喜欢物美价廉或追求时尚的顾客会到网上购买。

④ 数量决策。即作出购买多少数量的决策。购买数量一般取决于消费者的实际需要、支付能力及市场供应情况。

⑤ 付款方式决策。即选择现金支付还是分期付款方式等其他方式来支付。

6.3　消费者作出购买决策后的行为

购买后,消费者可能会听到一些其他品牌的优点或偏好的属性而产生认知失调的情况,这就需要一些信息来支持其原先的购买决策。营销沟通的任务是提供消费者能够强化原先选择的信念与评价,以帮助消费者对原先购买的品牌仍然留有正面的感觉。

所以,营销人员的工作并非在消费者购买后就结束了,他们必须监测消费者的购后评价、购后反应及购后使用和处置情况。

6.3.1　消费者购后评价的内容及相关理论

如果消费者对产品满意,很可能再次购买该产品。满意的顾客会将对品牌的好感告知他人,不满意的顾客则会舍弃该产品或退货,也可能寻求能够确认产品高价值的信息。他们会采取公开行动,例如找律师、向其他群体(如企业、个人、政府机构等)抱怨,或者采取个人行动,包括停止购买该产品(退场权)或告诫朋友(发言权)。因此,企业必须关注消费者的购后评价。

1. 消费者购后评价内容

消费者使用所购商品后,会根据自己的感受进行评价,来验证购买决策的正确与否。消费者的购后评价主要表现在两个方面:

(1) 消费者的购后满意程度。消费者的满意程度取决于消费者对产品预期性能与产品实际感知性能之间的对比。假如商品的感知性能完全符合自己的预期,甚至比预期的还要好,消费者不仅自己会重复购买,还会积极地向他人宣传推荐;相反,假如所购商品的感知性能不符合自己的愿望,消费者不仅自己不会再购买,还会发泄对该商品的不满情绪,竭力阻止他人购买。

(2) 认识不和谐论。认识不和谐论在购买活动中也称为购后不协调。当消费者作出了一个比较困难且相对持久的购买决定之后往往会产生"我作出的决策是否正确?""选择另一个方案是否更好些?""现在还能补救吗?"等问题,这种怀疑和担心就是购后不协调。

影响消费者购后不协调的因素主要有以下几个方面:①所作决策更改的难易程度;②所作决策对消费者的重要程度;③在可行方案中选择的难易程度;④消费者本人的个性特点。

消费者通常从以下几方面减轻购后不协调的感觉:①增加对所购品牌的满意感;②减小对已放弃的可行方案的满意感;③减少购买决策重要性的感觉。

2. 消费者购后评价的相关理论

消费者的购后评价不仅仅取决于产品质量和性能发挥的状况,心理因素也具有重大影响。关于消费者购后评价行为有两种基本理论:预期满意理论和认识差距理论。

(1) 预期满意理论。消费者购买产品以后的满意程度取决于购前期望得到实现的程度。可用函数式表示为:

$$S=f(E,P)$$

如果 $P=E$,则消费者会感到满意;如果 $P>E$,则消费者会很满意;如果 $P<E$,则消费者会不满意,差距越大就越不满意。

多数情况下,尤其是购买大宗商品时,消费者会对自己的购买选择或多或少地存在不确定感,即不能肯定自己的决定是否正确或是最优的。任何关于所购商品的不利信息,都将使消费者产生不协调感。原因主要是选择中机会损失的存在,即用有限的资金选购商品,总要放弃其他品牌,由此产生的不确定感。对企业来说,关键是要加强售后服务,及时提供关于产品的正面信息。

(2) 认识差距理论。这种理论认为,消费者在购买和使用产品之后对商品的主观评价和商品的客观实际之间总会存在一定的差距,可分为正差距和负差距。正差距指消费者对产品的评价高于产品实际和生产者原先的预期,产生超常的满意感。负差距指消费者对产品的评价低于产品实际和生产者原先的预期,产生不满意感。

消费者购买商品后,都会产生不同程度的不满意感。这是因为任何商品都有其优点和缺点,而消费者在购买时往往看重商品的优点,而购买后又较多注意商品的缺点,当别的同类商品更有吸引力时,消费者对所购商品的不满意感就会越大。

企业在营销过程中,应密切注意消费者购后感受,并采取适当措施,消除不满意感,提高满意感。如经常征求顾客意见,加强售后服务和保证,改进市场营销工作,力求使消费者的不满意感降到最低。

6.3.2 消费者的购后反应

1. 消费者满意与不满意的评价

(1) 消费者满意与不满意的形成过程。消费者满意与不满意,主要取决于消费者对产品预期性能与产品实际感知性能之间的对比。消费者在使用商品或者服务的消费过程中，如果原先的购物预期得以实现，就会重复购买企业的产品或服务；如果继续对购物效果感到满意，则可能成为企业的忠诚顾客。相反，如果对购物效果感到不满意时，可能停止购买企业的产品或服务，还可能向他人抱怨或者投诉。

(2) 消费者满意与不满意的影响因素。消费者满意与不满意，主要受以下三个因素影响：

① 消费者对于购物效果的预期。消费者在购物过程中可能形成对购买品牌的两种信念：一是购前对该品牌性能的预期；二是购后对该品牌性能的评价。如果购买品牌的实际性能未达到预期，消费者则产生不满意的感觉；如果购买品牌的实际性能超过预期，则给消费者带来情感上的满足。

② 消费者对交易公平性的理解。公平交易准则认为交易各方应当受到公平待遇，也就是说，卖方投入产出的比例应当与买方投入产出的比例相近，即：

$$\frac{\text{卖方的产出}}{\text{卖方的投入}} \approx \frac{\text{买方的产出}}{\text{买方的投入}}$$

交易的投入包括交易所需的时间、金钱、信息和精力等，而交易的产出则可能是时间的节约、所需的产品或服务或者某种程度的补偿。以旅客购买航空公司的服务为例，旅客的投入主要是购买机票的费用，产出则是所享受的旅途服务以及到达目的地的速度。如果旅客认为机票太贵(投入过多)或者航班延误(产出不足)，就会产生不满意的感觉。

消费者对交易公平性的理解还体现在与其他消费者的比较上。比如，某位消费者购买了一台电脑，事后他发现别人是以更低的价格购买的，或者以同样的价格购买到机型更新、性能更好的电脑，显然这种购买结果很难使这位消费者满意。消费者对交易公平性的理解往往要比购物预期的实现、购后满意度有更大的影响。

③ 消费者购后的心理状态与原因归属。消费者购后心理状态直接影响到消费者对购物预期目标实现与否的认可和对交易公平性的理解。消费者购后的心理状态可能是积极的，也可能是消极的，甚至两种状态同时存在。例如，消费者购物之后可能对产品感到高兴和满意，却对售货人员的行为感到不快和恼怒。消费者若发现预期的目标未能实现，或者认为交易对自己不公平，就会觉得不满意。但若预期的未实现或者交易的不公平，并非产品性能或服务质量的低下或者其他属于企业的原因所致，而是由于消费者自身的过失或者其他外部不可抗力因素的缘故，消费者的不满情绪则可能减少或者消失。根据旅客对航班延误的态度的一项调查，航班延误的原因直接影响到旅客对航空公司的态度，若是恶劣气候等不可抗力因素，旅客往往表示理解与配合；若出于航空公司的大意过失或调配不当，旅客常常显得愤慨并表示不满。

2. *消费者满意与不满意的反应*

(1) 消费者不满意的反应及其消除。当消费者对企业的产品或服务产生不满后，并不是所有的消费者都会采取可以被观察到的行动，他们有几种可能的反应：

① 不采取任何外部行动。如果消费者不采取行动，意味着他决定容忍现状。对不满意的购买是否采取行动取决于该项购买对消费者的重要程度、行动的难易程度和消费者自身的性格。

② 对企业产生消极印象。值得注意的是,消费者即使不采取外部行动,也很可能对该企业或品牌产生不良印象,甚至形成抵触态度,从而影响其今后的消费。

③ 采取某种行动。采取行动的消费者可能会以不同的方式进行宣泄,包括采取法律行动、向私人或者政府机构投诉、告知亲友、不再购买该品牌或者不再光顾该商店、向制造商或者商店投诉等方式。

上述不满意的反应并非都单独发生,许多情况下消费者可能会同时采取多种反应方式。例如,消费者向厂商抱怨,以后不再购买该企业的产品的同时会将这次不愉快的购物经历告知亲朋好友。对此,企业应尽量提高产品的档次和质量来适应消费者的期望,同时,设法改变消费者的期望,比如通过事先告知或较低承诺等措施调整消费者的期望,企业必须慎重对待和处理顾客不满意,因为其负面的口碑传播,会产生不利于企业的连锁反应。而一个不满意的消费者在经过有效的抱怨处理之后,往往会改变态度,成为该企业更忠诚的顾客。

为了减少并消除消费者购后不满意感,促使消费者消极态度的转变,企业可采取下列措施:一是在产品促销过程中或者在产品包装标签上,详细介绍产品的使用方法及其注意事项,避免因产品使用不当而产生的消费者不满;二是加强产品的售后服务,减少或避免因售后服务不到位而导致的消费者不满;三是重视并积极处理消费者的投诉。不满意的消费者若是无法向厂家或商店投诉,或者投诉行为得不到应有的重视和处理,则可能向亲戚朋友倾诉或抱怨,或者转向消费者协会或新闻媒体投诉,甚至可能提出法律诉讼,从而给企业造成严重的名誉损失或者不必要的金钱赔偿。

积极处理消费者投诉是减少并消除消费者购后不满意的一个重要举措。企业可通过以下两种方式来处理消费者的投诉:一是专人负责。生产厂家可在销售区域设立服务代表或办事处处理售后服务和消费者投诉等事宜,经销商也可在商场指定专人负责接受并处理顾客投诉。二是专线电话。生产厂家或经销商可设置顾客专线电话,方便消费者投诉。国外商界的普遍做法是设立“800”号顾客免费电话专线。

当然,顾客免费专线电话也可能给企业带来一些问题。比如,被他人无节制滥用以至于真正要投诉的消费者打不进来,可能给企业带来昂贵的话费支出等。但无论如何,许多厂商还是充分肯定顾客免费专线电话的社会与经济价值。目前,有些外企已开始在我国尝试向顾客提供这种免费专线电话,可以预料,随着对消费者购买行为的广泛重视和顾客免费专线电话的普遍接受,这种做法必将在我国得到进一步的推广。

(2) 消费者满意的反应及其巩固。消费者对产品满意与否直接决定着其以后的行为。如果感到满意,则消费者的反应大体相同,即重复购买或带动他人购买该品牌。

对消费者购后满意感的促进始于购前阶段并延续到购后阶段。企业应当在购前阶段积极引导消费者形成对企业产品或服务的合理预期,而在购后阶段帮助消费者增加对交易公平性的理解,并继续提供相关的产品或服务信息,增强消费者对购买决策的自信心和满意感。

企业可从几个方面引导消费者对企业产品或服务的合理预期:一是了解消费者已有的态度与认识。消费者可能已有产品使用经验,并形成某种看法或态度,这势必影响到对企业商品或服务的预期。二是注意掌握好促销分寸。企业对产品或服务的促销应当恰如其分,避免言过其实,过分抬高消费者的预期,有时甚至应留有一定余地。三是合理确定价格水平。由于价格与质量之间的关系,过高的产品或服务价格必然导致消费者的高预期。四是保持产品或服务质量的稳定。消费者购后满意最终还是要靠产品或服务的质量来保证,只有稳定高质的产品或服务才能使得消费者真正感到满意。

由于消费者与企业双方对交易公平性理解的差距,企业应当注意了解消费者对交易双方投入与产出的看法。由于企业的投入多数是在交易场所以外发生并常常不为消费者所觉察,因此,企业不仅应当在购前促销信息中强调企业的投入与努力,而且要在购后阶段继续向消费者提供有关信息,增加消费者对交易公平性的理解和购后满意感。

6.3.3　消费者购后使用和处置

对于绝大多数消费者来说,商品购买后即开始使用,即使某些消费者感到购后不协调,甚至是较高程度的不协调,但仍可能使用他们所购买的商品。商品使用是企业能够预料到的消费者购买之后的惯例化的行为。但是,企业不能只满足于消费者对本企业产品的购买和使用及为消费者提供售后服务。与企业营销和企业发展密切相关的一项十分重要的工作,就是企业还必须调查和发现消费者是如何使用商品的。

了解消费者如何使用商品,对于企业的广告宣传和增加销售也大有益处。不仅如此,越来越为社会所重视的保护消费者权益的要求以及有关的法律,也迫使企业必须认真了解消费者是如何使用商品的,因为企业不仅必须对那些按其规定使用商品所造成的伤害负责,而且任何能够合理预见的该商品的使用方法所造成的伤害,企业同样负有责任。因此,为保证消费者的安全,企业在设计产品时,不仅要注意其基本的使用意图,而且要注意那些潜在的使用情况。

1. 产品的使用

产品使用是指消费者直接使用产品和享受服务的行为和体验。消费者产品使用的行为特征,可以从以下四个方面来分析:

(1) 产品使用的时间。指消费者使用商品的具体时间。

(2) 产品使用的情境。指消费者在怎样的情境下使用商品。

(3) 产品使用的方式。指消费者如何使用某产品。

(4) 产品使用的数量。指消费者每次所使用的产品数量的多少。

2. 产品的处置

商品的使用必然涉及商品的处置,这有两方面的含义,即商品包装的处置和商品实体的处置。消费者对商品包装的处置基于两种动机:一是经济动机,即包装应具有某种新的使用价值,能够使消费者获得一种“额外”的利益;二是社会动机,即包装的循环使用也可以减少浪费、保护环境。因此,商品包装既具有经济意义,也具有社会意义。而且,随着社会的进步,文明水平的提高,人们也将越来越关注资源和环境等社会问题,社会动机也必将成为大多数消费者的主要购买动机。

商品实体的处置是指消费者决定放弃已经失去使用价值或不再符合其心理要求的商品的行为。当消费者不再使用某一产品时,会面临产品处置的问题。

(1) 产品处置的方式。消费者在面临产品处置问题时,有三种选择方案:继续保留此物品、暂时处理此物品、永久处理此物品。

继续保留此物品包括继续其原用途、开发出新用途、储存起来等。

暂时处理此物品包括出租、出借等。

永久处理此物品包括送人、丢弃、卖掉、折换等。如果消费者把产品转卖他人或用于交换其他物品，将会影响企业产品的销售量。如果消费者将产品闲置不用甚至丢弃，则说明产品无用或不能令人满意。如果消费者要丢掉产品，营销人员应了解他们是怎样丢弃它，特别是会造成环境污染的产品，如电池、饮料罐、电器、尿不湿等。

因此，消费者是如何使用和处置所购的商品，也是企业应予以了解的。例如，人们长期认为，消费者洗碗碟时是将洗洁精倒入洗碗碟的盆里，然后注水于盆中，再将碗碟一个个清洗。宝洁公司通过雇用专门调研公司所作的调查发现，绝大多数消费者并不是遵循上述程序，而是将洗洁精直接注入要清洗的碗碟中，然后逐个擦洗的。这一发现有什么收获呢？即企业开发洗洁产品不一定要追求浓度特别高，因为是直接注入要清洗的碗碟上，浓度低一点也照样有效。

随着生活质量意识和环保意识的增强，用后处置问题也应受到关注，近年来出现的以旧换新、旧货拍卖等销售方式实际上为消费者处置某些不再需要的旧产品提供了新的途径。

（2）产品处置的原因。各种处置方式可能因消费者和商品的不同而不同。对于低值的日用品，可以预见绝大多数消费者的处置方式将是丢掉它们，但对于价格较高的中高档耐用品，消费者将会选择送人或以旧换新或卖掉它们。

继续保留此物品通常是因为消费者经常使用甚至为产品找到新的用途，这样将对企业很有利。产品除了它的设计用途或预期用途之外，还具有某种或某些潜在的用途。所以，经常注意和调查产品的使用情况，将有助于企业开发新产品和发现现有产品的新市场。

暂时处理此物品可能是因为此物品有投资循环使用的可能。

永久处理此物品则可能是因为产品无用或不能令人满意。

消费者的处置行为直接影响着他们的购买行为。首先，多数消费者固有的勤俭节约的观念指导他们以尽量避免浪费的思想来对待其处置决策和新的购买行为，如果某项新的购买行为导致了较大浪费的话，消费者可能暂时放弃购买，待作出可行的处置决策后再行购买。其次，由于消费者的居住条件和财力的限制，有时处置必须发生在新的购买之前，如果旧货处置使消费者感到困难的话，消费者就会放弃新的购买。因此，企业应想方设法帮助消费者完成旧货的处置。再次，消费者将旧货卖掉或用旧货换新货，都会形成一个庞大的旧货市场，这就使得与旧货相关的新货市场受到了限制，企业可通过买进旧货、参与旧货交易以及提供业务扩大自己的市场份额。

6.4 消费者的链式消费行为

6.4.1 消费链的含义及链式消费行为的特征

1. 消费链的含义

消费链是指某些消费内容、消费形式犹如链条上的各个环节，互相串联起来，紧密相关，一环带动一环，从而形成由此及彼、排列有序、互相影响、互相作用的内在联系。

2. 链式消费行为的特征

消费链上相关环节的链式关系，不仅紧密相连、环环相扣，并且处于不断运动之中，运动性是消费链的一个基本特征。正是由于消费链的运动，导致了消费者链式消费行为呈现以下几种表现形式：

(1) 补充。相关的消费环节之间互为补充、互相配套、互为依托。例如，照相机、胶卷、冲洗之间是配套的，遮阳伞、太阳镜、防晒霜之间是配套的。

(2) 触发。已有的消费环节的运动，有可能触发一些新的、相关的消费环节的产生和形成。比如，地毯无法用扫帚去除尘埃，由此触发了对吸尘器的消费。

(3) 递进。消费链的环节之间，一般存在着由比较落后向比较先进的方向递进、从不太完善向比较完善的方向发展的基本趋势。

(4) 转换。同属某一消费链的个别环节之间，当某一环节发生方向性转变时，其相互关联的环节也会发生某种方向性的转变。

(5) 抑制。属于同一用途或相似用途的某些消费环节上的各种消费品、消费内容和消费方式之间，因社会需求总量的限制，有可能发生“非此即彼”“此消彼长”的互相抑制的现象。例如，冰淇淋和雪糕之间。

(6) 取代。随着历史的演进，消费链的发展进步势在必行。那些过时的、已不适应现时消费观念和生活方式的消费品与消费形式会被取代、淘汰。

6.4.2 消费链的影响因素

1. 政治因素

一个国家安定团结的政治局面不仅有利于经济发展和人民收入的提高，而且能够影响群众的心理预期，使消费者有信心进行消费。在这样的政治环境中，个人的需求能够得到尊重，个性能够得以发展，消费内容和消费形式才可能不断向前推进和更新，使消费链各环节能一环带动一环递进下去。

2. 经济因素

经济因素是制约消费者行为的一个基本因素，包括宏观和微观两个方面。宏观经济因素是指整体的经济环境、经济周期的变化。当经济繁荣时，消费者收入提高，可支配收入增加，消费水平相应提高；当经济衰退时，消费者收入减少，人们会节约开支，消费水平自然也相应下降。微观经济因素则主要涉及消费者以往的经济状况、一定时期内消费者收入的多少、储蓄所占的比重、能否取得信贷等，这一切都制约着消费者的购买行为。对于一般消费者而言，收入决定其能否发生购买行为以及发生何种规模的购买行为，决定着购买商品的种类和档次。只有在经济迅速发展、购买力不断提高的条件下，人们才会追求新的消费内容和消费形式。

3. 生产和技术因素

科技的发展对经济发展有巨大的影响，直接影响企业内部的生产和经营；新技术的应用，可以为消费者带来更多、更丰富的产品选择。消费链能否不断产生新的环节，最主要地取决于消费品生产的状态，以及消费品的丰富程度，而这一切都有赖于企业生产和技术水平的不断提高。

4. 文化因素

影响消费链的文化因素包括消费者的消费知识、对于各种消费支出的评价标准、先进生活方式的示范、消费技术的发展以及消费方式的变革等。消费者具有更多的关于各种消费支出的评价标准、消费品以及消费技术发展和消费方式变革的知识，可以使消费者更容易接受新的消费内容和消费形式，从而使消费链能一环带动一环地产生更多新的消费内容。

5. 心理因素

影响消费者的个体因素中，心理因素是最重要的一个，心理因素包含内容较多，如包含感觉、知觉、记忆、想象、思维等部分的认知过程，以及消费者的个性、气质、能力和兴趣等。其中消费者对产品的认知过程，是一个复杂的心理过程，因此，对企业来说，任何一种带有变革性的消费内容和消费形式的出现，都需要从心理上对消费者辅以必要的说服工作，而这个说服工作要受消费者的个性、气质、兴趣等因素的影响。

6. 物候因素

某些新的消费内容和消费形式的实现还需要具备一定的物质气候条件，这些物候条件包括地理环境、气候条件等。

7. 存量因素

家庭耐用消费品存量会影响家庭的消费支出。一个家庭如果有较大的耐用消费品存量，则同一用途或相似用途的某些消费环节上的其他耐用消费品，由于在消费内容和消费方式上相似，但受家庭需求总量的限制，可能会发生“非此即彼”的互相抑制现象。

6.4.3 消费链与企业营销

为了实现企业营销目标与消费进步趋势之间的高度协调，企业应确立四个基本观点。

(1) 组合的观点。社会消费是由各个具体的、多样的、相关的消费环节组合而成的。因此，企业应当以组合的观点分析和观察具体的消费需要，把握消费环节之间的内在联系，规划、组织和安排生产经营活动，力求向消费者提供各种互相关联配套的消费内容和消费形式。

(2) 填空的观点。即在分析某一消费链现状的基础上，把握该消费链的不完善之处，对于消费环节之间的缺陷给予必要的补充和改进。根据填空的观点，企业可以从纵向和横向对消费链加以开拓和发展。

(3) 递进的观点。需求总是向前发展的，组织生产决不能停留在传统观念上，以不变应万变，而应经常分析消费需求的新动向，不失时机地开发新的产品和服务，改进营销方针和营销方式，以便为消费链的环节发展和更新创造物质基础。

(4) 适时的观点。消费环节的生成、发展、成熟，以及逐渐衰落、萎缩、消亡或退出，都有其时间性。任何一个消费环节总是存在于一定的时间、空间中。因此，既不能以一成不变的眼光去组织生产经营，又不能不依据时间序列盲目地、过早地推出某种消费内容或消费形式。

6.5　消费者行为学的应用案例

怎样健康地减肥

陈溪是美美公司的高级白领，一天跟几个同事聊天，大家都说最近很郁闷，因为长期坐办公室形成了太多的腹部赘肉，很不美观。然后大家就开始七嘴八舌地议论怎么减肥，有人说现在有一种减肥药很流行想试一试，有人说可以用中医针灸的方法试试，也有人说想去健身俱乐部通过锻炼减肥，作为从体育学院毕业的优秀学生陈溪认为：虽然自己工作很忙但通过锻炼才是科学的减肥方法，于是她选择了市内一家很专业的健身俱乐部。通过近一个月的锻炼，陈溪乐了，因为腹部的赘肉少多了，人也恢复了对工作的热情，而其他同事却减肥失败了，于是她极力向她们推荐去健身俱乐部健身。

资料来源：根据蔡军主持的陕西省省级精品课程《体育经济学》第五章 PPT 内容资料整理。

分析：

此案例即是一个消费者购买决策作出的完整过程，具体步骤如下：

1. 为了保持体形，要减肥，这是认知需要。
2. 关于如何减肥，需要进行信息的搜寻。
3. 大家七嘴八舌提出了一些建议，如吃药、针灸、抽脂、健身等，要对这些方案进行评估。
4. 陈溪经过自己的考虑，选择健身这种方式，这是她作出的购买决策。
5. 而健身减肥成功后向朋友推荐则是购后行为。

模拟实训

【实训目的】

比较消费者在购买日常消费品与耐用消费品时决策过程的异同。

【实训主题】

消费者购买决策的调查。

【实训时间】

利用本章教学结束后的周末时间。

【背景材料】

某商家想了解消费者在购买日常消费品和耐用消费品时的决策过程，以便挖掘消费者购买决策过程各个环节中的各个因素的重要性，拟请调查人员帮助调查消费者的购买决策过程。

【实训过程设计】

1. 将班级同学分为若干小组，三人一组，选定要调查的产品类别，拟定一份调查提纲。
2. 由各小组成员分别选择附近居民为调查对象，各小组随机选择三名最近购买大件商品和小件商品的消费者，进行购买决策过程的访谈。

3. 根据小组的调查结果,比较两种商品购买者的决策过程的差异,考核以调查报告和交流发言情况为依据。重点考核调查报告的真实性、规范性。

4. 指导教师对各个小组调查过程及改进建议进行评价总结。

本章小结

消费者购买行为类型可以按照购买过程的参与程度与品牌差异大小、购买目标的选定程度、消费者购买态度与要求、购买现场的情感反应等方式来划分。消费者购买行为理论主要有习惯建立理论、信息加工理论、风险减少理论、问题解决理论等。消费者购买行为模式主要有尼科西亚模式、恩格尔-科拉特-布莱克威尔模式、霍华德-谢思模式以及刺激-反应模式等。

消费者购买决策的内容以及参与者是决策活动的重要部分,关于消费者购买决策的过程,本章详细描述了认知需要、收集信息、评估备选方案以及购买决策等内容。

消费者的购后评价主要包括评价的内容、评价的主要理论,以及购后反应、购后使用与处置等问题。

消费链是指某些消费内容、消费形式犹如链条上的各个环节,互相串联起来,紧密相关,一环带动一环,从而形成由此及彼、排列有序、互相影响、互相作用的内在联系。在消费者的链式消费行为中,主要对消费链的特征、影响因素以及与企业营销的关系进行了阐述。

综合练习

一、单项选择题

1. 消费者购买过程是消费者购买动机转化为(　　)的过程。

A. 购买心理　　B. 购买意志　　C. 购买行动　　D. 购买意向

2. 同类产品不同品牌之间差异小,消费者购买行为就(　　)。

A. 简单　　B. 复杂　　C. 一般　　D. 困难

3. (　　)是购买活动的起点。

A. 消费动机　　B. 需要　　C. 外在刺激　　D. 触发诱因

4. 对于减少失调感的购买行为,营销者要提供完善的(　　),通过各种途径提供有利于本企业和产品的信息,使顾客确信自己购买决定的正确性。

A. 售前服务　　B. 售后服务　　C. 售中服务　　D. 无偿服务

5. 一般来说,消费者经由(　　)获得的信息最多。

A. 公共来源　　B. 个人来源　　C. 经验来源　　D. 商业来源

二、多项选择题

1. 购买决策的参与者包括(　　)。

A. 发起者　　B. 影响者　　C. 决策者　　D. 购买者

E. 使用者

2. 根据消费者对购买过程的参与程度与品牌差异大小划分，可分为（　　）。

A. 多样性的购买行为
B. 复杂的购买行为
C. 习惯性的购买行为
D. 随意型的购买行为
E. 减少失调感的购买行为

三、简答题

1. 对习惯性购买行为可以采取哪些营销策略？
2. 消费者购买决策过程中备选方案评估的内容有哪些？

四、案例分析题

李明选礼物

李明是一位普通的上班族，26 岁，大学毕业后工作 3 年，月收入 4 000 元。他与女友恋爱半年，感情很好。两人决定在春节时，李明到女友家给其父母拜年，这也是他第一次见对方父母，因此送什么礼物给未来的岳父母成了他的头等大事儿。

周末，李明和几个男同学小聚，他郑重地询问同学的意见，大家七嘴八舌地说："这简单，今年过节不收礼，收礼就收脑白金。""过时了，今年流行送礼就送黄金酒。""我听说都出来白金酒了。""烟酒不分家，再买条好烟。"李明觉得他们的建议不靠谱，上班后就向几个已婚的女同事请教，同事们都很热心，不过不赞成送烟酒，理由是烟酒有害健康。她们有的建议送保健品，有的建议送服装，还有的建议送春节时旅行社举办的夕阳红旅游……最后，一个年龄稍微大点儿的同事说："还是问问你女朋友吧，你们都相处那么长时间了，买东西的事可以提前沟通，而且她最了解她的父母和家庭情况，选礼物要投其所好，再说，老人要是看中你人了，什么东西都喜欢。"李明觉得有道理，决定和女朋友商量。女友说，她的父亲近来身体不是太好，正考虑戒烟；母亲比较传统；小侄子四岁了，也在她们家。二人想来想去决定：给父亲买清肺润肠的保健品，给母亲买衣服，给小侄子买电动遥控车加上红包，再带个果篮。

由于两人对保健品一点儿也不了解，晚上，李明到网上搜集资料，对于每种品牌的产品，网友们的说法都是有褒有贬，虽然让人有点迷茫，但是起码知道了一些品牌。休息日，两人就到一家正规的药店询问营业员，经推荐，他们选择了一种中档价位的保健品。接下来给母亲选衣服，为了喜庆，他们重点考虑了红色系列的衣服，而且只到中老年展厅看。可是，选来选去，没有合适的，不是没有号，就是样式不喜欢，正当两人漫无边际地边逛边聊时，女友看见一款紫红色加厚款的羊绒衫五折促销，虽然比预算贵一些，但已经很便宜了，而且一想到母亲平时也舍不得买这么贵的，女友决定就买这件了。到了玩具店，两人看见一个和小侄子差不多大的男孩买了一款抗摔型遥控车，就也买了一件同样的产品。东西都买好了，两人才放心地去逛街了。

资料来源：于惠川，林莉．消费者心理与行为[M]．北京：清华大学出版社，2012：152。

问题：

根据消费者决策过程的四个阶段分析李明选礼物所经历的相关阶段。

第 7 章

影响消费者行为的环境因素

知识目标

掌握环境因素的构成及其对消费者行为的影响
掌握网络因素对消费者行为的影响
掌握情境因素的概念及其对消费者行为的影响

能力目标

能对影响消费者的经济因素进行分析并在营销中加以运用
能对影响消费者的社会文化因素进行分析并在营销中加以运用
能进行消费者网络和情景环境分析

关键概念

经济因素　社会文化因素　网络因素　情境因素

现代社会消费者无论在消费方式，还是消费内容、消费意识等方面都有了质的飞跃，其消费行为已经形成一个极其复杂多样、庞大纷繁的系统。但透过纷繁芜杂的购买行为表面，可以发现千差万别的消费者行为受到许多共同因素的影响。这些影响因素构成了影响消费者购买行为的因素体系，可以帮助企业把握消费者心理与行为形成和变化的规律。本章将主要论述影响消费者行为的经济因素、社会文化因素、网络因素以及情境因素等。

7.1　经济因素与消费者行为

经济因素是制约消费者行为的一个基本因素，包括宏观和微观两个方面。宏观经济因素是指整体的经济环境、经济周期的变化。当经济繁荣时，消费者收入提高，可支配收入增加，消费水平相应提高；当经济衰退时，消费者收入减少，人们会节约开支，消费水平自然也相应下降。微观经济因素则主要涉及消费者以往的经济状况、一定时期内消费者收入的多少、储蓄所占的比重、能否取得信贷等，这一切都制约着消费者的购买行为。对于一般消费者而言，收入决定其能否发生购买行为以及发展何种规模的购买行为、购买商品的种类和档次。

7.1.1　宏观经济环境

宏观经济环境是指由社会生产力发展水平所决定的总体社会经济水平，以及与生产力水平相适应的社会生产关系、经济体制、经济结构、经济周期等。

1. 经济发展水平与消费者行为

影响消费者行为的一系列因素中，社会经济发展水平是最基本的因素。它从总体上制约着消费者行为的具体指向和范围。

社会经济发展水平从总体上决定消费者行为的变化强度与速度，所以一般意义上讲，消费欲望变化的速度稍慢于经济发展的速度。也就是说，当一种新产品上市后才会引起消费者的购买需求和购买兴趣。但现实中并非如此，消费者的消费“目光”，由原来局限于国内，转向“放眼世界”。高度发达的经济水平引导的、发达国家的消费方式，成为其他国家消费者的“模仿”目标。造成其他大部分发展中国家消费欲望扩展速度明显快于经济发展速度的局面。这种现象在我国也表现得十分明显，反映出消费欲望对经济发展的巨大影响力，以及由此形成的对企业产品更新的巨大压力。

不同的经济发展水平形成不同的生活环境，也会产生不同的消费行为。发达国家和地区的经济发展导致明显的城市化趋势。尤其以城市人口结构变化速率及空间分布状况对消费者行为影响最大。生活在人口密集的城市中的人们，生活空间狭小，拥挤、噪声、空气污染等引发的所谓“城市病”，使消费者常出现烦躁不安、精神厌倦等情绪。而这种生活环境激发了人们“当一天农民”或重回大自然的心理愿望。这归根到底也是由于社会经济发展引起的社会生活环境变化所致。

2. 经济体制与消费者行为

不同类型的经济体制对消费者行为的形成产生不同影响。比如在新中国成立后的几十年里，我国实行的是一种高度集中的计划或以计划为主的经济体制。表现在消费领域，是以行政手段为主的供给制与半供给制形式，这使消费者的生活消费在很大程度上受到行政手段的干扰，使得消费模式具有明显的供给制特征。消费者行为也表现为简单的接受型消费，行为上表现为单一的、雷同的消费活动。而今，在经济体制转轨变形及改革开放过程中，市场经济体制的建立，使消费者行为也随之发生巨大变化。我国的消费者由最初的对商品价格放开、市场供求波动等市场经济条件下的正常现象表现出极大的不适应，逐步过渡到目前绝大多数商品的价格可以随市场供求有序波动，呈现出明显的买方市场态势，都已被认为是理所当然的事情。这就是消费者心理适用性的转变，其消费行为也转变为适应市场经济条件下的新型消费模式，即以价格为中心调节手段的商品供求基本均衡的消费模式。

3. 经济结构与消费者行为

经济结构指国民经济的组成和构造。虽然我国经济发展成就巨大，但经济结构不合理的矛盾长期积累，为此也付出了很大的代价，突出表现在需求结构失衡、供给结构不协调、要素利用效率低下、环境损害大、空间布局不够合理等方面。从需求结构看，主要是内需与外需、投资与消费失衡；从产业结构看，主要是三次产业发展不协调、农业基础薄弱、工业大而不强、服务业发展滞后，部分行业产能过剩；从城乡和区域结构看，主要是城镇化发展滞后、中西部地区发展滞后、城乡和区域之间生活条件和基本公共服务差距较大；从要素投入结构看，主要是资源消耗偏高，环境压力加大，资源环境的约束日益突出。

三次产业发展不协调，消费者对更高层次农产品以及服务行业的需求不能得到满足，工业品质量良莠不齐，品牌鱼龙混杂，使消费者无法辨别并形成品牌忠诚度。区域结构的不平衡，使东西部地区、城乡之间产品及服务需求层次差别较大，消费者的消费重点有很大差别。发达地区消费者对产品的品种、特色、品牌有更高的要求，并要求产品有更多的功能，而不发达地区消费者更看重产品的实用价值和功能。

4. 经济周期与消费者行为

一个国家的经济周期与消费者行为具有相互作用和影响的关系：一方面，消费者行为影响经济周期阶段的发展；另一方面，当经济处于不同周期阶段，消费者行为是不同的。

在经济周期的高点上，国民生产总值最高，失业率最低，但商品价格较高，存在一定程度甚至比较严重的通货膨胀，消费者对经济发展的信心下降。随之消费品价格上涨，利率也逐渐上涨，提高的利率会使消费者减少借贷增加储蓄，这就造成了商品需求量的下降。销售商商品库存积压增加，会减少对制造商的订货，制造商必须降低生产水平、裁员，这时经济又进入衰退期。在经济周期的低点上，消费者的悲观情绪加深，对商品的需求量更加减少，销售商的存货继续增加。出于处理存货的需要，商品价格会下降，销售商最终能处理完他们的存货。在这一时期，经济周期进入萧条阶段，此时失业率达到最高值，而国民生产总值降到最低。在经济复苏阶段，销售商逐渐开始进货，制造商由于有了订单，产量和就业率都开始上升，消费者也越来越乐观。消费品需求量逐渐增长，消费者会借更多的债务购买更多的商品。但是复苏阶段不会一直进行下去，当达到繁荣阶段后，又会开始下一个经济周期的循环。

对于企业来说，理解和掌握经济周期对消费支出状态的影响是非常重要的。有些国外的营销专家反复强调，在衰退期到来时，企业更需要通过市场调查，了解消费者对价值的重新定义和对经济衰退的反应，而不是削减市场研究的预算。

在经济衰退时，消费者的钱包瘪了，此时，消费的特点是不再跟风，而是更注重商品的价值，营销人员必须对每条产品线下的产品的需求作出预测。这个时期，消费者喜欢多用途的产品胜过专业产品，企业应该更加重视调整产品组合，果断缩减较弱的产品项目或砍掉不实用的产品线。同时，企业不能削减广告费用，因为此时，更多的消费者看电视时对广告增加的品牌印象比广告建设的品牌印象更深刻。

7.1.2　微观经济因素

一切经济活动都是以消费为最终目的，并通过消费者的购买及使用活动体现其成果的。经济因素是决定购买行为的首要因素，决定着能否发生购买行为以及发生何种规模的购买行为，决定着购买商品的种类和档次。微观经济因素指消费者可支配收入、储蓄、资产和借贷能力等影响消费者行为的因素。对消费者行为产生重要影响的微观经济因素主要包括：

1. 消费者收入

消费者的购买力来自消费者的收入，所以消费者收入是影响社会购买力、市场规模大小以及消费者支出多少和支出模式的重要因素。收入水平对消费者心理与行为表现出直接的、显著的影响，这种影响表现在正反两个方面：收入水平越低、收入来源越不稳定时，消费者的消费欲望也随之降低，消费心理也随之低沉，他们对生活的稳定感、安全感就越是淡薄。在日常生活中，他们对商品的购买与选择越表现为突出的求廉心理。

收入水平越高、收入来源越稳定时，消费者的消费欲望随之增长，消费心理也随之活跃，他们对生活的安全感、稳定感就越强。在日常生活中，他们对商品的购买与选择越表现为求名、求新、求美的心理需求。

2. 消费者支出

不同的消费者在消费支出的结构上存在很大的差异。收入水平在很大程度上影响着消费者支出模式和消费结构。随着消费者收入的变化，支出模式与消费结构也会发生相应变化。根据恩格尔定律，一个家庭收入越少，其支出中用于购买食物的比例越大。食物费用占总支出的比例即为恩格尔系数。一般认为，恩格尔系数越高，人们的生活水平越低；反之，人们的生活水平越高。在我国，随着城乡居民收入水平的提高，恩格尔系数呈现明显下降的趋势。2010年《统计年鉴》数据表明，1978年我国城镇居民家庭的恩格尔系数为57.5%，2000年为39.4%，2005年为36.7%，2009年为36.5%；农村居民家庭的恩格尔系数则由1978年的67.7%下降到2000年的49.1%，随后又下降到2005年的45.5%，2009年为41.0%。

当然，消费者支出模式与消费结构不仅与消费者收入有关，还受家庭生命周期所处的阶段、城市化水平、商品化水平、食物价格指数与消费品价格指数变动是否一致等因素影响。

案例7.1　**富裕社会如何花钱?**

美国耶鲁大学教授席勒在《世界各国不断增加的财富》一文中指出，目前很难想象，如果几乎每个国家的GDP都成倍增长，世界将会是什么样，所有这些国家会拿这些钱去做些什么?

1958年，经济学家约翰·肯尼迪·加尔布雷思写了一本畅销书《富裕社会》。他在书中写到，以美国为首的发达国家到这一年已最终摆脱了极端贫困主宰我们生活时所出现的“严重短缺”现象，从而走向了一个“富裕的世界”。生活水平发生的变化之大，人民甚至弄不清楚自己到底想要什么。之所以造成这样的局面，是因为广告和推销术所带来的影响，他们左右了人们的愿望。

目前,美国的实际人均GDP是1958年的3倍。人们是如何消费这一大笔额外增加的收入的呢？按照加尔布雷思对美国商务部提供的1958年和2005年的数据的对比,美国人将1958—2005年间大幅增加的收入的27%用于医疗保健、23%用于住房、12%用于交通、10%用于休闲娱乐、9%用于个人的商业活动,由广告商和推销人员大力推销的东西相对并不重要:用于食品的费用只占其中的8%、服装占3%、个人护理占1%。

可见,美国人将所增加的收入都花在了个人健康、构建舒适家园、旅游休闲和做一点小生意上了。或许这种消费方式将会在全球盛行。只要全球经济能保持目前的增长速度,那么数十亿人的生活就可望获得同样的改善。这的确令人感到鼓舞。

资料来源:罗伯特·席勒. 世界各国财富同步增长[N]. 参考消息,2006-10-25。

分析:消费者的支出结构主要受收入水平影响。西方发达国家,人们生活水平较高,因此在增加的收入中,用于衣食等方面的支出较少。

---

3. 消费者的储蓄和信贷情况

消费者的支出不仅受消费者收入的影响,还受其储蓄和信贷情况的影响。

储蓄来源于消费者的货币收入,最终目的还是为了消费。但在一定时期内货币收入水平不变的情况下,如果储蓄增加,购买力和消费支出便减少;如果储蓄减少,购买力和消费支出就增加。所以,储蓄的增减变动会引起市场需求规模和消费结构的变动,对企业的营销活动会产生或近或远的影响,而储蓄的增加与减少又受利率变化、物价水平等多种因素的影响。在我国,储蓄动机对储蓄的影响十分明显。近年来城市居民在教育、医疗、养老等方面的储蓄动机较强,影响了一些家庭其他方面的消费支出。

消费者信贷也是影响消费者购买力和支出的一个重要因素。消费者信贷是指消费者凭信用先取得商品使用权,然后按期归还贷款以购买商品。西方国家的消费信贷主要有短期赊销、分期付款、信用卡信贷等形式。现在我国消费信贷的形式也比较多。由于消费者可用贷款来购买商品,所以消费者信贷的规模和变化将影响消费者个人及其家庭的购买力的强弱。

7.2 社会文化因素与消费者行为

7.2.1 社会文化的含义与特点

1. 社会文化的含义

广义的文化是指人类社会在漫长的发展过程中所创造的物质财富和精神财富的总和。狭义的文化是指社会的意识形态,包括政治、法律、道德、哲学、文学、艺术、宗教等社会意识的各种形式。中义的文化是指社会意识形态同人们的衣食住行等物质生活、社会关系相结合的一种文化,如衣饰文化、饮食文化、日用品文化和各种伦理关系、人际关系等。

社会文化包括人们在社会发展过程中形成并经世代流传下来的风俗习惯、价值观念、行为规范、态度体系、生活方式、伦理道德观念、信仰等。特定的社会文化必然对社会的每个成员发生直接或间接的影响,从而使社会成员在价值观念、生活方式、风俗习惯等方面带有该文化的深刻印迹。

在消费者行为研究中,由于研究者主要关心文化对消费者行为的影响,所以将文化定义为一定社会经过学习获得的、用以指导消费者行为的信念、价值观和习惯的总和。

文化具有以下内涵:

(1) 文化是一个综合概念,包括了影响个体行为与思想过程的每一件事物;

(2) 文化为大多数人提供行为和思想的边界;

(3) 文化的影响无处不在,无时不有。

具体来说,社会文化对个人的影响在于:文化为人们提供了看待事物、解决问题的基本观点、标准和方法;文化使人们建立起是非标准和行为规范。

2. 社会文化的特点

任何一种文化类型的产生,都离不开独特的自然条件和社会历史条件,即文化的形成和发展与特定自然地理环境下的物质生产方式和社会组织结构密切相关。了解文化的特征,有助于我们更好地把握文化的传承与发展,从而有助于市场营销人员更好地把握对消费者购买决策过程形成影响的文化因素。归纳起来,社会文化具有以下几个特点:

(1) 习得性。每个人从出生起就在他们所生活的社会环境中,受到潜移默化的影响。文化的一切方面,从语言、习惯、风俗、道德一直到科学知识、技术等都是后天学习得到的。

(2) 动态性。文化是一个连续不断的动态过程。文化既是一份社会遗产,又是一个连续不断的积累过程。每一代人都会继承传统文化,同时又会根据自己的经验和需要对传统文化加以改造,在传统文化中注入新的内容,抛弃那些过时的不合需要的部分。因此社会文化随着社会物质生产的发展而发展。每一次社会生产的进步,都伴随有与之相适应的文化的进步。

(3) 相对稳定性。任何社会的文化,都在一定的社会环境中形成。一种文化一旦形成,便保持相对稳定,并且在相当长的历史时期内发生作用。

(4) 差异性。每个人从出生开始就接触和适应其所生活的社会的文化,这种文化伴随其成长并在其身上留下深深的烙印。只有当他进入一个新的社会环境时,才能强烈感受到不同文化的差异。每个国家、地区、民族都有自己独特的区别于其他国家、地区、民族的社会文化,即有自己独特的风俗习惯、生活方式、伦理道德、价值标准、宗教信仰等,这些方面的不同导致了不同社会文化的差异。

案例 7.2　　中西方文化差异

中西方文化差异不仅表现在饮食观念和对色彩的认识上,还表现在诸多方面。比如,反映在思维方式上,是抽象和具体的差别;反映到生活态度上,似乎可以理解为西方人更加实用,而中国人则更偏重一些精神感受。我们把法语单词和汉字加以比较,这一点就很明显。汉字造词多注重形象,而法文更多地注重实际价值。像中文里的名片,法文里直译就是访问用的卡片,而航空母舰在法文里叫载飞机的军舰。

反映到绘画上更是如此,中国的大开大合、泼墨写意和欧洲油画讲究的人体比例和光学原理等完全是风马牛不相及的两个技术范畴,似乎很难找到共同语言。欧洲人有时不太能够理解我们过于抽象的艺术表现手法,我们有时也会认为欧洲人的艺术技巧过于写实本分,缺少灵气。看多了欧洲绘画史上被奉为经典的宗教画作,中国人在感叹其技法写实细腻的同时,也会感慨欧洲大师们想象力的贫乏:为了说明天使在飞,就非得给那些可爱的小精灵加上一双翅膀。而我们的祖先不也画了几千年了吗?在那些美丽的仙女旁边加上几朵白云,她们不就飞起来了吗?多有意境,多有想象空间啊。

资料来源:王松绍.趣谈中西方文化差异二三事[N].环球时报,2003-06-25。

分析:这就是文化的差异,但是差异带来的并不总是分歧,它恰恰使文化更加丰富多彩。

---

(5)实用性。文化的存在能够满足一个社会大多数成员的需要。它通过推出满足人们生理或心理需要、个人或社会需要的方法,为人们解决面临的问题,提供规划和方向的指导。

(6)规范性。文化包含一些理想的行为标准或模式,从而使社会成员在特定情况下对适宜的思考和行为方式有一个共同的理解。

(7)综合性。文化是由多种价值观、信仰、习俗等要素组成的统一体。

7.2.2 社会文化对消费者行为的影响

社会文化是促成消费心理形成的重要外部因素之一,它对消费心理会产生以下影响:首先,社会文化影响消费者的购买动机。凡是符合社会文化和亚文化要求的购买动机会得到鼓励,使动机得到充分体现;反之,则会受到抑制、批判。其次,社会文化影响购买基准。任何一位消费者,在实现其购买行为时,都会逐渐地建立自己的购买基准,而购买基准的最终建立,离不开消费者所处的文化环境。再次,风俗习惯影响消费心理。风俗也是影响消费者心理的重要文化因素之一,不同的民族会形成不同的风俗,从而对消费者购买欲望和购买行为产生不同的影响。最后,时尚影响消费心理。作为一种社会文化现象,时尚有着独特的运动规律,它影响消费者的消费心理。

1. 社会文化对消费者行为的影响

社会文化影响消费者购买动机,而动机是导致消费者行为的重要因素。社会文化对消费者行为影响的三个角度如下:

(1)文化对个人的影响。它提供了人们看待事物、解决问题的基本观点、标准和方法。

(2)文化规范群体成员的行为。这主要是指文化对群体成员的一种潜移默化的约束和影响,这种影响往往通过奖励或惩罚的方式进行。

(3)文化对消费活动的影响。是指文化背景下,人们之间互相认同、模仿、追随、从众等消费方式。

2. 社会文化对消费者购买决策的具体影响

从消费者购买决策的过程来看,文化对消费者行为的影响主要体现在以下几个部分:

(1)认识需要阶段。认识需要即消费者觉察到了需要解决的问题,产生了对产品的需要,这是购买决策的起点。在不同的社会文化背景下,有的需要被肯定和强化,有的需要则被贬抑和压制。例如,中国人在“君子谋道不谋食”的传统观念的影响下,个人的物质欲望和生理需要往往受到压抑,“知足常乐”“节欲有度”“居安思危”的生活观和人生观受到提倡和鼓励。在传统的宗法观念和知恩图报观念的影响下,“人情消费”也就成为一种突出的消费者行为特征。

文化价值观也反映在人们对各种外在刺激的态度上。中国素以礼仪之邦著称,以性为主题的广告对于大多数消费者来说,不仅不会引起需要和欲望,反而会激发他们的反感。

(2) 信息收集阶段。消费者的信息来源主要有四个途径:个人来源、商业来源、大众来源以及经验来源。其中,商业来源告诉消费者信息,而非商业来源则对这些信息起验证和评价作用,它们往往是购买行为的最终决定因素。这是一般的情况,如果文化背景不同,人们对各种信息来源的依赖和信任度将会不同。从中国文化特点来看,我国消费者更易于相信和接受非商业信息来源,特别是更依赖于口头传播的方式。此外,符合特定社会的文化价值观的广告内容,也更易于引起目标受众的关注,并激发他们的兴趣和购买欲望。例如,中国人一般具有很强的家庭观念,因此,许多广告便出现了以幸福家庭生活为背景的广告诉求。

(3) 方案评估阶段。在信息收集阶段,消费者会收集到大量属于不同类产品的各种不同品牌的信息。在方案评估阶段,消费者将采用一定的信息评价程序,对不同的品牌进行评价和选择。这一评估过程会在诸多方面受到消费者文化价值观的影响和制约。例如,一个人的文化价值观会影响它的生活方式、社会活动、媒体习惯、个人兴趣等,这些因素又会进一步影响他所熟知的品牌,从而形成不同的熟知品牌组。

文化价值观同样也会影响消费者所考虑以及重点考虑的品牌。具有强烈崇洋崇名倾向或者具有较强社会需要、自尊需要的消费者,往往选购进口品牌或著名品牌。另一些崇尚节俭的消费者,往往重点考虑价格较低的品牌。

(4) 购买决策阶段。文化价值观对消费者的购买决策发生一定的影响作用。中国文化强调集体意识,要求个人服从整体。这一文化特点在消费者购买决策中有多重体现:一是在购买方式上,人们往往以集体为单位进行决策;二是在产品和品牌选择上,人们较少标新立异,强调与他人保持一致;三是在购买决策的最后确定上,特别是在购买一些社会意义较强的产品(如汽车、服装等)的时候,他人的态度具有重要甚至决定性影响。

(5) 购后评价阶段。消费者购买后还要对产品的实际效用和价值作出评价。评价的结果将关系到消费者的购后行动,如重复购买,退、换货,投诉和抱怨,转让给他人,等等。文化价值观将影响到消费者在购后的行动方式。在目前的大多数人的心目中,“和为贵”“息事宁人”的传统思想仍然根深蒂固,因此,中国消费者在购后很少投诉,往往选择忍气吞声,最多是向朋友、同事或熟人倾诉不满。

案例 7.3　遭遇文化价值观差异的“纸尿裤”

20 世纪 70 年代,在宝洁公司将“帮宝适”纸尿裤推向当时的联邦德国市场和中国香港市场一段时间后,两个地区的消费者都表示了自己对“帮宝适”的不满。德国的消费者认为,“帮宝适”纸尿裤太薄了,不耐用;而中国香港的消费者则认为这种纸尿裤太厚了,不透气。为什么同一厚薄的产品在两个地区销售却得到了截然相反的评价呢?宝洁公司为揭开这一谜团专门进行了一次消费者调研。原来是文化价值观的差异导致了两个地区消费者对纸尿裤的使用习惯不同,进而形成了对纸尿裤的不同要求。德国文化价值观崇尚严谨,有时甚至有些刻板,德国的年轻父母们每天定时给婴儿换纸尿裤,早上上班的时候换一次,晚上回家才又换一次,如此使用当然会嫌纸尿裤薄;而中国香港的消费者受中国传统价值观的影响,对婴儿的舒适度看得更重，一般小孩儿一哭，就会去给他换一片纸尿裤，这样频繁更换，当然会嫌纸尿裤太厚。经此教训，以后销往德国的“帮宝适”都会加厚一些，而销往中国香港的则会略薄一些，以适应两个地区的消费者对产品使用方式的不同。

资料来源：于惠川，林莉．消费者心理与行为[M]．北京：清华大学出版社，2012：195。

分析：社会文化对消费者行为的影响贯彻购买决策的整个过程，消费者对商品的使用方式会对其购后评价产生重要影响。而不同文化价值观的消费者，在使用商品的方式上也会有很大差异。

7.2.3 其他文化现象与消费行为

消费者在某一具体的地区，除了受主导文化的指引和影响，还受一些不占主流或某一局部的文化现象的影响，这些文化现象包括亚文化、民族传统、宗教信仰、风俗习惯等。一般认为，这些文化现象对其成员的营销比主导文化要强，它赋予个人一种可以辨别出来的身份。

1. 亚文化与消费行为

亚文化是指一个较大范围且较为复杂的社会中作为一个可识别的细分部分存在的文化群，它是组成各社会集团、各局部、各组织具有独特的生活方式的原因。通常可以按种族、民族、阶层、宗教信仰、地域、年龄、性别、职业、收入、受教育程度等因素将消费者划分为不同的亚文化群。

他们以一个社会子群体出现，每个子群体都有各自独特的文化准则和行为规范；子群体与子群体之间在消费行为上有明显的差异；每个亚文化群都会影响、制约本群体内的各个消费者的个体消费行为；每个亚文化群还可以细分为若干个子亚文化群。因此，亚文化群具有一定的特点。

2. 民族传统对消费者心理的影响

我国的民族传统对消费行为的影响主要表现在以下几个方面：

(1) 消费行为上的大众化。我国人民一向重视人与人之间的关系和感情上的联系。在生活方式上，受外界影响较大，习惯于和周围环境保持一致，不愿意过分引人注目。在这种求同心理的影响下，在消费行为上，大众化的商品比较受欢迎。

(2) 消费支出中的重积累和计划性。我国人民一向以勤俭、节约为荣，而以奢侈、挥霍为耻。在花费上，重视储蓄积累，注意精打细算，计划开支；在购买上，用于生活方面的必需品较多，而用于享受方面的奢侈品较少。

(3) 认知商品时的品牌意识。我国受传统思维方式的影响，在评价和认知商品时，经常采用大体的、直觉的思维方法，即先对商品有一个总体的印象，然后再从其性能上找出总体印象的支撑依据，看这个印象是否正确。

案例 7.4　清明的“节日”消费

清明节是我国传统节日，也是最重要的祭祀节日，还是祭祖和扫墓的日子。扫墓俗称

"上坟",是祭祀死者的一种活动。汉族和一些少数民族都是在清明节扫墓。按照旧的习俗,扫墓时,人们要携带酒食果品、纸钱等物品到墓地,将食物供祭在亲人墓前,再将纸钱焚化,为墓碑培上新土,折几支嫩绿的新枝插在坟上,然后叩头行礼祭拜,最后吃掉酒食回家。唐代诗人杜牧所做的脍炙人口的诗《清明》:"清明时节雨纷纷,路上行人欲断魂。借问酒家何处有?牧童遥指杏花村",反映出我国古代清明节的扫墓景象和气氛。按公历来说,清明节在每年的4月5日前后,此时正值春光明媚、草木吐绿,是人们出游的好时节,所以古人有清明踏青,并开展一系列体育活动的习俗。

现在,清明节已经成为我国的法定假日。假日带动了消费者的"节日"消费,也给擅长抓"节日经济"的商家带来了无限商机。清明假期未到,就有大量返乡扫墓祭祖的民众踏上归途,致使各地交通运输吃紧。大量祭祀用品,如素色鲜花、水果、面点、贡品、乳猪、锡箔纸钱、冥钱、鞭炮等迎来消费高峰。酒店、餐饮、超市的消费也被带动上扬。一些酒店的入住率激增,一些餐饮企业推出的祭祀菜品供不应求,超市里的桃酥、马蹄酥、各色白酒也销售火爆。除了要进行传统祭祀活动,清明节时人们也会借着明媚的春光踏青、春游。这给遍布乡间的农家乐带来了无限商机,很多短途旅游线路也变得火爆抢手。

资料来源:中国网,http://www.china.com.cn/aboutchina/chuanti/qingming/node_7042099.htm。

分析:民族传统文化影响消费者购买商品的时间和地点,使消费者形成特定的购买习惯。

---

3. 宗教信仰对消费者心理的影响

宗教信仰是人们对世界的一种特殊看法,它对消费行为有很大的影响。宗教信仰对消费行为的影响方式具体表现为:

(1) 影响消费者对所消费商品种类的选择。比如,佛教徒禁止食用肉类食品,提倡素食,把消费动物类的食品看作是对神的不尊重、不虔诚;伊斯兰教徒禁止食用与猪、猪肉及猪有关的制品。

(2) 影响消费者对商品式样及外观等方面的选择。例如,伊斯兰教徒对他们所敬仰的真主,怀有至上的虔诚,任何对真主有污辱、亵渎的行为,都将引起教徒们十分强烈的不满。非伊斯兰教的地区向伊斯兰教的地区出口商品时,更应该尊重他们的宗教习惯。

(3) 影响消费者选购商品的行为方式。例如,基督教的教徒信奉上帝,他们有一个重大的节日,即圣诞节。在圣诞节期间,人们狂欢过节,该节日的前后,则掀起一次大型的购物高潮。

案例7.5　各国圣诞节习俗

在法国,马槽是最富有特色的圣诞标志,因为相传耶稣是诞生在马槽旁的。人们高唱赞颂耶稣的圣诞歌之后,必须开怀畅饮,香槟和白兰地是法国传统的圣诞美酒。

英国人和德国人一样,在圣诞节喝啤酒、吃烤鸭,他们更喜欢利用圣诞节假日外出旅游。

美国人过圣诞节会重新布置家庭,在房间安置圣诞树,在袜子中塞满食物,吃以火鸡为主的圣诞大餐,举行家庭舞会。

瑞士人在圣诞节前四个星期，就将四支巨型的蜡烛点燃，放在由树枝装饰成的一个花环里，每周点一支，当点燃第四支后，圣诞节就快到了。

正当西欧各国在寒风呼啸中欢度圣诞节时，澳大利亚正是热不可耐的仲夏时节。因此，在澳大利亚过圣诞节，到处可以看见光着上身、汗水涔涔的小伙子和穿超短裙的姑娘，与商店橱窗里精心布置的冬日雪景、挂满雪花的圣诞树和穿红棉袄的圣诞老人形成强烈反差，构成澳大利亚特有的节日图景。这种酷暑和严冬景象的强烈对比，恐怕在西方国家是独一无二的。父母给子女最好的圣诞礼物，莫过于一幅小船桨。圣诞节弄潮是澳大利亚的一大特征。节日晚上，带着饮料到森林里举行"巴别居"野餐。人们在用石头垒的露天灶中用枯树枝生火，上面架一块铁板，把香肠、牛肉、鲜鱼等放上去烤。吃饱喝足后，就跳起"迪斯科"或"袋鼠舞"，一直闹到深夜才结束。喝醉了的，便往草地上一躺，在如雷的鼾声中迎接圣诞老人的莅临。

在波兰，家家户户在每年的圣诞节都要装饰圣诞树，大街小巷都有圣诞树上的装饰品出卖。节日里亲友间相互祝福、互赠礼物，表示友好。晚间吃饭时桌布下边要放一些草，以示耶稣的降生。晚饭很丰富，但不能吃肉。午夜12点后，全家去教堂礼拜。圣诞节期间，一般不到别人家做客，但主人盛情邀请者例外。

根据保加利亚的习俗，圣诞节是灵魂出没、妖邪猖狂的日子。因此，人们要借助火来驱妖镇邪。圣诞节前夜，家家都燃起火堆，一直燃到天亮，不得熄灭，否则会招来横祸。由男人取圣诞木点火进屋并高声念道："圣诞节来临，牛、羊、猪、马长满圈，麦苗出满垅，人人走好运。"在屋里等候的人则齐声回答："阿门！"

资料来源：百度知道，http://zhidao.baidu.com/question/78429606.html? Si=2，有修改。

分析：宗教信仰影响消费者的心理，使其在特定的重大节日，有特别的庆祝方式。

---

4. 风俗习惯对消费者心理的影响

风俗习惯同样影响人们的消费行为，主要通过传统节日和人们的消费习俗来体现。

传统节日是社会习俗中的一个组成部分，它可分为六大类：国家的节日、气候性节日、民族性节日、宗教性节日、国际性节日以及其他类型的节日。传统节日对人们的消费行为产生以下影响：人们在工作时间内无法实现的消费行为，会想办法在放假的节日中得以实现；在节日期间，人们的消费行为容易出现相互模仿的现象；在节日期间，还会出现一些特殊的商品消费。

消费习俗是具有普遍性的一类稳定的消费行为，不同国家、不同地区的消费者具有不同的消费习俗。消费习俗从形成的原因上可分为：民族性消费习俗、宗教性消费习俗、地域性消费习俗、喜庆性消费习俗和纪念性消费习俗等。消费习俗对消费者的消费行为有着重要的影响。

7.3 网络因素、情境因素与消费者行为

科技发展日新月异，互联网的普及给人们的生活方式以及消费行为注入了许多新的元

素，网络购物更是成为一些消费者，特别是年轻人青睐的购物方式，甚至成为一种时尚。情境因素同样也是影响消费者行为发生的重要因素。面对同样的营销刺激，同一消费者在不同的情境下会作出不同的反应。本小节主要研究网络因素和情境因素对消费者行为的影响。

7.3.1　网络因素与消费者行为

相对传统环境，网络不仅是一种工具，更是消费者决策的重要情境，特别是当消费者把网络信息搜索、处理与网络购物结合在一起的时候，网络情境对消费者行为的影响更为显著。网络情境中消费者获取购买决策信息主要有两大优势：一是更大的自由度。网络情境中，消费者可以足不出户，自由选择。二是更为便捷。由于网络技术与设备的快速更新换代，搜索引擎和网络即时通讯工具等网络技术使人们的日常生活几乎浸润在网络之中。

1. 网络消费中的消费者

（1）网络消费的含义。从经济学来讲，网络消费是人类通过互联网购买和消费商品以满足自身需要的一种经济行为和现象。

从消费者行为学来讲，网络消费有广义和狭义之分。从广义上说，是指直接或间接利用互联网进行的买卖商品或劳务的行为，是包括网络教育、在线影视、网络游戏在内的所有消费形式的总和，消费的产品包括物质产品和精神产品两方面。从狭义来讲，网络消费仅仅是指通过相关的网站，在网络上购买商品或服务的形式，也称网上购物。本文在讨论网络因素与消费者行为时既涉及广义概念，也涉及狭义概念。

（2）网络消费者的含义。网络消费者是指通过互联网在电子商务市场中进行消费和购物等活动的消费者个人或群体。在这里，我们只是研究网络消费者个体。在网络经济背景下，企业只有全面了解和掌握网络消费中的消费者行为特征，才能有的放矢地制定出正确的营销策略，充分利用网络资源营造一个有利于自身发展的经营环境，在激烈的市场竞争中立于不败之地。

网络用户是网络消费者的主题，因此，根据网络用户的类型，可以将网络消费者分为以下八种类型：

一是网络狂热型。这类消费者是网络消费的主力军，是新鲜事物的尝试者，多以年轻人为主，喜欢追逐潮流，并将其视为自己与他人的不同之处。他们不但经常网上购物，还向别人讲述自己的购物经历，并推荐他人上网。

二是冒险学习型。这类消费者对新鲜事物的好奇程度和接受程度要低于前一类消费者。他们喜欢网上购物的新奇感受并充满兴趣，但要将这种兴趣转变成真正的消费还需要商家的进一步培养。

三是初次尝试型。这类消费者的电脑应用水平比较低，当他们听说网络消费后，觉得这是可以尝试的，并根据自己的摸索和向别人请教开始网购。

四是工作需要型。这类消费者拥有较高的电脑技能，由于工作需要长期使用网络，上午工作的同时也会不由自主地看网上商品的销售，但很少实施网络消费行为。

五是担心安全型。这类消费者比较小心谨慎，了解购物网站并知道如何进行网上购物，但出于心理因素的考虑，担心信用卡安全、送货以及投诉等方面的问题。

六是生活习惯型。这类消费者大都比较保守，年龄偏长，对于网络的接受能力及适应能力稍差，相对于网络来说他们更喜欢在商场购物的感觉。

七是技能限制型。这类消费者不熟悉电脑应用，上网时间很少，对网络兴趣不高，因此对网络消费没太大兴趣。

八是需求差异型。这类消费者上网仅仅是为了娱乐而不是购物，这是由于安全、个人信息、收入水平低等因素所致，他们的网络消费有待开发。

2. 网络环境中影响消费者行为的因素

影响网络消费者行为的因素主要包括外部因素和个人因素。

(1) 外部因素。影响网络消费者行为的外部因素主要有：

第一，经济文化因素。从经济角度来看，金融危机促进了网络消费的发展。从消费者角度考虑，经济压力迫使他们选择更短的分销渠道；而从供应端看，很多企业受到冲击，网络作为便捷的营销平台，成为企业摆脱困境的捷径。

第二，社会群体因素。即网络消费者周围的人文环境对其网络消费行为产生的影响，其中主要包括正式群体与非正式群体、参照群体、意见领袖和社会阶层等。这些因素中的每一个指标，既可以作为一个单独指标去制定营销策略，也可以与其他变量放在一起，作为细分网络消费者的依据。

第三，互联网基础资源。互联网基础资源是网络消费的基本保证，包括 IP、域名，其中包括 cn 域名、网站和国际出口宽带等。根据 CNNIC 的调查，2009 年年底 IPv4 地址已经达到 2.3 亿，数量仅次于美国，是全球第二大 IPv4 地址拥有国，有力地保障了中国互联网的稳步发展。

第四，网络安全和信任环境。网络安全和信任环境是影响网络消费最主要的问题。2011 年 7 月 CNNIC 在《第 28 次中国互联网发展状况统计报告》中指出，仅 2011 年上半年，就有 63.1%的网民在使用网络中遇到病毒或木马攻击，遇到这类事件的网民规模达到 2.68 亿人；有 35.6%的网民账号或密码被盗过；有 87.2%的电子商务网站访问者担心访问假冒网站，而他们如果无法获得该网站进一步的确认信息，88.7%的人会选择退出市场。可见，网络安全和信息环境是互联网市场特别是网络消费健康发展的关键环节。

第五，网络营销组合策略。网络为企业营销提供了巨大的市场和无限的商机，但是网上购物又挑战着企业营销管理者的智慧，挑战着企业网络营销组合策略的制定。基于网络时代的目标市场、顾客形态、产品种类与传统营销会有很大差异，如何跨越地域、文化、时空差异再造顾客关系，将需要许多创新的营销策略。

(2) 个人因素。影响网络消费者行为的个人因素包括消费者的年龄、职业、收入、受教育程度和心理特征，这里主要讨论心理因素。

第一，网络消费形成的心理基础。消费者在网络消费时的心理基础包括：追求时尚和新颖，追求物美价廉，追求个性、自我和独立化，追求方便、快捷等，强调体验购买乐趣和从众的心理。

第二，网络消费的风险心理。虽然网络购物具有形式方便、信息快捷、节省时间和体现个性等诸多优势，但目前消费者对网上消费仍有一定程度的担忧。首先，受传统购物观念束缚，因为不能“眼看、手摸、耳听”，对网络购物仍缺乏信任感。其次，对虚拟营销环境心存疑虑，消费者现阶段对网络营销缺乏信任。再次，出于对个人信息的保护，网络交易的安全性让人忧虑。最后，网络消费的异地销售使产品质量、售后服务得不到保证。

第三，网络消费不能满足消费者的心理期待。主要是不能满足某些人性化特定心理。虽然网络购物可替代部分人际互动关系，但是它不能满足消费者在这方面的个人社交动机，比如人们希望通过结伴购物来保持与朋友、同事之间的关系和友情。此外，虚拟商店也无法满足消费者因亲临现场而受到注意和尊重，以及无法以购物来显示自己的社会地位、成就或支付能力。

第四，网络口碑信息对购买决策有重大影响。由于网络的虚拟环境，企业难以对产品实体进行百分之百的展示。顾客购买商品时的参考因素，很大程度上在于其他顾客对该商品的评价。因此，在网络购物中，网络口碑信息对购买决策有重大影响。

3. 网络消费时代的营销策略

网络消费者的消费心理给企业的经营理念带来了全新的挑战，这就要求商家一定要事前做足功课，转变营销观念，制定一套适合网络消费者需要的营销组合策略。

(1) 重视网站建设。企业要想提高网站的信誉度和网上购物的安全性，就必须重视网站购物环境的建设。通过设计布局合理美观的网页，模拟实际购物环境，使消费者有身临其境的感觉，方便选购商品。网页设计要有针对性，要便于企业与顾客之间的互动。同时要搞好网络安全防护系统工程的建设，消除消费者对网上购物安全的疑虑。

(2) 制定针对目标顾客的 4P 策略。鉴于网上购物者大多数是消费主动性强，个性化、差异化需求显著的网民，企业就要根据目标顾客的要求进行产品和服务的开发与设计。企业应充分利用互联网的一对一和交互式功能加强与顾客之间的沟通，引导客户在网上参与产品设计，满足需求。例如消费者买电脑，可根据自己的需求选择相应的 CPU、内存。在价格策略上，应注重强调自身产品的性价比，以及与同行竞争者相比自身产品的特点。除此之外，企业还可以通过发放网上会员卡，鼓励消费者上网消费，可依时间、季节、库存情况、市场供需情况等自动调整产品价格；在渠道策略上，本着让消费者方便的原则；在消费方式上，应该及时在网站发布促销信息、新产品信息，提供多种支付方式，让消费者有多种选择。

(3) 与客户进行有效的沟通，提供优质服务。网络营销将互联网作为主要的沟通方式，这种沟通不受时空限制，企业与消费者在任何时间、任何地点都可以通过互联网进行交流；企业可以根据消费者的个性特点通过电子邮件等方式进行个性化沟通，因为网络沟通较传统沟通方式效果更好。企业要充分利用网络沟通的这一优势，通过网络开展多种形式的即时交流，如在线咨询和解答系统、QQ 在线服务等，以方便顾客购买。在设立在线即时交流平台时要注重网络礼仪，保持通道畅通，及时听取顾客的意见和建议，真正解决顾客的问题，为顾客提供准确信息；同时，要保护顾客的隐私和信息安全，实现对顾客的承诺。

(4) 利用口碑建立信誉，争取更多的忠诚消费者。在网络交易中，消费者对商品及店铺的信任是其作出购买决策的重要决定因素，而网络口碑信息是赢得消费者信任的关键点。网络口碑信息与传统口碑相比具有传播信息范围广、速度快、信息量大、可储存、即时大量接收、匿名性和超越时空等特性，对消费者的心理行为影响力更大。在网络环境中，有时许多产品功能的介绍不如一个顾客真诚的经验分享。企业通过为顾客提供优质服务、良好的产品，赢得更多的正面口碑，不仅可以争取到更多的新顾客，也是企业的一种荣耀，以及一种高效、低成本的营销手段。

7.3.2 情境因素与消费者行为

消费者行为因情境的不同而有所区别。面对同样的营销刺激,如同样的产品、服务或同样的广告,同一个消费者在不同的情境下将作出不同的反应。所以,研究消费者行为,不能忽视情境的影响。

1. 情境的含义

情境是指独立于单个消费者和单个刺激客体(如一只广告)之外,能够在某一特定场景和特定时点影响消费者购买行为的一系列微观因素的综合。情境是一种暂时状况或环境,既不是个别消费者稳定而持久的个人属性,也不是刺激的特征,但消费者仍对其作出反应。但是,情境因素对于消费者行为的影响,同时也受其他因素的影响。例如,当消费者的品牌忠诚度、购买的介入程度较高时,则受情境因素的影响较小。

2. 情境的构成

(1) 不同购买阶段情境的分类。彼德和奥尔森在他们合著的《消费者行为与营销战略》一书中将一般的消费情境归纳为四个,即信息的获得、购买、消费和处置。这些对情境的广义的界定是与大多数产品相关的。通过分析这些情境,营销人员可以辨别消费者的行为目标、情感,认知主要的环境因素,从而制定营销战略来改变、加快或维持主要的消费行为。

这里根据消费者购买行为过程的不同阶段,将消费者情境分为以下四种类型:

第一,信息获得情境。是指消费者获得诸如品牌和商场选择的相关信息的环境,也包括能影响消费者情感、认知和行为的社会因素和物质刺激。这其中有很多是营销人员可以控制的,如广告、促销活动、人员推销和商店的橱窗陈列等。

凭借现代科技,营销人员可以将信息传递给特定的目标市场。如许多百货商店、超市有与收款台电子扫描器相连的电子赠券发布系统,借助于这些系统,商店可以向购买不同商品的消费者提供不同的赠券。商家也可以通过客户信息资料不定时地向顾客发布新产品以及促销信息。

第二,购买情境。是指当消费者购买商品和服务时所处的物质的空间和社会的特征。前者指购物行为在何种环境下发生,如不同的零售业态;后者指商店里有多少销售人员和收银员,商店对消费者购物时提供的帮助,消费者受亲朋好友和商店里其他人影响的程度。以上因素都会影响消费者的情绪进而影响购买行为。如浏览商品时,商店里的导购员如果过分热情会使消费者有压迫感而想尽快离开。

第三,使用情境。是指在产品使用场合会影响消费者行为的情境,包括可控制情境和不可控制情境。可控制的使用情境是在产品使用过程中影响消费者情绪的情境,如背景音乐、灯光、店铺的设施等。不可控制的使用情境是指在产品使用过程中消费者自身因素所引起的情境,如时间压力或其他约束力等。

第四,处置情境。是指消费者在使用产品后对产品如何处置的情境。此情境与以下行业高度相关,如二手轿车的价格会影响新车的购买行为,垃圾的分类回收促使企业关心产品外包装材料和包装方式。另外,消费者处置产品的行为与资源再利用有密切关系,这不仅对企业的市场营销策略,而且对社会公共政策都有意义。

(2) 贝克五要素说。根据贝克的五要素说，情境因素主要由物质环境、社会环境、购买任务、时间和先行状态等构成。

第一，物质环境。物质环境是指影响消费者购物状态的有形或无形的物质因素，如商店的地理位置、背景音乐、气味、灯光、店内布置等。物质因素会对消费者的情绪和感受产生重要影响，如暗淡的光线、浑浊的空气、狭窄的通道、嘈杂的声音可能很难吸引消费者进入店铺，即使进入了也想立即离开，放弃购物计划。因此，零售商应该努力创造良好的购物环境，满足消费者的心理感受。

第二，社会环境。社会环境是指消费者购物或活动过程中他人的影响，如是否有他人在场、彼此如何互动等。一个人独自购物和接受服务与有朋友在场时相比，行为会发生变化。

第三，购买任务。购买任务是指消费者购物的目的以及产品使用的场所。对于同样的商品，为送礼而进行的购买行为与为自己消费而进行的购买行为会有明显不同。

第四，时间。时间是指消费者可支配时间的充裕程度，或者是活动或者事件发生的时机，如一天、一周或一个月当中的某个时点等。时间是消费者的重要资源，其充裕或紧张的程度会直接影响消费者行为，如当消费者看到众人在排队等待时，可能会放弃购买计划。一项关于时间压力对食品购物影响的研究表明，时间压力越大，消费者越有可能买不到计划购买的产品，并更少有计划外购买；对于陌生的购物环境，以上情况表现得更为突出。

第五，先行状态。先行状态是指消费者在行为之前的暂时性的生理、情感或状态，如焦虑、兴奋、饥饿、疲劳等。一般来说，在积极的情绪下，消费者对事物正面的评价很多，消极的情绪则相反。先行状态对个体行为产生的影响不同于刺激引起的反应，也不同于个人具有的持久性特征，如个性产生的影响。

3. 情境因素与消费者行为

营销人员需要辨别信息获得、购买、使用和处置情境中关键的社会环境和物质环境特征。同样，营销人员也应该知道消费者对环境因素作出的行为、认知和情感上的反应。

例如，环境因素中的购物环境对消费者的购买行为有较大影响。企业可以制定相应的营销策略来改善环境，以刺激和强化消费者所要实施的行为。为了达到促进销售、影响消费者购买决策的目的，零售商需要明确本商店的目标市场在哪里，并能据此进行有效的市场定位。为了达到影响消费者购买决策的目的，零售商必须在店铺呈现和总体布局上下工夫，同时要注意商品的陈列和摆放方式，注意通过视觉、照明、色彩、音乐、气味等营造适宜购物的氛围。

良好的总体布局不仅方便顾客、减少麻烦，而且能够美化商店环境，从而吸引更多顾客，是保持顾客忠诚度的手段之一；合理的陈列方式可以便利消费者选购商品，并起到突出商品特色以及促销的作用；色彩上多运用彩色，能把商品的质感、量感、颜色等表现得更真实，增强顾客对商品的信任感；合理应用背景音乐，可以消除顾客紧张的情绪、营造舒缓的购物氛围；与商品相协调的好的气味能使顾客更好地判断商品的质量，同时增加顾客的愉快心情，促成购买。

小资料

鲜活的童车展示区

北京赛特商场出售童车不只是将童车排列整齐、保持清洁，而是在营业场地的一角，用屏风圈出一个小空间，看起来像个小屋。里面放着一辆漂亮的童车，上面拴着五颜六色的风铃、彩条，一个十分逼真、美丽的大布娃娃躺在童车里，手拿奶瓶在吃奶。展示区的顶棚悬挂着气球，拴着气球的彩带下方挂着各式各样的卡片；墙上贴着充满童趣的墙贴，生机盎然；地上放着玩具狗、玩具熊……置身于这个环境中，不由让人生出一缕温馨之情，开始憧憬自己的宝贝能够拥有这样一辆漂亮的车子。

资料来源：理新．怎样陈列商品[J]．现代营销，2009。

7.4 消费者行为学的应用案例

全球金融危机下消费者素描：痛感各不同

1. 英美重灾区：低档商品炙手可热

2008年9月开始的美国次贷危机，导致当年10月份美国消费信心指数创下30年来最大跌幅。美国消费者正在合并购物行程来省钱，也更喜欢去光顾那些以相对较低价格出售多种不同商品的大超市和百货商店。

离圣诞节还有两个月，英国各地不少大商店就挂出了"清仓甩卖"、让利50%甚至70%的招牌，以早日下手争取客源，但消费者似乎不怎么领情。

有超市宣布，多年不上英国人餐桌的便宜的猪脸肉将重新上市。消费者担心燃油价格继续攀升，加上经济不景气而不敢买车。大型连锁超市 Sainsbury's 的廉价货品销量大增。廉价酒店 Premier Inn 的入住率也大幅提升。麦当劳、中式外卖店等以平民为主的快餐店和一些廉价超市门庭若市，这些店的盈利状况甚至比经济景气时还好。麦当劳快餐发言人甚至说："汉堡包繁荣的时代又来临了"。

2. 印巴等新兴经济体：消费者走向理性

得益于快速的经济增长，印度、巴西等新兴经济体中的消费者长期以来被认为不理性、追逐品牌和花哨的产品包装。而现在这些国家的消费者们开始只买需要的，不买撑面子的了。

2008年年底，印度整个的零售业萎缩了30%，汽车、家电产品的销售量都在下降。用印度报纸的话说："人们开始停止消费"。

印度的零售商们很不情愿地看到他们包装精美的礼盒产品的销售量急剧下降。在10月份举行的印度教主要节日排灯节上，出售包装精美礼品的商家无奈地发现消费者倾向于购买现做现卖、没有包装成本的商品，而对以往他们喜欢的精美包装置之不理。而在以往，消费者是最喜欢这些拿得出手的礼品的。

资料来源：http://www.xcar.com.cn/bbs/viewthread.php?tid=863142&Page=1。

分析：

经济因素是影响消费者行为的最基本的因素。在宏观经济环境中，全融危机导致的经济衰退以及经济发展增速放缓，对消费者最直接的影响就是使消费者的收入水平和消费能力降低，消费信心急剧下降，对商品的选择也更注重廉价商品；对支出模式的影响就是消费者的支出更理性，不再购买那些非必需品，同时降低对过度包装产品的选购。

模拟实训

【实训目的】

通过模拟实训，加深学生对于生活方式测量方法的应用。

【实训主题】

消费者生活方式的测量。

【实训时间】

本章课堂教学内容结束后的课余时间。

【背景材料】

某休闲服饰品牌准备了解大学生群体的消费特点，以便根据生活方式的差别来对大学生群体进行市场细分，请为该企业编制一份 AIO 量表，调查大学生群体的生活方式，并对其进行分类。

【实训过程设计】

编制一份 AIO 量表，然后调查 50 名大学生，并据此对其生活方式进行分类。

1. 将班级同学分为若干小组，5 人一组，通过收集二手数据资料，确定对大学生的一些心理描述变量，编制一份 AIO 量表。

2. 由各小组成员分别选择附近高校的大学生为调查对象，用 AIO 量表调查他们的生活方式。

3. 根据小组的调查结果，对大学生的生活方式进行分类，并对各个类别的概况进行描述，考核以调查报告和交流发言情况为依据。重点考核报告的真实性、规范性和合理性。

4. 指导教师对各个小组调查过程及改进建议进行评价总结。

本章小结

本章主要论述了影响消费者行为的经济因素、社会文化因素、网络因素以及情境因素等。

环境因素主要从社会经济和社会文化两个方面来阐述。其中社会经济因素主要包括宏观经济环境对消费者行为的影响，以及消费者个人收入水平、支出模式、信贷储蓄状况等微观因素对消费者行为的影响。社会文化因素则主要从文化对个人的影响、文化规范群体成员的行为、文化对消费活动的影响几个角度，着重论述了文化对消费者购买决策的几个阶段的影响，同时也涉及了其他文化现象对消费者行为的影响。

作为外部影响因素的补充，网络环境下消费者的购买行为又有区别于传统购买行为的特点，基于经济发展、互联网基础等因素的变化，网络消费成为消费购买的一种重要方式。而无论是在现实环境还是网络环境下，情境这个中观环境对消费者的影响也是不可忽视的，包括信息获得、购买、使用、处置情境在内的任何环境都会对消费者的购买决策产生重要影响。

综合练习

一、单项选择题

1. 影响消费者行为的宏观因素中，(　　)是最基本的因素。它从总体上制约着消费者行为的具体指向和范围。

A. 社会经济发展水平　B. 家庭收入　C. 消费习惯　D. 地域特征

2. 文化是后天学得的，每个人从出生起就在他所生活的社会环境中，受到潜移默化的影响，这反映出文化的(　　)。

A. 习得性　B. 差异性　C. 实用性　D. 动态性

二、多项选择题

1. 社会文化对消费者行为的影响，体现在对消费者(　　)的购买心理和行为的影响上。

A. 问题认知　B. 信息收集　C. 评价选择　D. 购买决策

E. 购后评价和行为

2. 人格的特性主要有(　　)。

A. 相对稳定性　B. 可变性　C. 整体性　D. 倾向性

E. 独特性

三、问答题

1. 举例分析我国不同地理区域的消费差异。

2. 情境对消费者的影响主要反映在哪些方面？

3. 宏观经济因素中哪些因素对消费者行为产生影响？

四、案例分析题

肯德基为中国而变

肯德基是来自美国的著名连锁快餐厅，由哈兰·山德士上校于 1952 年创建。肯德基主要出售炸鸡、汉堡、薯条、汽水等西式快餐食品，并且以家庭成员为主要目标消费者。肯德基被誉为“世界著名烹鸡专家”，以其鸡类食品的独特口味著称于世。在中国，肯德基是最成功的外资企业之一，更是实施“本土化”战略最成功的标杆外资企业，除西藏地区以外在中国内地共开设餐厅 2 400 多家。其在中国的成功让全球快餐霸主麦当劳都只能为之兴叹。那么肯德基是如何在中国市场获得如此成就的呢？

首先，肯德基锁定了较容易接受外来文化和新鲜事物的青少年为目标顾客。青年人比较喜欢西式快餐轻松的就餐气氛，并且这些年轻人能够影响其他年龄层家庭成员的光临。

另外,肯德基也高度重视儿童顾客并在他们身上花费大量精力。肯德基店内专门辟有儿童就餐区,作为儿童庆祝生日的区域,布置了迎合儿童喜好的多彩装饰,节假日还备有玩具作为礼品。一方面希望通过这些吸引儿童的策略培养小孩子从小吃快餐的习惯;另一方面也希望通过小孩子的带动,吸引整个家庭成员都到店中接受温馨的服务。尤其希望这些孩子长大后,肯德基仍是他们生活中的一部分。

其次,中国人比较爱吃鸡。在中国,鸡、鸭、鱼、肉中鸡肉是排在第一位的。与其他洋快餐相比,鸡肉类产品也更符合中国人的口味,更容易被中国人接受。从麦当劳悄悄打破其在全球市场统一的"牛肉汉堡"的菜单,在中国市场推出与肯德基类似的"麦乐鸡"和"鸡腿汉堡",更可以看出这一点。作为"世界著名烹鸡专家",肯德基并不满足于已有的成果,而是不断地投入巨大的人力和财力去寻找适合中国人口味的食品;不断地探寻肯德基的什么产品是中国消费者所喜欢的,中国消费者为什么会喜欢肯德基等;不断地调整服务、调整菜单,推出符合中国消费者饮食习惯的中式快餐,如芙蓉鲜蔬汤、紫菜肉丝汤、皮蛋瘦肉粥、老北京鸡肉卷等。芙蓉鲜蔬汤就是肯德基根据中国人用餐喜欢喝汤的习惯,由中国人喜欢的富含营养的食材——蔬菜、鸡蛋、香菇、裙带菜、胡萝卜等精心调配而成的。以芙蓉鲜蔬汤搭配肯德基的主食——鸡类食品,或是沙拉、土豆泥、玉米等其他配餐食品,使得中国消费者在肯德基享受到了更完整、更符合自己饮食习惯的餐饮选择。这些特意照顾到中国消费者口味,甚至连名字也极具中国特色的快餐食品,自推向市场之后广受欢迎。另外,肯德基还根据中国人早晨爱喝豆浆、吃油条的传统,精心推出了醇豆浆和在传统美食基础上加以创新的"霜糖油条",成为其早餐系列食品中吸引人的"中国味"。

另外,在中国,肯德基不断进行其品牌形象的"本土化"改造。2003年春节,肯德基的"山德士上校"一改平日白色西装的经典形象,开始在中国170座城市的800余家分店统一换上大红色唐装,头戴瓜皮小帽迎接顾客。2003年元宵节后的第一天,肯德基所属的百胜全球餐饮集团总裁兼首席执行官David Novac与集团国际部总裁Peter A. Bassi及其他高级管理人员一行悄然来到千年古城西安进行市场寻访。他们都特地换上中式红色唐装,兴致勃勃地来到西安肯德基钟楼餐厅,拿出礼物赠送给正在餐厅就餐的小顾客们,并表达对西安市民的新年祝福。肯德基"唐装总裁"和"唐装上校"的红色中式服饰,衬着古老雄伟的西安钟楼,一派喜气洋洋的中国式新年气象,感染着更多中国人的热情。

问题:

肯德基"为中国而变"反映了哪些影响消费者行为的因素,它们是如何影响的?

第8章

群体的消费心理与消费行为

知识目标

掌握消费者群体的概念、特征和类型
了解消费者群体对消费心理和消费行为的影响
掌握暗示、模仿和从众的概念和特点
了解从众的表现形式及影响消费者从众的因素
掌握消费习俗、消费流行的概念与特征及其对消费行为的影响

能力目标

能对消费者的相关群体进行分析
能对群体的消费心理和特征进行分析
能运用暗示、模仿等消费心理进行营销活动
能运用消费流行和消费习俗开展营销活动

关键概念

消费者群体　参照群体　社会阶层　暗示　消费流行　消费习俗

消费者群体是由具有某种共同特征的消费者组成的，属于同一消费群体的消费者，在生理、心理特性等方面存在诸多共同之处。而不同消费者群体之间在生理、心理特性等方面存在诸多差异，形成消费需求、消费心理、购买行为等方面的不同特征。这些差异促成了不同消费者群体的形成。本章按一定的标准，将消费者分为不同的类别，分别考察他们消费行为

中的特征和规律,以使企业在确定自己的目标市场后,制定符合某一类别消费者需要的战略与策略。

8.1 消费者的群体心理与行为概述

人类是社会动物,我们都从属于群体,试图取悦于他人,并且通过观察周围人的行动来得到关于如何行动的提示。实际上,我们要求配合或认同处于我们期盼中的个体或群体的愿望,正是许多购买行为和其他活动的首要动机,这就是社会群体因素对消费者的影响。

研究消费者群体的心理与行为,一方面是为了遵从规模经济原则,尽可能地提高单位营销投入所获得的经济回报;另一方面是为了研究消费者以群体形式出现时呈现什么样的消费特征,以及消费者个体在群体中如何受到影响。

8.1.1 消费者群体的概念和特征

1. 消费者群体的概念

消费群体的概念是从社会群体的概念中引申而来的。社会群体是指两人或两人以上通过一定的社会关系结合起来进行共同活动而产生相互作用的集体。

具有某种共同消费特征的消费者组成的群体就是消费者群体。消费者群体是特定的社会群体,具有消费方面的共同性与规律性。

2. 消费者群体的特征

消费者群体中的成员在很多方面都表现出了共同性,一般来说,主要有以下几个方面:

(1) 群体成员需要用一定的纽带联系起来。例如,以血缘为纽带组成了氏族和家庭,以地缘为纽带组成了邻里群体,以业缘(即工作)为纽带组成了职业群体。

(2) 群体成员之间有共同的目标和持续的相互交往。例如,公共汽车里的乘客、电影院里的观众不能称为群体,因为他们是偶然和临时性地聚集在一起,缺乏持续的互相交往。

(3) 群体成员有共同的群体意识和规范。消费者之间在生理、心理特性上存在诸多差异,这些差异促进了不同消费群体的形成。例如,由于性别的差异,形成男性消费群体和女性消费群体;由于所处年龄段的不同,形成少年消费群体、青年消费群体、老年消费群体。这种根据心理特点划分的各个群体之间,在消费需求、消费心理、购买行为等方面有着不同程度的差异,而在本群体内部则有着许多共同特点。

此外,不同消费者群体的形成还受一系列外部因素的影响。这些外部因素包括生产力发展水平、文化背景、民族、宗教信仰、地理气候条件等,它们对于不同消费者群体的形成具有重要作用。

8.1.2 消费者群体的分类

1. 从消费心理学的角度进行划分

(1) 正式群体与非正式群体。正式群体是指有明确的组织目标、正式的组织结构、成员有具体的角色规定的群体，如大学里的教研室、工厂里的新产品开发小组等。非正式群体指人们在交往过程中，由于共同的兴趣、爱好和看法而自发形成的群体，成员的联系和交往比较松散和自由。

（2）主要群体和次要群体。主要群体或称初级群体，是指成员之间经常性面对面地接触和交往，形成亲密人际关系的群体，如家庭、邻里、儿童游戏群体等。次要群体或称次级群体，是指有目的、有组织地按照一定社会契约建立起来的社会群体，规模一般比较大，人数比较多，群体成员不能完全接触或接触比较少。

（3）隶属群体和参照群体。隶属群体或称成员群体，是指消费者实际参加或隶属的群体，如家庭、学校等。参照群体是指一个群体的看法和价值观被个体作为其当前行为的基础。

2. 根据自然地理因素进行划分

根据自然地理因素对消费群体进行细分，是企业经常用的一个划分标准。一般来说，可以进行如下划分：

（1）按照国家地区划分，可以分为国内消费者群、国外消费者群；中东地区、东南亚地区消费者群；华北地区、华南地区、东北地区、西北地区消费者群等。

（2）按照自然条件、环境和经济发展水平划分，可以分为山区、平原和丘陵地区消费者群；沿海、内地和边远地区消费者群；城市、乡村消费者群等。

3. 根据人口统计因素进行划分

人口统计因素是指人们的性别、年龄、职业、民族、经济收入、受教育程度等。根据该类划分标准，可以划分不同的消费者群，不同的消费者群的消费心理和消费行为有着很大的差异。

（1）按照性别，可以划分为男性消费者群和女性消费者群。

（2）按照年龄，可以划分为少年消费者群、青年消费者群、中年消费者群和老年消费者群。

（3）按照受教育程度，可以划分为小学文化、中学文化和大学文化消费者群等。

（4）按照职业，可以划分为工人、农民、知识分子、经理人员和政府公务员等消费者群。

（5）按照收入水平，可以划分为高收入、中等收入和低收入消费群等。

（6）按照家庭类型，可以划分为多代家庭、核心家庭、单亲家庭和单身家庭等消费者群。

（7）按照民族，可以划分为汉族、回族、满族、藏族、苗族和壮族等多个消费者群。

（8）按照宗教，可以划分为信仰佛教的消费者群、信仰基督教的消费者群、信仰天主教的消费者群、信仰伊斯兰教的消费者群等。

4. 根据消费者心理因素进行划分

在现实生活中，人们会发现许多消费者尽管在年龄、性别、职业、收入等方面具有相似的条件，但表现出来的购买行为却不尽相同。这种差异主要是由于消费者心理因素的差异造成的。按照消费者心理划分主要有以下几类：

（1）按照生活方式，可以划分为不同民俗、民情的消费者群，不同生活习惯的消费者群，紧追潮流的消费者群和趋于保守的消费者群等。

(2) 按照性格,可以划分为勇敢或懦弱、支配或服从、积极或消极、独立或依赖等不同类型的消费者群。

(3) 按照心理倾向,可以划分为注重实际、相信权威和犹豫不决等不同类型的消费者群。

5. 根据消费者对商品的现实反应进行划分

(1) 按照购买动机,可以划分为求实、求新、求廉、求美、求奢、求同等消费者群。

(2) 按照对商品品牌的偏好度,可以划分为非常偏好、比较偏好、一般偏好、无偏好、反感、很反感等消费者群。

(3) 按照对商品的使用时间,可以划分为未曾使用、初次使用、长久使用、潜在使用等消费者群。

(4) 按照对商品的使用量,可以划分为大量使用、一般使用、少量使用和不使用等消费者群。

(5) 按照对商品要素的敏感性,可以划分为对价格敏感、对质量敏感、对服务敏感等消费者群。

8.1.3　与消费者密切相关的群体

1. 家庭

人的一生,大部分时间是在家里度过的。家庭成员之间的频繁互动使其对个体行为产生广泛而深远的影响。个体的价值观、信念、态度和言谈举止无不打上家庭的烙印。不仅如此,家庭还是一个购买决策单位,家庭购买决策制约和影响家庭成员的购买行为,反过来,家庭成员又对家庭购买决策施加影响。

2. 朋友

朋友构成的群体是一种非正式群体,对消费者的影响仅次于家庭。追求和维持与朋友的友谊,对大多数人来说是非常重要的。个体可以从朋友那里获得友谊、安全,还可以与朋友互诉衷肠,与朋友讨论那些不愿和家人倾诉的问题。不仅如此,结交朋友还是一种独立、成熟的标志,因为与朋友交往意味着个体与外部世界建立联系,同时也标志着个体开始摆脱家庭的单一影响。朋友的观点和偏好对于消费者在最终决定选择某种产品、某种品牌时起到重要作用。

3. 正式的社会群体

学术研究会、学校校友会、业余摄影爱好者协会等组织均属于正式的社会群体。虽然正式群体内各成员不像家庭成员和朋友那么密切,但彼此之间也有讨论和交流的机会。群体内那些受人尊敬和仰慕的成员的消费行为可能会被其他成员谈论或模仿。正式群体的成员还会消费一些共同的产品,或一起消费某些产品。比如,滑雪俱乐部成员一起购买滑雪服、滑雪鞋和其他滑雪用品。

4. 购物群体

为了消磨时间或为了购买某一具体的产品而一起上街的几位消费者,就构成了一个购物群体。购物群体内的成员通常是有空闲时间的家庭成员或朋友。人们一般喜欢邀请乐于参谋且对特定购买问题有知识和经验的人一起上街购物。与他人一起购物,不仅会降低购买决策的风险感,而且会增加购物过程中的乐趣。在大家对所购产品均不熟悉的情况下,购物群体很容易形成,此时消费者可以依赖群体智慧,从而对购买决策更具有信心。

5. 工作群体

工作群体可以分为两种类型:一种是正式的工作群体,即由一个工作小组里的成员组成的群体,如同一个办公室里的同事、同一条生产线上的装配工人等;另一种是非正式工作群体,即由在同一个单位但不一定在同一个工作小组里工作且形成了较密切关系的一些朋友组成。由于在休闲时间或下班时间,成员之间有较多的接触,所以非正式工作群体如同正式工作群体一样,会对所属成员的消费行为产生重要影响。

6. 消费者行动群体

在消费者保护运动中涌现出一种特别的社会群体,即消费者行动群体。它大致可以分为两种:一种是为纠正某个具体的有损消费者利益的行为或事件而成立的临时性团体,如对某一缺陷产品的索赔群体;另一种是针对某些广泛的消费者问题而成立的相对持久的消费者组织,如反吸烟或反吸毒组织。大多数消费者行动群体的目标是唤醒社会对有关消费者问题的关注,对有关企业施加压力和促使它们采取措施以矫正那些损害消费者利益的行为。

7. 成员群体

成员群体是指个体已经拥有成员资格的群体,换言之,个体已经是该群体中的一员。通常情况下,成员群体的成员对群体及其他个体的影响和态度是正面和肯定的。而根据成员群体之间的互动作用及相互接触的频繁程度,我们又可以将成员群体分为主要群体和次要群体;根据群体成员的组织化程度,又可以将其分为正式群体和非正式群体,具体参见表 8.1。

表 8.1 根据互动程度与组织化程度划分的成员群体

组织化程度 / 接触频率	正式的	非正式的
主要的	主要的正式群体	主要的非正式群体
次要的	次要的正式群体	次要的非正式群体

资料来源:李东进. 消费者行为学[M]. 北京:经济科学出版社,2001:338。

一些研究表明,频繁接触的群体(主要群体)成员购买相同品牌的可能性更大。另一些研究表明,非正式群体比正式群体在消费生活中所起的作用更大,也就是说,非正式群体对其成员品牌选择一致性的影响更大,其影响大小取决于群体的凝聚力。主要的正式群体是指其成员之间经常接触,但他们的地位、作用和权限又是非常明确的群体。例如,同班同学、工作单位的同事等就是属于这种群体的范畴。主要的非正式群体是指像家庭、朋友、亲戚等那样经常接触的,并且是以亲切感来影响消费行为的群体。次要的正式群体是指其成员之间并不经常接触,但有一定的组织形式的群体。例如,大学中的学生会或者其他的一些自发组织的协会、俱乐部等就是属于这种群体的范畴。相对而言,这一群体对消费者行为的影响较低。次要的非正式群体是指那些虽然没有强烈的凝聚力,但是可以直接影响购买行为的群体,如购物群体、消费群体等。

8. 渴望群体

渴望群体是指个体热切地希望加入,并追求心理上的认同的群体。根据接触的程度,我们可以将渴望群体分为预期性的渴望群体和象征性的渴望群体这两种类型,具体参见表 8.2。

表 8.2 根据接触程度划分的渴望群体

接触	预期性的渴望群体
非接触	象征性的渴望群体

资料来源:李东进 . 消费者行为学[M]. 北京:经济科学出版社,2001:338。

具体来说,预期性的渴望群体是指个体希望加入某一群体,并且在多数情况下可以经常接触的群体。例如,当前对于一些普通员工来说,公司经理领导层就是一种预期性的渴望群体,这是因为在市场经济环境下,人们一般都会将财富、名誉及权力、地位等看作重要的社会地位的象征。象征性的渴望群体是指个体并没有成为其成员的可能性,但其接受向往群体的价值观念、态度及行为等。例如,我们经常看到的利用名人来产生名人效应的广告就是属于这种情况。

9. 拒绝群体

拒绝群体是指这样一种群体,人们隶属于它,并且经常面对面地接触,但并不能认同和接受它的价值观念、态度和行为。例如,有些人虽然工作与生活在某个社会圈子内,如因作为公司职员而隶属于某个群体,但他可能根本不认同该群体的一些重要价值观念、准则和行为方式,从而在其言谈举止上表现出一定的"另类",甚至与周围的人显得有些格格不入。另一方面,他又可能出于某种原因(如谋生的需要)不能或无法离开这个群体,并与其他群体成员继续保持一定的接触和联系。

10. 回避群体

回避群体是指人们不愿意与之发生联系,并且也没有面对面接触的群体。对于这些群体,人们总是会想尽办法避开它。为做到这一点,人们会在自己身上"点缀"一些能够与之明确划清界限的标准,如穿戴某种品牌的服饰、驾驶某种品牌的汽车、参加某个俱乐部、在某种档次的饭店就餐等。例如,大部分社会成员一般都会回避吸毒者、黑社会等回避群体的嗜好和行为等。通常,大部分消费者更容易在肯定的动机下产生信念和态度,因此,在为自己的产品做广告时,企业就应该更多地利用肯定的参照群体(如受到人们热烈欢迎的正面人物)的正面效应来打动消费者,而较少地让回避群体(如受到人们憎恨或厌恶的反面人物)在广告中单独出现。

8.1.4 消费者群体对消费心理的影响

1. 消费者群体引起消费者的仿效欲望

模仿是一种最普遍的社会心理现象,在消费者的购买活动中,消费者对商品的评价往往是对的,当没有具体的模仿模式时,他们就不能充分肯定自己对商品的态度。但当某些消费者群体提供具体的模式,而消费者又非常欣赏时,就会激起其强烈的仿效愿望,从而形成对商品的肯定态度,进而产生购买欲望。

2. 消费者群体促使人们的行为趋于某种"一致化"

消费者对商品的认识、评价往往会受到消费者群体中其他人的影响。这是因为相关群体会形成一种团体压力,使团体内的个人自觉或不自觉地符合团体规范。群体内的规范可能不为局外人所察觉,但置身其中的成员却能明显地体验到这些规范的存在,并对他们的购买行为产生影响。例如,当消费者在选购某种商品时,不能确定自己选购这种商品是否合适时,如果群体内其他成员对此持肯定态度,就会促使其坚定自己的购买行为;反之,如果群体内其他成员对此持否定态度,就会促使其改变自己的购买行为。

8.2 参照群体消费行为的影响

群体是指那些成员之间相互依赖、彼此间存在互动的集合体。从社会心理学的角度来看,简单的统计集合体、围在路边看热闹的人群、喜欢看电视新闻的观众等不能归为群体之列,因为其成员之间不存在依附关系、不发生互动,在多数情况下,彼此间无丝毫影响。而学校篮球队、家庭、班级等,则可称为群体,因为其成员是为了共同目标而组合在一起的,彼此间不但有面对面的接触,而且有频繁的互动和多方面的影响。

8.2.1 参照群体的概念与类型

1. 参照群体的概念

参照群体是指能够极大影响个人行为的个人或群体。群体的价值观、态度、行为以及准则被认为与其他个体的行为、评价、渴望有关。参照群体可以是个人(比如名人、运动员、政要等),也可以是由相似的个体组合而成(比如音乐组合、政党、球队或运动队等)。研究表明,人们都对与群体共同意见相矛盾的行为表示反感。年轻人比年纪大的人更愿意得到同龄人的认可。总体来说,参照群体具有规范和比较这两大功能。具体来说,前者是指根据参照群体的具体行为,建立了一定的行为标准,并使其他个体都来遵从这一标准。例如,受到父母的长期影响,孩子在着装打扮、选择购物场所及购买什么样的食品等方面都会形成一定的观念和做法,这就属于参照群体对个体行为的规范作用。而参照群体的比较功能是指个体将参照群体作为评价自己或者别人的比较标准和出发点。例如,个体消费者在选择装修材料、摆放家具及去什么档次的餐馆就餐时,就可能以某位朋友、邻居或者羡慕的熟人的做法作为参照和仿效的"榜样"。应该指出,一个人在评判事物时,不仅可以用高一级的群体作为参照,而且可以将次一级的群体作为比较对象,所谓"比上不足,比下有余"就是运用两种等级不同的参照群体进行比较的结果。此外,不仅个体经常运用参照群体来比较、评价他人或者事物,人们还往往从集团和社会的角度利用参照群体来评价某些社会现象。例如,在我国的社会主义精神文明建设活动中,各行各业所评选出来的文明单位和先进人物等,就是社会学意义上所说的参照群体。

2. 参照群体的类型

参照群体可以分为直接的参照群体和间接的参照群体两种。直接的参照群体是指参照群体和所影响的对象是具有同样身份的人,并且是面对面地接触到人们的生活。直接的参照群体又可以分为初级群体与次级群体。初级群体是指与消费者互动比较多的成员群体,包括家人和朋友;次级群体是指与消费者互动比较少的群体,包括同事及邻居。间接的参照群体是指参照群体和所影响的对象不具有同样的身份,但仍然会影响消费者行为的成员群体。它包括渴望群体和非渴望群体。渴望群体是指消费者现在不具有成员资格,但是希望加入的群体,如明星的粉丝群体。非渴望群体是指消费者试图与其保持距离但仍然会受到影响的群体,如吸毒者群体。

8.2.2 参照群体的影响方式及其影响因素

1. 参照群体的影响方式

参照群体对消费者的影响通常表现为三种形式,即行为规范性影响、信息性影响、价值表现上的影响。

(1) 行为规范性影响。行为规范性影响指由于群体规范的作用而对消费者的行为产生影响。规范是指在一定社会背景下,群体对其所属成员行为合适性的期待,它是群体为其成员确定的行为准则。这种准则,有的是明文规定的,有的是约定俗成的,但都有约束和指导成员行为的效力。群体成员的态度和行为,如果符合群体规范,就会受到群体的肯定;如果成员偏离或破坏其准则,群体就会运用各种方法加以纠正。当然,群体规范也不是一成不变的,随着形势的变化,也会发生变化。而且参照群体对成员行为的影响可以是主动的,也可以是被迫的。也就是说,成员既可以主动模仿别人的行为,也可以在群体压力下不得不采取某种行为。后一种现象在社会心理学中被称为社会从众。

社会从众是指在群体规范的压力下,成员放弃自己的意见而采取与大多数人一致的行为。人们为什么会从众呢?社会心理学研究认为,从众行为的产生是人寻求社会认同感和安全感的结果。在社会生活中,人们通常有一种共同的心理趋向,即希望自己归属于某一较大的群体,被大多数人所接受,以便得到群体的保护、帮助和支持。此外,对个人行为缺乏信心,认为多数人的意见值得信赖,也是从众行为产生的另一个重要原因。有些消费者由于缺乏自主性和判断力,在复杂的消费活动中无所适从,从众便成为他们便捷、安全的选择。

无论何时,只要有群体存在,无需经过任何语言沟通和直接思考,规范就会迅速发挥作用。规范性影响对于消费者行为有重要作用:一是规范性影响导致品牌选择的一致性,消费者会购买群体中其他成员购买的商品;二是规范性影响还表现为个体的同一性,即个体表现出与群体相同行为的倾向性;三是顺从或抵抗。

小资料

从众心理对消费行为的影响

心理学家温卡桑特对消费者行为中的从众和依赖性进行过实验研究。他的被试者是某大学管理系的144名学生，有A、B、C三套不同质量的男用西服，要求学生们就式样、色彩和尺寸等进行综合考虑，从中挑选出一套自认为最好的服装。实验在三种条件下进行：一是控制条件；二是从众条件；三是对抗或诱导条件。控制条件是让个人在没有集体影响的情况下任意挑选。其余两种实验条件下个人都处于小集体当中。这个小集体只有四个人，其中三个人是协助实验者的工作人员，他们名义上也是被试者，而真正的被试者只有一个人，但他并不了解这种安排。在从众的条件下，名义上的被试者事先由实验者指定，一致挑选B为最好的服装。在宣布各自评选结果时，先由名义被试者依次发言，都说B是最好的服装。实验结果表明，那名真正的被试者选择B为最好服装的比率最高。

资料来源：徐俊昌．消费者行为学[M]．北京：机械工业出版社，2012：158。

(2) 信息性影响。信息性影响是指参照群体成员的行为、观念、意见被个体作为有用的信息予以参考，由此对其行为产生影响。信息性影响可以减少消费者在信息搜寻和决策上花费的时间和精力。当消费者对所购产品缺乏了解，别人的使用和推荐将被视为非常有用的证据。群体在这一方面对个人的影响，取决于被影响者与群体成员的相似性，以及施加影响的群体成员的专长性。例如，某人发现好几位朋友都在使用某种品牌的护肤品，于是她决定试用一下，因为这么多朋友使用它，意味着该品牌一定有其优点和特色。

(3) 价值表现上的影响。价值表现上的影响指个体自觉遵循或内化参照群体所具有的信念和价值观，从而在行为上与之保持一致。例如，某位消费者感到那些艺术气质和素养的人通常留长发、蓄络腮胡、不修边幅，于是他也留起了长发，穿着打扮也不拘一格，以反映他所理解的那种艺术家的形象。此时，该消费者就是在价值表现上受到参照群体的影响。个体之所以在无需外在奖惩的情况下自觉参照群体来表现自我、来提升自我形象，主要是因为个体可能特别喜欢该参照群体，或对该群体非常忠诚，并希望与之建立和保持长期的关系，从而视群体价值观为自身的价值观。

2. *决定参照群体对消费行为影响强度的因素*

尽管上述三种影响在现实生活中是普遍存在的，但是，在不同情境中或者是对不同的产品，参照群体对消费者行为影响的程度是有差异的。具体来说，参照群体对消费者行为影响的决定因素包括：

(1) 产品的可见性。通常来说，产品或者品牌使用的可见性越高，群体的影响力就越大；反之，则相反。根据最初的研究，产品的“炫耀性”是决定群体影响强度的一个重要因素，后来，人们着重探索了不同产品领域中参照群体对产品与品牌选择所产生的影响。其中，Bearden 和 Ztzel 的研究首先从产品的可见性和产品的必需程度这两个角度对消费情形进行分类，然后具体分析在这些情形中参照群体所产生的影响，具体见表8.3。根据他们的研究发现，对于可见性高的必需品，参照群体对是否要购买这类产品的影响较小但在品牌选择上的影响较大;对于可见性低的必需品,则无论是在产品种类还是在产品品牌的选择上,其影响都比较小。

表 8.3　产品特征与参照群体的影响

<table>
<tr><td colspan="5">公共场所</td></tr>
<tr><td rowspan="4">必需品</td><td>产品
品牌</td><td>影响小</td><td>影响大</td><td rowspan="3">奢侈品</td></tr>
<tr><td>影响大</td><td>在公共场所使用的必需品
影响:对产品的影响小
对品牌的影响大
举例:手表、汽车、男装</td><td>在公共场所使用的奢侈品
影响:对产品的影响大
对品牌的影响大
举例:打高尔夫球、滑雪</td></tr>
<tr><td>影响小</td><td>在私人场所使用的必需品
影响:对产品的影响小
对品牌的影响小
举例:床上用品、牙刷</td><td>在私人场所使用的奢侈品
影响:对产品的影响大
对品牌的影响小
举例:游戏机、制冰器</td></tr>
<tr><td colspan="4">私人场所</td></tr>
</table>

资料来源:姚山季,张立,王永贵. 消费者行为学[M]. 天津:南开大学出版社,2009:123。

(2) 产品的必需程度。对于消费者所购买的产品来说,可以分为两类:一是必需的产品;另一类是非必需的产品。前者是指食品、日常生活用品等,消费者一般对它们都比较熟悉,并且在更多情况下已经形成了习惯性的购买,此时,参照群体对其购买行为的影响就比较小。后者是指高档汽车、高档服装及游艇等,消费者对它们都是比较陌生的,在购买前,他们通常都会征求其他人的意见,非常在乎别人的看法,因此,在这种情况下,参照群体对消费者购买行为的影响较大。

(3) 产品与群体之间的相关性。这是指产品或者消费行为与群体功能或价值实现之间的关系。这种关系越是密切,则个体在该活动中遵守群体规范的可能性就越大;反之,个体在该活动中遵守群体规范的可能性就会比较小。例如,对于那些经常出入豪华餐厅或星级宾馆等高级场所的个体来说,服饰打扮是非常重要的,因为这个群体中成员的行事方式都这样;反之,对于那些只是在一般酒店消费或者在一个星期之内踢一场足球比赛的个体来说,服饰打扮就显得不是那么重要了,因为这个群体中的成员都这样。

(4) 产品的生命周期。通常,产品生命周期是指产品从投入市场到被市场所淘汰的全过程。它一般可以分为导入期、成长期、成熟期及衰退期四个阶段。当产品处于导入期的时候,由于产品刚刚被推向市场,消费者对产品还不是很熟悉,此时,其购买行为受到参照群体的影响就很大,但品牌决策受参照群体的影响比较小。当产品处于成长期时,产品的销售、市场成长都处于蒸蒸日上的状态,参照群体对消费者选择产品和品牌的影响都很大。当产品进入成熟期时,产品在市场上已经处于饱和状态,没有多大的销售潜力可以挖掘,使得参照群体对产品品牌选择的影响较大,而对产品选择的影响较小。最后,当产品进入衰退期时,产品的销售状况已经是日落西山,没有太多人会注意它,因而参照群体在产品及其品牌选择的影响上都比较小。

(5) 个体对群体的忠诚程度。个体对群体的忠诚程度是由多种因素综合决定的。通常情况下,个体对群体越是忠诚,则他就越有可能遵守群体的规范和要求;反之,个体对群体不是很忠诚,则他就不太可能会去遵守群体的规范和要求。例如,当一个人准备去参加渴望群体的一个聚会时,仅在服装的选择上,就会非常注意,会尽可能考虑群体的期望;而当他去参加一个无关紧要的聚会时,是不会考虑这些问题的。最近的一项研究也说明了这个问题。该研究发现,那些强烈认同西班牙文化的拉美裔美国人,比那些只是微弱地认同该文化的消费者,更多地从规范和价值表现这两个层面受到来自西班牙文化的影响。

(6) 个体在购买中的自信程度。通常情况下,在购买活动中,个体越是自信,其受到参照群体的影响就越小;反之,个体越是不自信,则其受到参照群体的影响就会越大。有研究表明,在购买彩电、汽车、家用空调、冰箱、保险、杂志书籍、衣服及家具时,个体最易受到参照群体的影响。尽管这些产品与群体功能的实现没有太大关系,但它们对个体来说却是相当重要的,而大多数消费者对它们又只是拥有有限的知识和信息。因此,此时群体的影响力就由于个体在购买这些产品时信心不足而强大了起来。

事实上,个体的自信程度并不一定与其拥有的产品知识成正比。有研究表明,知识丰富的汽车购买者相比于那些购买新手,更容易在信息层面受到参照群体的影响,并喜欢与同样有知识的其他个体交换意见和信息。而新手对汽车知识则没有太大兴趣,也不喜欢收集产品信息,他们更容易受到广告及推销人员的影响。

(7) 群体的安全感。消费者对群体所感受到的安全感也是参照群体产生影响的一个决定因素。通常来说,消费者对相关群体的安全感越是强烈,则该群体的规范、价值观念及惯例等对个体的影响就越大;反之,当消费者感觉到相关群体不安全时,就会产生脱离该群体的愿望。此时,该群体对个体影响的程度就相对较小。

8.2.3 参照群体概念在营销中的运用

1. 名人效应

名人或公众人物(如影视明星、歌星、体育明星等)作为参照群体,对公众尤其是对崇拜他们的受众具有巨大的影响力和感召力。对很多人来说,名人代表了一种理想化的生活模式。正因为如此,企业花巨额费用聘请名人来促销其产品。研究表明,用名人做广告较不用名人做广告的评价更正面和积极,这一点在青少年群体上体现得更为明显。

运用名人效应的方式多种多样。如可以用名人作为产品或公司代言人,即将名人与产品或公司联系起来,使其在媒体上频频亮相;也可以用名人做证词广告,即在广告中引述广告产品或服务的优点和长处,或介绍其使用该产品或服务的体验;还可以采用将名人的名字使用于产品或包装上等做法。

对企业来说,用名人做广告,首先应该考虑产品或服务形象与名人形象的一致性,并不是任何名人都适合为企业产品做宣传。其次,要考虑名人在受众中的公信力。公信力主要由两方面的因素所决定:一是名人的专长性;二是名人的可信度。前者是指名人对宣传产品是否熟悉,是否有使用体验。由著名运动员来宣传某种运动饮料或与运动有关的产品,如运动鞋、运动服，无疑是比较合适的。但如果由他来介绍食品的营养，或室内应怎样布置就不一定适宜，因为运动员并不是这些方面的专家。可信度则是指名人所做的宣传、推荐是否属实、是否值得信赖。如果一位名人同时为多家企业做广告，那么在受众眼里，他的可信度肯定要打折扣，因为他这样做明显是受金钱所驱动。最后，企业和名人都应采取必要措施以确保广告内容的忠实性。

事实上，利用名人做广告也会存在一定的风险。第一，并非所有名人都适合为企业做广告，名人的声誉和形象应该与广告中产品或服务的形象定位相一致；第二，名人的可信度将直接影响到广告的效应，当消费者认为名人对广告产品并不熟悉，或者认为名人是受金钱驱动而为企业做广告的时候，名人广告的促销效果就会下降；第三，由于名人是媒体关注的焦点，一旦其卷入某些不光彩的丑闻，则会为其代言的产品的市场销售带来负面影响。

2. 专家效应

一般来说，专家是指那些在某一方面有着独特见解或深入了解的人，他们可能比其他代言人更能帮助消费者作出更好的购买决策。例如，医生、律师、电气工程师和营养学家等，他们受过专业的训练，具有丰富的知识和经验，作为参照群体，可以产生特有的公信力和说服力。但是，利用专家代言，有下面两个问题需要格外关注：第一，保持专家的公正性和客观性，避免公众对专家的言论产生怀疑；第二，遵守相应的法律法规，避免专家做广告的内容和形式违背相关的法律规范。

3. "普通人"效应

运用满意顾客的证词、证言来宣传企业的产品，是广告中常用的方法之一。由于出现在荧屏上或画面上的证人或代言人是和潜在顾客一样的普通消费者，会使受众感到亲近，从而使广告诉求更容易引起共鸣。像宝洁公司、北京大宝化妆品公司都曾运用过"普通人"证词广告，应当说效果还是不错的。还有一些公司在电视广告中展示普通消费者或普通家庭如何用广告中的产品解决其遇到的问题，如何从产品的消费中获得乐趣，等等。由于这类广告贴近消费者，反映了消费者的现实生活，因而更容易获得消费者的认可。

4. 经理型代言人

自 20 世纪 70 年代以来，越来越多的企业在广告中用公司总裁或总经理做代言人。例如，克莱斯勒汽车公司的总裁李 · 艾柯卡(Lee Iacocca)在广告中对消费者极尽劝说，获得很大成功。同样，像雷明顿公司的总裁维克多 · 凯恩(Victor Kiam)、马休特连锁旅店的总裁比尔 · 马休特(Bill Marriott)均在广告中促销过自己公司的产品。我国广西三金药业集团公司，在其生产的桂林西瓜霜上使用公司总经理和产品发明人邹节明的名字和图像，也是这种经理型代言人方式的运用。

近年来，以公司经理和总裁作为广告代言人的做法日益盛行。公司的总经理，尤其是大公司的领导人，一直都是社会关注的焦点，他们富有传奇色彩的经历和令人羡慕的成功经验使得其备受公众的仰慕或崇拜，以他们作为广告代言人和参照群体，无疑能够吸引更多消费者的注意，从而达到预期的促销效果。

小资料

名人代言广告:叫我如何相信你

商家选择知名人士做品牌代言,看中的是他们的号召力和影响力。大批名人的追随者相信他们的偶像,在同类商品面前,他们更信赖名人代言的产品。自20世纪80年代以来,“借名人之光”带动产品销量的广告方式越来越受到企业的青睐。从食品、家庭清洁用品到药品、保健品,从演艺明星到体坛冠军,名人做广告司空见惯。广告的基本作用是介绍产品用途和优点,所谓代言就是代替不会说话的产品表达产品信息,聘请名人做广告代言人是利用名人的影响力吸引消费者的关注,并加强他们对产品的信任度。

然而近年来,名人代言广告却风波横生。从唐国强、解晓东代言北京新兴医院,文清代言“眼保姆”,刘嘉玲代言SK-II,到郭德纲代言“藏秘排油”,名人代言的商品欺骗消费者事件不断发生。

资料来源:王亦君,李丽. 名人代言广告:叫我如何相信你[N]. 中国青年报,2007-03-22。

8.3 家庭消费的心理与行为

家庭是消费者个人所归属的最基本团体,与消费活动有着极为密切的关系。据统计,中国大约80%的消费行为是由家庭控制和实施的。家庭不仅对其成员的消费观念、生活方式、消费习惯有重要影响,而且直接制约着消费支出的投向、购买决策的制定及实施。为此,有必要深入研究家庭对消费者行为的影响作用。

8.3.1 家庭的定义和类型

1. 家庭的基本定义

一般来说,家庭是指以婚姻关系、血缘关系及收养关系为纽带而结成的进行共同生活的社会基本单元。因而,婚姻、血缘或者收养关系就构成了家庭存在的基础。我们可以从以下四点来理解家庭的含义:首先,家庭是一种特殊的社会关系,是由婚姻关系、血缘关系及收养关系所联系起来的团体或者单元,其不仅是感情集团,而且是责任集团。其次,家庭是一个特殊的社会群体,本质上,人类生活是一种社会生活,是以群体生活为特征的,社会生活中的群体多种多样,家庭就是其中的一种特殊形式。再次,家庭是一种普遍的社会制度,人类的社会生活是具有规范性的,而为了实现这些规范,人们就制定了各种行为规范,这就形成了社会制度。因而,家庭也有一定的规范性、程序性与相对稳定性。最后,家庭是一个普遍的社会历史范畴,家庭的发展史是社会发展不可分割的组成部分。家庭的产生、演化、发展,随着社会的进化而逐步由较低的阶段向较高的阶段发展,由较低的形式演进到较高的形式。

2. 家庭的基本类型

在我国常见的家庭类型主要有以下六种：

(1) 核心家庭。核心家庭是指由已婚夫妇和未婚子女或收养子女两代组成的家庭。核心家庭已成为我国主要的家庭类型。核心家庭的特点是人数少、结构简单，家庭内只有一个权力和活动中心，家庭成员间容易沟通、相处。由于核心家庭成员之间存在大量频繁的、亲密的接触和交流，对家庭消费行为和购买决策的影响也最大，因此，我们通常以核心家庭作为研究重点。

(2) 主干家庭。主干家庭又称直系家庭。主干家庭是指有父母、有孩子的已婚子女三代人所组成的家庭。在我国，主干家庭曾为主要的家庭类型，但随着社会的发展，此家庭类型已不再占主导地位。主干家庭的特点是家庭内不仅有一个主要的权力和活动中心，还有一个权力和活动的次中心存在。

(3) 联合家庭。联合家庭是指父母、已婚子女、未婚子女、孙子女、曾孙子女等几代人居住在一起的家庭。联合家庭的特点是人数多、结构复杂，家庭内存在一个主要的权力和活动中心、几个权力和活动的次中心。

(4) 单亲家庭。单亲家庭是指由离异、丧偶或未婚的单亲父亲或母亲及其子女或领养子女组成的家庭。单亲家庭的特点是人数少、结构简单，家庭内只有一个权力和活动中心，但可能会受到其他关系的影响。此外，经济来源相对不足。

(5) 重组家庭。重组家庭是指夫妇双方至少有一人已经历过一次婚姻，并可有一个或多个前次婚姻的子女及夫妇重组后的共同子女。重组家庭的特点是人数相对较多、结构复杂。

(6) 丁克家庭。丁克家庭是指由夫妇两人组成的无子女家庭。目前，丁克家庭的数量在我国逐渐增多。丁克家庭的特点是人数少、结构简单。

小资料

"80 后"准新人青睐小户型

对于刚工作没几年的"80 后"来说，结婚买房面临的一个最大问题就是资金，除了家长可以给新人提供资金支持外，大部分还是得靠新人自己精打细算，因此总价较低的小户型也就成为了"80 后"婚房的首选。

准备在今年国庆节期间与女朋友步入婚姻殿堂的黄先生表示，由于自己和女朋友的收入不高，每个月两人加起来只有三四千元，虽然工作了四年，但存款并不多，所以打算买套五六十平方米的房子。黄先生说，小户型的总价较低，大大减轻了购买压力，等到将来有了孩子，再换套大房子也不迟。

市区一楼盘的销售人员李先生最近接触了不少来看房的情侣。他说，不少情侣在结婚后并不急于生孩子，工作和娱乐仍是他们生活的重心，小户型总价低，小两口的还贷压力自然比较低，可以保证婚后的生活质量不会太受影响。

资料来源：罗锐．婚房需求趋旺小户型成首选[N]．南方日报，2010-08-20。

8.3.2 家庭的功能与家庭周期

1. 家庭的功能

家庭作为社会的基本组织,具有很多功能。与消费者行为研究联系比较密切的功能有经济功能、情感交流功能、赡养与抚养功能、社会化功能。

（1）经济功能。在小农经济社会,家庭既是一个生产单位,又是一个消费单位,它发挥着重要的经济功能。在现代社会条件下,家庭的经济功能尤其是作为其重要内容的生产功能有所削弱,然而,为每一个家庭成员提供生活福利和保障,仍然是家庭的一项主要功能。传统上,丈夫是家庭经济来源的主要提供者,由此使他在家庭中具有支配性地位。而现在,越来越多的妇女参加工作,她们对家庭所作的经济贡献越来越大。

家庭作为一个基本的消费单位,在一段时间里把家庭成员的大部分经济资源集中起来,为了共同的利益或主要为了某一家庭成员的利益而使用,这在我国很多家庭是非常普遍的。例如,在我国农村,子女在未成家之前的收入基本要上交给父母,而不是由自己自由支配。个人收入集中到家庭这一层次,使那些不甚富裕的家庭也能举全家之力,完成某些凭个人力量或短期内无法实现的购物和置业活动。

（2）情感交流功能。这是指家庭应该给其成员以安全感,使家庭成为其成员的"避风港"。家庭是充分交流思想和情感的最好场所。个体在工作、生活及学习方面遇到的困难和问题,都可以从家庭那里得到安慰、鼓励和帮助。由于家庭成员之间的关系是建立在血缘、亲缘等基础之上的,因而这种关系较之其他关系更为亲密和牢固。家庭本应该成为个体获得关爱、友爱的重要源泉,但是,在现代社会中,由于生活节奏的日益加快,大多数家庭是夫妻双方都参加工作,家庭成员之间,尤其是父母与子女之间经常由于时间匮乏而缺少沟通。

（3）赡养与抚养功能。抚养未成年家庭成员、赡养老人和丧失劳动能力的家庭成员,这是人类繁衍的需要。当子女还没有独立生活能力的时候,父母负有抚养他们的责任,否则他们就无法生存,人类也就不能延续。同样,父母抚养了子女,当父母老了,丧失了劳动能力,子女也负有赡养老人的义务。家庭的这一功能,将随着社会保障制度的完善部分地由社会承担,但它不可能完全外移。

（4）社会化功能。家庭成员的社会化,尤其是儿童的社会化,日益成为家庭的主要或者核心功能。每个人从出生的那一刻起,就开始了社会化的过程,而这个过程大部分是在家庭中完成的。通过接受父母的教育或者模仿父母的行为,孩子获得了待人、接物及适应社会的各种观念、规范、技巧及行为方式等。即使在孩子成年之后,他们与父母的联系不是那么紧密了,但这种潜移默化的影响仍然是存在的。

必须指出,随着社会的进步和发展、男女就业机会的日益均等,在经济上,男女之间的收入差别日益缩小,家庭的某些功能正在发生着变化。这主要表现在两个方面:第一,赡养、抚养与教育功能的逐渐减弱。传统上,社会的发展水平并不高,子女的抚养教育任务主要是以家庭为主,父母就成为孩子的第一任老师。但是,随着社会的发展,各种服务教育机构大量产生,迫于生存和压力,父母越来越忙于工作,因而子女的教育功能主要由社会来承担就成为必然的趋势。同样,随着社会的发展,越来越多的养老院在大城市中开始出现,这是社会不断进步的表现，这可以使更多的子女更专注于自己的事业，从事社会生产工作。第二，情感功能的逐渐增强。随着经济的发展，社会竞争的激烈程度日益增加，在巨大的压力下，人们在社会中越来越感到无力、孤独和无助。为了缓解这种状况，家庭就承担起了情感呵护的功能，个体将自己的情感寄托于家庭，将家庭当作自己的“避风港”，从而可以保护自己的心灵和情感不受伤害。

2. 家庭生命周期

家庭生命周期，是指一个家庭建立发展过程中经历的阶段，是影响消费者消费倾向变化的重要因素之一。一般家庭的生命周期分为五个阶段：单身阶段、新婚阶段、满巢阶段、空巢阶段和解体阶段。当然，这只是一个模式，并不是所有的家庭都一定完全按照这个顺序发展。但对于家庭生命周期中的每一个大致的阶段来说，都有着许多共同的、明显的消费行为特征。

(1) 单身阶段。单身阶段是指从离开父母独立生活开始到结婚组建家庭为止的阶段。随着结婚年龄的普遍推迟，这一群体的数量在不断增加。他们的收入并不高，但因没有其他负担，个人可支配的收入相对较多，消费心理多以自我为中心。除了房租、家用器具和个人护理用品之外，他们大部分的收入花费在交通、度假、娱乐和服饰等方面。这一群体追求时尚，注重娱乐和休闲，常常成为住宅、旅游、运动和休闲等产品或服务营销的目标市场。

(2) 新婚阶段。这一阶段始于夫妇正式组建家庭，止于他们的第一个孩子出生。为了形成共同的生活方式，双方均需要作很多的调整。一方面，共同的决策和分担家庭责任，对新婚夫妇是一种全新的体验；另一方面，还会遇到很多以前从未遇到和从未考虑过的问题，如购买家庭保险、进行家庭储蓄等。建立一个家庭，需要购买很多家用产品，如各种电器、家具、地毯、床上用品、厨房设备和用具等。由于缺乏购买这些产品的足够经验，所以新婚夫妇很可能要征求其他已婚者的意见和建议。这一群体在人口中的比重并不大，例如在美国仅占人口总数的3%，然而这类家庭大部分双方都有收入，相对于其他群体较为富裕。他们是剧院门票、昂贵服装、高档家具、餐馆饮食、奢侈度假等产品和服务的重要市场，因此对这类产品和服务的营销者颇有吸引力。

(3) 满巢阶段。从子女长大成人，到他们陆续结婚和父母分居的这一阶段，即家庭周期的满巢阶段。在此阶段，子女开始有一定的经济收入，家庭的总收入处于最高峰，家庭成员有能力共同购买大件商品，家庭的总体消费能力很强、消费水平很高，子女的消费经验也相当成熟，能共同参与商品的评价、选择和购买活动，甚至在某些家庭中成为主要决策者。

满巢阶段的主要支出有两个：一是满足整个家庭成员的消费需要；二是开始为子女的结婚生育进行家庭储蓄。前者能直接影响当时的市场，后者会对下一阶段的消费市场有很大影响。这两方面的支出因家庭总收入的不同而有不同的支出比例，只有在满足家庭当时最基本的消费需要的基础上，才能考虑进行储蓄。一般来说，家庭的总收入水平高，当时的消费水平也会较高，用于储蓄的比例也会较大；收入水平低的话，在不影响当时的消费需要的前提下，用于家庭储蓄的比例肯定也会较低。当然，用于家庭储蓄的比例，还受储蓄观念的影响。在储蓄观念很强的社会风气的影响下，人们会尽可能节省最基本的消费支出，省吃俭用，尽量多增加一些家庭储蓄。

（4）空巢阶段。子女成家立业以后，组成新的家庭，成为另一个消费单位，只剩下父母二人，家庭进入空巢阶段。在空巢阶段，因为没有子女的拖累，父母的经济负担已大大减轻，他们已经具备充分享受消费的条件。而且，这一时期，大部分家庭的夫妻已经到了离、退休的年龄，有更多的闲暇时间供自己支配。因此，对那些经济收入较高、有一定积蓄的家庭来说，他们还有一种"补偿消费"的心理，弥补过去由于经济条件、时间、精力等各方面的限制而没有充分消费的缺憾。最常见的就是夫妻双双外出旅游。同时，由于年纪越来越大，他们逐渐以身体健康为消费导向。比如，购买各种健身器材或保健用品等。

（5）解体阶段。自然法则决定着家庭的最终走向。当夫妻中的一方过世或生活能力极大下降时，就进入了家庭生命周期的最后一个阶段——解体阶段。如果在世的一方身体尚好，仍有收入来源或有足够的储蓄，并有朋友和亲戚的支持和关照，家庭生活的调整就比较容易。但是，由于收入来源的减少以及老年人自身活动能力的减弱，其消费能力也相应下降，会形成一种较为节俭的生活方式。这时的消费基本上以吃和保健为主。如果身体多病的话，医药方面的开支也不小。

小资料

家庭生命周期对消费者购买行为的影响

对北京地区的106个已经购买家用轿车家庭的调查表明，有54位购买者家庭的"提议购买"行为是由20—34岁的男性完成，占已购车家庭数的50.9%；另有25位受访者家庭是由20岁以下的男性首先提议的，占已购车家庭数的23.6%。前两者合计达74.5%。由此可见，青年男性在家庭购车中担任着一个非常重要的角色。另外，单身阶段与有年幼子女阶段人的购车行为有显著的不同。单身的青年是时尚一族，追求的是轿车外观的前卫、价格的低廉和功率的强劲；而在婚后、有年幼孩子的情况下，对轿车的购买欲望有很大的加强，并且是以价格适度和舒适宽敞为主要甄选指标。作为年龄较长的成功人士来说，购车时品牌的知名度可能就成为主要的制约因素了。总之，随着收入的增加、地位和文化水平的提高，轿车的购买能力和更换频率是会有所提高的。

资料来源：家庭生命周期对消费者购买行为影响，MBA智库百科，http://wiki.mbalib.com。

8.3.3 家庭购买决策

尽管家庭结构、家庭生命周期、家庭特征都是影响家庭消费的重要因素，但就消费者而言，具体到家庭，购买决策才是影响家庭消费最相关的因素。

1. 家庭成员角色分工

在家庭购买与消费活动中，很多情况下产品或服务的购买者与使用者不是同一个人。例如，大多数男性的内裤由女性购买；同样，70%的男用香水是由妻子或女朋友购买的。美国一家书写用品公司原来一直在星期六早上的儿童节目中做广告，后来发现，孩子们的书写用品绝大部分是由母亲购买，于是转而在女性杂志上刊登产品广告。使用者与购买者分离这一事实说明,在家庭内部,为了使其功能得到正常发挥,各家庭成员在购买过程中扮演着不同的角色。一般而言,家庭消费决策过程中至少涉及以下五种角色:

(1) 倡议者。提议购买某产品或使其他家庭成员对某产品产生购买兴趣的家庭成员。

(2) 影响者。为其他家庭成员提供有关产品和服务信息的家庭成员。

(3) 决策者。有权决定购买什么及何时购买的家庭成员。

(4) 购买者。实践购买行为的家庭成员,有时与决策者并非同一人。如青少年可能有权决定购买何种汽车,但其父母才是实际与经销商进行议价并付款的人。

(5) 使用者。最终消费或使用产品和服务的家庭成员。

了解不同家庭成员在购买和消费活动中扮演的角色,有助于营销者把握以下重要问题:第一,谁最有可能对企业的产品发生兴趣?第二,谁将是产品的最终使用者?第三,谁最可能成为产品购买的最终决定者?第四,不同类型的产品通常是由谁实际购买?

2. 影响家庭购买决策的因素

研究人员一直试图找出决定家庭成员相对影响力从而影响家庭决策方式的因素。奎尔斯(W. Qualls)的研究识别了三种因素:家庭成员对家庭的财务贡献、决策对特定家庭成员的重要性、夫妻性别角色取向。一般而言,对家庭的财产贡献越大,家庭成员在家庭购买决策中的发言权也越大。同样,某一决策对特定家庭成员越重要,他对该决策的影响越大,原因是家庭内部亦存在交换过程:某位家庭成员可能愿意放弃在这一领域的影响而换取在另一领域的更大影响力。性别角色取向,是指家庭成员多大程度上会按照传统的关于男、女的性别角色行动。研究表明,具有较少传统和更具现代性的家庭,在购买决策中会更多地采用联合决策的方式。除了上述因素,通常认为,影响家庭购买决策的因素还包括以下方面:

(1) 文化和亚文化。这里是指文化或亚文化中关于性别的态度会在很大程度上决定着家庭决策是由丈夫作出,还是由妻子作出。事实上,在现实社会中,男性占主导地位还是女性占主导地位是可以作为区分不同社会价值观的标准的。当男性的主导地位增强时,女性在家庭决策中的作用会降低。例如,在我国经济不发达的农村地区,由于家庭中的封建思想及重男轻女的意识还比较严重,多数的家庭都是以男性为核心,从而形成了完全的丈夫支配型的家庭。但是,这一现象在东部沿海地区表现得就不是很明显,由于那里的人们受教育水平较高,与外界的联系更加紧密,从而使得各自做主型和自主支配型家庭出现的可能性更大。当然,文化并非一个地理的概念,即使生活在同一个城市,由于文化背景的不同,人们对于性别角色地位的认识仍会有相当大的差别,由此导致男女在家庭决策中影响力的不同。

(2) 角色专门化。随着时间的推移,夫妻双方在决策中会逐渐形成专门化角色分工。传统上,丈夫负责购买机械和技术方面的产品,例如,他们要负责评价和购买房子、汽车、保险、维修工具等产品;妻子负责购买与抚养孩子和家庭清洁相关的产品,如孩子的食物与衣服,厨房和厕所用的清洁剂等;而度假、孩子上学、购买和装修住宅多由夫妻共同作出决定。根据 2002 年零点公司的调查,在我国,无论是购买家庭的第一处住宅还是第二处住宅,70%左右的家庭是由丈夫最终决定;39%以上的妻子认为“丈夫在买车的事情上影响最大”。

随着社会的发展,婚姻中的性别角色不再像传统家庭中那样鲜明,丈夫或妻子越来越多地从事以前被认为应由另一方承担的活动。虽然如此,家庭决策中的角色专门化仍然是不可避免的。从经济和效率角度来看,家庭成员在每件产品上都进行联合决策的成本太高,而专门由一个人负责对某些产品进行决策,效率会提高很多。

小资料

丈夫和妻子对不同家用消费品的决策权对比

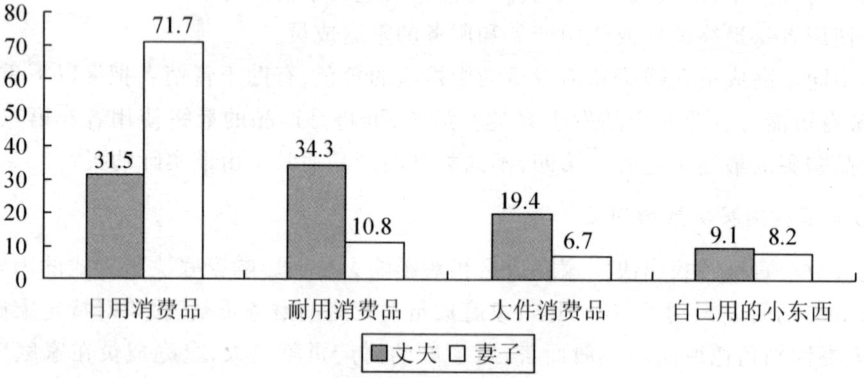

此图是基于 2002 年 2 月对北京、上海、广州、成都、武汉、南京、西安、沈阳、大连、郑州 10 个城市 3 781 名 18—60 周岁成年市民的随机抽样调查。

资料来源:零点调查与零点指标,《城市居民购物形态研究报告》,2002。

(3) 家庭决策的阶段。在家庭购买决策中,同样存在着不同的阶段。家庭成员在购买中的相对影响力,随购买决策阶段的不同而异。戴维斯等人的研究,识别出家庭决策的三个阶段,即问题认知阶段、信息搜集阶段和最后决策阶段。家庭决策越是进入后面的阶段,角色专门化通常变得越模糊。

在一个关于谁在汽车和家具购买中影响最大的研究中,研究组将家庭购买汽车的决策分为六步:第一步,何时购买?第二步,花多少钱?第三步,购买哪个厂家的?第四步,购买哪种型号?第五步,购买哪种颜色?第六步,在哪里购买?同样,对于家具购买,决策也可以分为六步:第一步,购买什么家具?第二步,花多少钱?第三步,在哪里买?第四步,何时购买?第五步,购买什么式样的家具?第六步,购买什么颜色和质地的家具?就汽车的购买而言,在大多数购买决策阶段丈夫占主导地位,而妻子一般只是参与或主导颜色的选择。对于家具的购买则不然,妻子在所有阶段都占有主导地位,只有在花多少钱的决策上更多地由丈夫决定。

(4) 个人特征。家庭成员的个人特征对家庭购买决策类型也有直接或间接的重要影响。这些个人特征包括收入、受教育程度、年龄、能力等。

通常,拥有更多收入的一方,在家庭购买决策中更容易占据主导地位。而一个家庭中,妻子所受教育程度越高,她所参与的重要决策也就越多。有研究表明,在美国受过大学教育的已婚妇女中,有 70%认为她们在选择汽车时,与丈夫有着同等的权利;在只受过高中教育的妇女中,这一比例是 56%;而在学历不足高中的妇女中,这一比例就更低了,仅为 35%。

(5) 介入程度及产品特点。家庭成员对产品特点的关系程度或介入程度是不同的。例如,对CD唱片、游戏卡、玩家等产品的购买,孩子们可能特别关心,因此在购买这些产品时他们可能会发挥较大的影响;而对于父亲买什么牌子的剃须刀,母亲买什么样的厨房清洗剂,孩子可能不会特别关心,所以在这些产品的购买上他们的影响力就比较小。

家庭购买决策方式因产品的不同而异。当某个产品对整个家庭很重要,且购买风险很高时,家庭成员倾向于进行联合型决策;当产品为个人使用,或购买风险不大时,自主型决策居多。此外,一些情境因素也会影响购买决策的方式,如当购买产品的时间充裕时,联合型决策出现的可能性增大;而当时间紧迫时,丈夫或妻子主导型及自主型决策就更为普遍了。

8.4　社会阶层与消费心理

每个消费者都归属于一定的社会阶层,同一社会阶层的消费者有着基本相似的社会地位、价值观、生活方式、收入水平、认知以及声望等,不同社会阶层的消费者在价值、态度和行为上有较大的差异,进而影响着他们的消费行为。因此,研究社会阶层对消费者行为的影响对企业营销有着重要的意义。

8.4.1　社会阶层的含义和特点

1. 社会阶层的含义

社会阶层是指按照一定的社会标准,如收入、受教育程度、职业、社会地位及名望等,将社会成员划分成若干社会等级。社会阶层是一种普遍存在的社会现象,不论是发达国家还是发展中国家,不论是社会主义国家还是资本主义国家,均存在不同的社会阶层。

产生社会阶层的最直接原因是个体获取社会资源的能力和机会的差别。所谓社会资源,是指人们所能占有的经济利益、政治权力、职业声望、生活质量、知识技能及各种能够发挥能力的机会和可能性,也就是能够帮助人们满足社会需求、获取社会利益的各种社会条件。导致社会阶层的终极原因是社会分工和财产的个人所有。社会分工形成了不同的行业和职业,并且在同一行业和职业内形成领导和被领导、管理和被管理等复杂的关系。当这类关系与个人的所得、声望和权力联系起来时,就会在社会水平分化的基础上造成社会分层。

社会分层表现为人们在社会地位上存在差异。社会地位是人们在社会关系中的位置以及围绕这一位置所形成的权利义务关系。社会成员通过各种途径,如出生、继承、社会化、就业、创造性活动等占据不同的社会地位。在奴隶社会和封建社会,社会地位主要靠世袭、继承和等级制的安排决定。在现代社会,个体的社会地位更多地取决于社会化、职业、个人对社会的贡献大小等方面,但家庭和社会制度方面的因素对个体的社会地位仍具有重要影响。

2. 社会阶层的特点

(1) 社会阶层展示一定的社会地位。如前所述,一个人的社会阶层是与其社会地位相联系的。处于较高社会阶层的人,必定是拥有较多的社会资源、在社会生活中具有较高社会地位的人。他们通常会通过各种方式,展现其与社会其他成员相异的方面。社会学家凡勃仑所阐释的炫耀性消费,实际上反映的就是人们显示其较高社会地位的需要与动机。

由于决定社会地位的很多因素,如收入、财富不一定是可见的,因此人们需要通过一定的符号将这些不可见的成分有形化。按照凡勃仑的说法,每一个社会阶层都会有一些人试图通过炫耀性消费告诉别人他们是谁,处于哪一个社会层次。研究发现,即使在今天,物质产品所蕴含、传递的地位意识在很多文化下仍非常普遍。

传统上,人们通过购买珠宝、名牌服装、高档电器等奢侈品或从事高尔夫球、滑雪等活动显示自己的财富和地位。直至今天,这一类显示地位的手段或符号仍然被很多人运用。然而应当注意的是,随着社会的变迁和主流价值观的变化,它们的表现方式、作用都在发生变化。例如,随着收入水平的提高,很多过去只有上层社会才消费得起的产品、服务已经或正在开始进入大众消费领域,这些产品作为"地位符号"的基础开始动摇。另一方面,越来越多上层社会的消费者对通过消费显示其财富和地位的方式感到厌倦。一项研究发现,虽然奢侈品的营销战试图造成一种印象,似乎只有百万富翁才买得起这些产品,但实际购买他们的往往是那些"假百万富翁",即年收入在 4 万—8 万美元之间的家庭。真正的富翁具有"普通人"的消费习惯,他们将大多数奢侈品视为专为那些财务上并不是特别成功的人开发的玩具。

(2) 社会阶层的多维性。社会阶层并不是单纯由某一个变量,如收入或职业所决定,而是由包括这些变量在内的多个因素共同决定的。正如后面所要看到的,决定社会阶层的因素既有经济层面的因素,也有政治和社会层面的因素。在众多的决定因素中,其中某些因素较另外一些因素起更大的作用。收入常被认为是决定个体处于何种社会阶层的重要变量,但很多情况下它可能具有误导性。比如在我国现阶段,部分个体老板收入比一般的大学教授和工程师高,但从社会地位和所处的社会层级来看,后者显然高于前者。除了收入,职业和住所也是决定社会阶层的重要变量。一些人甚至认为,职业是表明一个人所处社会阶层的最重要的指标,原因是从事某些职业的人更受社会的尊重。

(3) 社会阶层的层级性。从最低的地位到最高的地位,社会形成一个地位连续体。不管愿意与否,社会中的每一个成员,实际上都处于这一连续体的某一位置上。那些处于较高位置上的人被归入较高层级,反之则被归入较低层级,由此形成高低有序的社会层级结构。社会阶层的这种层级性在封闭的社会里表现得更为明显。如在古罗马,有贵族、骑士、平民、奴隶;在中世纪,有封建领主、陪臣、行会师傅、帮工、农奴,而且几乎在每一个阶级内部又有各种独特的等级;在现代较为开放的社会里,人们的身份和地位虽然不像封建社会那样具有清晰的界限,但仍可以从其上的学校、从事的职业、结识的朋友、购买的产品中窥见端倪。

层级性使得消费者在社会交往中,要么将他人视为是与自己同一层次的人,要么将他人视为是比自己更高或更低层次的人。这一点对营销者十分重要。如果消费者认为某种产品主要被同层次或更高层次的人消费,他购买该产品的可能性就会增加;反之,他选择该产品的可能性就会减小。

(4) 社会阶层的限定性。大多数人在和自己处于类似水平和层次的人交往时会感到很自在,而在与自己处于不同层次的人交往时会感到拘谨甚至不安。这样,社会交往较多地发生在同一社会阶层之内,而不是不同阶层之间。同一阶层内社会成员更多的互动会强化共有的规范与价值观,从而使阶层内成员间的相互影响增强。另一方面,不同阶层之间较少互动会限制产品、广告和其他营销信息在不同阶层人员间的流动,使得彼此的行为呈现更多的差异性。

(5) 社会阶层的同质性。社会阶层的同质性是指同一阶层的社会成员在价值观和行为模式上具有共同点和类似性。这种同质性很大程度上是由他们的共同的社会经济地位所决定,同时也和他们彼此之间更频繁的互动有关。对营销者来说,同质性意味着处于同一社会阶层的消费者会订阅相同或类似的报纸、观看相同或类似的电视节目、购买相同或类似的产品、到相同或类似的商店购物,这为企业根据社会阶层进行市场细分提供了依据和基础。

(6) 社会阶层的动态性。社会阶层的动态性是指随着时间的推移,同一个体所处的社会阶层会发生变化。这种变化可以朝着两个方向进行:从原来所处的阶层跃升到更高的阶层,或从原来所处的阶层跌入较低的阶层。越是开放的社会,社会阶层的动态性表现得越是明显;越是封闭的社会,社会成员从一个阶层进入另一个阶层的机会就越小。社会成员在不同阶层之间的流动,主要由两个原因促成:一是个人的原因。如个人通过勤奋学习和努力工作,赢得社会的认可和尊重,从而获得更多的社会资源和实现从较低到较高社会阶层的迈进。二是社会条件的变化。如在我国"文化大革命"时期,知识分子被斥为"臭老九",社会地位很低,但改革开放以来,随着社会对知识的重视,知识分子的地位不断提高,作为一个群体它从较低的社会阶层跃升到较高的社会阶层。

8.4.2　社会阶层的划分

划分社会阶层的方法很多,大致分为两种类型,即单一指标法和综合指标法。前者根据某个单项指标如职业、教育、收入将消费者分成不同的阶层;后者则赋予职业、教育、收入、声望等以不同的权重,测定消费者在这些项目上的总分,以此决定他属于何一阶层。

1. 单一指标法

单一指标法是指从某个特点的方面来衡量个体所归属的社会阶层。如前所述,社会阶层具有很多维度的属性,因而用单项指数评价法来衡量个体的社会阶层可能会有失偏颇,但这一方法对分析社会阶层的特点方面对消费过程的影响仍然是很有意义的。实践中,最常用的三种单项指标是教育、职业和收入。

(1) 教育。教育是提供社会地位的主要途径,自然也是评价社会地位的一项重要指标。在大多数国家,一个人所受的教育程度越高,他的社会地位就越高。传统上,在制造、服务等领域,很多高收入的职位不一定需要高的教育,但这种情况正在改变。通过看各种招聘广告,我们不难发现,凡是稍好一点的职位,对能力和素质都有很高的要求。要达到这种要求,通常需要接受良好的教育。不仅如此,教育还影响个人品位、价值观、获取信息和作决策的方式。总之,教育影响到个体消费模式和生活方式的各个方面,它与职业一同构成衡量社会阶层最常用的两项指标。

(2) 职业。职业是应用最广的评价社会阶层的单项指标。事实上,人们初次见面,总是喜欢问对方从事什么工作。显然,职业已成为我们判断初次认识的人的最常用的信息。一般来说,职业是与教育、收入紧密联系在一起的,很大程度上反映出一个人的社会地位。消费者的职业类型直接影响着其价值观、生活方式及消费过程的各个方面。

在工业化社会中,存在着数百种职业。人们经常使用不同的方法给职业评分或评定等级,其中,最常用的方法是社会经济指数法(Socioeconomic Index,SEI)。它是以从事不同职业的人的受教育水平和收入为基础的一种评价方法。社会经济指数的每个组成部分都被赋予了一定的权重,以使每个职业所得分数与公众对这个职业的地位评价标准相类似。一旦合适的权重被确定,则任何职业的等级都可被评定出来。表 8.4 显示的是美国部分职业的 SEI 得分。

表 8.4　美国部分职业的 SEI 得分

职业	SEI 得分	职业	SEI 得分
会计	65	化学师	78
航天工程师	84	牙医	89
运动员	49	小学教师	70
汽车机械师	21	管家	15
酒吧侍者	24	营销经理	58
营销学教授	83	注册护士	46
邮递员	28	服装销售员	25
管工	27	推销工程师	78
警察	38	装卸工	22

资料来源:Stevens,G. and Cho. J. H. 1985. Socioeconomic Indices[J]. Social Science Research, 14:142-168。

(3) 收入。传统上,收入是划分社会地位和社会阶层的常用指标。因为,一方面收入高低与个体所处社会阶层有着较密切的联系,另一方面收入是维持一定生活方式的前提条件。收入不仅制约着人们的购买能力,而且影响着人们对工作、休闲和购物等活动的看法。当然收入作为衡量社会阶层的基本指标也存在着问题和局限。首先,被调查者也许不愿意公开自己的收入,或不能确切地按研究人员所界定的收入概念确定自己的收入。其次,收入本身并不能完全有效地解释由于社会阶层所形成的行为差异。一位大学教授的收入或许与一位卡车司机的收入不相上下,然而他们的观念、意识和偏好会有相当大的差别。

2. 综合指标法

综合指标法是运用多个社会经济变量从不同层面测量消费者的社会地位。这类方法的基本思想是,先在若干规模较小的社区作详细的调查研究,以决定每一成员适合归入哪一阶层,然后再寻找反映社会地位的客观指标和确定其权重。有关衡量指标及其权重的确定要满足一个基本条件,即它们能够再现小社区研究中的成员分类模式。划分社会阶层的综合方法很多,下面重点介绍科尔曼地位指数法、霍林舍社会地位指数法。

(1) 科尔曼(Coleman)地位指数法。20 世纪 60 年代,这一方法由社会研究公司(Social Research,Inc.)创立,并在消费者行为研究中得到广泛运用。具体来说,科尔曼地位指数法是从职业、教育、居住的区域及家庭收入四个方面来综合衡量消费者所处的社会阶层。表 8.5 列出了运用该方法时所常用的问题和格式。在计算总分时,职业得分是被双倍计入,如此一来,一个人的最高得分可达到53分。另外,如果被调查者尚未成家,则在计算他的总分时，教育和职业两项得分均是双倍计入总分。对于户主年龄在 35—64 岁之间、以男性为主导的已婚家庭，其综合得分如果在 37—53 分之间，则为上等阶层；得分在 24—36 分之间为中等阶层；得分在 13—23 分之间为劳动阶层；得分在 4—12 分之间为下等阶层。

表 8.5　科尔曼地位指数法中的变量及评分标准

教育	分值	
	（被访者）	（被访者配偶）
8 年（含 8 年）以下初等教育	1	1
高中肄业（9—10 年）	2	2
高中毕业（12 年）	3	3
1 年高中后学习	4	4
2 年或 3 年制大专	5	5
4 年制本科毕业	6	6
硕士毕业或 5 年制大学	7	7
博士毕业或 6—7 年制专业学位	8	8
户主的职业声望（如果被访问者已退休，询问退休前的职业）		
长期失业者（以失业救济金为生者、不熟练的零工）	0	
半熟练工、保管员、领取最低工资的工厂帮工和服务人员	1	
掌握一般技术的装配工、卡车与公共汽车司机、警察与火警、配送工	2	
熟练工匠（如电工、小承包商、工头、底薪销售职员、办公室工人、邮局职员）	3	
员工在 2—4 人之间的小业主、技术员、销售人员、办公室职员、一般薪水的公务员	4	
中层管理者、教师、社会工作者、成就一般的专业人员	5	
中小公司的高层管理人员、雇员在 10—20 人的业主、中度成功的专业人员（如牙医）	7	
大公司的高层管理人员、获得巨大成功的专业人员（如名医、名律师、富有的企业业主）	9	
居住区域		
平民区（社会救济者和下层体力劳动者杂居）	1	
清一色劳动阶层居住，虽非平民区但房子较破败	2	
主要是蓝领但也居住着一些办公室职员	3	
大部分是白领居住也居住着一些收入较高的蓝领	4	
较好的白领区（也有很多经理人员，但几乎没有蓝领居住）	5	

续表

专业人员和经理人员居住区	7
富豪区	9
年家庭收入	
5 000 美元以下	1
5 000—9 999 美元	2
10 000—14 999 美元	3
15 000—19 999 美元	4
20 000—24 999 美元	5
25 000—34 999 美元	6
35 000—49 999 美元	7
50 000 美元以上	8

资料来源：Coleman, R. P. 1983. The Continuing Significance of Social Class to Marketing[J]. Journal of Consumer Research, 10:265-280。

根据科尔曼地位指数法，科尔曼和雷茵沃特(Rainwater)将美国消费者分为上层(14%)、中层(70%)和下层(16%)三个阶层。每一阶层又可以被进一步细分，总共形成 7 个生活方式上存在差别的群体。表 8.6 描述了这 7 个群体及其相应的社会经济状况。

表 8.6　科尔曼-雷茵沃特社会等级分类

上层美国人

- 上上层(0.3%)：靠世袭而获取财富、贵族头衔的名副其实的社会名流
- 上中层(1.2%)：靠业务成就、社团领导地位起家的社会新贵
- 上下层(12.5%)：除新贵以外的拥有大学文凭的经理和专业人员，专注于事业、私人俱乐部和公益事业

中层美国人

- 中产阶层(32%)：收入一般的白领工人和他们的蓝领朋友，居住在“较好的居民区”，力图干“合适的事”
- 劳动阶层(38%)：收入一般的蓝领工人，有不同收入、学历和工作性质背景但过着典型的工人阶级生活方式

下层美国人

- 下上层(9%)：地位较低，但不是最底层的社会成员。他们有工作，不需要福利救济，生活水平只是维持在贫困线之上
- 下下层(7%)：接受福利救济，在贫困中挣扎，通常失业或做“最脏”的工作

续表

各社会阶层及其特征				
社会阶层	**百分比**	**收入($)**	**学历**	**职业**
上层美国人				
上上层	0.3	600 000	硕士	董事长
上中层	1.2	450 000	硕士	公司总裁
上下层	12.5	150 000	医学学位	执业医生
中层美国人				
中产阶层	32.0	28 000	本科	高中教师
劳动阶层	38.0	15 000	高中	装配工人
下层美国人				
下上层	9.0	9 000	高中肄业	门卫
下下层	7.0	5 000	小学	无业

资料来源:Coleman,R. P. and Rainwater,L. P. 1978. Social Standing in American[M]. Basic Books。

(2) 霍林舍社会地位指数法。霍林舍社会地位指数法是从职业和教育两个层面综合测量社会阶层的一种方法,该方法在消费者行为研究中亦得到了广泛的运用。表 8.7 列示了编制霍林舍社会地位指数的量表、项目权重、汇总计算公式及地位等级体系。从表中可以看出,职业和教育均被分为 7 个类别,但它们被赋予不同的权重。必须指出,霍林舍地位指数是用来衡量、反映个人或家庭在某一社区或社会集团内部所处的社会地位。正因为如此,某个变量上的高分有可能补偿另一变量上的低分。例如,以下三人均被划分为中层:①受过 8 年教育的成功的中型企业业主;②本科毕业的推销员;③专科毕业的政府行政部门文职人员。在同一社会,这三种类型的人社会地位可能相差无几,然而,他们的消费过程,至少对部分商品的消费过程仍可能有较大的差异。由此说明,总体社会地位可能掩盖某些地位因素与特定产品消费之间的有用联系。

表 8.7　霍林舍社会地位指数

职业量表(权重为 7)	
职业名称	**得分**
大企业的高级主管、大企业业主、重要专业人员	1
业务经理、中型企业业主、次要专业人员	2
行政人员、小型企业业主、一般专业人员	3
职员、销售员、技术员、小业主	4
技术性手工工人	5

续表

职业名称		得分
操作工人、半技术工人		6
无技能工人		7
教育量表(权重为4)		
学历		得分
专业人员(文、理、工等方面硕士、博士)		1
四年制大学本科(文、理、医等方面学士)		2
一到三年专科		3
高中毕业		4
上学10—11年(高中没毕业)		5
上学7—9年		6
上学少于7年		7
社会地位分=职业分×7+教育分×4		
社会地位等级体系		
社会地位	分数区间	在人口中的比重(%)
上层	11—17	3
中上层	18—31	8
中层	32—47	22
中下层	48—63	46
下层	64—77	21

资料来源:Hollingshed A. B. and Redlich F. C. 1958. Social Class and Mental Illness[M]. New York: John Wiley & Sons。

专栏资料8.1　中国十大社会阶层

2001年年底,中国社会科学院专家陆学艺和他领导的研究小组撰写发表了《当代中国社会各阶层研究报告》。报告中以职业分类为基础,以组织资源、经济资源和文化资源的占有状况为标准,对当代中国社会阶层进行了分析,划分出了"十大阶层"。

(1) 国家与社会管理者阶层(2.1%)。主要指在党政、事业和社会团体机关单位中行使实际的行政管理职权的领导干部。中国的社会政治体制决定了其高地位。

(2) 经理人员阶层(1.5%)。主要指大中型企业中非业主身份的高中层管理人员。这个阶层是市场化改革最积极的推进者和制度创新者。

(3) 私营企业主阶层(0.6%)。主要指拥有一定数量的私人资本或固定资产并进行投资以获取利润的人,这一阶层的政治地位无法与其经济地位相匹配。

(4) 专业技术人员阶层(5.1%)。主要指在各种经济成分的机构中专门从事各种专业性工作和科学技术工作的人员。这一阶层是维护社会稳定和激励社会进步的主要力量。

(5) 办事人员阶层(4.8%)。主要指协助部门负责人处理日常行政事务的专职办公人员。这一阶层是现代社会的社会中间层的重要组成部分,是社会阶层流动链中的重要一环,未来十几年其人员比例将会有明显提高。

(6) 个体工商户阶层(4.2%)。主要指拥有较少量私人资本(包括不动产)并投入生产、流通、服务业等活动或金融债券市场而且以此为生的人。根据国家工商部门的登记数计算,目前,个体工商户阶层在整个社会阶层结构中所占比例为 4.2%,但该阶层的实际人数比登记人数多得多。这一阶层是市场经济中的活跃力量。

(7) 商业服务业从业者阶层(12%)。主要指在商业和服务业中从事非专业性的、非体力的和体力的工作人员。这一阶层与城市化的关系最为密切。

(8) 产业工人阶层(22.6%)。主要指在第二产业中从事体力、半体力劳动的生产工人、建筑业工人及相关人员。经济改革以来,产业工人阶层的社会地位明显下降,使得这一阶层的人员构成发生了根本性的变化。

(9) 农业劳动者阶层(44%)。这是目前中国规模最大的一个阶层,是指承包集体所有的耕地,以农(林、牧、渔)业为唯一或主要的职业,并以农(林、牧、渔)业为唯一收入来源或主要收入来源的农民。由于这个阶层几乎不拥有组织资源,所拥有的文化资源和经济资源往往也低于上述所有阶层,所以在整个社会阶层结构中的地位比较低。

(10) 城乡无业、失业、半失业者阶层(3.1%)。主要指无固定职业的劳动年龄人群(排除在校学生),其中的许多成员处于贫困状态。目前,这个阶层的人数还在继续增加。

资料来源:陆学艺等. 当代中国社会各阶层研究报告[R],2002。

8.4.3　社会阶层对消费的影响

任何社会都有社会等级,因而可以据此把社会人口分为不同的阶层。对社会阶层的划分虽然不那么简单,但它确实很有价值。因为,通过分析不同阶层人群的消费特征及规律,有利于企业制定恰当、合理的营销策略。

1. 不同社会阶层消费者的行为差异

从消费者心理与行为研究角度而言,无论何种类型的阶层,其内部成员都具有相近的经济利益、社会地位、价值观念、生活方式、思维方式和生活目标,从而有着相同或相近的消费需求和消费行为。但不同社会阶层消费者的行为却存在明显差异。

(1) 心理上的差异。社会阶层之间的一个重要差别在于其成员的心理,特别是他们的价值观念、信念和趣味的不同。例如,尽管劳动阶层的消费者在取得丰裕的生活必需品方面存在障碍,但他们并不一定羡慕那些社会地位比他们高的人。在这些人看来,维持一种更高社会阶层的生活方式有时并不见得是一件值得为之努力的事情。一位蓝领消费者评论道:"那些人的生活非常紧张,有更多体力或心力衰竭和酗酒现象。要维持他们所期望的地位、服装标准和晚会水平肯定很难。我并不想处于他们的位置上。"这位蓝领工人的话代表了相对一部分人的价值观和行为取向。虽然幸福看起来依附于高贵的社会地位和财富,但事情并不是如此简单。

社会学家伊梅尔·德克黑姆(Emile Durkheim)曾观察到富人的自杀比例较高这一现象,他在1897年写道:"过得最舒服的人在现实中受的痛苦也最多。"对财富的追求就有可能导致颓废和出轨的行为,例如自杀。事实上,一次针对富裕消费者(年收入为176 000美元)的调查也证实了这个看法。一个人是否感到生活幸福在很大程度上取决于他本人的世界观和价值取向。

(2) 信息接收和处理上的差异。信息搜集的类型和数量也随社会阶层的不同而存在差异。处于最底层的消费者通常信息来源有限,对误导和欺骗性信息缺乏甄别力。出于补偿的目的,他们在购买决策过程中可能更多地依赖亲戚、朋友提供的信息。中层消费者比较多地从媒体上获得各种信息,而且会更主动地搜集外部信息。随着社会阶层的上升,消费者获得信息的渠道日益增多。不仅如此,特定媒体和信息对不同阶层消费者的吸引力和影响力也有很大的不同。比如,越是高层的消费者,看电视的时间越少,因此电视媒体对他们的影响相对要小;相反,高层消费者订阅的报纸、杂志远较低层消费者多,所以,印刷媒体信息更容易到达高层消费者。

另一方面,不同阶层的消费者所喜欢的节目、所订阅的报纸和杂志存在相当大的差别。通常,社会地位越高的消费者更具有发展观、全球观和时间观,更关心国家大事,对新闻和时事更加关注,因而会更多地收看新闻节目,订阅品位较高或与自己职业相关的报纸、杂志。较低阶层的消费者则更多地收看体育节目,喜欢阅读刊登爱情故事和各种小道消息的报纸、杂志。

(3) 购物方式上的差异。社会阶层对消费者的购买方式会有重要影响。例如,一项对城市女性的研究发现,不管处于何种社会阶层,女性大多喜欢购物,但理由却各不相同。几乎所有女性都体会到购物的娱乐性、社会性以及接触新信息、比较不同商品和进行讨价还价所带来的乐趣;然而,低阶层的消费者认为获得新的服装或用品会更令人兴奋,而中、高阶层的消费者则更多地提及优雅的购物环境、新颖的商品陈列给她们带来的喜悦。中、高阶层女性较低阶层女性购物更频繁,而后者更喜欢到闹市区和折扣店购物。社会层次越高,越能体会到购物快捷的重要性,中层和劳动阶层女性较其他层次的女性有更高的只看不买的倾向。

人们会形成哪些商店适合哪些阶层消费者惠顾的看法,并倾向于到符合自己社会地位的商店购买。研究表明,消费者所处社会阶层与他想象的某商店典型惠顾者的社会阶层相去越远,他光顾该商店的可能性就越小。同时,较高阶层的消费者较少去主要是较低阶层消费者惠顾的商店;相对而言,较低阶层的消费者则较多去主要是较高阶层消费者惠顾的商店。与一直是劳动阶层的消费者相比,从更高层次跌落到劳动阶层的消费者会更多地去百货店购物。同时,中层消费者较上层消费者去折扣店购物的次数频繁得多。此外,"感知的"社会阶层相对"实际"或"客观"的社会阶层对某些消费行为的影响可能更大。一项研究发现,客观上属中层而自认为是上层的消费者,较实际为上层但自认为是中层的消费者更多地去专卖店和百货店购物。

(4) 购买产品上的差异。社会阶层的差异也会对消费者产品和服务的选择产生一定的影响。不仅不同社会阶层的消费者其所倾向于选择的产品和服务是不同的，即使是购买同一种产品或接受同一种服务，消费者也会因所处的社会阶层不同而表现出明显的偏好差异。

首先，消费者所处的社会阶层不同，其所倾向于选择购买的产品往往是不一样的。根据一项研究，美国富有的中产阶级常常会购买摩托艇、雪橇、豪华汽车或野营器具等奢侈消费品；而上层消费者却更愿意将钱花在私人俱乐部、孩子教育或者古董、字画等文教活动上。

其次，消费者所处的社会阶层不同，即使是在选择同类商品时，也会表现出明显的差异。这里，以同样购买住宅和家具产品为例来说明这个问题。美国中上阶层的消费者往往会在有名气的社区购置住宅，选择的邻居大多为社会名流，因而所购买家具的档次和品位也较高。而下层的消费者在购买住宅方面没有过多要求，只要可以居住即可。此外，他们也不在乎邻居的社会地位，所配置的家具在档次和品位方面也较低，投资也很少，只需要满足基本的使用需求即可。

(5) 休闲活动上的差异。社会阶层从很多方面影响个体的休闲活动。一个人所偏爱的休闲活动通常是同一阶层或临近阶层的其他个体所从事的某类活动，他选择的新的休闲活动往往也是受到同一阶层或较高阶层成员的影响。虽然在不同阶层之间，用于休闲的支出占家庭总支出的比重相差无几，但休闲活动的类型却差别颇大。马球、壁球和欣赏歌剧是上层社会的活动，桥牌、网球、羽毛球在中层到上层社会的成员中均颇为流行，玩老虎机、拳击、职业摔跤是下层社会的活动。

上层社会成员所从事的职业，一般很少需要活动身体，作为补偿，他们多会从事要求臂、腿快速移动的运动，如慢跑、游泳、打网球等。同时，这类活动较下层社会成员所喜欢的活动（如钓鱼、打猎、划船等）耗费较少的时间，因此受到上层社会的欢迎。下层社会成员倾向从事团体或团队性体育活动，而上层社会成员多喜欢个人性或双人性活动。中层消费者是商业性休闲和诸如公共游泳池、公园、博物馆等公共设施的主要使用者，因为上层消费者一般自己拥有这一类设施，而低层消费者又没有兴趣或经济能力来从事这类消费。

(6) 储蓄、消费和信用卡使用上的差异。研究发现，储蓄、消费和信用卡的使用也都与社会阶层地位有关。较高阶层的消费者具有更强的未来导向，并且自信在财务方面是聪明的，因而他们更愿意在保险、股票、不动产上进行投资。比较而言，较低阶层的消费者更关心眼前的满足，当他们储蓄时，主要兴趣在于提高其未来财务上的安全系数。所以，在信用卡使用上，较低阶层的购买者倾向于使用他们的信用卡"今天购买，以后再付款"，否则便不可能负担得起那些他们想要得到的商品；较高阶层的消费者使用信用卡只是把它当作现金的一种便利的替代品。这种状况表明，富裕消费者和非富裕消费者对于商业银行金融服务的需求是不一样的。富裕消费者在财务上更具冒险性，他们渴望货币市场基金、财务计划信息、税收建议、投资管理服务以及大量品种齐全的金融产品和服务。非富裕消费者一般只希望得到更多的传统金融产品和服务，如存折储蓄账户、储蓄存单和优惠的贷款利率等。

2. 社会阶层与营销策略

利用社会阶层来研究消费者行为之间的差异已经引起了企业界和实业界的高度关注。由于不同社会阶层消费者的消费行为确实存在某些差异,因而,对于企业来说,社会阶层的具体特征与营销策略的制定和实施之间存在着紧密的联系。具体而言,对于一个企业来说,图 8.1 提供了其根据社会阶层来制定市场营销策略的具体步骤。

第一步	第二步	第三步	第四步
将地位变量与产品消费相联系 1. 产品或品牌使用 2. 购买动机 3. 符号意义	确定目标市场,收集如下数据: 1. 实际的生活方式 2. 欲求的生活方式 3. 媒体使用 4. 购买模式	发展产品定位,根据目标消费者的生活方式选择欲求的形象	营销组合决策 1. 产品 2. 价格 3. 分销 4. 促销

图 8.1 根据社会阶层制定营销策略的步骤

资料来源:符国群. 消费者行为学[M]. 北京:高等教育出版社,2001:306。

从图 8.1 中可以看出,根据社会阶层来制定营销策略共分为四个步骤:第一步,决定企业产品及其消费过程在哪些方面受到社会阶层因素的影响,然后将相关的地位细分变量和产品的具体消费行为联系起来。因此,除了要运用相关变量对社会地位进行分层外,还要收集关于消费者在产品使用、购买动机及产品的社会象征等方面的数据。第二步,确定哪一个社会阶层的消费者作为自己的目标市场。这不仅要考虑到不同社会阶层消费者作为目标市场的不同吸引力,而且还要考虑到企业自身的优势和不足。第三步,根据目标市场上消费者的需求特点,为产品进行合适的市场地位,以便更好地满足消费者的需要。第四步,制定诸如产品、价格、渠道及促销方式等具体的营销策略组合,以达到先前的定位目的,从而实现为消费者带来价值和为企业带来利润的最终目标。

不同社会阶层的消费者由于在职业、收入、教育等方面存在明显差异,因此即使购买同一产品,其趣味、偏好和动机也会不同。比如买牛仔裤,劳动阶层的消费者可能看中的是它的耐用性和经济性,而上层社会的消费者可能注重的是它的时尚性和自我表现力。所以,根据社会阶层细分市场和在此基础上对产品定位是有依据的,也是非常有用的。事实上,对于市场上的现有产品和品牌,消费者会自觉或不自觉地将它们归入适合或不适合哪一阶层的人消费。

应当强调的是,处于某一社会阶层的消费者会试图模仿或追求更高层次的生活方式。因此,以中层消费者为目标市场的品牌,根据中上层生活方式定位可能更为合适。美国安海斯-布希(Anheuser-Busch)啤酒公司根据社会阶层推出三种品牌的啤酒,每种啤酒针对特定的消费阶层,采用不同的定位和营销组合策略,结果产品覆盖了 80% 的美国市场,获得极大成功(见图 8.2)。

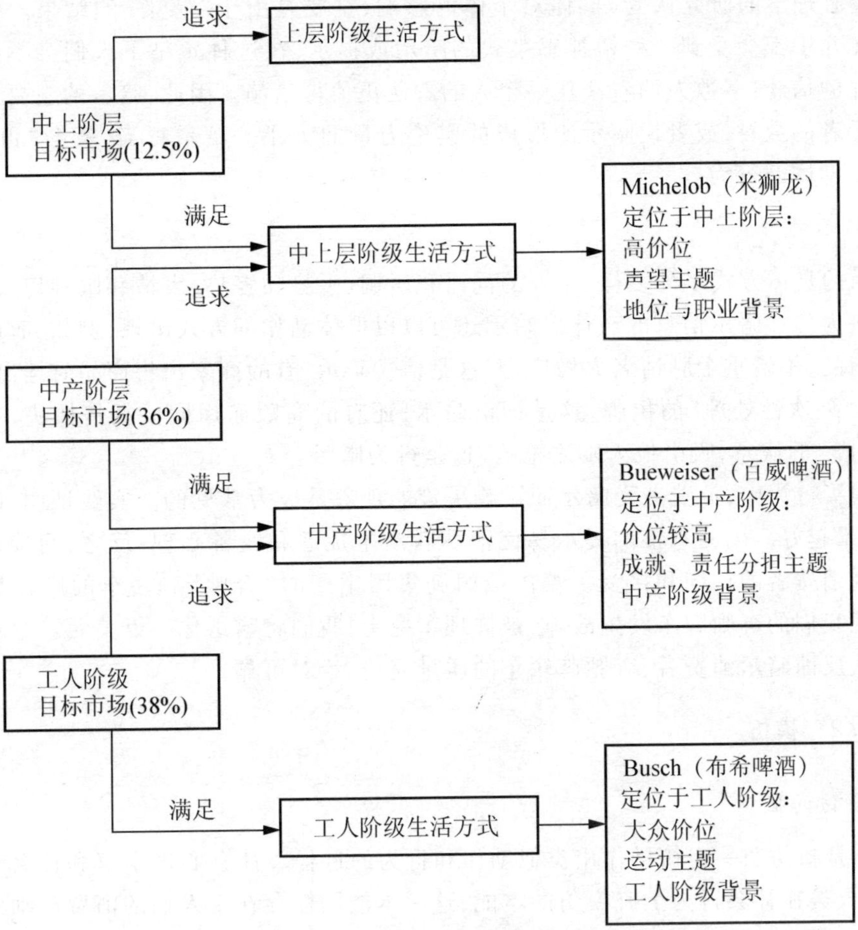

图 8.2 安海斯-布希公司的产品定位

资料来源：肖立．消费者行为学[M]．北京：北京大学出版社，中国农业大学出版社，2011：202。

8.5 消费暗示、模仿与消费者行为

消费者群体内部的规范对于群体成员具有不同程度的约束力，消费者通过内部沟通传播商品信息，从而对他人的消费行为产生影响。暗示、模仿和从众行为是消费者群体中出现的特殊现象，研究这一特殊现象对企业营销工作的开展同样是具有意义的。

8.5.1 暗示

1. 暗示的概念

暗示又称提示，它是指在无对抗条件下，用含蓄、间接的方式对消费者心理和行为产生影响，从而使消费者产生顺从性的反应，或接受暗示者的观点，或按暗示者要求的方式行事。

社会心理学的研究认为,群体对个体的影响,主要是由于“感染”的结果。处于群体中的个体几乎都会受到一种精神感染式的暗示或提示,在这种感染下人们会不由自主地产生这样的信念:多数人的看法比一个人的看法更值得信赖。因此,暗示的主要影响因素就是暗示者的数目,或者说暗示所形成的舆论力量的大小。暗示得当,就会“迫使”个人行为服从群体的行为。

2. 暗示的形式

暗示的具体方式多种多样,个人的词语和语调、手势和姿势、表情和眼神以及动作等,都可以成为传递暗示信息的载体。暗示还可以以群体动作的方式出现,例如,有的企业为了推销商品,不惜重金聘请名人做广告,这是信誉暗示;有的商家出售商品时挂出“出口转内销”或“一次性处理”的招牌,这是词语暗示;还有的商贩雇用同伙拥挤摊头,造成一种“生意兴隆”的假象,吸引他人随之抢购,这是行为暗示。

在购买行为中,消费者受暗示而影响决策的现象是极为常见的。实践证明,暗示越含蓄,其效果越好。因为直接的提示易使消费者产生疑虑和戒备心理;反之,间接的暗示则容易得到消费者的认同和接受。德国戴姆勒集团生产的“奔驰”牌轿车的广告是:“如果有人发现我们的奔驰牌车发生故障,被修理车拖走,我们将赠送你一万美元。”这就以婉转的方式从反面暗示消费者,奔驰牌轿车的质量完美,绝对可靠。

8.5.2 模仿

1. 模仿的概念

模仿是指仿照一定榜样作出类似动作和行为的过程。社会心理学家和社会学家的研究表明,人类在社会行为上有模仿的本能,这一本能同样存在于人们的消费活动中。消费活动中的模仿,是指当某些人的消费行为被他人认可并羡慕时,便会产生仿效和重复他人行为的倾向,从而形成消费行为模仿。

在消费活动中,经常会有一些消费者作出示范性的消费行为。这些人可能是普通消费者,但他们消费兴趣广泛,个性独立,消费行为有独创性;也可能是一些名人,如影视歌星、运动员、政界人士等;还可能是某行业的消费专家,如美食家、资深“发烧友”等。这些特殊消费者的示范性行为会引起其他消费者的模仿,模仿者也可能因为仿效他们的行为而感到愉快。

在消费领域中,模仿是一种普遍存在的社会心理和行为现象。可供模仿的内容极其广泛,从着装、发型、家具到饮食习惯,都可以成为消费者模仿的对象。例如,名人、明星的穿着打扮经常被人们竞相模仿。日本皇太子妃幸子的结婚礼服在日本青年妇女中曾引发了追随热潮;就连原英国王妃戴安娜因怀孕而特地设计的一种底色鲜红夹着黑白色碎花的孕妇服,也成为当时许多英国妇女群起效仿的流行服饰。

2. 模仿的特点

消费活动中的模仿行为大致有以下特点:

(1) 模仿行为的发出者,即热衷于模仿的消费者,对消费活动大都有广泛的兴趣,喜欢追随消费时尚和潮流，经常被别人的生活方式所吸引，并力求按他人的方式改变自己的消费行为、消费习惯。他们大多对新事物反应敏感，接受能力强。

（2）模仿是一种非强制性行为，即引起模仿的心理冲动不是通过社会或群体的命令强制发生的，而是消费者自愿将他人行为视为榜样，并主动加以模仿。模仿的结果会给消费者带来愉悦、满足的心理体验。

（3）模仿可以是消费者理性思考的行为表现，也可以是感性驱使的行为结果。成熟度较高、消费意识明确的消费者，对模仿的对象通常经过深思熟虑，认真选择；相反，消费观念模糊、缺乏明确目标的消费者，其模仿行为往往带有较大的盲目性。

（4）模仿行为的发生范围广泛，形式多样。所有的消费者既可以模仿他人行为，也可以成为他人模仿的对象。而消费领域的一切活动，都可以成为模仿的内容。只要是消费者羡慕、向往、感兴趣的他人行为，无论流行与否，都可以加以模仿。

（5）模仿行为通常以个体或少数人的形式出现，因而一般规模较小。当模仿规模扩大，成为多数人的共同行为时，就发展成从众行为或消费潮流了。

8.6　消费流行、消费习俗与消费者行为

社会心理学的研究表明，在分散的社会大众中由于人们之间的相互作用，会出现从众、模仿等现象，从而为社会流行奠定了心理基础。所谓社会流行，又称消费流行，是指社会上相对多的人在较短时间内，由于追求某种行为方式而愿意一起行动的心理强制。社会流行的范围十分广泛，包括物质产品的流行、语言行动的流行以及思想观念的流行等。消费习俗是指一个地区或一个民族约定俗成的消费习惯。消费习俗和消费流行对消费者行为的研究具有重要意义。

8.6.1　消费流行与消费者行为

1. 消费流行的含义

消费流行是在一定时期和范围内，大部分消费者呈现出相似或相同行为表现的一种消费现象。具体表现为多数消费者对某种商品或时尚同时产生兴趣，而使该商品或时尚在短时间内成为众多消费者狂热追求的对象。此时，这种商品即成为流行商品，这种消费趋势也就成为消费流行。

消费流行的出现具有多方面的原因。一方面，某些消费流行的发生是出于商品生产者和销售者的利益。他们为了扩大商品销售，努力营造出某种消费气氛，引导消费者进入流行的潮流之中。另一方面，有些流行现象是由消费者的某种共同心理需求造成的。大部分消费者在这一共同心理的影响下，主动追求某种新款商品或新的消费风格，从而自发推动了流行的形成。

消费流行涉及的范围十分广泛。从性质上看，有吃、穿、用的商品的流行；从范围上看，有世界性、全国性、地区性和阶层性的消费流行；从速度上看，有一般流行、迅速流行和缓慢流行；从时间上看，有短期流行、中短期流行和长期流行等。归纳起来，消费流行的方式一般有三种：

(1) 滴流。滴流即自上而下依次引发的流行方式。它通常以权威人物、名人明星的消费行为为先导,而后由上往下在社会上流行开来。例如,中山装、列宁装的流行等。

(2) 横流。横流即社会各阶层之间相互诱发横向流行的方式。具体表现为,某种商品或消费时尚由社会的某一阶层率先使用,而后向其他阶层蔓延、渗透,进而流行起来。例如,近年来,外资企业中白领阶层的消费行为经常向其他社会阶层扩散,从而引发流行。

(3) 逆流。逆流即自下而上的流行方式。它是从社会下层的消费行为开始,逐渐向社会上层推广,从而形成的消费流行。例如,牛仔服原是美国西部牧牛人的工服,现在已经成为下至平民百姓、上至达官贵人的风行服装。领带源于北欧渔民系在脖子上的防寒布巾,现在则成为与西装配套的高雅服饰。

2. 消费流行的特点

消费流行具有以下几个方面的特点:

(1) 骤发性和短暂性。消费流行往往体现为消费者对某种商品或劳务的需求急剧膨胀,在短期内爆发、扩展、蔓延。虽然流行周期的时间长短没有固定的界限,但相对来说,在通常情况下流行意味着时间比较短暂。

(2) 周期性和循环性。消费流行也如同社会上其他事物一样,具有发生、发展的自身规律,而且有的商品的流行周期具有循环性。有时候为人们所偏爱的商品,往往供不应求。但是,一旦这股消费热潮过去,这种曾经风靡一时的商品就会无人问津。然而,过一段时间以后,那些早已被人们遗忘的东西,又可能在市场上重新出现和流行。

(3) 地域性和梯度性。消费流行既有一定的地域性又呈现出一定的梯度性。地域性指消费流行常常是在一定的地理范围内发生的,因此在 A 地流行的商品在 B 地不一定流行。但是,由于消费流行具有扩散性,于是在不同的地区间、时间上就形成了流行梯度,即流行的地域时间差。

小资料

流行周期的循环性

英国一位研究服装问题的专家指出:如果一个人穿上离时兴还有 5 年的服装,可能被认为是稀罕物;提前 3 年穿,会被认为是招摇过市,精神不太正常;提前 1 年穿,会被认为是大胆的行为;而在流行的当年穿,会被认为非常得体;但 1 年后再穿,就显得土里土气;5 年后再穿,就成了老古董;10 年后再穿,只能招来耻笑;可是过了 30 年后再穿,又会被认为很新奇,具有独创精神了。

资料来源:肖立. 消费者行为学[M]. 北京:北京大学出版社,中国农业大学出版社,2011:221。

(4) 新奇性与反传统性。流行商品的突出特点是它的新奇性。新奇可以表现在商品的各个方面,如款式、色彩、包装、功能等。消费者常因好奇而引起对某些商品的注意,进而在从众心理和模仿心理的推动下产生购买动机。与此相关的另一个特征是流行的反传统性。因为在某些情况下,传统意味着守旧,而流行意味着新奇与时尚。

3. 消费流行的周期及其营销策略

消费流行的形成大都有一个完整的过程，这一过程通常呈周期性发展，其中包括酝酿期、发展期、高潮期及衰退期四个阶段。消费流行是有规律可循的，因而也是可以预测的。企业可以通过对流行趋势的准确预测来制定相关的营销策略，指导企业的生产经营活动。

(1) 流行酝酿期。这是只有好奇心强、少数的消费者对某种即将流行的商品产生需求的阶段。在此阶段，市场上对即将流行的某种商品需求量很小，不过，销售量有望缓慢上升、持续扩大。此阶段的营销对策是：细心观察市场风云变化，分析影响该商品流行的各种因素，迅速作出该商品是否能够流行的预测；采取适当的促销手段，"催发"流行。有人说："流行并不是自然形成的，而是有意制造出来的。"这话不无道理，"催发"某种流行现象是完全可能的，其方法是：首先，充分发挥新闻的权威作用。新闻具有引导流行的权威作用，每年的国际流行色预测、服装流行款式预测和流行商品预测等，无不是通过新闻媒介的宣传报道给公众造成流行的感觉。其次，综合性广告宣传。广告主准备好强有力的广告信息，通过不同的形式，宣传一个或几个相类似的形象，并用相同的语言不断地反复进行宣传，以使公众对之加深印象。

(2) 流行发展期。流行发展期表现为多数消费者对某种流行商品有所认识，开始产生大量需求。该商品成为流行品已露端倪，过去观望、等待的消费者已开始购买该种商品，因此需求量急剧增加，市场成为"卖方市场"，出现供不应求的局面。这时企业采取的营销对策是：利用现有设备和人力，最大限度地扩大生产规模，全力开拓市场，大量销售产品。

(3) 流行高潮期。这一阶段，该种商品备受广大消费者青睐，在市场上广为流行，市场销售量达到高峰；预期价格回落、持观望态度的消费者极少。市场暂时出现供求平衡的态势。此时，生产、仿冒该流行品的厂家也在增多。此阶段，企业采取的营销对策包括：一要加强广告宣传，提醒消费者注意辨别假冒伪劣产品；二要提高产品质量，增加花色品种，扩大市场；三要加强市场预测，全力进行新产品开发，做好转产的准备工作，以便在竞争中处于主动地位。在价格方面，当流行高潮过去之后，流行趋势大减，企业可继续降低价格，甚至采取大甩卖的形式处理过时的流行品，加速资金周转，并致力于新产品的开发工作。

(4) 流行衰退期。此时，某种流行商品已基本满足了市场需求，人们对它的需求热情逐渐消失，销售渐呈降势，出现供大于求的局面。此时市场演变为"买方市场"，企业之间竞争激烈。企业在这一阶段应采取降价销售等策略，抓紧时机处理剩余产品；调整生产，试销新产品，适应新的市场需求，迎接新一轮消费浪潮。

8.6.2 消费习俗与消费者行为

1. 消费习俗的概念

消费习俗是指一个地区或民族约定俗成的消费习惯，主要包括人们对信仰、节日、婚丧、饮食、服饰等物质与精神产品的消费习惯。习俗总是与一定的亚文化密切相关。

2. 消费习俗的特点

一般而言，消费习俗具有以下特点：

(1) 长期性。习俗因其传承的特殊性，在日常生活中人相袭、代相传，具有长期的特性。

例如，千百年来我国对于产后妇女的饮食，无论天南地北，都认为需要进补鸡蛋。又如，每逢端午节，家家户户都会在自家门外挂上一把艾蒿，用来驱邪避害。

（2）地域性。我国人民用“十里不同风，百里不同俗”“百里而异习，千里而殊俗”等谚语来描述习俗的地域性。地域习俗的差异性必然导致消费习俗的差异性，由此使得消费习俗具有显著的地域特点。例如，我国有南甜北咸、西辣东鲜的饮食习惯。

（3）社会性。习俗的产生和沿袭离不开社会环境，习俗是社会生活的重要组成部分。某些具有较强社会性的消费习俗，由于受社会环境、社会形态、社会意识的影响，也会随着社会的发展变迁而不断地更新变化。例如，随着国际交往的增多，圣诞节、情人节等“洋习俗”也在我国流行起来。

（4）非强制性。一定文化环境下的习俗，虽然被大多数人广泛地自觉遵守，但它不是法律，对人们的行为不具有强制性，因此消费习俗对消费者而言，同样不具有强制性。

3. 消费习俗对消费者行为的影响

消费习俗对消费者行为的影响可以概括为以下三点：

（1）消费习俗促成了习惯性购买。消费习俗促成了顾客购买心理的稳定性。受消费习俗的长期影响，顾客在购买商品时，往往容易产生习惯性购买心理，固定地重复购买符合其消费习俗的各种商品。

例如在我国，北方人做菜用酱油是在长期生活中形成的习惯，一旦酱油用完便会再购买，而不会用蚝油或者鱼露之类代替；而南方人做菜的调料首选是蚝油和鱼露，在没有蚝油、鱼露可买的时候才不得不去用酱油来代替。

（2）消费习俗强化了顾客的偏好与从众心理。消费习俗的非强制性和长期性，使顾客自觉或不自觉地重复购买符合某种消费习俗的商品，久而久之，顾客对该商品产生了信任感，形成了偏好，并不断得以强化。同时，消费习俗促成消费行为的无条件性，只要有较多的人购买某种商品，就会有人跟随购买，消费习俗强化了顾客的从众心理。

（3）消费习俗影响了顾客心理的变化速度。消费习俗对顾客心理的变化可以起到阻碍作用，也可以起到促进作用。一般来讲，当新商品或新的消费方式与消费习俗发生冲突时，由于消费心理受消费习俗的制约，因而导致消费心理的变化十分困难，新商品或新消费方式的推广受到阻碍；当新商品或新消费方式与消费习俗具有共同点时，就会加速消费心理的变化，从而使消费者迅速接受这种新商品或新的消费方式。

小资料

家利公司创新引领家纺消费市场

为了应对全球金融危机引发的国际销售急剧下降的局面，2008 年年底，家利公司就深入开展世界各国睡眠习俗与寝具文化的调查研究，针对不同国家不同消费者的传统习俗和现代需求，出奇制胜地实施传统产品改造与时尚新产品开发研制。

日本、朝鲜、韩国与我国的传统习俗相近，都十分注重产品的保健功能。于是家利公司将竹碳纤维被、大豆纤维被、香薰枕、荞麦枕等保健产品经过改型设计，迅速打入东北亚地区。美国、英国、德国等发达国家对水洗蚕丝被、匈牙利鹅绒被、智能蚕丝被以及护颈枕、玉石枕等功能性产品十分青睐，家利公司则迅速将这些高档消费品打入美洲与欧洲市场，取得了立竿见影的效果。根据非洲南部地区四季温差不大的特点，家利公司开发研制出双层被、多功能四季被等适用性产品，在许多国家很快出现热销局面。目前家利公司的系列被子产品已进入全球 20 多个国家和地区。

资料来源：成吉昌．家利公司：创新引领家纺消费市场[N]．中国工业报，2010-04-21。

8.7　消费者行为学的应用案例

热辣辣的群体消费——从结婚热探讨消费者群体行为

一队队婚车行驶在广州的大街小巷，一阵阵鞭炮声此起彼伏，一家家酒店婚宴爆满……阳历 6 月 18 日，被人们视为难得的“黄道吉日”，更成为广州众多新人的“共同选择”。广州某大酒店负责婚宴预订工作的甘经理说，当日酒店所有宴会厅都爆满，而且都是婚宴。她说，早在去年 12 月份，就不断有顾客预订今年 6 月 18 日的婚宴。

其实不单是 6 月 18 日这天，进入狗年以来结婚的人数较去年激增。“由于来订婚宴的人实在太多，我们都快安排不过来了，只好一直往后拖，目前直到 11 月份的婚宴已经全部排满，现在酒楼几乎隔天就有 1—3 场的婚宴。”另一家酒楼的老板喜不自禁地说。“由于顾客太集中了，我们为新娘化妆的员工经常早早就上班了，忙得连饭都顾不上吃。”广州多家知名影楼的工作人员也一直在喊忙。

由于今年是双春又是闰年，再加上狗年更是旺上加旺的好意头，所以不单是在广州而是在全国范围，准新郎、新娘们都在扎着堆地忙结婚。单是在春节过后的前三个月内，仅上海就有 44 000 对新人登记结婚，是去年同期的两倍。周末或假日期间，这些准新郎、新娘们往往一大早就来到结婚登记处门口，等着 9 点一开门就抢先办手续。

中国人在传统上就注重好意头，尤其是在结婚这种人生大事上更是不容马虎。哪怕是平日不信这些的人，到了选择婚期之时，都可能会去查查黄历，选择合适的黄道吉日。所谓黄道吉日，是指在这一天可以百事吉利，不避凶忌，万事如意。

而在今年，这些适宜嫁娶的黄道吉日特别多，既容易与阳历之中“6”或“8”这样的吉数字吻合，还可能恰好就是休息日或节假日，更加引发了国人的结婚热潮。如本文开头提到的 6 月 18 日就是这样一个“几全几美”的吉日。

资料来源：http://www.boraid.com/article/html/67/67284.asp，2007-01-12。

分析：

结婚热是一种社会现象，而透过这种现象我们看到的是作为一类颇具特色的群体性消费行为。它具有这样几个特征：

1. 传统性

结婚虽然随着时代的变化而变化，但是仍然保留着很多传统的习俗。而对于意头的好恶则是其中最重要的一种。国人心中对传统的敬畏之心，促使新人们更愿意选在吉年吉日结婚。

2. 群体性

结婚对国人来说,一向是注重热闹的。很多对新人扎堆结婚无疑够热闹,有利于增添喜庆的气氛。

3. 安全性

没有人会不希望自己的婚姻不美满,宁愿多付出也要尽可能地为婚姻上多一点保险。而闰年双春的黄道吉日带来的好意头,也能为婚姻带来美好的祝愿,增加安全系数。

4. 稀缺性

按中国黄历纪年算,今年(2007年)是4703年。而上一个有385天的双立春年是1944年。中国人普遍认为,这种闰年双春六十年一遇,稀有而且珍贵,也意味着加倍的幸福美满。错过了就不会有第二次的稀缺性无疑对准新人们有很大的说服力。

5. 暗示性

在消费者行为研究中,有个阈限的概念,即影响消费者的各种因素的综合能量,如果达到某个值就能促使消费者进行消费,而这个最低值就是阈限。当低于阈限时,表现出来的往往是暗示性。社会舆论对闰年双春的探讨、商家的推波助澜都具有一定暗示性,不断影响着原本没有结婚意愿的人群,促使他们降低阈限,展开行动。

模拟实训

【实训目的】

如何根据目标顾客的家庭生命周期类型来制定营销策略,并结合社会阶层进行分析。

【实训主题】

家庭与消费者购买行为。

【实训时间】

本章课堂教学内容结束后的双休日和课余时间,为期一周,或者指导教师另外指定时间。

【背景材料】

去汽车城,分别访问日产和别克汽车经销商的推销员。弄清他们各自的主要目标市场及其所处家庭生命周期的阶段,解释原因。

【实训过程设计】

(1) 指导教师布置学生开展实训,以宿舍为单位进行分组。

(2) 小组分工合作并按时完成小组报告。

(3) 小组报告的撰写要求以PPT形式展示,内容简练,版面清晰,重点突出,需有设计的思维;演讲准备充分,表达流利,思路清晰。

本章小结

消费群体的概念是从社会群体的概念引申而来的。社会群体是指两人或两人以上通过一定的社会关系结合起来进行共同活动而产生相互作用的集体。

参照群体是指能够极大影响个人行为的个人或群体。群体的价值观、态度、行为以及准则被认为与其他个体的行为、评价、渴望有关。决定参照群体影响力的因素有产品使用时的可见性、产品的必需程度、产品对群体的相关性、产品生命周期、个体的自信程度。

一般来说,家庭是指以婚姻关系、血缘关系及收养关系为纽带而结成的进行共同生活的社会基本单元。随着时间的推移,家庭会经历单身阶段、新婚阶段、满巢阶段、空巢阶段和解体阶段等。

社会阶层是指按照一定的社会标准,如收入、受教育程度、职业、社会地位及名望等,将社会成员划分成若干社会等级。划分社会阶层的方法很多,大致分为两种类型,即单一指标法和综合指标法。前者根据某个单项指标如职业、教育、收入将消费者分成不同的阶层;后者则赋予职业、教育、收入、声望等以不同的权重,测定消费者在这些项目上的总分,以此决定他属于何种阶层。

暗示又称提示,它是指在无对抗条件下,用含蓄、间接的方式对消费者心理和行为产生影响,从而使消费者产生顺从性的反应,或接受暗示者的观点,或按暗示者要求的方式行事。模仿是指仿照一定榜样作出类似动作和行为的过程。社会心理学家和社会学家的研究表明,人类在社会行为上有模仿的本能,这一本能同样存在于人们的消费活动中。

消费流行是在一定时期和范围内,大部分消费者呈现出相似或相同行为表现的一种消费现象。具体表现为多数消费者对某种商品或时尚同时产生兴趣,而使该种商品或时尚在短时间内成为众多消费者狂热追求的对象。此时,这种商品即成为流行商品,这种消费趋势也就成为消费流行。

消费习俗是指一个地区或民族约定俗成的消费习惯,主要包括人们对信仰、节日、婚丧、饮食、服饰等物质与精神产品的消费习惯。

综合练习

一、单项选择题

1. 对于多数家庭而言,(　　)是家庭收入和消费的高峰期。

A. 单身阶段　　B. 新婚阶段　　C. 满巢阶段　　D. 空巢阶段

2. 现阶段,我国主要的家庭类型是(　　)。

A. 核心家庭　　B. 主干家庭　　C. 联合家庭　　D. 直系家庭

3. 下列不属于消费习俗特点的是(　　)。

A. 长期性　　B. 社会性　　C. 地域性　　D. 强制性

4. 以下不属于消费流行方式的是(　　)。

A. 滴流　　B. 横流　　C. 逆流　　D. 纵流

二、多项选择题

1. 划分社会阶层的标准主要有(　　)。

A. 收入　　B. 受教育程度　　C. 权力　　D. 职业

E. 性别

2. 参照群体对消费者行为的影响方式主要有(　　)。

A. 信息性影响　　B. 功能性影响　　C. 功利性影响　　D. 价值表达影响

3. 社会阶层的特征包括(　　)。

A. 同质性　　B. 动态性　　C. 层级性　　D. 多维性

三、问答题

1. 社会阶层是如何划分的?
2. 什么是家庭生命周期?传统的家庭生命周期包括哪些阶段?
3. 决定参照群体影响力的因素有哪些?
4. 消费习俗对消费者行为的影响表现在哪些方面?

四、案例分析题

家庭成员共同决策

某调查公司最新发布的一项调查结果发现:价格是决定家庭集体决策购物的首要因素,单价在 3 000 元以上的产品就需要家庭成员共同决策。

从调查结果来看,消费者认为需要与家庭成员共同决策购买的每件产品的均价在 3 022 元以上。而从价格分布来看,30.9%的受访者表示价格在 1 000—2 000 元之间的产品就需要和家人商量,占到整个受调查人数的近 1/3。由此看来,大部分人在考虑购买商品时,1 000 元以上就会与家人商量。

本次调查中,有 87.5%的受访者表示,在购买金额较大的商品时一定会与家人商量后才购买,远高于其他因素。另外,家人共同使用的商品,其家庭集体决策购买的比例也较高,占到了 41.7%;其次为高科技产品、家人更有购买经验的产品以及第一次购买的产品;只有 0.3%的受访者明确表示自己说了算,不需要参考家人的意见。

问题:

针对上述数据企业应制定怎样的营销策略呢?

第9章

消费心理变迁与消费者行为

知识目标

掌握消费者行为变迁趋势
掌握消费者的绿色消费心理及其行为
掌握概念营销、体验营销、口碑营销、品牌营销的相关概念及其发展历程

能力目标

能把握消费者行为的变化趋势
能运用概念营销、体验营销、口碑营销、品牌营销开展营销活动

关键概念

绿色消费　品牌　体验营销　口碑

改革开放以来,随着社会经济的发展,消费者的消费心理也随之发生变化。绿色消费、品牌营销、体验营销、口碑营销等都对消费者的消费行为产生巨大影响。

9.1　消费者的绿色消费心理与行为

绿色消费概念是针对经济发展中出现的不可持续危机而提出来的。人类对自然的掠夺和破坏,与人类的消费方式密不可分。消费不仅是生产的终点,也是生产的起点;消费不但实现生产,而且促进生产,同时也影响交换和分配。消费的重要地位,决定了人类要摆脱不

可持续发展的危机,必须从改变导致对自身生存环境破坏的消费模式开始。于是,绿色消费概念应运而生。

9.1.1 全球绿色消费浪潮的掀起

绿色消费指人类为了与自然协调发展、保护自身生存环境而提倡的一种新型消费模式。它指为了满足人们的生态的需要,选择符合环境保护标准的商品和劳务,是一种具有生态意识的、高层次的理性消费意识,要求人们的消费活动有利于环境保护、资源利用和人类整体素质的提高,它体现了消费者科学的道德观、价值观和人生观。

国际上公认的绿色消费有三层含义:一是倡导消费时选择未被污染或有助于公众健康的绿色产品;二是消费者转变消费观念,崇尚自然、追求健康和生活舒适的同时,注重环保,节约资源和能源,实现可持续消费;三是在消费过程中注重对垃圾的处置,不造成环境污染,符合"三 E"①和"三 R"②。

随着环保意识的不断深化,人们对环境和资源的忧虑逐渐转化为消费过程中的自律行为。人们更倾向于无污染的、有利于保护环境的消费,绿色需求在世界范围内被唤起。消费者"绿色意识"的觉醒,缘于其生活质量的改善、消费层次的提高以及对生存空间和居住环境的追求。如人们喜欢购买未施农药和化肥的蔬菜、粮食,崇尚不破坏食物营养成分、没有污染的烹饪方式,关心居室的装饰是否会排放有害气体或辐射,愿意购买无氟冰箱以及尽可能用纸制包装代替塑料包装等。同时,消费者也从社会道德和社会责任感角度出发,自觉或不自觉地承担其保护自身生存环境的责任。

这种绿色需求是人类在社会实践中追求绿色物质和精神需求的总和。它不仅表现为人们对衣、食、住、行、用等各方面的生存、安全、生理需求,而且体现在社交、享乐、发展等高层次的需求上。绿色需求反映了人们返璞归真、崇尚自然、向往绿色、放弃更多物质追求的价值观念,体现了从为当代人到为几代人、几十代人生存、安全需要考虑的长远思考,是一种更高层次的理性需求,是可持续发展的需要,是全人类未来发展的需要。

9.1.2 绿色消费者的购买决策过程及购买行为的变化

1. 购买决策过程

绿色消费者的购买行为是一个持续的过程,包括在引起绿色消费需要、形成绿色购买动机、收集绿色信息与评价绿色方案、决定购买和购后感受等几个阶段。

(1) 引起绿色需要。所谓绿色需要,从广义上讲,是指人类为了健康、生存和可持续发展而产生的需要,它有利于人类的永续生活与发展需要的满足;从狭义上讲,绿色需要又称生态需要,是指由于人类生理机制中内生的对自然环境和生态环境的依赖性与不可分割性而产生的需要,也是人们为了满足生理和社会的需要,而对符合环境保护标准的产品和服务的消费意愿。其内容一般符合"三 E"和"三 R"原则,如图 9.1 所示。

---

① "三 E"即经济实惠(Economic)、生态效益(Ecological)和平等人道(Equitable)。

② "三 R"即减少非必要的消费(Reduce)、重新使用(Reuse)和再生资源利用(Recycle)。

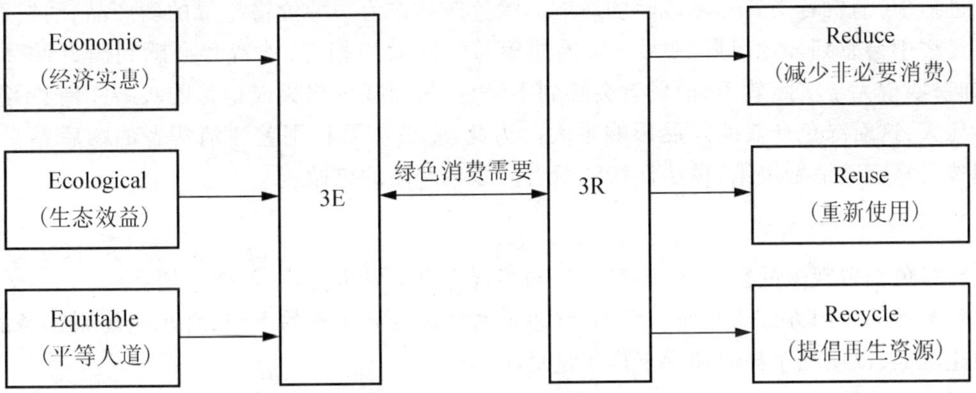

图 9.1　绿色消费需要原则

绿色需要不仅是人们最基本、最重要的生存需要,而且是最重要的享受和发展需要。在环保时代,绿色需要的满足程度不仅成为反映消费层次、消费质量的标志,而且是反映社会进步和精神文明的尺度。绿色需要常处于人的潜意识状态,需要进一步的刺激,才能为消费者所意识,进而使消费者产生购买动机,导致购买行为。在这一阶段,企业需积极引导、创造、刺激消费需要。

(2) 形成绿色购买动机。需要是消费者购买行为的原动力,动机是需要的具体化。购买动机是在需要的基础上产生的,是引发消费者购买行为的直接原因。它具体包括:

① 追求安全动机。随着生活水平的提高,对生活环境的质量也提出了更高的要求,噪声污染、空气污染、水质污染等由现代文明引起的环境问题对消费者的安全心理造成压抑,消费者必然要采取绿色消费行为以免受到伤害。

② 炫耀购买动机。商品具有社会象征性,能够使购买、拥有者显示自身的某些社会特征,从而获得心理上的满足。部分消费者通过购买无污染、高质量、高价格的绿色产品来显示其社会地位,促使别人羡慕自己,从而获得社会的承认。

③ 仿效动机。人们在购物时,常会仿效他人去购物以表示自己与普通人不一样。仿效的对象一般是人们崇拜或尊敬的人,当他们和自己的偶像在某一方面有一致的行为时,能够让自己的自尊心得到满足。绿色产品的购买也可能是出于仿效的目的。

④ 维护自我形象动机。市场上的消费者都有各自的自我形象,比如环保人士,为了维护自己的环保使者的形象,必然会抵制一次性用品而购买绿色商品,并且还会形成重复购买。

⑤ 社会责任动机。有些消费者面对日益恶化的人类生存环境,从自我做起,主动减少污染,减少能源消耗,购买绿色产品,努力履行自己作为地球公民的责任。

(3) 收集绿色信息与评价绿色方案。消费者为满足绿色消费需要,会收集各种信息,他们可能会向家庭、朋友、经销商等寻找信息,在此基础上,形成对绿色产品的评价。消费者评价涉及产品属性和属性权重。绿色产品不仅能满足消费者的基本需要,而且具有绿色的特性。营销人员应从绿色入手,更多宣传产品的绿色特性,增加绿色权重,引起消费者的关注。

(4) 决定购买与购后感受。通过选择评价,消费者会形成购买意向,完成购买行为。在这一过程中,消费者受到知觉风险的影响。绿色产品作为一种价格昂贵的新产品,消费者在购买过程中会感到知觉风险较大。如果期望与实际效用相符,消费者会感到满意,继续购买;如果期望大于实际效用,消费者会感到不满意,从而减少购买或拒绝购买,甚至把不满意告诉他人,这对绿色产业的发展影响重大。为此,企业需要特别关注消费者的购后感受,帮助消费者肯定其消费决策,设法保持消费者对绿色产品的忠诚。

2. 购买行为的变化

在绿色消费观念的影响下,消费者的购买行为也会发生变化,具体包括:

(1) 产品使用方式的变换。例如,绿色消费者改变开快车的习惯,将车速控制在经济耗油的速度上,以使汽车耗油和汽车排污量最小。

(2) 产品处置方式的变化。对于耐用消费品,绿色消费者日益注重维护和修理,以充分延长其使用寿命和推迟产品重置时间,并以安全和尽可能充分使用的方式处置产品,如把旧的耐用品作为二手货出售等。

从方便企业开展营销活动的角度,也可以从购买前、购买中和购买后三个阶段,或从绿色消费者、企业双重角度对绿色消费者的购买过程进行分析,以便为企业全面了解绿色消费者的购买行为、实施绿色营销提供指南。

9.1.3 绿色产品的开发与消费

1. 绿色产品的定义

绿色产品是指产品生产过程和产品自身对环境没有或较少污染的产品,以及比传统产品更符合生态环境保护或社会环境要求的产品及服务。这就要求企业从产品概念的形成到产品最终回收的整个过程都保持对环境的无污染,而不是仅仅停留在其中的某个阶段,企业的员工除了必须拥有创新的意识,还必须在整个过程中时刻保持对环境的保护意识。

根据产品的生命周期,绿色产品可以分为设计开发过程、制造过程、使用过程、回收利用过程。绿色产品的设计开发过程,是指在绿色产品形成之前,在符合绿色产品内涵的前提下对要形成的产品进行规划、设计以及开发等活动;绿色产品的制造过程,是指在产品的制造和生产过程中,企业在生产线和工艺流程上,以实现制造与生产过程的绿色化而进行的活动;绿色产品的使用过程,是指企业为了使消费者在使用企业产品的过程中,满足用户需要的前提下,对环境的无污染而进行的一系列活动;绿色产品的回收利用过程,是指为了使绿色产品在寿命结束的时候,能够以一种不污染环境的方式被回收并充分再利用而进行的活动。

2. 绿色产品的特征

绿色产品作为一种全新概念,不仅具有一般产品的经济性特点,而且具有连续性、环保性和经济性的特征。

(1) 连续性。绿色产品的连续性,是指在绿色产品的生产过程中,在实现产品基本功能的前提下,不仅仅局限于绿色产品的某个阶段,而是贯穿绿色产品的整个生命周期。即产品的规划与设计开发过程完成后,马上要进行产品的制造与生产过程,紧接着是绿色产品的使用过程,最后是绿色产品的回收利用过程。整个过程中不应该出现断层的情况,并要求每一步都能够有效地促进下一步活动的进行,整个生命周期的活动构成一个连续的、一体化的整体。因此,它对企业员工的素质要求很高,首先要有很强烈的环保意识,其次要求企业能在资源上满足绿色产品连续生产的要求。

(2) 环保性。绿色产品的环保性,是指在绿色产品生命周期的各个阶段,都应该符合绿色产品的内涵,即从绿色产品的规划与设计、开发,到绿色产品的回收利用都应该保持环保性,这个特征既是绿色产品全程的突出特点及基本要求,也是与我国可持续发展战略以及建设两型社会的国家方针政策相吻合的。绿色产品的环保性,并不是狭义的环保性,而是一种广义的环保性,这种环保既包括绿色产品自身的功能和属性的环保性,又包括绿色产品在整个从概念的产生到寿命的结束所涉及的各生产要素的环保性。

(3) 经济性。一般产品都具有经济性的特点,所以,绿色产品必须具有经济性。绿色产品全程的经济性指的是,保证付出的成本尽量最小化,获得的收益尽量最大化,从而使得绿色产品能获得最大利润。

3. 绿色产品的开发

绿色产品的开发使生态环境与社会经济联结为一个协调发展的有机整体,促进社会实现可持续发展,成为当今产品生产的主导方向。绿色产品的开发是可持续发展的必然。

(1) 技术革新。通过技术革新,开发出绿色工艺或制造技术,改善工艺控制,改造原有设备,将原材料消耗量、废物产生、能源消耗、健康与安全风险以及对生态的损害减少到最低程度。据统计,如果把国内现有的1.3亿台冰箱全部换成节能冰箱,每年可节电431.32亿千瓦时,相当于半个三峡水电站的发电量,可见资源节约技术的研发对节约资源有着不可估量的作用。企业在产品开发设计过程中,应把环保理念融入其中作为研发重点,开发更加节能环保的产品,做到将社会责任与用户需求紧密结合。例如,海尔自主研发出不用洗衣粉的“自然洗”双动力洗衣机,在不用洗衣粉的情况下,实现了衣物洁净、呵护皮肤、一次漂净的功能。这款产品不仅性能优越,而且排污量低、保护生态环境、不损害人体健康,深受消费者欢迎,在国际上也引起了同行的关注。

(2) 绿色指数。绿色指数或排名系统,是指把各种材料的环境影响进行总结和整理并用数值来反映其情况。设计师或决策者可以通过比较不同的绿色指数(材料、生产方式等),选择一种对环境影响最小的绿色指数来实行,这样生产出来的产品就会减少对环境的影响。例如,西门子公司从环境和谐的角度出发,对150种人造材料进行分析,比较其绿色指数,从中筛选出30种利于生态环境的材料,用于产品开发。目前该手段还不能够完全解决各种类型的环境影响问题,但是所有这些战略系统或者解决手段的根本初衷都是指导设计师或决策者在选择材料、零件或者生产方式的时候尽可能地选择对环境影响小的产品。

(3) 循环体系的建立。循环体系的建立是整个绿色设计的保障。循环体系是以产品的简洁设计、清洁生产、资源循环利用和废弃物高效回收为主要特征的生态经济体系,是一个“资源—产品—废弃物—再生资源”的物质反复循环流动的过程。循环体系的建立能够对废弃物加以利用,减少对自然资源的开采;能够开发利用再生资源和能源,对无法再次循环利用的污染物进行无害化处理;能够更有效地利用资源和保护环境,以尽可能小的资源消耗和环境成本,获得尽可能大的经济效益和社会效益,从而使经济体系与自然生态系统的物质循环过程相互和谐,促进资源的循环利用。回收再利用是循环体系的重要环节。产品的可拆卸性,为淘汰废弃产品的循环再利用打下了良好的基础。在产品设计初期,要充分考虑其零件材料的回收可能性、回收价值大小、回收处理方法、回收处理结构工艺性等与回收性有关的一系列问题,最终达到零件材料资源、能源的最大利用,延长产品生命周期。例如,上海有一家电子回收公司,回收各种电子垃圾,经过电解等一系列的处理,可以将元器件上的贵金属提取出来,纯度可以达到99%,其他部件经过处理后可以制作成太阳能反光板,不仅带来巨大的经济效益,而且对环境的保护也起到了积极作用。

(4) 开发利用绿色能源。借助科技力量,我们已经有了更多的能源选择,越来越多的设计师已经意识到,支持可再生能源的发展意味着享受清新的空气和清洁的水。这样的能源有:风能、潮汐能、太阳能以及相对石油、煤炭来说更加环保的天然气、生化柴油等。例如,2004 款 Prius 是第一台装备新的高压高量的混合协同驱动系统的丰田车。这款汽车完全混合动力系统的优势非常明显,更重要的是,在某些情况下,它可以完全用电能驱动,这在燃料消耗以及排放量的减少上,意义非凡。另外,非常重要的一点是 Prius 彻底打破了汽车业环保与性能不可兼得的定论。再如,SONY 一款手摇式收音机 ICF-B200,在不增加成本的基础上使用手动方式将机械能转化为电能。这款机型畅销非洲各国,原因是非洲电能贫乏,非洲人民又热爱音乐。

(5) 环保材料的选择。环保材料的应用与否,是评价一个产品是否是"绿色设计"的一个重要指标,它与产品的绿色属性有着非常密切的关系,在产品设计中采用更环保的原材料,可以从根本上减少产品对环境的污染,并且使得重复利用成为可能。比如涂料和胶剂,以水为基本液就要比以溶剂为基本液的产品对空气和周围环境的危害更小。这要求产品设计人员改变传统的选材观念,不仅要考虑材料或原料的使用条件和性能,而且考虑环境的约束准则,尽量选用无毒、无污染、可降解的材料或原料。

4. 绿色产品的消费

当前,国际市场上丰富多彩的绿色产品层出不穷,从绿色食品到绿色服装,从绿色用品到绿色玩具,从绿色家电到绿色汽车,从绿色住宅到绿色建筑,从绿色能源到绿色材料,从绿色生产到绿色旅游,多种多样,应有尽有。以下为我国消费者对几种主要绿色产品的消费表现:

(1) 绿色食品。绿色食品是指无公害、无污染、安全、优质、营养、经过专门机构认定许可、使用绿色食品标准的食品。

① 绿色食品的标准。绿色食品必须具备以下条件:

第一,产品或产品原料的产地必须符合农业部制定的绿色食品生态环境标准。

第二,农作物种植、畜禽饲养、水产养殖及食品加工必须符合农业部制定的绿色生态操作规程。

第三,产品必须符合农业部制定的绿色食品质量和卫生标准。

第四,产品外包装必须符合国家食品标签的通用标准,符合绿色食品特定的包装和标签规定。

② 绿色食品在我国未畅销的原因。民以食为天,随着城市居民物质生活水平的不断提高,高质量、卫生达标、安全可靠、富含营养的食品成了人们在饮食上的新追求。越来越多的消费者放弃高价的微波炉方便食品,而选用自然食品。

我国的绿色食品自 20 世纪 90 年代问世，到本世纪初，全国已有 900 多种产品申请到绿色食品标志。有关部门在 1999 年的一次调查显示，有 38.7%的人表示愿意消费绿色食品，但这一比例大大低于西方发达国家。根据有关资料，67%的荷兰人、77%的美国人和 80%的德国人愿意消费绿色食品，购买过绿色食品的人几乎达到 100%。

希望食用无污染、无公害、无残留的绿色食品，是每个消费者的共同愿望。但是在我国，绿色食品似乎还没有引起人们足够的重视，绿色食品市场远未呈现热销局面。之所以如此，大致有以下五个方面的原因：

第一，大部分消费者不了解什么是绿色食品，比如把“绿颜色食品”看作“绿色食品”，出现了概念性的混淆和误认。

第二，假冒伪劣商品泛滥。市场上充斥着大量的假冒伪劣商品，绿色食品也难逃厄运。本想购买绿色食品的消费者唯恐买的是假冒绿色食品。如在上述同一调查中，有 17.3%的人反映绿色食品的假冒伪劣问题比较严重。

第三，绿色食品价格不菲。由于绿色食品的生产条件和要求远高于一般同类普通食品，但两者在味道、外观上难以让消费者感受到明显区别，因此，许多人不愿为看上去“没什么特别”的绿色食品支付较高的价格。

第四，绿色食品的销售渠道不够顺畅。市场上或少有绿色食品，或品种不全，消费者很难买到称心如意的绿色食品，购买积极性受到挫伤。

第五，绿色食品需求不足。目前我国中下层消费者基本无力消费绿色食品，而在中上层有能力购买绿色食品的消费者中，又未形成稳定的消费信念和消费态度。据调查，全国许多城市没有进行绿色食品展销活动，也没有成立绿色食品销售中心，以至于 60%以上的人不知道绿色食品的含义，包括一些较高层次的知识分子和企业负责人。他们以为天然食品、野生食品和绿颜色的食品就是绿色食品。所以，在他们眼中，没有绿色食品是“最好的食品”的概念，更不会对它情有独钟。在他们的日常生活中，廉价食品占据优势，而在礼品与高档消费品中，他们更看重“名牌”。即使偶尔买绿色食品，也不一定对其产生深刻印象。因此，发展我国绿色食品消费市场，从消费者的认知和心态入手是必需的。

(2) 绿色服装。绿色服装又称生态服装、环保服装。它能够保护人们身体健康，使其免受伤害，并具有无毒、安全的优点。在使用和穿着时，给人以舒适、松弛、回归自然、消除疲劳、心情舒畅的感觉。一般来讲，绿色服装包括三个方面的内容：第一，生产生态学，即生产上的环保。比如对天然纤维来说，在种植过程中，其所用的肥料、饲料、生长剂、除草剂、排水等需要符合卫生要求。第二，用户生态学，即使用者环保。它要求对用户不带来任何毒害。第三，处理生态学，是指织物或服饰使用后能回收。比如，最近服装市场上出现的新纤维 Tencel，因其生产中的化学试剂可回收，废料可焚烧，故属于绿色纺织品。

绿色服装代表当代国际服装的流行趋势。现代消费者在追求美观的同时，更加注重舒适和健康。绿色消费者则倾向于选择耐穿、易清洗保管、式样淳朴的服装。

绿色服装在国外，尤其在欧美发达国家早已是家喻户晓、人人皆穿的“家常服”。国外有关调查资料表明，85%的消费者愿意为绿色服装支付较高价格；60%的加拿大人愿意多付 10%的钱购买绿色服装；50%的欧洲人宁愿多付钱购买有环保标志的绿色服装；37%的日本人只挑选和购买带有环保标志的绿色服装。我国作为世界上最大的服装生产和出口大国，绿色服装的前景也很广阔。即使价格偏高，也有3成左右的人表示愿意消费绿色服装。

（3）绿色家居建材。绿色建材是指质量优异、使用性能和环境协调性好的建筑材料。能称得上“绿色”的建材，最基本的条件是该产品的质量必须符合国家标准。同时，该产品在生产过程中必须采用国家规定允许使用的原材料；产品在使用过程中能达到国家规定的无毒、无害标准；排出的废弃、废液、废渣、烟尘、粉尘等的数量和成分达到国家允许的排放标准，对人体、大气、水泥、土壤等污染较小，并能在一定程度上可再资源化和重复使用。绿色家居是指室内布局合理，冬暖夏凉，温度宜人，湿度合适，杜绝粉尘，自然光充足。建筑专家们认为可用八个字概括绿色家居：健康、宜人、自然、亲和。家居环境的美化是人们生活质量提高的标志之一。随着生活水平的提高，消费者在家庭装修中不仅要求设计新颖、质量过关、价格合理，更希望自家的装修也能成为“绿色工程”。但是，由于目前装修材料中普遍含有大量的化学物质，装修施工中还要使用大量的化学材料，造成工程竣工后室内空气中含有高浓度的有毒有害气体。消费者在居住中长期接触这些气体，会严重损害身体健康。因此，无毒、无污染、有利于人体健康的绿色建材是人们装修房屋的理想选择。调查显示，近三成的人非常欢迎绿色建材。

（4）绿色家电。绿色家电是指在质量合格的前提下，高效节能，且在使用过程中不对人体和周围环境造成伤害，在报废后可回收利用的家电产品。例如，绿色冰箱除采用无氟制冷外，还采用杀菌保鲜、抗菌保质、健康卫生的ABS材料，从而在确保食品新鲜的同时能有效抑制箱内有害气体的产生，净化空气，高效节能。又如，绿色洗衣机将清洁衣物与消毒灭菌结合在一起，操作简便，安全卫生。

此外，环保型微波炉、热水器、手机、水处理机、电脑等产品也纷纷占领市场。调查显示，虽然传统的消费观念和经济条件等因素起了一定的制约作用，但是仍有23.1%的消费者对绿色家电表示关注，并愿意在购买家电时首先考虑购买绿色家电。

总的来说，绿色消费者爱好高品质、高质量的产品，倾向于购买多用途且基于自然的产品。成熟的绿色消费者大多谨慎而且要求严格。绿色消费需求拉动了绿色营销，在了解消费者绿色消费心理和行为后，政府和企业可采取相应的心理策略，从而更好地促进绿色消费的发展。

案例9.1 美国电力的“绿色价格”项目

23家美国电力公司接受了绿色市场营销最终的挑战——以“绿色价格”将可更新形式的能源提供给消费者。通过这个“绿色价格”项目，这些公司获得了一系列的益处——扩展了它们的产品提供范围，提高了它们的企业形象，避开了即将面临的规管，从而“尝到了生活的甜头”。

通过“绿色价格”项目，消费者支付额外的费用，帮助电力公司筹集起始费用，以便开发利用可更新的能源（比如风、地能）为消费者提供电力。例如，2000年，在密歇根州的Traverse市，居民及商业用户要为每千瓦时的电多付额外的钱（平均每月7.58美元），以使用建在附近的风力发电厂所生产的电能。又如，科罗拉多州2 000个公共服务公司的客户在支付电话账单时，以多付的钱来支持他们地区的可更新电力项目。

然而,“绿色价格”项目也带来了一系列挑战。

首先,消费者一般并不愿意为绿色产品多付额外的钱,因为类似“更干净的水或空气”这种环境益处是很难马上见效,也难以看到或感受到的。而可更新的电力产品本来就是看不见的。而且,由于这种利用可更新能源产生的电力仍用原来的电网系统进行传输,它最终仍是与其他能源形式的电力在电网上交汇在一起输入消费者的家中或办公室中,因此,消费者并没有真正收到他们为之付出额外费用的“绿色电力”。

其次,许多消费者对输到他们手中供他们使用的电力到底是由什么形式的能源转化而来的这一点缺乏认识,更不用说与他们使用的电能相关联的环境问题了。此外,关于可更新能源发电的误解到处可见。例如,“假如没有风的话,那可更新电能不就没了吗”“利用风来发电,会不会改变全球的气候状态”“更新电能是通过新建一套电网,用与原来不同的电线和线路输送进用户家中的”等。

另外,可信性也是一个挑战。消费者往往会对支付额外价格购买的“绿色电能”提出质疑,因为他们觉得目前的电费已经够高了,希望知道利用可更新能源发电到底要花多少钱。

为了获得关于怎么才能有效地营销绿色电力的信息,美国环保署(EPA)大气污染防护部请了专门的绿色营销调研机构进行市场调研,建立潜在绿色电能消费者的焦点观察追踪。调查结果表明,以下三个策略有助于“绿色价格”项目的实施:

(1) 使绿色电能带来的利益直接可见。只有最“绿色”的消费者会对有成为利他者的机会而满意。付了建立可更新能源发电项目的初始费后,大部分消费者希望能享受长期的经济利益回报包括长期稳定的电费单价、信用方面的好处,有助于能源的高效利用及环保,以抵消可更新能源的成本,等等。

(2) 小心地寻找目标顾客群。最愿意购买绿色电能的消费者相信率先购买电力会使自己与众不同,因为,为“绿色电能”支付额外的费用代表了某种形式的奉献。这种消费者往往是环保群体的成员。而对于还不成熟的绿色消费者,他们往往是为了响应立法的号召或基于周围人的压力而实行绿色电力的消费。对这类人,应让他们知道同一社区的其他人都在支持新的风力发电项目。或许,“Bill-Rounding”项目(即消费者在支付账单时凑成整数,多出来的钱用来赞助绿色电力项目)对消费者是一种较有吸引力的“在细小处给予帮助”的方式。

(3) 教育与授权。绿色电能的消费者往往需要理解项目的具体内容,包括经济方面,而且他们也希望技术方面的改进,所以,应对他们进行信息交流以及相应的公关活动。例如,Traverse 市“能与光”公司,为了回答消费者诸如“这种可更新形式的电能在别处已试行了吗”的问题,组织消费者参观了风能发电设备,在教育中强化了环境利益。例如,帮助消费者把绿色电能与干净的世界之间的联系视觉化。此外,由于人们通常认为可更新能源发电依赖于天气,有必要告知他们,假如遇到风不再吹或没太阳这类问题,备用的电能就会补充上来。

资料来源:http://www.doc88.com/p-143612755476.html。

分析:绿色消费是人类为了与自然协调发展、保护自身生存环境而提倡的一种新型消费模式。它是一种具有生态意识的、高层次的理性消费意识,要求人们的消费活动有利于环境保护、资源利用和人类整体素质的提高,它体现了消费者科学的道德观、价值观和人生观。

23 家美国电力公司接受了绿色市场营销最终的挑战——以“绿色价格”来把可更新形

式的能源提供给消费者。通过这个“绿色价格”项目，这些公司获得了一系列的益处——扩展了它们的产品提供范围，提高了它们的企业形象，避开了即将面临的规管，从而“尝到了生活的甜头”。

9.2 消费者的品牌心理与行为

9.2.1 品牌的概述

1. 品牌的含义

品牌是一种商品的名称、商标、标记、符号或图案，或是它们的相互组合，用以为某个消费者或某群消费者识别和购买所需的商品或服务，并使之与竞争对手的商品或服务相区别。因此，品牌是一个复合概念，它由品牌外部标记、品牌识别、品牌联想、品牌形象等内容构成。一个公认的品牌具有多层含义：

（1）明显的个性，用以显示差异性。

（2）特有的属性，用来表达品牌的价值。

（3）价值性，即体现制造商的某种价值观。

（4）文化性，包括两类要素：一类是展现在消费者面前，看得见摸得着的一些表层要素，如品牌名称、标准等；另一类是在品牌表层要素中蕴涵的该品牌独特的内层要素，如品牌的利益认识、情感属性、文化传统和个性形象等。

（5）利益性，即给购买者带来的物质和精神上的利益。

（6）使用者，即品牌的价值是由使用者来体现的。

对企业而言，品牌具有鉴别和保护作用，也使厂商在广告、推销、促销方面的目标能够顺利实现。可经由品牌名称，给予其产品与众不同的特色，使目标市场对某一品牌产生认同和喜好，从而创造差别定价的机会。

对顾客而言，品牌提供了商品信息，减少了消费者选择商品时所需花费的分析商品的心力。因为选择知名品牌无疑是省时、可靠而又不冒险的决定。

2. 品牌营销体系的构成

企业完整的品牌营销体系由品牌定位、品牌加强、品牌延伸、品牌更新四个部分组成，每一部分适用于不同的时机和环境。

（1）品牌定位。品牌定位是指为了满足目标市场的需要而建立品牌形象的过程与结果。如一个新品牌要导入市场并在市场上站稳脚跟，这就牵涉到品牌的定位问题。经验表明：一个新品牌之所以失败，70%以上的原因是同不适当的定位有关。适当的定位不但能使品牌存活下来，而且为品牌的进一步发展奠定了良好的基础。

（2）品牌加强。品牌加强是指为了强化人们现有的认知和行为，巩固和提高现有品牌地位而进行的品牌营销过程，是建立和维系品牌的重要因素。品牌加强通常不能产生说服和激发行动的效果，也不能产生在品牌间转换的效果。

品牌加强的手段多种多样,主要包括:①广告;②赞助活动或电视、广播节目;③消费者促销;④经销商或渠道促销;⑤公关活动;⑥产品设计、包装。在加强的各种手段中,广告是其中最重要的一种,广告是塑造品牌个性的有力工具。

(3) 品牌延伸。品牌延伸分为线性延伸和领域延伸。线性延伸是指将产品稍作改变(如新味道、新包装、新分量等)后用同一品牌推出。领域延伸则是指将一个生产领域建立起来的品牌运用于另一个生产领域。

(4) 品牌更新。品牌更新,从狭义上讲,是指品牌重建、重定位或品牌延伸;从广义上讲,则是指对产生问题的品牌的应对过程。

品牌产生问题,既有内部的原因,也有外部的原因;既有可控原因,也有不可控原因。归纳起来,主要有:①产品步入衰退期;②品牌不正确联想;③品牌不适当定位;④品牌延伸不成功;⑤竞争者挑战;⑥市场改变。

9.2.2　消费者的品牌心理

当代社会,随着科技的进步和生活水平的提高,人们的消费需求已经从低级的生理、安全需求上升为尊重、自我实现等高层次需要。消费者购买商品时,不再单纯是为了取得商品的使用价值,更主要的是获得心理和精神上的满足。而这种精神层面的高层次需要是通过品牌消费来实现的。

1. 品牌的心理作用过程

(1) 品牌认知。品牌的认知过程是指品牌被消费者注意和接受的过程,是品牌发挥作用的心理基础。消费者一旦形成对某个品牌的认知,就能从品牌中实现自我形象、社会象征、情感等方面的需要。这些需要获得充分满足,品牌就有可能与消费者形成一种长期的依存关系。消费者的品牌认知是通过企业的品牌定位和品牌个性化实现的,后者是消费者形成品牌认知的基础。

(2) 品牌忠诚。品牌忠诚度包括两个方面的内容:行为忠诚度和情感忠诚度。行为忠诚度,是指消费者在实际行动上能够持续购买某一品牌的产品,这种行为的产生可能是源于消费者对这种品牌内在的好感,也可能是由于购买冲动、促销活动、消费者惯性或者该品牌市场覆盖率高于竞争品牌等其他与情感无关的因素。情感忠诚度,是指某一品牌的个性与消费者的生活方式、价值观念相吻合,消费者对该品牌已产生了感情甚至引以为豪,进而表现出持续购买的欲望和行为。

消费者在较长时期内能否表现出持续的购买行为在很大程度上取决于情感忠诚。由品牌情感转化为品牌忠诚的关键是激发消费者的情感意识。我国消费者的个性特征普遍表现为重感情,注重家庭和谐,亲情无时无刻不在人们的生活中,并影响着人们对事物的评价和选择。因此,企业应通过极富人情味的诉求方式去激发消费者的情绪、情感,满足消费者的情感需求。品牌情感策略的三个核心要素是信任、体验和精力。

小资料

“狮跑拓界之旅”激情试驾活动

你想摆脱都市钢铁丛林的束缚,触摸巍峨险峻的蜀道青山吗?

你想告别单脚站立挤地铁的苦恼,拥抱可可西里呈现给你的无垠天地吗?

你想远离城市的喧嚣,在神圣的青海湖畔品味心灵的沉淀吗?

你想挣脱城市单调生活的"牢笼",探寻奇幻的神农架"野人"之谜吗?

你想冲破工作压力的重重包围,去鼓浪屿聆听大海的吟唱吗?

五段风情各异的试驾路线,五种不同的驾驶乐趣,快来参加东风悦达起亚举办的"狮跑拓界之旅"活动,开拓您的视界,放飞您的梦想,启动您与众不同的激情旅程!表9.1列出了本次活动的日程安排。

表9.1 "狮跑拓界之旅"激情试驾活动行程安排

	活动路线	活动时间
线路一	成都—拉萨	2007年9月21日—2007年9月27日
线路二	拉萨—青海湖—兰州	2007年9月29日—2007年10月6日
线路三	兰州—西安—武汉	2007年10月8日—2007年10月14日
线路四	武汉—南昌—武夷山—福州	2007年10月16日—2007年10月19日
线路五	福州—厦门—深圳	2007年10月21日—2007年10月25日

在为期一个月、行程上万公里的拓界接力中,7辆"狮跑"创下了零故障的好成绩,不但很好地验证了其卓越的品质,也让随行的消费者及媒体记者赞不绝口。

资料来源:http://auto.sohu.com/20070820/n251685271.shtml。

2. 品牌名称与消费者心理

(1) 商品命名的心理要求。现实生活中,消费者在未接触到商品之前常常通过商品名称来判断商品的性质、用途和品质,所以一个好的名称可以提前赢得消费者的注意。另外,一个简洁明了、引人注目、富有感染力的名称,不仅可以使消费者了解商品,还会给人们带来美的享受,从而刺激消费者的购买欲望。因此,根据消费者的心理特点进行商品命名是极其必要的。商品命名的根本目的是使商品的名称与消费者的心理相吻合,对消费者产生积极的影响。所以在命名时应注意符合下列心理要求:

① 名实相符。是指商品名称要与商品的实体特征相适应,使消费者能够通过名称迅速了解商品的基本效用和主要特征。

② 便于记忆。商品的名称主要用来吸引消费者,加深消费者对商品的印象,所以商品的名称应易读易记,以便减轻记忆难度。

③ 引人注意。这是商品命名最主要的目的,也是最重要的要求。好的商品命名应能在众多同类商品名称中脱颖而出,迅速引起消费者的注意。

④ 激发联想。激发联想是商品命名的一项潜在功能。通过名称的文字和发音使消费者产生恰当、良好的联系,可以引发其良好的心理感受,激发购买欲望。

⑤ 避免禁忌。不同国家、民族的社会文化传统不同,使得消费者的习惯、偏好、禁忌也有所不同;此外,语言文字的差异也会造成对产品理解的差异。

（2）商品命名的心理策略。商品命名的心理策略很多，这里主要介绍以下六种：

① 以商品的主要效用命名。其特点是名称直接反映商品的主要性能和用途，使消费者能迅速了解商品的功效，加快对商品的认知过程，多用于日用工业品、化妆品和医药品。例如，“玉兰油防晒霜”“美加净护手霜”等均可直接从名称上了解商品的用途和功效。这种开门见山的命名方法迎合了消费者追求商品实用价值的心理。

② 以商品的主要成分命名。这样的命名方法可使消费者从名称上直接了解商品的原料构成，以便根据自己的实际情况选择商品。比如，从“螺旋藻麦片”的名称中可以看出麦片中加入了螺旋藻；从“复方甘草合剂”的名称中可以看出其主要成分是止咳的甘草。这些商品名称或强调货真价实，或突出原料名贵，都起到了吸引消费者的作用。

③ 以制作工艺或制造过程命名。这种方法多用于具有独特制作工艺或有纪念意义的研制过程的商品，这是一种经常被采用的方法。如“二锅头”酒在制作过程中要经过两次换水蒸酒，且只取第二锅酒液的中段，酒质纯正、醇厚，以此命名能使消费者了解该酒不同寻常的酿制工艺，从而提高商品声望。

④ 以商品的产地命名。冠以产地名称可以突出该商品的地方风情、特点，使其独具魅力，尤以产地的商品最具特色、享誉盛名。例如“金华火腿”“云南白药”“青岛啤酒”等。这种命名方法符合消费者求名、求特、求新的心理，可以增加商品的名贵感和知名度，同时使消费者察觉到商品体现了地域的文化性，从而产生亲切感和偏好。

⑤ 以人名命名。即以发明者、制造者和历史人物等名字给商品命名的方法。这种方法将特定的商品和特定的人联系起来，使消费者睹物思人，引起丰富的联想、追忆和敬慕之情，从而使商品在消费者心目中留下深刻的印象。如“皮尔·卡丹”“李宁”牌运动服等。以人名命名还可以体现商品悠久的历史和文化，表明商品系出名门、正宗独特，以此诱发消费者的购买欲望。

⑥ 以外来词命名。在进口商品的命名时常见用外来语命名，主要是满足消费者的求新、求奇、求异的心理，还可以克服翻译上的困难。但这要求读起来朗朗上口、寓意良好。最好的例子就是“Coca-Cola”，其中文译名选定为“可口可乐”，让人们联想到可口的饮料带来的舒畅感觉，以及由此产生的愉悦心情。

3. 品牌设计与消费者心理

品牌设计是品牌发挥心理功能的基础。实践中，品牌的设计可以采用文字、符号、图形及其组合等多种表现形式和手法，灵活运用。然而精良的品牌设计又必须考虑到商品的特色和消费者的心理，不能随心所欲。在品牌设计中，应注意以下心理要求：

（1）个性鲜明，富于特色。人们通常对特别的东西记忆深刻，因此，商标的设计应力求有别于其他同类商品的商标。例如，“小天鹅”洗衣机以一只美丽的小天鹅作为商标，使人们联想到美丽洁白的天鹅在明净的水面上畅游，从而产生洁净清爽的心理感受。

（2）造型优美，文字简洁。现代消费者不仅要求商标具有明确的标识作用，而且追求商标的美学价值。此外，人们对简单而符合审美情趣的图形文字往往记忆深刻。所以在设计商标时，语言应做到简洁鲜明，图案也要简单明了，以满足消费者的审美要求。

（3）具有时代气息，反映社会的潮流趋向。商标作为商品的标识与人们的生活息息相关，商标如果能结合各个历史时期的特点，反映时代的气息，甚至赋予一定的社会意义，可以激起消费者的购买热情,赢得消费者的青睐。

(4) 与商品本身的性质和特点相协调。商标既是对商品所要传达信息的提炼和精确表达,是商品的代名词,又要起到提示和强化的作用。这就要求商标能准确地体现所代表商品的性质,突出商品的特色。

(5) 遵守法律规定,顺应不同国家、民族、宗教、地域消费者的心理习惯。各个国家的商标法都有明文规定不允许注册为商标的事物。另外,不同的国家、民族、宗教、地域的消费者有着不同的心理习性,从而产生很多特殊的偏好和禁忌。在设计商标时,应充分考虑这些因素。

9.2.3 消费者的品牌购买行为

正如本书前面所谈及的,消费者的购买决策过程要依次经过认识需求、寻找解决方案、评价比较方案、择优决定和购后评价等阶段。而品牌在这一过程中具有举足轻重的作用。

1. 品牌选择

消费者的品牌选择过程,是指在某种品牌评价标准的影响下,根据商品本身的属性以及消费者认为的那些属性的重要性权值,对商品的品牌特性进行评价。品牌特性主要指某品牌的客观特性,一般包括品牌的功能数量、性能指标、质量、款式、价格、使用成本以及售后服务等。上面所说的利益比较,实际就是对这些特性的具体比较。当然,不同的产品,其品牌特性是不同的。例如,对于照相机来说,其主要属性包括价格、清晰度、款式、携带方便与否等;而对于电冰箱来说,其主要属性包括容量、制冷效果、款式、价格、噪声、耗电量等。而且,随着科学技术的进步以及消费者需求的不断变化,品牌特性的数目以及内容也会随之发生变化。

当品牌特性确定后,消费者就要对各种特性进行评价。评价的主要内容之一就是权重。所谓权重,是指消费者对品牌特性的重要性进行评价的数量表现,它反映了消费者的价值观和偏好。例如,假设服装有质量、款式、价格三个特性,权重的和为1,有的消费者可能赋予款式30%的权重,赋予质量40%的权重,赋予价格30%的权重;而有的消费者可能赋予款式50%的权重,赋予质量30%的权重,赋予价格20%的权重。当然,消费者在进行品牌选择时,一般很难精确地计算商品的品牌权重,而只是根据当时的具体情况,对各个特性的重要性大概地进行排序,然后根据排序的结果进行选择。

2. 影响消费者品牌选择的因素

影响消费者品牌选择的因素主要有以下几个方面:

(1) 商品本身的因素。商品本身的因素主要涉及商品的重要性以及商品的适用场合等方面。一般来说,高档商品由于消费者在购买时有较高的期望,也由于价格比较高,存在较大的购买风险,因此消费者在选择时更小心谨慎。而且,一般高档商品的显露性比较高,人们会偏重于购买名牌。另外,商品的使用场合也能影响消费者的品牌选择。一般在私下场合使用的消费品,由于显露性比较低,人们更看重的是商品是否实惠而非品牌的心理价值。

(2) 消费者的因素。消费者的经济状况、个性、文化层次、职业、性别和年龄等也会影响消费者的品牌选择。一般来说,高收入的消费者品牌心理较强,而低收入者多半会拒绝名牌。消费者的个性会在很大程度上影响他们对商品品牌的选择和偏爱,尤其在化妆品、服装和烟酒等商品的购买上。

(3) 参考群体的影响。不同群体的消费者常常对某种商品品牌产生认同心理,把它看成是该群体的象征,积极评价并重复购买所需群体认同的品牌。

3. 改变消费者品牌选择的店内影响因素

前面讨论的是影响消费者品牌选择的因素,这种选择是消费者在进入商店前就已经决定了的。在实际购买中,消费者常常会出现这样的情形:本来打算到一家零售店购买某一品牌的商品,结果却购买了另一品牌或者附带着购买了其他东西。这是因为店内的某一因素或某些因素综合作用改变了消费者的品牌选择。这些因素有:

(1) 店内陈列。这里的店内陈列,主要指的是现场的 POP 广告。在购买场所、零售店的周围以及有商品的地方设置的广告形式都属于 POP 广告。消费者在逛商场时,一边选购商品,一边受到 POP 广告的冲击,因此它对消费者品牌选择有着很大的影响。

(2) 降价与促销。降价和促销(如赠券、折扣、赠品等)对消费者品牌选择有着很大的影响。根据国外一项调查,在价格刚刚降低时,商品的销售量会有很大幅度的上升,随着时间推移或者降价结束,销售量又会回落到正常水平。

(3) 商店布局和气氛。商店内商品的摆放位置,对于商品和品牌选择有重大影响。一种商品越是容易被看到,它被购买的机会就越大。而且,商店布局不仅会影响商店的客流量,还会影响商店的气氛和环境。这反过来又影响消费者停留在商店时的情绪和意愿,以及消费者对商店质量和形象的评价。更为重要的是,消费者在商店中引发的情绪也许是他们重复购买或对店铺忠诚的重要依据。

(4) 产品脱销。脱销是指商店中的某种品牌暂时缺货。消费者到某一家商店去买某一品牌的商品时,如果碰到缺货,就会影响到他的购买决策,那么他就必须决定是过一段时间再来该店购买该品牌,还是到别的商店购买该品牌,或是干脆放弃购买。对于有些消费者来说,他可能会认为产品脱销意味着该品牌受欢迎的程度比较高。因此,如果该产品不是急等着用,他宁愿等一段时间,或者到别的商店去买。但是,调查显示,大部分的消费者在这种情况下选择了转换品牌,即用新的品牌代替了原来的品牌(当然,对于不同的商品来说,品牌转换的概率是不一样的)。问题的关键是,如果消费者购买了另一品牌,那么他在下次购买时就要比原来的品牌没有脱销时购买该品牌的可能性大。因此,有效的分销渠道和存货管理对于制造商和零售商都十分重要。

9.2.4　建立和保持消费者的品牌忠诚

忠诚联系着价值的创造,企业为顾客创造更多的价值,有利于培养顾客的品牌忠诚度,而品牌忠诚又会给企业带来利润的增长。

1. 人性化地满足消费者需求

企业要提高品牌忠诚度,赢得消费者的好感和信赖,其一切活动就要围绕消费者展开,以满足消费者的需求。让顾客在购买使用产品与享受服务的过程中,有难以忘怀、愉悦、舒心的感受。因此,企业在品牌的营销过程中必须摆正短期利益与长远利益的关系,必须忠实地履行自己的义务和所应尽的社会责任,以实际行动和诚信形象赢得消费者的信任和支持。

品牌有了信誉,何愁市场不兴、品牌不旺。这是品牌运营的市场规则,是一个普遍的经验规律,也是提高品牌忠诚度的最佳途径。品牌应不遗余力地做实做细,尽心尽力,切忌为追求短期利益犯急躁冒进的错误,否则必将导致品牌无路可走,最终走向自我毁灭。

人性化地满足消费者需求,就是要真正了解消费者。国内绝大多数品牌只提供了产品的主要使用价值与功能,但对细腻需求的满足远远不能与国外品牌相比。例如,我国的火腿肠味道营养俱佳,外出携带方便,但食用不方便,没有设计易撕开的口子。而美国的吉列手动剃须刀的手柄不仅用一圈圈凸纹来增加摩擦力,以防止剃须刀滑出手而刮破脸,而且在凸纹上套上一层橡皮圈让顾客使用时握在手中更贴合皮肤、更舒服,每一个细微之处都为消费者着想。再如,麦当劳、肯德基等一些西式快餐厅的洗手间,洗手的地方有高低两个洗手台,小朋友们在用餐过程中要洗手时不用家长陪同或抱起来。因此,企业老板和市场总监们,应该多离开写字楼,去市场第一线和零售终端,与顾客保持紧密接触,才有可能深入地了解顾客的内心世界和潜在需求,为产品和服务的改进提供第一手翔实的信息。

2. 产品不断地创新

产品的质量是顾客对品牌忠诚的基础。世界上众多名牌产品的历史告诉我们,消费者对品牌的忠诚,在一定意义上也可以说是对其产品质量的忠诚。只有过硬的高质量的产品,才能真正在人们的心目中树立起“金字招牌”,受消费者喜爱。产品的创新让消费者感觉到品质在不断提升。海尔每年都会推出具有新功能、新技术的产品;诺基亚、摩托罗拉每年都会推出新款手机;宝洁公司的玉兰油、海飞丝等产品也会不时地推出新改良配方,让其产品有新的兴奋点,让人感觉到企业一直在努力为消费者提高产品品质。

3. 提供物超所值的附加产品

产品的好坏要由消费者的满意度来评判,不仅要注意核心产品和有形产品,还要提供更多的附加产品,真正做到以消费者为中心。消费者对海尔的售后服务满意度高,是因为它给消费者提供了意想不到的好处。例如,维修人员温暖人心的礼貌问候,自带饮料不喝用户一口水,套鞋套避免用户家里地板污损等,大大提高了消费者对品牌的评价与认同度。在产品同质化的时代,谁能为消费者带来物超所值的额外利益,谁就能最终赢得顾客。

4. 与消费者进行有效的沟通

企业通过与消费者的有效沟通来维持和提高品牌忠诚度,如建立顾客资料库、定期访问、建立公共关系、做广告等。建立顾客资料库,选择合适的顾客,将顾客进行分类,选择有保留价值的顾客,制订忠诚客户计划;了解顾客的需求并有效满足顾客所需;与顾客建立长期而稳定的互需、互助的关联关系。以广告为主的传播,广告能提升消费者对品牌的熟悉、信赖感,使消费者产生对品牌的挚爱与忠诚。

9.3 消费者的体验心理与行为

《新世纪中国消费调查报告》(2001)中的调查表明,中国人的消费与生活方式正表现为温饱型日益被享受和自我发展型所取代。追求时尚与形象、展现个性与发展自我逐渐成为新一代消费者的愿望与需求。面对市场这一变化特点，人们认为中国也开始进入了体验营销时期。这实际上是消费观念的变化，体验营销可以更好地说明这一现象。传统的营销理念与策略是基于消费者对产品差异化和利益的认识上，而体验营销则认为消费是消费者的一种主观意愿，更多的是受到消费体验的影响。因此体验营销更多关注产品或服务对其生活的影响而不是理性思考。

9.3.1　体验营销理论

1. 体验营销的内涵

顾名思义，体验营销既有体验的参与，又必须以营销为中心。与产品营销、服务营销相对应，体验营销是指企业根据顾客要求，通过精心设计，利用情境和事件的安排，创造和传递有价值的顾客体验，从而实现企业目标的营销活动。体验营销讲究利用民族文化、感情投资、现代科技、艺术和大自然等手段来增加产品体验的内涵，更好地满足人们的情感体验、审美体验等，在给人们心灵带来强烈震撼体验的同时，实现商家利用的最大化。

体验经济这一概念是由美国学者首先提出来的。1970年，营销界大师菲利普·科特勒指出，体验将在教育和旅游行业中逐渐凸显，并将成为一种新的经济形态。只有把握这一形态的特征，才能打破教育和旅游萎靡不振的现状，促使它们得到进一步的发展。从那时起，体验正式和经济联系在一起。就是在同一年，美国比较著名的未来学家阿尔文·托夫斯在《未来的冲击》一书中第一次讲到了体验市场，并在书中对其进行了相关方面的深入分析。在这种情况下，体验开始被当做一种特殊的经济现象，人们开始对它进行深层次的研究。

Bernd Schmitt在《体验营销》中提出，体验营销是从顾客的感官、情感、思想、行动和关联五个方面来重新定义并设计的营销方式。同时，他还指出，在体验设计中，营销人员必须把这五个方面作为一个整体来进行设计，只有这样，才能取得体验营销的成功。

《哈佛商业评述》中的文章指出：体验营销指的是在整个营销活动过程中，充分考虑到感性因素，通过影响消费者的感情来改变行为，并最终影响消费者的决策过程与购买行为。

体验营销是伴随着体验经济的兴起而产生的一种新的营销方式。这一营销模式于21世纪初传入我国，几年来，我国的营销工作者在体验营销领域取得了比较好的成绩。

有学者指出消费者在购买产品及消费产品的过程中体验到产品的魅力所在，从而通过消费享受快乐，并达到自我实现的境界。厂家正是通过体验的快感，把消费者和产品联系起来。

还有的学者对体验营销进行了非常形象的解释：体验营销培育人类真正需要的东西，它能够激发人们的潜在需求，创造出一种新的产品及由这种产品带来的新的生活方式，并通过一系列策略推动群体需求。

总的来说，体验营销是服务营销的进一步发展，其用于实践的时间还比较短，关于它的研究还处于探讨阶段，因此国内对于这方面的研究并不很深入。体验经济兴起于美国，这种经济的到来必须依附于社会生产力和社会文明的高度发达，而我国现在还处于发展中国家的行列,各种经济发展很不平衡,这就决定了体验经济只是我国经济形态中的一个比较微小的部分。由于这种经济的特殊性,致使在我国实施体验营销的环境还不是很成熟。

2. 体验营销的模式

体验的创造和传递是体验营销的核心。这一核心要求企业必须把满足顾客的体验需求作为自己的目标,同时结合服务和有形产品,设计和经营高质量的体验。企业给顾客提供体验产品和服务,顾客通过付费来享受这一体验过程,并最终形成独特的体验。通过一系列精心设计和传递,使得顾客能愉快地接受产品和服务,并同时产生对企业的依赖和信任,从而维持顾客的忠诚度。

体验营销组合包括六大要素,也就是体验营销的6E组合策略,如图9.2所示。

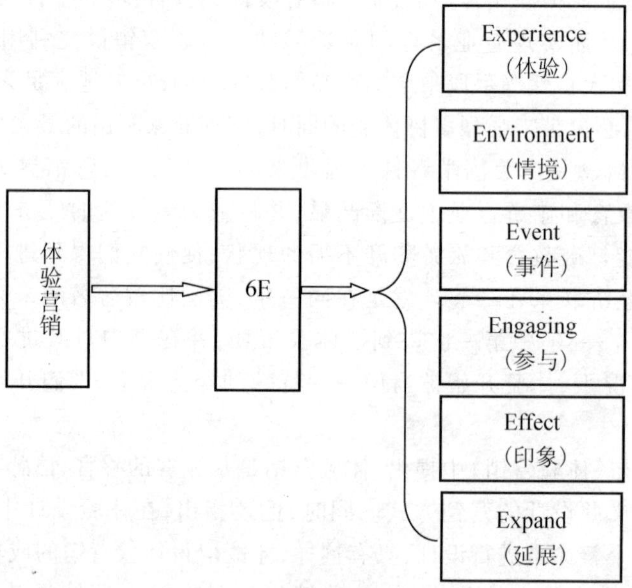

图9.2 体验营销的6E模式

资料来源:王正文. 体验营销的要素、策略及模式[J]. 销售与市场(管理版),2010(3)。

(1) 体验。体验是体验营销组合中最基本的要素,它描述了企业要提供给顾客什么样的体验。顾客所产生的体验是感官、情感、思考、行动和关联这五种类型的混合物。实施体验策略时,首先要找到各种类型体验的连接点,在连接点上进行体验的扩充组合,从而生成一个完整的顾客体验。

(2) 情境。情境是企业为顾客创建的"表演舞台",是体验产生的外部环境,它既可被设计成现实的场景,也可被设计成虚拟的世界。

(3) 事件。事件是指为顾客设定的一系列表演程序,企业必须对表演的过程进行特别的设计,形成事件策略。

(4) 参与。体验营销关注顾客的主动参与性,参与策略要通过营销手段使顾客真正进入企业所设计的事件中,因此,设计一个什么样的角色给顾客非常关键。顾客只有真正地参与事件,其心理活动才能真正进入情境中,才会最终愿意付费体验。

(5) 印象。印象是指对印象进行管理的策略。体验营销在向顾客让渡体验的同时,必须注意顾客的终生价值,而不是单次交易所产生的价值,因此,必须注重顾客重复购买的问题。体验的难忘过程产生了印象,成为长期维系顾客关系的一个重要因素。

(6) 延展。顾客体验可以延展到企业的其他产品、不同地区和时期,并向他人传播,从而实现顾客价值的最大化。通过实施完备周详的延展策略能使体验的功效发挥到极致。

9.3.2 消费者体验营销行为的心理特征

1. 消费者情感需求的比重增加

随着消费需求层次的不断提升,消费者在消费过程中不但注重产品的质量,更加注重情感的愉悦和满足。消费者购买商品的目的已不仅仅出于生活必需的要求,更多的是出于满足一种情感上的渴求,或者追求某种特定产品与理想的自我概念的吻合。他们更关注产品与自我关系的密切程度,偏好那些能够与自我心理需求产生共鸣的感性产品。于是,许多迎合这些变化的产品或服务大行其道。例如,从意大利的足球联赛到美国的好莱坞大片,从迪士尼的米老鼠和唐老鸭到日本任天堂株式会社的电子游戏等。

2. 标准化的大众产品日渐失宠,个性化、人性化产品需求上升

如果把"个性化"划分为外在的、形体的和内在的三个层次,那么三个广阔的市场也就展现在我们面前。从服饰行业来看,从颜色到款式,从材质到功能,变化越来越多且越来越快;从家居装饰行业来看,满足客户特殊要求的房产、家具、装修设计等在市场竞争中显现出明显的优势。与此同时,各种美容、美发、美体等企业不断涌现,各种健身训练、特色休闲活动也受到消费者欢迎。这一切都表明,消费者在接受产品或服务时的"非大众"心理日益增强,敢于相信自己的判断、相信自己的感觉,更加追求那些能够促成自己个性化形象形成、彰显自己与众不同的产品或服务。

3. 消费者由被动接受产品转变为主动参与

从近年来的消费实践看,消费者参与企业营销活动的意识进一步增强,主要表现为消费者从被动接受厂商的诱导、拉动,发展到对产品外观要求个性化,进而发展到不再只满足于产品外观的个性化,而是对产品功能提出了个性化的要求。在这种情况下,消费者在一定程度上成了企业产品生产的决定者。消费者越来越希望和企业一起,按照自己的社会系统、思维意识和消费需求开发他们想要购买的产品,开拓能够反映消费者创造新的生活价值观和生活方式的"生活共创型"市场。

4. 消费者从注重产品本身逐渐转移到注重接受产品的过程

消费者不仅关注得到怎样的产品,更加关注在哪里和如何得到这一产品。或者说,消费者既重视结果,也重视过程。最典型的莫过于星巴克咖啡在咖啡市场的成功。人们宁愿花费更多的钱去星巴克享受喝咖啡的感觉,而不愿意在家里或办公室为解渴而饮用速溶咖啡。在休闲业,人们从过去单纯的观光旅游正逐渐转向体验旅游,诸如野外生存训练、挑战极限等项目开始受到消费者的青睐。

小资料

Levi's & Lee 牛仔裤的体验营销

牛仔裤品牌 Levi's & Lee 的成功例子很好地说明了体验营销正成为时尚与流行。消费者喜欢 Levi's 的牛仔裤,更多的是体验牛仔精神的美国文化。相信见过 Levi's 商标图像的人都会浮想联翩——两匹马各拉着牛仔裤的一条裤管往两个相反的方向使劲拽,这是 Levi's 和两匹马间的比赛。这不仅展现了其坚固耐穿的品质,更是表现了美国人坚韧正直的精神。而 Lee 在牛仔服装界,则更多地充当着时尚与先锋的角色。一百多年来,Lee 开创设计潮流,成为时尚和前卫的典范,也引领着牛仔裤由实用向时尚的演变。Lee 于 1924 年生产牛仔裤之初提出了"建设美国牛仔裤"的宣传口号。Lee 又在世界上第一个大力发展女士牛仔服系列,并提出合身剪裁的牛仔裤理念,这在当时是创新而独有的营销观念。时至今日,Lee 的产品始终在保持牛仔传统品质的基础上,又不断地注入一些前卫理念的阐释,不断地冲击、更新人们对牛仔的理解,其产品也变得越来越多样化。

资料来源:http://www.chinapower.com.cn/membercenter/personalcenter/viewarticle.asp? articleid=10008608。

9.4 口碑与消费者行为

9.4.1 口碑的形成与发展

口碑就是顾客推荐,是指关于某一组织的信用和可信赖程度、经验方法、服务等方面的信息,它可以通过社会公众相互之间的传达,从一个顾客传播到另一个顾客,形成对某一产品或服务长期的、统一的、稳定的看法(郭会斌,2005)。而口碑营销是以满足顾客多种需求、赢得顾客满意、与顾客建立良好关系、提升企业和品牌形象等为目标,以顾客积极的口碑传播为途径的营销方式(于鑫伟,刘军,2009)。

按时间阶段划分,口碑营销的发展可以划分为创始和萌芽期、早期、发展期、相对成熟期和新的快速扩张期五个阶段,如图 9.3 所示。

第一阶段,口碑营销理论的创始和萌芽期(20 世纪 50—60 年代)。尽管口碑现象早已存在,但是一直到 Asch(1956)第一次用科学实验揭示了以口头传播为基础的"三人成虎"的社会从众心理,才标志着口碑营销理论真正创立。随后,Brooks 等在 *Journal of Marketing* 杂志上发表了营销学界第一篇强调口碑在新产品发售中作用的学术论文。Arndt 进一步明确地指出,正向口碑往往会增加企业的赢利能力,负向口碑往往会减少企业的赢利能力,从而使得口碑营销越来越受到研究者和实践者们的重视,得出了一系列有意义的研究成果。

第二阶段,口碑营销研究的早期(20 世纪 60—70 年代)。学者们主要强调口碑在新产品、有形产品销售中具有较为重要的作用,但是对于口碑传播过程方面的实证研究较少,并很少对服务行业中的消费者行为进行研究。在此阶段,Katz et al.(1995)的研究最具代表性。他发现口碑在影响消费者转换品牌方面,效率比报纸和杂志广告高出 7 倍,比个人推销

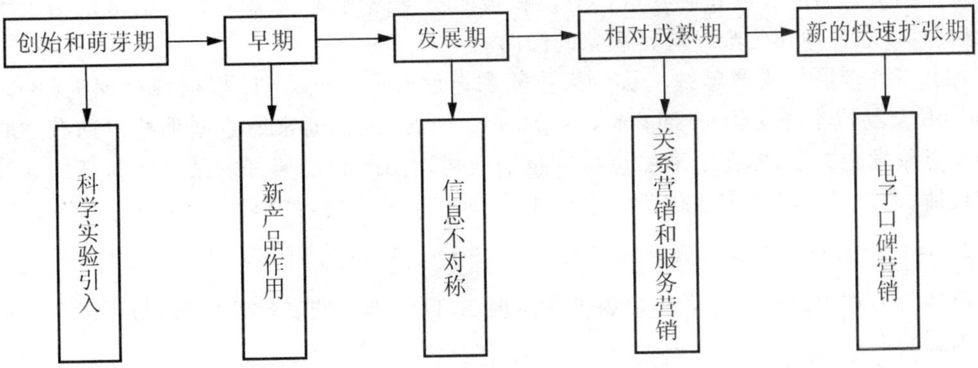

图 9.3　口碑营销发展阶段及特点

高出 4 倍,比收音机广告高出 2 倍。Engel et al. (1969)通过对多种有形产品的研究,结果表明,对于顾客作出购买行为而言,口碑的确要比推销和广告等其他营销方式显得更为有效。

第三阶段,发展期(20 世纪 70—80 年代初)。以 Akerlof(1970)提出信息不对称现象普遍存在于买方和卖方之间为标志。学者们普遍赞同在很多情况下口碑可以帮助顾客缩小这种信息的不对称,成为潜在顾客作出产品购买决策的主要信息来源。

第四阶段,相对成熟期(20 世纪 80—90 年代中期)。进入 20 世纪 80 年代后,随着竞争的进一步加剧,企业要想获得持续竞争优势(Sustained Competitive Advantage,SCA),势必要完成从交易导向(Transaction Oriented)到关系导向(Relation Oriented)转变的战略转型。关系营销和服务营销成为这一时期新的研究热点问题。

第五阶段,新的快速扩张期(20 世纪 90 年代中期至今)。随着口碑营销在虚拟群落(Virtual Communities)扮演的重要角色(Hagel and Armstrong,1997)以及互联网技术的发展,电子口碑营销(Electronic Word-of-Mouth,eWOM)已经受到新生营销方式之一的时尚营销(Fashion Marketing)的重视(Gladwell,2002)。在这一阶段,虚拟社区的引入为口碑营销作用的发挥提供了一个广阔的平台。

9.4.2　口碑对消费者行为的影响

1. 口碑营销与消费者忠诚

(1) 顾客忠诚。顾客忠诚理论来自对消费品领域的研究,并且顾客忠诚是企业赢利的源泉和成长的基石。近年来已成为国内外理论研究的一个重要课题,国内外学者各自从不同的视角给出顾客忠诚的不同定义,但由于顾客忠诚的内涵丰富,难以严格和准确地界定,至今学者们也还没有对顾客忠诚形成统一的观点。总括起来,不外乎从两个方面来理解其内涵。

① 行为重复。行为重复是指消费者在实际购买行为上能持续购买某一企业产品的可能性,以顾客购买企业产品的比例、购买的顺序、购买的可能性等指标来衡量。Olive(1999)进一步指出,忠诚指的是顾客对于某服务提供商感到非常信任,非常钟情于某企业或某品牌,并经常购买某品牌的产品或只去某企业购物。

② 态度取向。态度取向代表了顾客对企业产品积极取向的程度,也反映了顾客将产品推荐给其他顾客的意愿。Cremler and Brown(1996)认为,顾客忠诚指的是顾客对特定的服

务商重复购买行为的程度和对其所怀有的积极的态度倾向，以及在对该项服务的需求增加时，继续将该服务商作为唯一选择对象的倾向。

（2）口碑传播与顾客忠诚。从行为重复和态度倾向方面来讲，根据均衡理论（Balance Theory）和交易成本理论（Transaction Cost Theory）可知，人们通常愿意同那些以前有过联系的交易对象发生关系，即在未来愿意持续重购或再次惠顾自己偏好的某一零售商。通过口碑的传播，消费者可以在未接触企业的条件下，对有交易意向的"陌生"企业产生交易倾向。

2. 口碑营销对于消费者决策的影响

口碑营销对于消费者行为的影响主要体现在口碑（即消费者推荐信息）对于消费者购买决策的影响上。

在口碑营销的不同阶段，口碑对于消费者决策的影响模型是不同的，概括来说，我们可以以虚拟社区的出现为标志，将其分为传统环境下的影响和虚拟社区下的影响两个部分。

（1）传统环境下口碑对于消费者决策的影响。传统环境下，消费者购买决策会受到口碑信息的三类因素的影响，如图 9.4 所示。

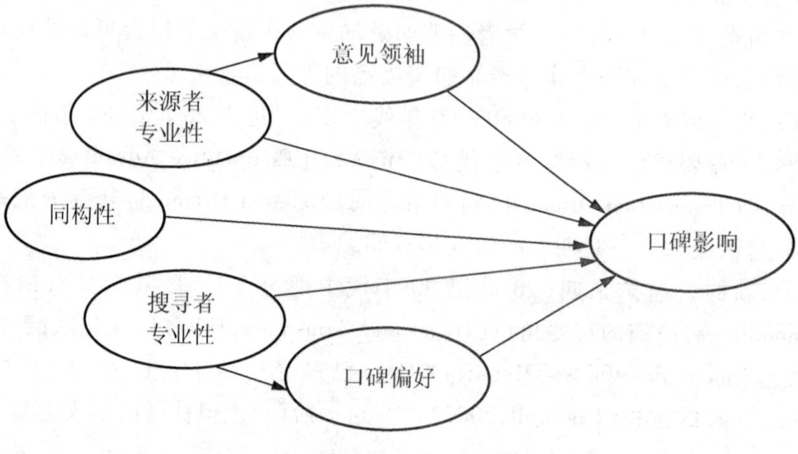

图 9.4　口碑对消费者决策的影响模型

资料来源：王德胜. 消费者行为学［M］，北京：电子工业出版社，2011。

① 信息来源的特性，如信息来源者专业程度、意见领袖等；

② 信息接收者与来源者的同构性；

③ 信息接收者本身的特性，如专用程度、口碑偏好等。

（2）虚拟环境下口碑对于消费者决策的影响。在虚拟环境下，口碑对于消费者决策过程的影响要复杂得多，如图 9.5 所示。

由于虚拟环境的特点，在虚拟环境下，信任将在口碑传播者和接受者之间起很大的作用。如图 9.5 所示，信任作为传播者推荐来源特性（专业性和关联强度）和消费者决策的中介变量。与此同时，消费者购买的目标也将对口碑作用发挥影响，在图 9.5 中，将购买目标（享乐/实用）作为影响来源特性和信任关系的调节变量。购物目标调节了推荐来源特性和消费者购买决策影响的作用。当购买目标是享乐时，相对于专业性，消费者更易受关联强度的影响；而当购买目标是实用性时，同时受专业性和关联强度的影响。图 9.5 中所有的变量都影响信任，信任在这些变量与结果变量之间有中介作用。个人信任倾向影响信任。其他

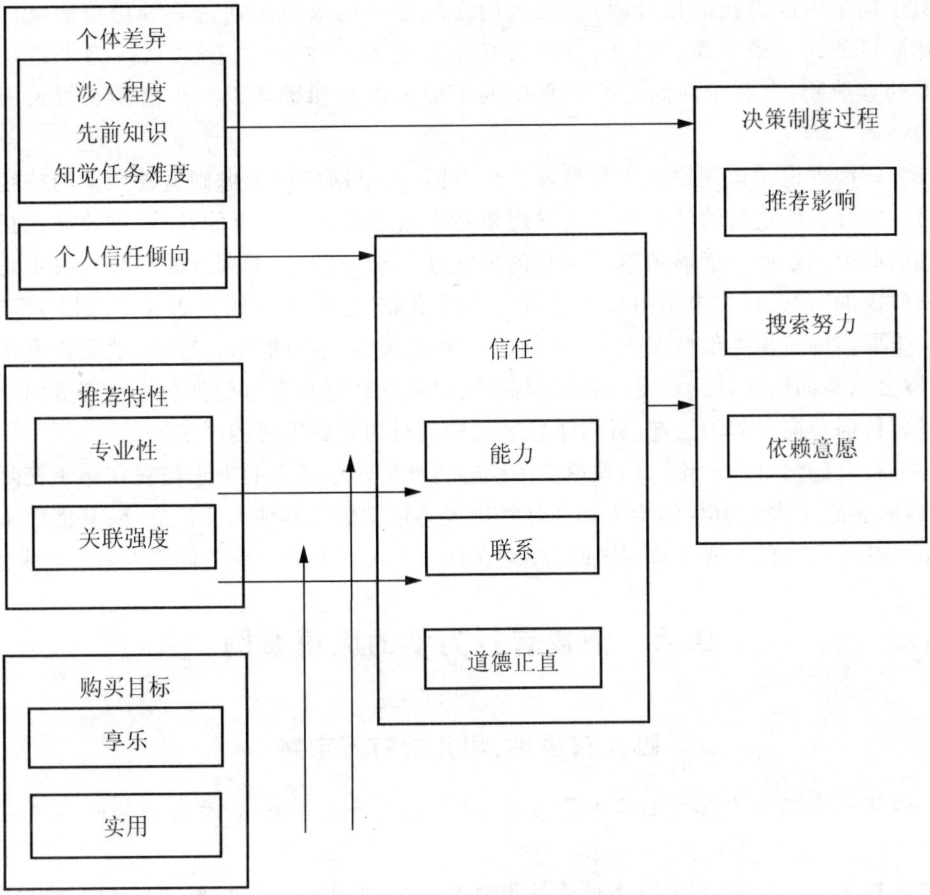

图 9.5　虚拟社区下口碑对于消费者决策过程的影响机制

资料来源:王德胜．消费者行为学[M]．北京:电子工业出版社,2011:319。

个体变量(如涉入程度、先前知识和知觉任务难度)直接影响消费者的决策过程(包括推荐信息的影响、搜索努力和对其他推荐信息的依赖意愿)。

3. 口碑营销与消费者购后行为

不同学者从不同角度都阐明了顾客口碑传播意愿会对顾客购后行为产生影响,至于两者之间的关系,即口碑传播为何会和怎样影响顾客的购后行为,可以用以下四种理论或模型来加以解释。

(1) 易理解诊断模型。该模型认为人们在作出决策时,往往会受到各种各样的信息的影响,其中,最容易被人们所理解的信息对决策的影响权重是最大的。换言之,信息越简单,越直接明了,就越容易为人们所理解和接受,越容易影响到人们的决策。口碑(包括自己通过经验形成的内部口碑和他人的口碑两种)是最容易为顾客所理解的信息之一,要比印刷类信息更容易被顾客理解和接受,因而通过口碑渠道获得的信息,能够帮助顾客形成对产品、品牌形象更加生动的印象,从而影响顾客的购买行为。

(2) 演讲博弈理论。该理论将人类在经济活动之间的互动行为的动态调整过程模拟为类似生物学中的进化演化过程，其均衡的实现更多地依赖于通过一种稳定的自然而然的进化演讲的机制来实现。因此，口碑的好坏就成为一种“凸显信息”，成为人们在购物决策时的参照物，有利于降低购买过程中的不确定因素和顾客以后重复购买行为中的感知风险。

(3) 归因理论。该理论认为凡事皆事出有因，凡事都应该考虑到这种现象的持续稳定性和可控制性。所谓持续性指的是这种现象在未来继续发生的可能性，而可控制性指的是顾客相信此类问题应该能够被事先阻止的可能性。研究指出，不满意的顾客在决定是否传播负向口碑的时候，往往会不由自主地询问自己诸如“这样的问题是否会继续发生”“企业是否会采取措施避免类似情况发生”等问题。因此，顾客感知抱怨、寻求赔偿获得成功的可能性，顾客认为问题的持续稳定性和可控制性，以及顾客感知是否受到公平待遇等问题都影响着顾客传播负向口碑的意愿，并对于顾客的购后行为起到重要的影响。

(4) 社会感情分享理论。该理论认为顾客与社会建立联系的需求被视作善于交际的表现，所以顾客除了大约 10%的个人私隐性经历或感情不愿与其他人交流之外，其他的个人知识和信息都乐意与他人所共享，从而将埋藏在社会大众心中的一些共同观点激发出来。

9.5 消费者行为学的应用案例

哪儿有男性，哪儿就有万宝路

1954 年始创的万宝路香烟的牛仔形象，现在已成为无与伦比、举世公认的卓越的品牌形象。

然而鲜为人知的是，万宝路香烟最早推向市场时，其目标消费者是女性，因而使用了“像五月天气一样温和”的广告口号。但事与愿违，尽管当年美国吸烟的人数逐年上升，但万宝路一直销量平平。妇女们抱怨白色的烟嘴常会染上鲜红的唇膏，红点斑斑，很不雅观。后来虽然把烟嘴换成红色，但销路依然不佳。

1. 寻找突破点

基于以上情况，菲利普·莫里斯公司决定对万宝路香烟进行全新的品牌塑造。经过周密的市场调查和创造性的构想后，他们大胆提出：让人们忘掉这个带有脂粉气息的女子香烟，而用同一个品牌——万宝路创造出具有男子汉气概的香烟来。科学严密的改造万宝路香烟形象的计划产生了：产品品质保持不变；包装采用当时首创的平开式盒盖新技术，并用象征力量的红色作为外盒的主要色彩；广告不再以妇女为主要对象，而是硬铮铮的男子汉，要在广告中强调香烟的男子汉气概。

主角人物理想中的男子汉形象一开始选用马车夫、潜水员、农夫等，但最后选定美国牛仔这个形象：一个目光深沉，皮肤粗糙，浑身散发着粗犷、豪迈英雄气概的男子汉；他的袖管高高卷起，露出多毛的手臂；手指中夹着一只冉冉冒烟的万宝路香烟。而万宝路的广告中表现出这样的画面：一个或几个美国西部牛仔骑着骏马，潇洒地奔驰于绿地、河流和山野之间。整个广告给消费者的形象是奔放、粗犷、刚强、奋斗的牛仔形象。这种牛仔是自我奋斗、开拓事业的刚强男子汉的化身，是美国精神的代表。

2. 创造奇迹

万宝路新形象问世后，引起了消费者的极大兴趣，其销量也奇迹般地在一年后提高了整整三倍，并一跃成为世界品牌。在至今 40 多年的发展中，万宝路投入了数十亿美元广告费，并保持了宣传中的统一形象、风格和文化内涵，终于在消费者心目中树起"哪儿有男性，哪儿就有万宝路"的品牌形象。

资料来源：http://wenku. baidu. com/view/601dce7da26925c52cc5bfa7. html。

分析：

1. 万宝路的成功大部分都归功于广告

在不同风格的广告戏剧性的效果转变中，我们可以看到广告的魔力。正是广告塑造了产品形象，增添了产品的价值。万宝路是世界上最成功的广告策划之一，之所以能够成功，很大程度上要归功于其对广告的悟性，香烟应该卖给男性而不是女性，而最能代表男性气概的莫过于当时十分流行，被众多美国人追捧的美国牛仔形象。这一正确的策划确实使万宝路一举成名。

2. 万宝路的成功更得益于广告中塑造的万宝路形象

目前，美国万宝路香烟的产品形象深入人心，"万宝路"已不仅是一个企业产品中的名牌，而且成为美国文化的一部分。原来的形象虽有针对性，但针对的目标并不合适，且对其未来的发展设置了障碍。于是，公司开始考虑重塑形象，对万宝路香烟的形象进行了崭新大胆的改造。美国牛仔这个广告在 1954 年问世后，立刻给公司带来了巨大的财富。

3. 万宝路重新进行了准确的市场定位，是它走向繁荣的关键所在

万宝路早期的不成功很大程度上是因为它对品牌的错误定位，在对香烟市场进行深入的分析和深思熟虑之后，对万宝路进行了全新品牌形象塑造，这次成功的营销策划使万宝路香烟一举成名。其中，包括了其明确的市场细分、标准化的市场推广和充分利用社会思潮。在市场细分中，首先把男性作为主目标群体，把原先追求的女性消费群作为边缘目标群体；其次，重新进行广告定位，广告定位细分的依据定位于人性的层面，摆脱了消费群体性别的局限；最后，明确情感利益诉求。

模拟实训

【实训目的】

掌握顾客忠诚度计划在实际营销中的重要作用。

【实训主题】

消费者的购后行为。

【实训时间】

本章课堂教学内容结束后的双休日和课余时间，为期一周，或者指导教师另外指定时间。

【背景材料】

让学生基于学校周围的小店，制作出一份顾客忠诚度计划书。

【实训过程设计】

(1) 指导教师布置学生开展实训，以宿舍为单位进行分组。

(2) 小组分工合作并按时完成小组报告。

(3) 小组报告的撰写要求以PPT形式展示,内容简练,版面清晰,重点突出,需有设计的思维;演讲准备充分,表达流利,思路清晰。

本章小结

绿色消费指人类为了与自然协调发展、保护自身生存环境而提倡的一种新型消费模式。

绿色消费者的购买行为是一个持续的过程,包括在引起绿色消费需要、形成绿色购买动机、收集绿色信息、评价绿色方案、决定购买和购后感受等几个阶段。

品牌是一种商品的名称、商标、标记、符号或图案,或是它们的相互组合,用以为某个消费者或某群消费者识别和购买所需的商品或服务,并使之与竞争对手的商品或服务相区别。

体验营销下消费者的行为特征是:(1)消费者情感需求的比重增加;(2)标准化的大众产品日渐失宠,个性化、人性化产品需求上升;(3)消费者由被动接受产品转变为主动参与;(4)消费者从注重产品本身逐渐转移到注重接受产品的过程。

口碑就是顾客推荐,是指关于某一组织的信用和可信赖程度、经验方法、服务等方面的信息,它可以通过社会公众相互之间的传达,从一个顾客传播到另一个顾客,形成对某一产品或服务长期的、统一的、稳定的看法。而口碑营销是以满足顾客多种需求、赢得顾客满意、与顾客建立良好关系、提升企业和品牌形象等为目标,以顾客积极的口碑传播为途径的营销方式。按时间阶段划分,口碑营销的发展可以划分为创始和萌芽期、早期、发展期、相对成熟期和新的快速扩张期五个阶段。

综合练习

一、单项选择题

1. 下列不属于绿色消费“3R”原则的是(　　)。

A. 减少非必要消费　　B. 修理旧物　　C. 提倡再生资源　　D. 循环利用

2. 下列不属于品牌情感策略核心要素的是(　　)。

A. 信任　　B. 更新　　C. 体验　　D. 精力

3. 影响消费者品牌选择的主要因素不包括以下哪个方面(　　)。

A. 商品本身的因素　　B. 环境因素

C. 消费者的因素　　D. 参考群体的影响

二、多项选择题

1. 企业完整的品牌营销体系由(　　)组成。

A. 品牌定位　　B. 品牌加强　　C. 品牌延伸　　D. 品牌更新

2. 绿色消费的“3E”原则包括(　　)。

A. 经济实惠　　B. 生态效益　　C. 平等人道　　D. 合情合理

3. 口碑营销的发展包括(　　)阶段。

A. 创始和萌芽期　　B. 早期　　C. 发展期　　D. 相对成熟期
E. 新的快速扩张期

4. 品牌忠诚度包括(　　)。

A. 行为忠诚度　　B. 思想忠诚度　　C. 情感忠诚度　　D. 意思忠诚度

三、问答题

1. 简述绿色消费的含义。
2. 绿色产品开发的措施有哪些?
3. 提升消费者品牌忠诚度的措施有哪些?
4. 体验营销下消费者的行为有何特征?
5. 传统环境与虚拟环境下口碑营销对于消费者决策的影响有何不同?

四、案例分析题

星巴克的体验营销

从1971年西雅图的一间小咖啡屋发展至今成为国际最著名的咖啡连锁店品牌,星巴克的成长可称得上一个奇迹。星巴克的咖啡经济的确令人心动,拥有25年历史、全球连锁店达4 000多家的星巴克,1992年在美国上市,如今,股票价值早已超过当初的10倍以上。

咖啡王国传奇的造就并非一朝一夕之功,它源于其长期以来对人文特质与品质的坚持,采购全球最好的优质高原咖啡豆以提供消费者最佳的咖啡产品;更源于不懈的品位追求,时时处处体贴入微,提供给顾客最舒适、最优雅的场所。这也是星巴克的独特魅力所在,同时也体现了体验营销的威力,星巴克正是以"体验式营销"方式带领消费者体验其所塑造的文化。

1. 不同的体验,共同的享受

来过星巴克咖啡店的人都会产生一些独特的体验,我们称为"Starbucks Experience",这些心得和故事都是值得与其他人分享的共同经验。

当你坐在任何一家星巴克咖啡店里,品尝着手中第1杯,或者第1 000杯星巴克咖啡时,你都会见到一位女子躲在手中的星巴克咖啡杯中向你微笑,她看上去天真无邪但却无比妩媚动人。"她是谁?"你不禁会想,"是来自哥伦比亚的咖啡公主,还是地中海里的美人鱼?"不管她来自哪里,都肯定带着一个五彩斑斓和充满浪漫气息的故事。

星巴克从品牌名称到LOGO设计都让人产生联想,并充满好奇感。"星巴克"一名取自美国古典冒险小说《大白鲨》,主人公是一位名叫星巴克的船大副,他幽默坚定、爱喝咖啡、有丰富的航海经验。星巴克的LOGO形象设计则来自多数人都熟悉的古老的海神故事。荷马在《奥德赛》中描述了海神如何将水手引诱到水中,让他们在销魂的声音中幸福快乐地死去。中世纪的艺术家们把这些生灵刻画成美人鱼,从此这些生灵传遍了整个欧洲,人们用它们装饰大教堂的屋顶和墙壁。星巴克LOGO中那个年轻的双尾海神,便来自于中世纪的演绎。于是,星巴克充满传奇色彩的名称和LOGO很容易在顾客头脑中形成一种印象,并由好奇而最终转变为好感,这种联想式的体验也是众多星巴克迷的钟爱之处。

同时,星巴克强调自由的风格。首先,它采用的是自助式的体验方式,你在柜台点完餐,你可以先去找位置稍加休息,也可以到旁边的等候区看店员调制咖啡,等你听到他喊你点的东西后，就可以满怀喜悦的心情，端取你的咖啡。然后，再到用品区，那边有各式各样的调味品，如糖、奶精、肉桂粉，以及一些餐具，都由你自行拿取。由于是自助，所以也不用付服务费。店里的装潢并非经常更换，但让星巴克如此吸引人的正是这份自由的体验。

2. 星巴克，您的邻居

在世界上有星巴克咖啡店的地方，就是人们在工作、居家之外最喜爱停留的地方，在店里可以与其他的星巴克爱好者产生视觉、听觉的互动；或是单纯地喝一杯咖啡，享受独处的悠闲，星巴克是一个可以放松身心的地方。

在中国，几十平方米的咖啡店里，常常可以看见衣着光鲜的白领手捧咖啡杯，或聊天，或摊开资料、打开手提电脑讨论工作。如果运气好的话，还可以看见一些身着棉布衬衫、留着IT寸头的网络精英，其中一位很可能就是已经缩水，但名气依旧不小的“数字富豪”。

与星巴克在中国的定位不同，在美国，星巴克把自己定位为“您的邻居”，而绝非白领阶层的专属，但仍然是家庭客厅的延伸、价廉物美的社交场所、工作和家庭之外的第三个最佳去处。在西装革履的金融区，在灯红酒绿的黑人区，都可以看到它的踪影。在价格上，一杯咖啡最便宜的1.5美元左右，最贵的也只有4美元。除了最便宜的“星巴克当家咖啡”外，还有淡淡甜酸果味的女神天韵咖啡、口感厚重的哥伦比亚瑞诺咖啡、可配甜点的维罗娜咖啡。

星巴克以为顾客创造“第三空间”为主体，营造了一个全新的体验，通过情景，星巴克来创造“体验”，正是真正了解了这些可以刺激顾客内心情感的细枝末节，星巴克才可以将体验式营销用到极致，并成为经典。

资料来源：http://www.t.163.com/2747241748#f=topnav。

问题：

星巴克是如何进行体验营销的？

第10章

零售与消费者行为

知识目标

掌握新产品的概念及其消费认知

掌握商品命名心理、商标设计心理、商品包装心理及其表现

掌握消费者的价格心理及其表现

掌握广告心理、商店布置与消费者行为的关系

掌握网上购物环境对消费者行为的影响

能力目标

能根据消费者心理进行新产品的设计

能根据消费者心理做好商品命名、商标设计和包装设计

能根据消费者心理制定合理的价格策略

能根据消费者心理进行广告宣传、商店布置和橱窗设计

能设计符合消费者心理的网上购物环境

关键概念

新产品　商标　商品包装　广告　商品陈列　网络消费

销售是商品在市场运行过程中经历的最后环节，也是商品经济流通领域进入消费领域的关键环节。企业针对消费者心理与行为特点所采取的产品设计、商标命名、包装装潢、定价调价、广告宣传等各种心理策略能否发挥效益或效用大小，最终体现于销售过程，取决于

商品能否为消费者实际购买和使用。因此,如何针对销售过程中消费者的心理特点,在购物环境、销售方式、服务质量、营业人员与顾客关系等方面采取相应的心理策略,始终是消费者行为的研究重点。

10.1 消费者的产品认知与行为

产品是消费者从事消费活动的对象和载体,消费者的各种心理活动、需求动机、购买决策及购买行为都是围绕产品发生和进行的。产品也是企业赖以生存和发展的基础。企业的产品能否为消费者认可、接受,并在市场上占据相应份额,直接关系到企业的竞争成败乃至生死存亡。为此,在营销实践中,企业必须根据消费者的心理与行为特点实施产品策略,包括新产品的设计、开发、命名、商标、包装、品牌塑造等。

10.1.1 消费者对新产品的认知与购买

1. 新产品的概念

所谓新产品,是指与老产品相比较,在产品原理、性能、材质、结构、用途、技术特征等某一方面或几方面有显著改进、提高,具有独创性、先进性与实用性,能提高经济效益,有推广价值,在一个省、市、自治区范围内第一次试制成功并经过有关部门签订确认的产品。企业不断开发研制新产品既是满足人们提高生活质量的必然要求,也是企业在激烈的市场竞争中求生存、求发展的基本要求。

2. 新产品的类型

按照新产品与老产品的差异程度划分,新产品可以分为以下三种类型:

(1) 全新产品。一般指运用新技术或为满足消费者某种新的需要而发明的、功能相近的同类产品中产生了实质性变化的新产品。全新产品无论从设计原理、工艺结构、性能特征及外观造型上都与原有产品完全不同,因而属于整体更新产品。这类新产品的问世和使用一般会引起消费者消费方式和心理需求的变化,需要消费者改变过去的使用习惯和消费方式,创立全新的消费行为。

(2) 革新产品。指在原有产品的基础上采用新技术或新材料,使产品性能有了重大突破,或将原单一性能发展成为多种性能及用途的产品。例如,洗衣机从半自动过渡到全自动,性能有了重大突破。这类新产品要求消费者在使用过程中部分地改变已经形成的消费行为和习惯,因而对消费者心理影响较大。

(3) 改进产品。指在原有产品的基础上进行某些改进,仅发生次要或微小的变化,因而对已经形成的消费者购买心理与习惯行为影响很小的新产品。这类产品的特点是,在原产品基本用途不变的情况下,或增加某些性能,或增加花色品种,或改进外观造型,使产品结构更加合理。消费者在接受这类新产品时,基本上沿用类似老产品时的消费行为,需要新学习的消费方式只占很少一部分。

3. 新产品购买者类型

新产品销售的过程,就是消费者接受新产品的过程。消费者接受新产品一般经过知晓、兴趣、评价、试用和采用等发展阶段。由于消费者个人的心理需求、个性特点及所处环境不同,他们对新产品的感知程度与欲求程度也存在着差异,因此,不同消费者对新产品接受的快慢程度也不同。根据消费者对新产品的态度与行为差异可将其分为以下五类:

(1) 革新者。也称创新采用者,是新产品上市之初,最早实施购买的消费者。这部分消费者约占全部购买者的 2.5%,他们极富创新和冒险精神,收入水平、社会地位和受教育程度较高,多数是年轻人,交际广泛且信息灵通,他们人数虽少但可以起到示范、表率的作用,因而是新产品推广的首选对象。

(2) 早期购买者。这是继革新者购买之后,马上购买的消费者。这部分消费者一般占全部购买者的 13.5%。他们大多是某个群体的意见领袖,思想活跃,对新生事物很感兴趣,是新产品购买的积极分子。早期购买者人数较少,但他们有一定的权威性,因而对带动其他消费者购买新产品有重要的作用。

(3) 早期大众。这是经过"革新者"和"早起购买者"对新产品的特点、性能、用途等证实后,继而实施购买行为的消费者,约占全部购买者的 34%。他们有较强的从众、效仿心理,乐于接受新事物,但一般比较谨慎。由于这类消费者数量较多,而且一般在产品成长期时购买,因而是促成新产品在市场上趋向成熟的主要力量。

(4) 晚期大众。是指大部分消费者接受并使用新产品后才开始购买新产品的消费者,约占全部购买者的 34%。这部分消费者的购买时间较平均购买时间稍晚,他们思想比较谨慎,对新事物反应迟钝,从不主动接受新产品,直到多数人采用新产品并反映良好时,他们才会购买,但他们对于新产品在市场上达到成熟状态的作用很大。

(5) 守旧者。指最后购买或最终拒绝购买新产品的消费者,约占全部购买者的 16%。这部分消费者思想保守,拘泥于传统的消费行为模式,其社会地位、文化水平和收入水平一般较低,当新产品过时后他们才会购买,或者最终拒绝购买。

4. 消费者新产品购买行为存在差异的原因

消费者在对待新产品的态度上的差异决定了他们在购买行为上表现出不同的特点。这种态度上的差异既是消费者收入水平、职业特点、性别、年龄等社会和生活因素作用的结果,也是消费者个人需求、认识、个性心理特征和态度的影响和作用造成的。

(1) 消费者对新产品的需要。需要是消费者一切行为活动的基础和最初原动力。能否满足需要,是消费者购买新产品与否的决定性因素。只有符合并能满足消费者特定需要的新产品,才能吸引消费者积极购买。

(2) 消费者对新产品的感知程度。感知和了解新产品是消费者购买新产品过程的起点。消费者只有对某一新产品的性能、用途、特点有基本了解,确信购买新产品能够为自己带来新的效用时,才会激发购买欲望,实施购买行为。

(3) 消费者的个性心理特征。消费者个人的兴趣、爱好、价值观、气质、性格等个性心理特征千差万别。这些差别直接影响消费者对新产品的需求和接受新产品的程度与速度。个性灵活、乐于接受变化、富于冒险和创新精神的消费者,往往更易于接受新产品。

(4) 消费者对新产品的态度。消费者在对新产品感知的基础上,通过对新产品与旧产品的各项指标进行比较、分析,从而形成对新产品的不同态度。消费者经过比较后,如果新产品能为自己带来新的利益和心理上的满足,他们就会对新产品持肯定态度,实施购买行为。

5. 新产品推广与消费者行为

要保证新产品在市场上获得成功,除了要设计生产出满足消费者生理和心理需求的产品外,还要运用正确的策略去推广新产品,使得消费者充分感知和理解新产品所具有的优越性,这样才能使新产品被更多的消费者接受。在推广新产品时,根据消费者的心理变化,结合产品所处的不同阶段,可采取相应的策略和方法。

(1) 市场导入阶段。这个阶段的明显特征是产品的普及率不高,消费者对该产品的认知还处在初级阶段。在此阶段,企业不应该把更多的精力和资源用在产品的品牌宣传上,因为消费者并不关注这个产品是什么品牌,而是更关心这个产品到底是不是自己所需要的。因此,企业的首要任务是培育市场。在市场导入阶段,推广策略应以产品的功能性告知为主,企业应把更多的精力和资源集中到产品的功能性告知上。

(2) 市场成长阶段。这一阶段的特点是产品的市场普及率急速上升,消费者对该产品已经有足够的认知,开始选择性地购买该产品。面对这种情况,企业需要尽快抢占有利的市场位置,不仅要让消费者知道新产品的存在,还要让消费者知道它的优点。通过宣传,使消费者充分了解到新产品的使用能为自己带来何种新的利益,从而逐步改变其原来的消费方式和习惯。为此,在产品推广时要明确产品概念,以便和其他产品相区别,为产品在市场上赢得信誉奠定基础。同时,还要对产品品牌进行有力的传播,以便让消费者将产品概念的认知与产品品牌联想起来。所以,在成长阶段,产品推广所需把握的重点是产品概念和品牌形象的凸显。

(3) 市场成熟阶段。在市场成熟阶段,由于很多品牌产品已经把市场份额挤占得几乎没有缝隙,新产品的生存空间较小,因此新产品推广需要特别注意体现新产品的个性化利益,要有严格的定位。许多情况下,企业都是以产品创新的形式进入这一产品市场,所谓产品创新就是在产品直接功效利益的基础上增加结构利益、欲望利益等不同的利益因素,从而使新产品的利益结构更丰富、更感性、更具时代性,以便引发新一代消费者的追求和喜爱。这一阶段新产品的推广目标不是试图改变原有消费者的态度和行为,而是以新消费者为目标群体,通过新消费者的意见和行动影响老一代消费者。

小资料

奇瑞 QQ——可爱的小精灵 QQ

奇瑞汽车公司于 2003 年 5 月推出 QQ 微型轿车。奇瑞 QQ 的目标客户是收入并不高但有知识、有品位的年轻人,同时有一定事业基础、心态年轻、追求时尚的中年人。一般大学毕业两三年的白领都是奇瑞 QQ 潜在的客户。

许多时尚男女都因为 QQ 的靓丽、高配置和优性价比就把这个可爱的小精灵领回家了,从此与 QQ 成了快乐的伙伴。

奇瑞公司有关负责人介绍说,为了吸引年轻人,QQ 除了轿车应有的配置以外,还装载了独有的“I-say”数码听系统,成为“会说话的 QQ”,堪称目前小型车时尚配置之最。据介绍,“I-say”数码听是奇瑞公司为用户专门开发的一款车载数码装备,集文本朗读、MP3 播放、U

盘存储多种时尚数码功能于一身，让QQ与电脑和互联网紧密相连，完全迎合了离开网络就像鱼儿离开水的年轻一代的需求。

QQ的目标客户群体对新生事物感兴趣，富有想象力，崇尚个性，思维活跃，追求时尚。虽然由于资金的原因他们崇尚实际，对品牌的忠诚度较低，但是对汽车的性价比、外观和配置十分关注，是容易互相影响的消费群体。从整体的需求来看，他们对微型轿车的使用范围要求较多。奇瑞把QQ定位为"年轻人的第一辆车"，从使用性能和价格上满足他们通过驾驶QQ所实现的工作、娱乐、休闲、社交的需求。

奇瑞汽车公司经过认真的市场调查，精心选择微型轿车打入市场。新产品一经推出就获得良好的市场反应，到2003年12月，QQ轿车已销售2.8万台，并获得多个奖项。

资料来源：肖立．消费者行为学[M]．北京：北京大学出版社，中国农业大学出版社，2011：243。

10.1.2　商品的命名与消费者心理

商品命名是指用恰当的语言文字概括地反映商品特点、用途、形状、性能等以达到促进消费者认知的目的。所以，企业赋予生产出来的产品一个恰如其分的名字，对于推动产品打开市场、促进销售有着非常重要的意义。当然，商品命名也应特别注意消费者的心理需求，使其对商品产生各种有益的心理感觉，发挥商品名称的心理功能。

1. 商品命名的心理效能

(1) 认知产品。产品名称首先要做到与产品的主要性质和功能相符合，通过简洁实用的文字，告知消费者一件物品的称谓、用途和特点。使消费者即使没有看到产品实体，也能顾名思义，初步感知产品。例如，"山地车"是可以在山地骑行的自行车，"三九胃泰"是一种治疗胃病的药，"乌发宝"是使头发乌黑的洗发剂等。

(2) 便于记忆。一个易读易记、言简意赅的名称会减轻记忆难度，缩短消费者的记忆过程。商品名称在消费者潜意识中留下了深刻的记忆，易产生重复购买。因此，命名不能太长，字数一般以3—5字为宜，用词尽可能地避免拗口、复杂、费解，尽量不要使用乡音土语或非常专业的技术术语，要考虑目标消费群体的知识水平和他们对相关技术的认识水平。

(3) 诱发感情。对商品形成积极的情感是消费者购买产品的增效剂。产品名称如果能够符合不同类型消费者的基本心理特点，具有某种情绪色彩和特殊意义，符合消费者某方面的心理需要，就会得到消费者的信任和偏爱，如"护舒宝""安神补脑液"等。

(4) 启发联想。启发联想是商品命名的一项潜在功能，通过文字和发音使消费者产生良好的印象，激发人的购买欲望。能引起消费者深思、启发消费者产生有益的联想是商品名称的重要功能。如"雪碧"能使消费者产生晶莹剔透、清爽宜人的联想。商品名称要充分发挥这一功能，就要求商品在取名时不仅应具有科学性、趣味性、形象性和独特性，还应力求名称富有艺术的感染力，寓意深远、含义美好和情感健康。

2. 商品命名方法

商品命名的方法很多，因人、因事、因物、因地、因意等不一而足。但是如果想要使商品名称发挥其特有的心理功能，则需要了解各种命名方法对消费者产生的影响及其所具有的心理意义。常用的命名心理策略在前文已有介绍,这里不再赘述。

10.1.3 商标设计与消费者心理

商标是商品生产者或经营者为使企业商品与其他商品相区别而采取的一种标记,一般由文字、图形、颜色及其组合构成。商标一般注明在商品、商品包装及其宣传品上。

1. 商标的心理功能

商标是商品经济的产物,随着商品经济的发展,其作用越来越明显而重要。因此,商标也越来越受到人们的重视和关注。其主要功能表现在以下几个方面:

(1) 识别功能。商标作为商品的符号,是一件商品区别于其他商品的标准。它有助于消费者对众多同类商品进行识别、比较和区分,便于消费者挑选和购买。许多消费者购买行为的明确指向性,就是基于对著名商标的信任和确认。

(2) 保护功能。商标在工商管理部门注册登记后,便取得使用专利,受到国家法律保护,任何企业和个人都不得假冒或仿制使用。这不仅可以保护生产者和经营者的合法权益,维护企业信誉,而且可以使消费者免受假冒伪劣商品之害,保护消费者合法权益。

(3) 提示和强化功能。商标可以通过广告等各种宣传媒介,与产品有关信息一起,给消费者留下深刻的感受和难忘的印象。在消费者的回忆中,往往是将某一产品的大量信息,即购买此产品的经验、感受,凝结为商标印象进入消费者的记忆,在消费者今后的重复购买中,这种已形成的印象就不唤自来,成为习惯性购买。

(4) 促销功能。商标作为商品质量、性能、价格和特点的标志,可以表明它在消费市场上业已建立的信誉,因而常常成为消费者选购商品的依据。尤其是著名商标,更能吸引消费者,使其产生品牌偏好,导致“认牌购货”的消费者行为。因而,一个享有盛誉的商标堪称企业的无形财富。商标是商品质量和企业信誉的体现,同一商标的商品往往代表一定的质量标准和技术要求。因此,商标的确定有利于企业实行产品的标准化管理,确保产品的质量。同时,商标作为商品的标志,也便于消费者和市场管理部门对商品的质量和价格进行监督和管理。

2. 商标设计的心理策略

任何商标的设计都是为了使消费者对该商标形成强烈、稳定、持久的偏爱,为了达到这一目的,商标的设计必须注意采用心理策略。

(1) 商标设计要力求独特、新颖。商标是用于表达商品的独特性质,并与竞争产品相互区别的主要标志。为了让消费者能从纷繁多样的同类商品中迅速找到自己偏爱的品牌,商标设计应注意强调个性、突出特色,显示独有的风格和形象。这就要求在商标设计中要有新颖大胆的创意,敢于突破某些旧框框,运用出人意料的表现形式,使商标独树一帜、别出心裁。例如,江苏红豆制衣集团以“红豆”作为商标,突出了中国源远流长的传统文化特色,显示了睹物思人、情意深重的浓厚感情色彩,从而在众多的服装产品中脱颖而出,一举成名,并引起同属东方文化的日本、东南亚等国消费者的强烈共鸣,成功地打入异国市场。

(2) 商标设计要体现形意一致。这种策略要求商标与所代表的产品名实相符,即能使消费者熟识标志物;或者说,商标应能使消费者联想到它所代表的商品或劳务,这样设计出的商标即为形意商标。例如，著名的“奔驰”商标，通过精巧的设计，看上去恰似一个汽车方向盘，它高度浓缩了产品的含义及企业所从事的事业。

(3) 商标设计要富有艺术魅力。商标设计必须根据美学原理，恰当地应用色彩、造型、图案，使商标不仅造型优美、文字简洁，而且应该具有较高的艺术性和美学价值，给消费者以美的感受。现代国际上商标设计总的趋势是由具体走向抽象，由复杂走向简明，由写实走向写意。例如，应用幻视艺术，即根据人眼的视觉规律，利用几何图形的渐变、交替、重叠等处理手法，直观地描述光的运动规律，使人眼观看时产生视觉上的运动感，从而引起联想、加深印象，得到美的感觉。商标的固定色彩组合也构成重要的视觉印象，有时甚至成为商标的直接标志。另外，商标文字的字体也有讲究，如中文有草、篆、行、楷及各种印刷体美术字，西文有花体、线体、粗体等，不同字体也能表现不同的风格，显示出商品的时代特征、质量档次、艺术品位等。

(4) 商标设计应符合习俗。各国商标法都明文规定了不允许注册为商标的事物，如国徽、国旗和组织的徽章、旗帜、缩写等，因此，在商标设计中必须严格遵守有关法律规定。此外，商标设计应遵从消费者的风俗习惯。每个国家、民族、地区等，都有独特的文化传统和风俗习惯，并且体现在对动物、植物、色彩、图形、符号及数字等的好恶上。反映在商标上则表现为诸多的禁忌。例如，日本人视荷花为不洁之物，英国人忌讳用核桃作为商标，而意大利人则忌讳把菊花作为商标。又如，上海电池厂出品的“白象”牌电池在东南亚市场备受欢迎，而在美国西海岸却严重滞销，原因在于东南亚各国认为白象是吉祥之物，而美国消费者却将大象视为愚蠢的象征。不同文化有各自认同的风俗习惯，作为生产者和经营者不要试图去改变它，正确的做法是尽可能地去适应这种文化和风俗。因此，符合文化传统、具有民族特色的商标设计才能让消费者喜闻乐见；反之，违背文化传统、有损民族形象的商标设计就会受到抵制。这一点，对于那些出口外销商品更应该引起重视。

10.1.4　包装装潢与消费心理和行为

所谓商品包装，泛指一切用于包裹、盛装、束缚和保护商品的容器或包扎物，是商品构成要素的一个重要组成部分。按包装在商品流通中所起的不同作用，可将包装分为运输包装和销售包装。运输包装又称外包装，它的主要作用是在商品的流通过程中保护商品。销售包装又称内包装，是指接触商品并随商品进入市场销售的包装。除了保护商品这一基本作用外，这类包装还具有宣传商品、美化商品、方便携带及使用等作用。

1. 包装的心理功能

(1) 便利功能。商品从生产到销售要有实体空间的移动和时间的存储，而消费者购买后同样需要携带和消费。因此，良好的包装要能有效地保护商品，便于存储，延长其使用寿命。一般来说，商品进入流通过程后，消费者的第一感觉是如果包装完好无损，内在商品就不会损坏，商品也就容易受到消费者的青睐。所以，企业要从消费者的角度考虑，要根据产品的性质、形状和用途等设计包装的结构、形状、材料、规格及开启方式等，以便消费者选购、携带、运输、保管和使用。

(2) 识别功能。现代市场上，同类商品的同质化程度越来越高，质量、性能的接近使得包装和装潢成为产品差异化的重要组成部分。一个设计精良、独具特色、富有审美情趣的包装能使产品在众多的商品中脱颖而出，给消费者留下深刻印象。同时，包装上准确详尽的文字说明可以向消费者全面展示关于商品的产地、成分、重量、特色等重要信息。

(3) 美化功能。为了有效刺激消费者的感官，引起消费者的注意，现代商品包装越来越注意艺术性，常常和商品外包装上的装饰结合在一起。而商品包装的装饰心理功能之一就是对商品的美化作用，即通过包装的造型、色彩的搭配等，给消费者以美的感受。好的包装会给商品带来锦上添花的效果。在人的感官中，视觉是获得信息的主要手段，且眼睛是反应最快的器官，所以良好的商品包装不仅能够提高商品的外观质量，而且还能增强人的视觉效果，激起消费者的购买兴趣和欲望。当消费者在一个模糊状态下购买商品，即心中目标不明确时，其首先接触的便是商品的包装，所以精美的包装有可能成为促进消费者购买的重要诱因。

(4) 增值功能。包装采用不同的设计风格、不同的规格造型、不同的颜色图文，使商品所包含的象征意义、审美价值等能够得到更好的体现。包装装潢的作用是十分重要的，精美高雅的包装装潢，能够使商品的总体形象得以升华，进而诱发消费者的情感动机，引起消费者的兴趣和购买欲望，使消费者达到物质享受和精神满足的双重功效。

(5) 联想功能。联想是指人由一个事物想到另外一个事物的心理活动。人在接触客观事物中引起各种联想是一种很普遍的心理现象。一个精美的包装由相应的材料、造型、色彩、图案、文字等各个要素组合而成，而各个要素都会从不同的侧面引起消费者的各种联想。例如，“雪碧”饮料以绿色瓶装，并配以绿色底色和白色浪花的图案，可以使消费者一看即产生凉爽宜人的感觉。美好的联想会激发消费者的兴趣，增强购买欲望，强化购买行为。

2. 包装对消费者心理的作用过程

(1) 唤起注意。包装的首要功能即通过给予消费刺激，引起消费者的无意识注意。作为消费刺激的重要表现形式，不同的包装给予消费者的刺激强度有明显差异。为使产品包装引起消费者的无意注意，需要不断提高包装的刺激程度。

(2) 引起兴趣。包装除了要引起消费者的无意注意外，更重要的是要引起消费者对商品的兴趣，从而产生有意注意。消费者的年龄、性格、职业、文化、经济状况不同，对包装装潢的喜好也会有所不同。这就要求设计包装时要研究消费者的兴趣偏好，不仅要使包装与商品的风格一致，还要符合消费者的价值标准。

(3) 启发欲望。启发欲望其实就是刺激需求。消费者产生购买动机后，其购买行动的最终实现还要取决于对刺激物的感受。包装是使商品的性能、使用方法等特性在潜在消费者中形成好感的最佳手段。

(4) 导致购买。导致购买是包装对消费者心理作用的最终目的。别具一格的包装装潢往往会使消费者爱不释手，可以促使其产生试用的意念，一旦消费者对商品形成深刻印象，就有可能导致购买行为的发生。

3. 包装设计的心理策略

随着时代的发展和科技的进步，消费者对包装的要求越来越高，更加注重心理需求和情感成分。为了使商品更具有吸引力，无论采用什么材料质地和形状式样的包装，都必须讲究包装装潢，并充分考虑其心理功能，以期对消费者行为产生积极影响。

(1) 色彩搭配协调。消费者在接触商品,尤其是具有一定空间距离时,首先进入视线的是色彩。因此,商品包装采用何种颜色,会直接影响消费者的视觉感受。包装色彩搭配的协调性强调,色彩设计既要与商品的特性及使用环境相互协调,又要与消费者的心理习惯相符。黑色包装具有重量感和压力感,运用到音响、电视等商品上,会使人更加确信商品的精密和优质;白色、粉红色、淡蓝色等包装,用于化妆品会给人以亲和自然、品质高贵的感觉;红色是一种温暖热烈的色彩,用于结婚礼品、生日庆典、乔迁新居等用品的包装,可以增添喜庆的氛围;而对比较笨重的物品配以浅色包装,可以减轻重量感,显得轻便些。包装颜色的选用还应注意到各地区风俗习惯的禁忌,如对中国人来说,喜庆的商品就不适宜用白色和黑色包装。

(2) 符合商品性能。许多商品由于物理、化学性质不同,其存在的状态也不同。根据商品的形态和性能设计商品包装,是必须遵循的设计原则之一。如果是易燃、易爆、剧毒的液体商品,包装不仅要封闭安全,还应在包装上作出明显的标记。例如,喷雾包装是一种将液体膏状等产品装入带有阀门和推进剂的气密性包装容器中,当开启阀门时,产品在推进剂产生的压力作用下喷射出来的包装。这种包装多用于香水、空气清洁剂、杀虫剂等商品。防震包装是一种为减轻内装物受到的冲击和振动,保护其免受损坏,而采取一定防护措施的包装。这种包装多用于贵重、易碎的商品,给消费者以安全感,消除其购买疑虑。总之,符合商品性能的设计原则强调包装的科学性、实用性和安全性,给商品提供可靠的保护,给消费者以安全感。

(3) 突出商品特征。由于商品的包装形式越来越趋向多样化,而且消费者多数通过包装来推测商品的真正品质。商品的包装突出,就会被消费者首先注意到。而要使包装形象突出,需要采用适当的包装形式,如开窗式、系列式、异常式等。开窗式包装往往能满足那些急于了解商品真面目的消费者的求知和好奇心理,也容易引起注意;系列式包装是指企业对其生产的各种品质相近的产品,采用同种包装材料及相似的形态、图案、色彩等;异常式包装是指反其道为之或与同类商品的传统包装形式差异很大。

(4) 方便消费者。商品的包装装潢必须为消费者提供方便,便于消费者观察、挑选、购买和携带。因此,采用开窗式、透明式、半透明式等包装,会给消费者直观、鲜明、真实的心理体验,特别是在食品类商品的包装中应用,效果更佳。此外,将若干相关联的商品组合在一起进行包装,也会给消费者带来方便。例如,化妆盒内包括口红、粉饼、胭脂等常用化妆品,并附有化妆刷和小镜子,便于消费者外出时随身携带,深受女性消费者的青睐。又如,密封式包装、分装式包装,卫生又便于保管;携带式包装、易开包装、喷雾包装、配套包装等,便于携带,易于保存,利于使用,给消费者以方便和舒适感。

(5) 具有时代气息。具有时代感是指在材料的选用、工艺制作、款式造型、图案装潢、色彩调配等方面,都要充分利用现代科学技术,给消费者以新颖独特、简洁明快、技术先进、性能优良的美好印象。另外,包装还要符合和体现时代发展的最新潮流。

(6) 具有针对性。消费者由于收入水平、生活方式、消费习惯及购买目的的不同,对商品包装的要求也有所不同。有的追求廉价实用,有的喜爱美观大方,有的则要求豪华高档。

小资料

"水晶之恋"果冻包装设计"俘获"消费者

我国最早的果冻生产厂家于1985年创办,而广东喜之郎集团有限公司(以下简称"喜之郎公司")直到1993年才开始进入果冻生产行业,入行晚了整整8年。然而1999年央视调查咨询中心进行的"全国消费者调查"的结果显示,喜之郎公司已经占领了我国果冻市场83%的市场份额。是什么让喜之郎公司在短短的6年时间内就迅速成长为国内果冻企业的老大呢?除了产品本身的质量以外,喜之郎的创意包装和独特的营销战略使得喜之郎公司的市场占有率年年提升。

1996年,喜之郎公司在市场上已经小有名气了,但是仍然是地方性的小品牌,市场份额有限。

1997年,喜之郎公司为了扩大发展,委托广东平成广告公司对自己的产品进行重新定位和包装。

1998年,喜之郎的新型产品"水晶之恋"系列正式上市,并迅速得到了市场的认可。在消费定位上,"水晶之恋"系列产品缩小目标市场,聚焦于年轻情侣,但果冻与"水晶之恋"原本是两个意义完全不同的符号,为了建立消费者的认知,平成公司为"水晶之恋"创造性地设计了"爱的造型"与"爱的语言",将果冻的造型由传统的小碗样式改造为心形,封盖上两个漫画人物相拥而望,更为这种心形果冻平添了几分魅力,迅速得到了市场的认可。"水晶之恋"的推出,使喜之郎公司在短短的一年时间内从一个地方性品牌一下子跃升为行业第二大品牌。

资料来源:费明乾,刘妮丽. 十大经典创意包装案例[N]. 北京商报,2007-09-03。

10.2 消费者的价格认知与行为

从根本上说,产品价格是由其所包含的社会劳动价值量决定的,是产品价值的货币表现。换句话说,即决定产品价格的主要是产品所包含的劳动价值量。劳动价值具有凝结性、社会性和抽象性的特点,它只能通过产品交换来表现自己的价值,因而,产品价值是客观的,是可以通过产品交换来实现的。

10.2.1 价格的心理机制

消费者在选购商品时,通常把价格与商品的各种要素(如质量、性能等)综合起来加以评价比较,在此基础上决定自己是否购买。就对消费者的影响而言,价格又有着与其他商品要素不同的心理作用机制。具体表现在以下两个方面:

(1) 衡量商品品质和内在价值功能。商品价格是价值的货币表现,价格以价值为中心上下波动。商品价值凝聚了生产过程和流通过程中活劳动和物化劳动的耗费。从理论意义上讲,消费者在选购商品时,应以商品的价值为尺度判断是否购买。然而,人们常常可以看到，有些内在质量相似的商品，由于包装装潢不同，其价格相差甚远，但消费者却宁愿购买价格较高的商品；而对于一些处理品、清仓品，降价幅度越大，消费者的心理疑虑越重，越是不愿问津。类似现象的产生，是由于价格的心理机制在起作用。消费者在选购商品时，总是自觉不自觉地把价格同商品价值及内在品质联系起来，把价格作为衡量商品价值大小和品质优劣的尺度。他们往往认为，商品价格高，则质量好，价值大；商品价格低，则质量差，价值小。所谓“一分钱，一分货”“好货不便宜，便宜没好货”等想法，便是消费者通常奉行的价格心理准则。例如，某位燃气炉销售商按成本定价法，将其销售的某品牌燃气炉定价为 28 元，购买者极少。后来这位销售商在原定价格后加了个“0”，燃气炉便很快销售一空。

在现代社会，随着科学技术、生产工艺的迅速发展，新产品层出不穷，商品种类急剧增加，商品品质日益提高，消费者很难依靠传统经验从使用价值来判断商品品质的优劣，也很难根据价格的理论构成来判断商品价值的大小。由于信息的非对称性以及消费者购买行为的非专业性，消费者选购商品时总是自觉或者不自觉地把价格同商品品质以及内在价值联系起来，把价格作为衡量商品品质优劣以及内在价值大小的重要尺度。

（2）自我意识比拟。商品的价格不仅表现着商品的价值，而且在某些消费者的自我意识中还具有反映自身社会及经济地位高低的社会象征意义。也就是说，消费者在购买商品的过程中，可能通过联想与想象等心理活动，把商品价格的高低同个人的品位、偏好、社会阶层、生活方式等联想起来，有意或无意地进行价格比拟，让价格的高低来反映自身的社会经济地位及个性特征，以满足个人的某种社会心理需要。

价格的自我意识比拟主要有以下形式：

① 社会经济地位比拟。有些消费者只到高档、大型百货店或专卖店购买“名、特、优、新”商品，以显示自己的社会地位和经济地位。有些消费者则是大众商店、低档摊位的常客，专门购买折价、过季降价、清仓处理的廉价商品。假使这两类人的行为发生了错位，则第一种消费者会为去低档次的场所购物而感到不安，认为有损自己的社会形象；而第二种消费者会为去高档次的场所购物而产生局促不安、自卑压抑的感觉。

② 文化修养比拟。有的消费者尽管对书法字画缺乏鉴赏能力，却要花费大笔支出购买名人字画挂在家中，希望通过昂贵的名人字画来显示自己具有很高的文化修养，从而得到心理上的慰藉。还有一些消费者本身并不怎么喜欢看书，却要购置大量精装的书籍，以显示自己的博学及高品位。

③ 生活情趣比拟。有些消费者既缺乏音乐素养，又没有兴趣，却购置钢琴或高档音响设备，或者亲身实地地去体验自己听不懂的高雅音乐会，以期得到别人给予“生活情趣高雅”的评价，获得心理上的平衡。

④ 观念更新比拟。一些消费者怕别人说自己落伍，跟不上潮流，即使不会使用电脑，也要花一大笔钱购置一台最先进的电脑作为摆设，希望能够以此获得“与时代发展同步”的心理安慰。另有一些消费者受广告影响，萌发追赶科技潮流的冲动。例如，“商务通”掌上电脑的电视广告“呼机、手机、商务通，一样都不能少”，曾经引发了一批中高收入阶层消费者的购买热情。很多人购买掌上电脑并无多大实际用处，其潜在心理是树立自己观念前卫的形象。

自我意识比拟这种心理功能，在消费者心理上的反映可能是有意识的，也可能是无意识的。但有一个共同点，就是从满足社会需求和自尊需求出发，更多地重视产品价格的社会价值和象征意义。当然,商品具有这一心理功能,与消费者自身的气质、性格、兴趣、动机等个性心理特征以及态度、价值观等有关,因此,这一心理功能因人而异。

10.2.2 消费者的价格心理表现与价格判断

消费者价格心理是指消费者在购买活动中对商品价格认识的刺激的心理反应。它是由消费者自身的个性心理和对价格的知觉判断共同构成的。消费者的价格判断既受其心理因素的制约,又受销售场地、环境、产品等客观因素的影响。因此,价格判断具有主观性和客观性双重性质。

1. 消费者的价格心理表现

(1) 习惯心理。习惯心理是指消费者根据以往的购买经验和对某些商品价格的反复感知,来决定是否购买的一种心理趋势。消费者在长期、反复的购买实践中,通过对某些商品价格的反复感知,从而形成了对某些商品价格的习惯心理。特别是一些需要经常购买的商品,在消费者头脑中形成了深刻的印象,更容易形成习惯价格心理。尽管商品价格有客观标准,但是由于科技的飞速发展,生产和销售成本的不断变化,消费者很难对商品价值的客观标准了解清楚。由此,他们对价格的认识,建立在他们的习惯心理上。

消费者对价格的习惯心理影响消费者的购买行为。消费者往往从习惯价格中联想和对比商品价格的高低,以及质量的优劣。消费者在已经形成的习惯价格的基础上,一般情况下会对商品价格有一个上限和下限的概念。如果商品价格超过了消费者心目中的上限,则会认为该商品太贵;如果商品价格低于消费者心目中的下限,则会对该商品的质量产生怀疑。总之,如果某种商品违背了习惯价格,消费者就会产生拒绝购买的心理。但是,如果商品价格恰好在购买者的习惯价格水平上,就会得到他们的信赖和认同。

消费者的价格习惯心理一旦形成,往往要维持一段时间,在短期内是不易改变的。当商品价格变动时,会迫使消费者的心理经历一个困难的、由不习惯到习惯的一个过程。因此企业在制定价格策略上必须了解价格习惯心理对购买行为的影响,对超出习惯价格范围内的商品价格要慎重考虑,要调查清楚这类商品价格在消费者心目中的上下限幅度。一旦价格脱离了消费者的上下限,则企业需要宣传和解释价格形成原因以及商品品质等,促使消费者尽快由不习惯转为习惯,接受当前价格,从而增加购买。

(2) 感受心理。价格感受性是指消费者对商品价格及其变动的感知强弱程度。消费者对商品价格的高与低、昂贵与便宜的认识,不完全基于某种商品价格是否超过或低于他们认定的价格尺度,他们还根据与同类商品的价格进行比较,以及购货现场的不同种类商品的价格比较来认识。这种受到背景刺激因素的影响而导致价格在感受上的差异,就形成了消费者对价格高低的不同感受性。这种感受性会直接影响消费者的价格判断。

在实际销售工作中,如果把同一类商品中的高价商品与低价商品放在一起出售,有时能产生比较好的经营效果。因为求廉者通过对比可以感到自己所买的商品确实便宜,而求高、求名者则认为买高价货有利于显示自己的身份和地位。

(3) 敏感心理。由于商品价格直接关系消费者的生活水平,所以消费者对价格变动具有极强的敏感性。消费者对价格变动的敏感心理,既有一定的客观标准,又有经过多年购买实践形成的一种心理价格尺度,因而具有一定的主观随意性。这两方面的影响,有时一致,有时不一致，甚至相互对立。

对那些与消费者日常生活密切相关的商品价格，特别是需求弹性系数较小的商品，如食品、蔬菜、肉蛋等，消费者的敏感性较高，这类商品的价格略有提高，消费者马上会作出强烈反应；而一些高档消费品，如彩电、钢琴、家具等，即使价格比原有水平高出几十元、上百元，人们也不大计较，即消费者对这类商品的价格敏感性较低。

不过，消费者对价格变动敏感心理的反应强度会随着对价格变动的习惯性适应而降低。因此，企业在进行商品价格调整时，对于敏感性较大的商品一次调价的幅度不宜过大，同时应选择好调价时机，以避免引起消费者心理上的过度反应。

(4) 倾向心理。倾向心理是指消费者在购买过程中，对商品价格选择所表现出的倾向。商品价格有高、中、低档的区别。一般来说，价格高的商品品质好、价值高，价格低的商品品质低、价值低。由于所处社会地位、经济收入、文化水平、个性特点的差异，不同类型的消费者在购买商品时会表现出不同的价格倾向。现阶段，我国消费者的消费心理明显地呈现出多元化特征，既有要求商品款式新颖、功能先进、高档名贵的求“新”、求“名”心理，又有追求经济实惠、价格低廉的求“实”、求“廉”心理，也有居于两者之间的要求商品价格适中、功能实用的求“中”心理。此外，还有满足情感、文化需要的求“情”、求“乐”、求“知”心理。把上述消费者心理按高、中、低分成三个需求档次，消费者的价格倾向会明显地表现出来。他们会根据自己不同的需求特点，作出不同的价格选择。

由此可见，消费者价格心理表现是在价格心理作用的基础上形成的比较稳定的或带规律性的心理倾向。它使消费者对不同的商品价格作出不同的心理反应，是消费者在购买活动中衡量商品价格高低、价值大小和品质好坏的重要标准。因此，需要认真加以研究。

(5) 逆反心理。在一般情况下，消费者总希望能够买到物美价廉的商品，对于相同价值的商品总是希望其价格越低越好，但在某些特定的情况下，商品的畅销性与其价格并非呈反向表现，并非价格越低越畅销，而是出现了买涨不买跌的情况。例如，在房价上涨的市场中，很多人还在排队争购。这就是消费者对价格的逆反心理的表现。

2. 消费者的价格判断

(1) 消费者价格判断的途径

消费者价格判断的途径主要有以下几种：

① 与市场上同类商品的价格进行比较。这种是最简单明了、被普遍使用的一种判断产品价格高低的方法。

② 与同一售货场中不同产品的价格进行比较。如一件1 000元的电器，把它摆放在几百元的小家电中间和摆放在2 000元以上的电器中间，消费者的价格感受和判断是不一样的。前者会给人感觉此电器比较贵，后者让人感觉比较便宜。这种心理现象，是消费者在判断价格的过程中，受周围陪衬的各种商品价格的影响而产生的一种错觉。

③ 通过产品的外观、品牌、产地、包装、使用特点来判断。消费者的价格判断也来自于对有形产品特性的比较，品牌知名度高、外观新潮、包装精美、各种附件说明完备的商品，会让消费者感觉价格较贵。

④ 通过消费者自身的感受体验来判断。这种方法多用于服务产品，作为无形产品，消费者只能通过接受服务过程中自身的生理和心理体验来衡量它的价格。当然，这些体验还

来自于服务设施、设备、人员、场地环境等一切可以传达服务优势及特色的有形展示。

(2) 影响消费者价格判断的因素

影响消费者价格判断的因素很多,主要有以下几类:

① 消费者的经济收入。这是影响消费者价格判断的主要因素。例如,对于同样一件500元的衣服,月薪5 000元的消费者和月薪1 000元的消费者对价格的感受和判断是完全不同的。

② 消费者的价格心理。即前面所说的习惯心理、敏感心理、倾向心理和感受心理等都会影响消费者在购买产品时的价格判断。

③ 生产和出售地点。同类产品的生产工艺可能完全相同,但由于产地不同,消费者对价格的判断也不尽相同,这就是“原产地效应”。消费者通常认为原产地生产的产品更加优质,定高价是合理的,而其他产地同样的产品卖同样的价格则难以接受。此外,同样的商品以同样的价格分别在专卖店和集市出售,消费者往往觉得后者的价格过高。因为消费者通常对集市产品价格的判断标准较低,而对专卖店的判断标准较高。

④ 产品的类型。同一种产品因其用途不同、消费者对不同类别产品的评价标准不同,因而对产品价格的感受不同。

⑤ 消费者对产品需求的紧迫程度。当消费者急需某种商品而又找不到替代品时,即使这种商品的价格较高,消费者的感受和判断也会趋于接受。

⑥ 购买时间。在一些特定的时间购买某些商品,价格可能高也可能低。例如,对于换季的产品,消费者认为打折降价是应该的,因此,定低价消费者才会接受。另一种情况是,在一些特点的节日,消费者即使要支付比平时更高的价格也可以接受。例如,情人节时,玫瑰花卖得比平时贵很多,可是买的人还是很多,这就是因为购买时间不同而给消费者带来价格判断的标准不同。

小资料

低价——费力不一定讨好

一个美国商人从国外购进了一批做工精细、质量上乘的礼物,为了增加竞争力,商人把价格定在和其他一般礼物一样的水准,可销路并没有比别人的更好,这让他很奇怪,因为这批礼物真的是非常精致、漂亮,价格也很低。一天,这个商人生病了,他委托同样做小生意的邻居帮他代卖这些礼物。但是,这个邻居在销售时把那个商人写的价格——12美元错看成了120美元,结果这批礼物被一抢而空。原来,高价吸引来了大家的目光,而精美的商品让大家觉得值这个价钱,这个价格又使大家更相信商品的品质——物有所值。还有一点就是他们卖货的地点是在富人区,这里的顾客对价值感兴趣,而非价格。于是,合适的商品在合适的地点以合适的价格顺利地卖出了好价钱。

从这个故事中可以看出,商品定价不是越便宜越好,那样不但赚不到应得的利润,还可能费力不讨好,让顾客低估了商品的价值。

而商店采用更多的是将少数产品价格定得较低,吸引顾客来购买“便宜货”的同时顺便购买其他正常价格商品的招徕低价策略。将某种产品的价格定得较低,甚至亏本销售,而将其相关产品的价格定得较高，也属于招徕定价的一种。例如，日本一家药房在将一瓶 200 元的补药以 80 元超低价出售时，每天都有大批人潮涌进店中抢购补药，按说如此下去肯定赔本，但账目却显示出该店盈余骤增，其原因就在于没有人来店里只买一种药。人们看到补药便宜，就会联想到其他药也一定便宜，于是就促成了盲目的购买行为。

资料来源：http://www.cmmo.cn/article-47936-1.html。

10.2.3　调整价格的心理策略与技巧

企业在经营过程中，常会出现商品价格的变动和调整。企业调价的原因很多，如商品价值的变动、市场供求关系的改变、竞争对手价格策略的调整、消费趋势的变化等。商品价格的调整必然会影响到消费者的切身利益，因此企业在调整价格时，既要考虑以上因素的影响，又要充分考虑消费者对商品价格调整的心理反应。

消费者由于对企业价格调整的动机、目的的理解程度不同，会作出不同的心理反应。通常情况下，由于市场信息的非对称性，消费者无法直接了解企业调整价格的真实原因，因此，在心理反应上难免出现偏差。所以企业在调整价格的时候，一定要认真分析各种因素的影响，准确把握消费者的价格心理，事先做好市场预测工作，采取行之有效的调价策略，以便达到扩大销售总额、增加利润的目的。

1. 消费者对价格调整的心理反应

价格调整可分为两种情况：一种是降低价格，另一种是提高价格。但无论怎样变动，调整价格总会使消费者的利益受到影响。当然，对于不同产品，消费者对其价格变动的反应也是不同的。这种反应主要通过需求的价格弹性表现出来，需求弹性系数可以表明消费者对价格变动的反应。

此外，由于市场信息的非对称性，消费者对企业调整价格的动机、目的的理解程度不同，也会作出不同的心理和行为反应。通常情况下，消费者无法直接了解企业调整价格的真实原因，对价格调整的理解不深入、不准确，在心理和行为反应上难免出现偏差。了解消费者对企业调整价格的心理反应，对企业制订有效的价格调整方案具有至关重要的意义。

(1) 消费者对调低产品价格的心理反应。造成商品降价的原因有很多，如商品成本降低、商品的升级换代、商品保管不当造成的品质降低、为了资金周转而低价甩卖等。调低商品价格可以激发消费者购买欲望，促使消费者大量购买。但在现实生活中，消费者可能作出与之相反的各种心理和行为反应，具体如下：

① 由于“便宜没好货，好货不便宜”心理的影响，消费者对降价商品的品质产生怀疑。

② 消费者自认为不同于一般低收入阶层，购买降价商品有损其自尊心和满足感。

③ 商品降价可能是有新产品问世，老产品即将被淘汰，买了很快就会落伍。

④ 商品已降价，可能还有进一步降价的空间，等待新一轮的降价可以买到更便宜的商品。

这些想法在消费者当中具有一定的普遍性。以中国车市为例，厂家希望通过降价抢占先机，吸引工薪阶层这个巨大的潜在购车群体。2001 年 5 月国家出台放开轿车价格政策，各汽车交易市场汽车销售价格应声而落，但也未立即挽回销量下滑的趋势。究其原因，就在于车价放开的政策导致消费者对车价下调预期增加，于是持币待购现象开始显现。

（2）消费者对调高产品价格的心理反应。在营销实践中，企业经常迫于各种原因而不得不提价，如产品成本增加、市场供不应求、经营环节增多等。调高商品价格通常对消费者是不利的，会影响商品销售，但在实际生活中，消费者对提价也可能产生以下的心理反应：

① 商品涨价，消费者认为可能是因其具有某些特殊的使用价值，或具有更优越的性能，好东西应该尽快购买。

② 预期心理会导致消费者认为商品虽然涨价，但可能还会继续上涨，应尽快购买，以防将来购买会更吃亏。

③ 投资心理会使消费者认为商品涨价说明它有升值的潜力，不如把购买当作投资。

上述心理主要是消费者从众心理的反应。例如，在保健品市场上，各种保健品之所以可以在市场上以高昂的价格"各领风骚两三年"，最主要的原因就是消费者盲目相信它真的具有一些意想不到的保健功能。眼看着价格在上涨，很多人在抢购，自己也冲动地跟随别人去购买。

2. 价格调整的心理策略及技巧

根据消费者对产品价格的心理反应，企业可以采取相应的惠价、降价和提价策略。

（1）惠价的心理策略及技巧。惠价策略是指消费者购买商品时厂商提供优惠价格的定价策略。它具体表现为：灵活定价、附加赠品、分期付款等多种形式。比如，对于购买商品数量在一定起点的消费者，商店以商品让价5%或8%的优惠销售；商店在销售商品时，附带赠给购买商品的消费者某些物品作为奖励；消费者在购买商品时，可以不必当场付款，而是在一定时期内分期偿还。实践证明，惠价策略适应消费者的购买心理，有利于扩大商品销售。其中，分期付款是赊销的主要形式，它特别适用于购买各种高档耐用的消费品。当然，实行分期付款赊销，商店必须取得某种形式的担保，同时，还必须明确规定偿还期限和金额。

（2）降价的心理策略及技巧。企业可能出于以下原因考虑降价：第一，企业的生产能力过剩，需要扩大销售，而又不能通过改进产品和加强销售来达到目的；第二，在强大的竞争压力下，企业市场份额下降，不得不降价竞销；第三，企业的成本费用低于竞争对手，试图通过降价提高市场份额。

降价能否促进销售，关键在于产品是否符合降价条件，以及企业能否及时准确地把握降价的时机和幅度。企业要达到预期的降价目的，应当注意以下条件：

① 了解消费者心理。消费者具有以下心理：

一是消费者注重产品的实际性能与质量，而较少将所购产品与自身的社会形象相联系。例如，只要洗几瓶某种品牌的洗发液就能使稀发变稠密，那么，这样的洗发液降价后消费者仍会忠诚地购买。

二是消费者对产品的质量和性能非常熟悉，如某些日用品和食品，降价后消费者仍对这些产品保持足够的信任度。

三是消费者需要企业向其充分说明降价的理由，并使其感到能够接受。例如，换季降价、清仓处理。

四是即使制造商和产品品牌信誉度高，消费者只有在以较低的价格买到"好东西"时才会满意。例如,深受大学生群体喜爱的服装品牌“以纯”“美特斯邦威”“真维斯”等,这些品牌服装价格一般在 100 左右,有些甚至在 50 元左右。

② 准确把握降价时机。关于降价时机,应根据产品和企业的具体情况而定。一般认为:

第一,对于时尚和新潮产品,进入模仿阶段后期就应降价。

第二,对于季节性产品,应在换季时降价。

第三,对于一般产品,进入成熟期的后期就应降价。

第四,根据我国近年来出现的“假日经济”现象,节假日可实行降价优惠。

第五,店庆也可作为较好的降价时机。

③ 降价幅度要适宜,应以吸引消费者购买为目的。降价幅度太小,不能刺激消费者的购买欲望;降价幅度过大,企业会亏本,或引起消费者对产品质量的怀疑。经验表明,降价 10%—30%有利于刺激消费者的购买;降价超过 50%时,消费者的疑虑会显著加强。

④ 注意采用暗降策略。暗降策略即通常所说的变相降价。降价要特别慎重,一般情况下,直接降价会招致同行的不满与攻击,甚至会引发同行间的价格大战。为了避免直接降价带来的不利因素,可采用暗降策略。例如,实行优惠券制度、予以实物馈赠、更换包装等方法。采用变相降价既维护了企业及产品的形象,又促进了商品销售,扩展了市场占用率。

⑤ 注意降价技巧。商家向销售者传递降价信息的一般方法是:把降价标签直接挂在商品上,使消费者对前后两种价格进行对比,让他们心里感到特别愉快,以此大量吸引消费者。因为消费者不但能一眼看到降价前后的两种价格,还能看到降价商品,眼见为实,从而立即作出是否购买的决定。

降价除了掌握幅度、把握时机、采用暗降策略外,还可以把降价和营销的其他策略配合使用,以达到更好的效果。

(3) 提价的心理策略及技巧。一般来讲,商品价格的提高会对消费者利益造成损害,引起消费者的不满。但在营销实践中,由于成本费用的增加,商品价格势必要上调。成功的提价可以维持企业利润或使企业利润增加。

① 提价具备的条件。商品提价应具备以下条件:消费者的品牌忠诚度很高,不会因价格上涨而轻易改变购买习惯;消费者相信商品具有特殊的使用价值或具有更优越的性能,是其他商品所不能替代的;消费者有求新、猎奇、追求名望、好胜攀比的心理,愿意为自己喜欢的商品支付高价;消费者能够理解价格上涨的原因。

② 提价时机的选择。提价时机可选择在以下几种情况下进行:商品在市场上处于优势地位;产品进入成长期;季节性商品达到销售旺季;一般商品在销售淡季;竞争对手提价等。总之,提价要掌握好时机,看准“火候”。提价后,可能有大批消费者将转向其他品牌,分销商也会因此放弃降价商品的经营,这就给竞争对手抢占市场提供了时机。如果企业提价失败后想恢复原价,后果将更加严重,单是企业品牌信誉的损失就足以使企业元气大伤。

应当注意的是,提价幅度不宜太大,速度不宜太快,要信守谨慎行事的“走钢丝”原则,否则会失去一大批消费者。提价幅度没有统一标准,一般视消费者对价格的心理承受能力而定。

③ 提价的技巧与方式。在提价技巧与方式的选择上，企业有直接提价和间接提价两种。直接提价就是以一定幅度提高原有商品的标价。间接提价就是商品的市面标价不变，而通过产品本身的变动，实际提高价格。企业通常的做法是暗地里更换产品型号、种类变相提价，这种方法多用于家用电器，如减少不必要的产品功能；另一种是减少商品数量而价格不变，这种方法多用于食品，如减少食品净含量。企业应尽可能地多采用间接提价，把提价的不利因素降到最低程度，使提价不影响销量和利润，而且能被消费者普遍接受。

④ 提价后企业应采取的措施。为了使消费者接受上涨价格，企业应针对不同的提价原因，采取相应的心理策略，包括通过各种渠道向顾客说明提价的原因，做好宣传解释工作；组织替代品的销售；提供热情周到的增值服务，尽量减少消费者的损失等，以求得消费者的理解和支持，提高消费者信心，刺激消费需求。

消费者对价格的心理反应是纷繁多样的。在实际市场营销活动中，应针对不同商品、不同消费者群体的实际情况，在明确消费者心理变化的趋势下，采取切实可行的调价策略，以保证企业营销活动的成功。

小资料

面粉价格上涨助推产成品价格跟风

进入2010年以来，先是绿豆、大蒜、生姜、辣椒等农产品价格持续上涨，再是面粉等粮食价格的上涨，后者的上涨也助推了其加工产成品的价格上涨。长春市某小区附近的一家面馆，以前3元钱一碗的拉面现在要卖到4元才能赚取微利。相应部分超市的品牌挂面价格受面粉价格上涨的影响也稳中有升，同比上涨3%左右。在山东省，康师傅公司已表示从2011年4月1日起对旗下部分桶装面产品进行提价，涨幅约为14%。这是康师傅继2010年11月以来的第三次提价。康师傅此前两次提价都是针对袋装方便面产品，这次针对桶装面的提价是近两年来的首次。它们在发表的公告中称，对桶装面每桶提价0.5元，产品的市场零售价将由每桶3.5元调整为每桶4.0元。据悉，桶装面的销售量约占该公司方便面整体销量的30%。

消费者对此次涨价反应表现不一，有的消费者觉得“如果康师傅桶装面涨价，可能会选择其他品牌的产品”，消费者则“会在涨价前多购买一些，以应对涨价”。

在面对当前压力巨大的通货膨胀形势下，中央政府采取了各种积极的对策措施予以应对，大众消费者也针对自身的消费需求、支出结构等因素作出适时调整，特别是对像面粉、大蒜、绿豆等生活必需品寄予更多的关注，对其价格调整反应表现较为明显。

资料来源：http://www.Chinaacc.com/new/184_900_201102/16。

10.3 广告与消费者的心理和行为

广告有广义广告和狭义广告之分。广义广告是指唤起人们注意某一特定事物的一种手段。狭义广告,也称商业广告或经济广告,它是指广告主为了达到某一特定目的,采用付费的方式,有计划地利用适当的媒体,向特定受众传递信息,以影响和改变消费者态度和行为的过程。本章内容所谈及的广告特指狭义广告。

在广告的概念中,主要包含了以下几个要点:首先,广告的本质是信息传播。广告就是向特定的目标消费者传递信息,并通过信息去影响和改变消费者的态度和行为。其次,广告具有明确的目的性。任何广告都有其具体而明确的目标,广告活动的最终目的是促进和扩大产品的销售。最后,广告具有明确的针对性。任何广告都是针对特定的目标消费者群而进行的。

10.3.1　广告的心理功能与媒体特征

1. 广告的心理功能

广告的心理功能是指广告的基本作用和效能,也就是广告对消费者所产生的作用和影响。作为促成企业与消费者之间联系的重要媒介,广告除了具有传播信息、促进生产、加速流通、引导消费、丰富社会文化生活等一般功能外,从消费者心理和行为的角度看,还具有以下心理功能:

(1) 认知功能。广告向消费者公开传递有关商品的商标、品牌、性能、质量、用途、使用、维护方法、价格、购买时间、地点以及服务的内容等信息,使消费者对其有所认识,并在头脑中形成记忆。由于广告媒体采用了多种传播渠道和传播形式,能够打破时间、空间的局限,及时、准确地将商品及劳务的信息传播给不同地区及不同层次的消费者,广泛地影响消费群体。

(2) 诱导功能。是指广告可以促使和引发消费者对新商品或不熟悉商品的购买兴趣,或改变对某些商品或企业的原有态度,并激发其购买欲望的功能。当一个介绍新设计、新构思、新观念的商品广告推出后,通常会引起消费者产生新的消费兴趣,通过广告树立商品或企业在消费者心目中的良好形象。广告信息的传递与诱导还可以改变消费者在日常生活中形成的某些偏见和消极态度,促使他们形成新的购买欲望和消费习惯。

(3) 教育功能。广告在传递信息时,必须具有科学性和知识性,同时必须符合有关法律的规定,符合社会主义道德风尚。广告可倡导科学、文明、健康、积极向上的消费观念,可以扩大消费者的知识领域,丰富其精神生活,指导其生活消费。通过广告获取商品知识已经占到各种商品知识来源的一半以上。另一方面,广告也是了解世界的一个窗口,人们在欣赏风情各异的各国广告时,也了解了各民族的文化、习俗、风土人情。

(4) 便利功能。是指广告通过各种媒体,及时、反复、个性化地传递商品信息,使消费者可以在品种繁多的商品中用较少的时间搜集或选择到适合自己需要的商品或信息。为消费者提高信息选择的便利是广告的重要功能之一。在市场需求千变万化、新商品层出不穷的今天,如果没有广告的指引,消费者要从繁多的商品和商业网点中寻找到自己所需的商品或劳务,了解那些不曾相识的商品是非常困难的。而广告所具有的便利功能成为解决这一困难的重要手段之一。

(5) 艺术功能。是指广告通过优美的艺术形式传递商品信息,引起受众的美感,从而达到促销目的。一则广告如果具有较高的艺术性和美感,既可以起到促销作用,又能给人带来美的享受。现代广告借助各种艺术表现形式和各种现代设计及传播方式，在语言、音乐、音响、色彩、画画等方面给消费者以充分的感染力，在接受商品信息的同时，也获得了艺术的熏陶。

(6) 促销功能。是指广告通过各种媒体的传播，把商品信息和企业形象牢固地树立在各目标市场区域和消费者中，使消费者通过比较和选择，引起消费者的注意和兴趣，增强购买信念，促进购买行为，以达到促进销售的目的。促销是企业对广告最直接的要求，也是广告最基本的功能之一。

广告对消费者具有重要的心理功能，相应地决定了广告的基本任务是：如何有效地说服消费者购买，如何让消费者快速、准确地接受和记住特定的商品信息，如何激发消费者的潜在需求。

2. 广告媒体的特征

广告要达到其向消费者传递信息的目的，必须借助各种广告媒体。所谓广告媒体是指传递广告信息的媒介物，即所有使广告接收者产生反应的物质手段和方法。广告媒体的种类繁多，最重要的是报纸、杂志、广播和电视。此外，直接邮寄广告、网络广告、户外广告、交通广告和 POP 广告近年来也发展迅速，成为广告媒体的新宠。为了实现最佳的广告宣传效果，有必要深入了解和比较各种媒体的特点和差异。

(1) 报纸广告。报纸是最古老的广告媒体，它的影响力和普及性是其他广告媒体难以达到的。报纸广告是一种印刷广告，它以简明、精炼的文字和图案传递商品的信息，具有以下特征：

① 准确性。能相对较快地把广告信息准确地传递给消费者，并且可以反复、连续地传播，给消费者留下深刻印象。

② 广泛性。随着人们生活水平的提高，人们对精神文化的需求越来越多，报纸的发行量大、传播面广、渗透力强，其影响程度也越来越深。

③ 信赖性。由于报纸的历史及其特殊性质，大多数报纸在人们心目中具有较高的权威性和信誉度，因此，不少消费者对报纸传递的广告信息往往比较重视。

④ 消息性。广告的基本功能是刊登消息，报纸广告也是如此，尤其是新产品研制成功和面市的消息，通过报纸的介绍与宣传往往可以大大促进其销售，同时，由于报纸具有特殊的新闻性，从而使广告在无形之中也增加了可信度。

⑤ 保持性。报纸有保存原形的特性，具有保留价值，不易消失，便于消费者反复阅读，且不受时间的限制。

⑥ 经济性。一方面，报纸本身售价低，发行量大，广告制作成本较低，因此广告费用相对低廉；另一方面，广告费用可根据版面大小和刊登日期、长短的不同灵活选择。

当然，报纸广告也存在其局限性，如内容繁杂，容易分散消费者的注意力。同时由于纸质和印刷技术的原因，缺乏对产品款式、色彩等外观品质的生动表现，从而影响了广告的效果。

(2) 杂志广告。杂志也较早用作广告宣传，是仅次于报纸的第二大广告媒体。杂志与报纸同属印刷型媒体，其心理特征分析如下：

① 读者集中，针对性强。无论是专业性杂志还是一般消遣性杂志，都拥有较集中的读者阶层，如音乐杂志的读者多为音乐爱好者或从事音乐工作的人，服装杂志则吸引对时装感

兴趣的读者。广告主应当对特定的读者群有选择地利用杂志广告宣传产品。例如,在音乐杂志上易刊登音响、唱片等广告,甚至咖啡广告,因为边欣赏好音乐边品尝好咖啡,其乐融融的意境是音乐爱好者所追求的;在女性杂志上刊登的家庭用品、服装、化妆品广告,比同类产品的报纸广告更能引起她们的注意。

② 吸引力强,宣传效果好。杂志广告印刷精美、色彩鲜艳、制作讲究,多采用彩色摄影技术,使商品的外在品质得以生动、逼真地表现。杂志广告一般有固定集中的位置,如封面、封底等,并且大多独占一页,不夹杂其他内容,故清晰整洁,引人注目。这些都使杂志广告有较好的宣传效果。

③ 阅读从容,保持期长。杂志多为月刊或季刊,阅读周期长,可用充裕的时间详尽地阅读,也可分多次阅读,还可互相传阅,从而起到了累积复加的宣传效果。

杂志广告也有不足之处,其制作复杂、成本高、价格昂贵;收稿排版周期长,灵活性差,信息反馈迟缓,减少了时间价值;篇幅少的杂志,刊登的广告数量有限等。

(3) 广播广告。广播作为广告媒体虽然比报纸、杂志晚,却在短短几十年间遍及全球、风靡世界。广播广告具有以下心理特征:

① 传播迅速。与报纸、杂志及电视广告相比,广播广告不需要复杂的编排制作过程,可以在很短的时间内把信息传递出去,而且修改方便,可灵活地适应市场环境。

② 覆盖率高。广播电台遍及城乡,收音机可以随身携带、随时收听。所以,广播广告几乎无时不在,无处不在。广播广告是传播范围最广、覆盖率最高的媒体。

③ 针对性强。广播会在特定的时间播出专题节目,每个节目都有相对稳定的听众。广播广告可以针对收听专题节目的听众进行宣传。例如,坚持收听体育节目的听众大多是体育运动爱好者,他们对运动类产品的广告会感兴趣。

④ 表现力强。作为声媒广告,广播广告以声音来传递信息,同时穿插对话、情节等独特的广播艺术,很有表现力,可引发听众的美好联想。

⑤ 费用低廉。与报纸、杂志及电视广告相比,广播广告制作便捷,费用很低。

广播广告的不足之处在于:听众非常分散,效果难以预测;声音转瞬即逝,难以记忆;“有声无形”的形式限制了某些产品的宣传效果。

(4) 电视广告。电视集听觉形象和视觉形象于一身,融图像、声音、色彩、动作、文字等于一体。电视广告可将信息作综合性、立体性的高效传播。迄今为止,电视广告是最能打动人心,又最能反映商品特色的大众传播媒体。其心理特征分析如下:

① 传播面广,影响力大。电视有很高的普及性,不识字的人也能看懂并理解。电视还具有集体共享性,通过收视者的相互影响,进一步扩大宣传范围和效果。因此,电视广告的覆盖率很高,成为最大众化、最通俗易懂、最能赢得观众的媒体。

② 视听结合,诉求力强。电视具备同时播出影像、声音以及色彩、文字的功能,并且可以有情节、有故事,能够充分、真实且艺术性地反映商品的全貌,感染力和说服力很强。

③ 表现手段、方式灵活多样。电视作为一种视、听结合的电波媒体,可运用多种艺术形式与表现手段,在内容上可多可少,在时间上可长可短,在创意上可有故事型、证明型、生活型、联想型等多种结构,在表现手法上可用诗歌、电影、舞蹈、音乐等多种形式。

电视广告虽然能将广告意图作最大程度的表现,但也存在不足之处:制作复杂,费用昂贵;时间短促,难以保存;适应性不强,尤其对专业性强、目标市场集中的商品来说,传播面太宽,可能造成浪费。

(5)直接邮寄广告。直接邮寄广告是将广告邮件通过邮寄的方式直接寄送到消费者手中的一种媒体形式,又称直接函件广告或 DM 广告。这种广告形式在发达国家中使用得十分普遍。直接邮寄广告的特征有以下几点:

① 针对性强。可以选择特定的消费者,根据其特点,有针对性地进行邮件广告的投放。

② 有亲切感。消费者收到邮件时,会产生受到重视的亲切感,容易唤起消费者的购买欲望。

③ 选择性强。由于不受时间和地域的限制,直接邮寄广告具有一定的选择性,既可以选择投放邮寄的时间和地区,也可以根据产品的具体特点选择某一特定阶层的消费者投寄。

④ 方便节约。直接邮寄广告可以较为详细地介绍产品特点、购买地点、购买方式和价格,制作方便灵活,费用较低。

但是,直接邮寄广告的不足也很明显,如广泛性差、反应不灵敏、反馈时间长。另外,乏味、缺乏新意的函件广告容易被人不经阅读而直接丢弃。

(6)网络广告。随着信息技术的飞速发展,使用互联网的人日益增多,网络在改变人们生活的同时,也对传统的广告媒体产生了深远的影响,以网络为传播媒介的广告成为当今热门的广告方式。作为一种新生的广告媒体,网络广告具有以下心理特征:

① 传播范围的广泛性。网络广告的传播范围十分广泛,它可以通过国际互联网把广告信息全天候、24 小时不间断地传播到世界各地。这种效果是传统媒体无论如何也达不到的。

② 信息传递的非强迫性。众所周知,前述的五种传统广告媒体都具有一定的强迫性,都是要千方百计地吸引消费者的注意,强行将信息灌输到他们的头脑中去。而网络广告则属于按需广告,具有报纸分类广告的性质却不需要消费者全盘浏览,可让消费者自由查询,然后将他们要找的资讯集中呈现出来,这样一来,就可以节省消费者的时间。

③ 受众数量的可统计性。利用传统媒体做广告,很难准确知道有多少人接收到广告信息。而在互联网上,可通过权威公正的访客流量统计系统精确地统计出每个客户的广告被多少个用户看过,以及这些用户查阅的时间分布和地域分布,从而有助于广告商正确评估广告效果,审定广告投放策略。

④ 信息传播的交互性与感官性。网络广告的载体基本上是多媒体、超文本格式文件,只要受众对某样产品感兴趣,仅需轻轻按鼠标就能进一步了解更为详细、生动的产品信息,从而使消费者能够亲身"体验"。网络广告还可利用虚拟技术等,让消费者身临其境般地感受商品或服务,并在网上预订、交易与结算,从而大大增强网络广告的实效性。

⑤ 灵活的实时性。在传统媒体上做广告发版后很难更改,即使可改动往往也要付出巨大的经济代价。而在互联网上做广告则能按照需要及时变更广告内容,包括改正错误。这样,经营决策的变化也能得到及时的实施和推广。

网络广告的优点虽然很多,但也有其不足之处。首先,广告受众有一定的局限性,我国网民多集中在 16—40 岁的青年人和中年人,而其他年龄层次的人则上网较少。其次,互联网虽然蕴涵着巨大商机,但也存在许多未知因素,如网络速度的不稳定、点击率的偶然性、创意及表现形式的局限等,在一定程度上会阻碍广告主对在线广告活动的大量投入。

10.3.2　广告传播的诱导方式

广告信息首先作用于消费者的听觉、视觉等感觉器官，并在消费者的大脑中引起不同程度的反应，形成一系列复杂的心理活动过程，从而促进其需求的产生和购买行为的实现。可以说，广告是针对产品所作的心理宣传。因此，在广告的设计、制作和播出的过程中，都必须重视对消费者心理活动规律与特点的研究，巧妙运用心理学原理，增强广告的表现力、吸引力、感染力和诱导力。

广告引发消费者心理反应的过程一般有以下五个环节，在这五个环节中恰当地运用心理策略，能够有效地增强广告活动的宣传效果。

(1) 引起注意。引起注意是广告产生效果的首要因素，注意是心理活动对一定事物的指向和集中，它反映了人的意识对可视事物的警觉性和选择性。广告可以采取多种心理策略来引起消费者的注意，具体有：

① 加大刺激的强度。只有当刺激达到一定的程度，才能引起人的注意。在一定限度内，刺激物的强度越大，人对这种刺激物的注意力就越集中。在广告中采用鲜明的色彩、醒目的字体、突出的图案、特殊的音效等，都能有效地刺激受众的视觉和听觉，引起他们的高度注意。

② 增加刺激物之间的对比。广告中刺激物之间的对比度越大，人们对刺激物所形成的条件反射越明显，因而越容易引起受众的注意。例如，广告中色彩的明暗对比、光线的强弱对比、图案的大小与色调的对比、布局的动静对比、音响的高低对比、节奏的缓急对比等。通过对比，突出广告所要宣传的重点内容，提高广告的记忆效果。

③ 利用刺激物的运动变化。运动着的事物、变化中的刺激更容易引起人们的注意。如大屏幕广告中忽明忽暗的光线、忽隐忽现的往返移动的图案、播音员抑扬顿挫的声音等，都是常用的刺激手段。

④ 增强刺激物的感染力。新颖的题材、奇妙的构思、富于艺术性的表现手法，都能增强广告的感染力，使消费者保持对广告较长时间的注意力。

(2) 启发联想。在广告宣传中，充分利用事物之间的联系，启发消费者的联想，无疑能起到提示消费者回忆、提高记忆效果、刺激消费需求的心理作用。启发联想的手法主要有以下几种：

① 形象法。即利用消费者熟知的某些形象来比喻和提高广告商品的形象。明星广告就是典型的例子。

② 暗示法。也称暗喻，即通过语言或画面创造出一种耐人寻味的意境，给消费者留下宽广的联系空间。如某皮鞋广告，画面出现两个妙龄女郎正在赤足涉水过小溪，每人手中拎一双皮鞋，字幕与画外音“宁失礼不湿鞋”，暗喻了皮鞋的珍贵，给人以回味的余地。

③ 反衬法。即广告不直接对准传播对象，而以其他形式来表现广告商品，以此影响真正的传播对象。如法国的“克隆堡”啤酒为了打开美国市场，广告商在美国电视中安排了这样的广告画面：法国人特别爱喝“克隆堡”啤酒，当这种啤酒被装船运往美国时，法国男女老少都依依不舍地留下悲伤的眼泪。这种幽默的反衬手法，使该啤酒打开了在美国市场的销路。

④ 讲述法。即利用文字或画外音述说一个传说或典故，来意指广告商品的名贵和历史悠久。不少传统名酒即采用此种广告手法。

⑤ 比喻法。即利用某些恰到好处的比喻来宣传商品或服务。

(3) 激发兴趣。在引起消费者对广告的注意之后，应进一步激发他们对产品的兴趣。只有让消费者感兴趣的产品，才会促使其主动购买。激发消费者兴趣的心理策略主要有以下几种：

① 投其所好。广告要激发人们的兴趣，必须符合人们的心理偏好。企业首先应该了解消费者所偏好的产品属性或某一方面的特性，投其所好，进行重点宣传。

② 力求新奇。好奇心是人们认识事物、探求真理的内在驱动力。对于相同或类似的画面或过多的情节，消费者会变得迟钝，而罕见、新奇的画面或构思却能让消费者产生兴趣。利用消费者的这种心理，作出巧妙、有新意的广告，则能收到意想不到的效果。

③ 应时应景。广告应当选择在恰当的时机和地点，给消费者以恰当的刺激，这样才能触及消费者的心理，引发他们较大的兴趣。

(4) 增进情感。消费者的情感状态直接影响着他们的购买行为导向。积极的情感体验能够增进消费者的购买欲望，促进购买行为；而消极的情感体验则会抑制消费者的购买行为。

一则好的广告，应该有助于促进消费者形成以下积极的情感：

① 信任感。广告通过自身的媒介行为激发起消费者对所宣传商品的信赖心理。实事求是、客观公正的广告，往往能达到增加消费者信任感的目的。

② 安全感。消除消费者对商品的不安全心理，增强心理安全感是广告宣传的重要内容。食品、药品、保健品的广告尤其应注意这一点。

③ 亲切感。广告宣传要设身处地地为消费者着想，表现出对消费者的关心、爱护，或者创造一种温馨的意境，从而给人以亲切感，使消费者加深记忆，达到增加信任的目的。

④ 美感。爱美是人类的天性，美是提高人类社会生活水平的重要基础。广告应该运用语言、色彩、画面等手段增强宣传内容的艺术欣赏性，使消费者赏心悦目，得到美的享受。

⑤ 好奇感。即好奇心，它是人们认识事物、探求真理的一种内在驱动力，是一种大众心理。广告若能利用这一心理，激发消费者的好奇感，就能有效地吸引消费者的注意，大大提高宣传效果。

(5) 增强记忆。记忆是人脑对过去感知过的事物的反映，是对经历过的事物和感受由记到忆的一种心理活动。对广告信息的记忆，是消费者认知、判断、评价商品以及作出购买决策的重要条件。在广告的设计和宣传中，有意识地增强消费者的记忆是非常有必要的。经常采用的增强消费者记忆的策略如下：

① 减少材料数量。在同样时间内，材料越少，记忆水平越高。所以广告文案应力求简洁、精炼，尤其是广告标题要短小精悍，有一鸣惊人的效果。

② 适当加以重复。重复是加深记忆的重要手段。人们对事物的记忆往往不是一次能完成的，需要经历多次重复的过程。广告可以对有关信息中的关键部分加以重复，以达到强化消费者记忆的目的。

③ 增进理解。理解是记忆的前提。通常，人们对于理解的事物才能记忆深刻，所以广

告要根据消费者的记忆特点，化抽象的概念为具体的形象，尽量发挥形象记忆的优势。同时通过深入浅出的说明解释，来增进消费者的理解和记忆。

④ 运用多种艺术形式。广告中适当运用各种艺术表现形式，也能帮助人们加深记忆。例如，将广告词写成诗歌、顺口溜、对联等形式，使之朗朗上口；使用成语、双关语、谐音等，巧妙地说明商品的特性，可以做到语意双关；运用漫画、卡通人物等幽默、夸张的表现手法，会令人忍俊不禁。这些形式都可以让消费者对广告内容经久不忘。

案例 10.1　"恒源祥，羊！羊！羊！"

"恒源祥"是目前中国最大的绒线制造商，涉及家纺、针织、服装三大产业板块，有上百家联盟体工厂、4 000 多家经销网点，拥有 2 000 多个规格品种，它是一家纺织类综合性集团公司。

由世界品牌实验室（World Brand Lab）独家编制的 2007 年"中国 500 个最具价值品牌"排行榜显示，恒源祥品牌价值从 2006 年的 31.23 亿元跃升为 94.58 亿元，排名也从第 273 位跨越至第 64 位，位列行业第二。这是恒源祥连续第四年位居中国品牌 500 强，并创下品牌价值历史新高。

很多人都熟悉的"恒源祥，羊！羊！羊！"，曾挽救了一个企业，也成就了一个品牌。20 世纪 90 年代，恒源祥出资 18 万元赞助播出电视剧《婉君》，首创了中国电视广告史上的 5 秒标版广告。随后在央视继续播出三段式重复广告。恒源祥自 1994 年采用"恒源祥，羊！羊！羊！"这一广告至今已有十几年，打造了 90% 以上的知晓率，其广告本身在中国广告界也属于上乘之作。

2008 年 2 月 6 日（除夕夜），"恒源祥"的十二生肖电视广告在上海、山东、安徽、浙江、湖南和江苏六大地方电视台的黄金时段同时播出，1 分钟的时间里，一幅由北京奥运会会徽和恒源祥商标组成的画面一直静止不动，广告语是：

恒——源——祥！北京奥运会赞助商！鼠！鼠！鼠；
恒——源——祥！北京奥运会赞助商！牛！牛！牛；
恒——源——祥！北京奥运会赞助商！虎！虎！虎；
恒——源——祥！北京奥运会赞助商！兔！兔！兔；
恒——源——祥！北京奥运会赞助商！龙！龙！龙；
恒——源——祥！北京奥运会赞助商！蛇！蛇！蛇；
恒——源——祥！北京奥运会赞助商！马！马！马；
恒——源——祥！北京奥运会赞助商！羊！羊！羊；
恒——源——祥！北京奥运会赞助商！猴！猴！猴；
恒——源——祥！北京奥运会赞助商！鸡！鸡！鸡；
恒——源——祥！北京奥运会赞助商！狗！狗！狗；
恒——源——祥！北京奥运会赞助商！猪！猪！猪。

由童声念出的广告背景音从"鼠！鼠！鼠"一直叫到"猪！猪！猪"，把十二生肖叫了个遍，其单调的创意和高密度的播出，遭到众多网友"拍砖"，普遍认为是"恶俗广告"。天涯等多家网站上均发有大量帖子：

"看完之后第一个感觉是烦,烦到最后让人恶心。"

"非常不舒服,赶快换台。"

"恒源祥广告是在挑战观众的忍耐力,更是在挑战观众的智商。"

"恒源祥的形象就这么毁了。"

"抵制购买恒源祥商品。"

"霸王广告,强制干扰观众的眼球和听力……"

许多网友如是评价。

面对外界激烈的骂声,恒源祥集团广告部一人士表示:"宁愿被骂死不能被忘!"

资料来源:http://t.163.com/2747241748#f=topnav。

10.4 购物环境与消费者行为

一般而言,心理活动通过个人来实现,并带有鲜明的个人特点,因而是一种主观活动。但是心理活动的主观性并非是绝对的。心理活动所反映的是客观事物,或者说,客观事物通过人脑的反映构成心理活动的对象和内容。就这一意义而言,客观事物通过心理活动间接参与并影响人类的行为。因此,消费者行为除受自身生理与心理因素的支配外,还受到外部购物环境的影响和制约。

10.4.1 企业的整体形象与消费者行为

现代商店类型众多,按经营规模,可以分为大型、中型、小型商店;按经营商品的种类,可以分为综合商店、专业商店;按经营方式,可以分为百货商店、超级市场、连锁酒店、货仓式商店;按经营商品及购物环境的档次,可以分为高档精品店、中低档大众商店等。现代消费者的需求复杂多样,对商店类型的要求和选择也不相同。相应的,不同类型的商店,由于经营特色不同,对消费者的购买心理也有不同的影响。

1. 大型百货商场

大型百货商场具有经营广泛、品种齐全、设施优良、服务完善、地处繁华商业中心、拥有良好信誉等诸多优势,具有较强的综合功能,可以满足消费者求全心理、选择心理、安全心理等多方面的购买心理需求,同时适应各种职业、收入、社会阶层的消费者心理需求,因而对大多数消费者具有较大吸引力,是消费者集中选购多种商品,了解商品信息,享受购物乐趣,感受时代潮流的主要场所。一些知名度较高的大型百货商店,如北京王府井百货大楼、上海第一百货商店、美国西尔斯商店、东京西屋百货公司、巴黎春天商店等,往往代表着所在城市的经济发展水平,成为消费者判断该城市繁华程度的窗口。

2. 专业商店

专业商店因其专业化程度高,而能更好地满足消费者对某种特定商品的深层需求。因而在选购单一商品如汽车、电器、钟表、眼镜时,专业商店经常成为消费者首先选择的商店类型。

3. 超级市场

超级市场采取敞开货架、顾客自选的售货方式，使消费者能够亲手选择比较商品，亲身体验使用效果。与其他类型的商店相比，可以为消费者提高较多的参与和使用机会，满足消费者在购买过程中的参与感及主动性、创造性的心理需要，同时减少与售货人员发生矛盾的可能性。因此，超级市场一经出现，便受到消费者的欢迎。

4. 连锁商店

连锁商店因具有统一经营方式、统一品牌、统一价格、统一服务、统一标识、分布广泛、接近消费者等特点，而在众多商店类型中独具特色，受到消费者偏爱。在连锁商店购物，可以使消费者减少风险防御心理，节省挑选时间，缩短购买过程。特别是一些连锁快餐店、便利店，如肯德基、麦当劳、马兰拉面等，以其方便、快捷、便于识别等优势，而满足现代消费者求快、求方便的心理需要。

5. 货仓式商店

货仓式商店在各种类型的商店中异军突起。这种商店一反传统销售方式，将零售、批发和仓储各环节合而为一，并采用小批量如成盒、成打的形式出售商品，因而可以最大限度地节约仓储、包装、运输等流通费用，进而大幅度降低商品的零售价格。所以，尽管这类商场购物环境较差，服务设施简陋，但因价格低廉的突出优势，迎合了中低收入阶层消费者求实、求廉的购买动机，故对这一阶层的消费者有很强的吸引力。

6. 高档精品店

高档精品店以经营品牌商品、价格昂贵、质量优良、环境设施讲究和高水准服务而见长。这类商店主要以高收入阶层、社会名流等为服务对象，满足其显示财富、身份、社会地位的心理需求。高档精品店，多与世界知名品牌生产商相结合，以专卖店的形式出现，如“皮尔·卡丹”“金利来”“鳄鱼”等，从而满足部分消费者求名、炫耀、攀比的购买动机，并以此赢得稳定的消费者群。

总之，商店整体形象不同，对消费者购买心理的影响和适应程度有所不同。消费者常常在购买活动开始之前，根据自身的消费需要和购买习惯对商店类型进行选择。实践证明，新建商店与邻近商店销售的商品种类协调一致，相互补充，可以方便消费者购买，促进商品销售。如果与邻近商店销售的商品种类反差太大，则会对商品销售产生消极的影响。

10.4.2　店内设置、装饰与消费者行为

1. 店内设置与消费者行为

店内是指商业企业的营业场所，它包括出售商品和对顾客进行服务的营业场所，保管商品和进行出售前准备工作的辅助场所，企业行政管理人员执行管理职能的行政办公场所以及职工的活动场所等。店内的合理布局，无论是对顾客购物，还是对企业管理人员、营业人员的现场操作都是十分重要的。它不仅可以提高商店有效面积的使用率、营业设施的利用率，而且能为顾客提供舒适的购物环境，使顾客获得购物之外的精神和心理上的某种满足。

因此,店内布置应把握"总体均衡,突出特色,和谐舒适,方便购买,适时调整"的总体原则。在实践中具体化为:

(1) 布置结构与交易方式的协调一致。商店的布置结构是以现有商店建筑结构为基础的,是售货场所和非售货场所、通道、固定设施、陈列货架之间的妥善安排。这种妥善安排要求商场所采取的售货形式、交易方式与店内设置合理结合。

(2) 突出经营特色与提供全方位服务的协调。但凡经营效益好的商店,都能为消费者提供全方位的服务,并能从商店的装饰布局上反映出该商店独特的经营特点。从经营角度来分,商店可分为专营商店、综合商店两大类。专营商店一般是以经营某类商品为基础,店内布置以突出该商品为中心。而综合商店是全方位经营,以全方位服务为经营理念。因此,在店内的布置上,应通过对商品档次和服务特色的定位,形成自己的装饰布局特色和经营理念,使顾客能够逐步形成对本商店形象和特色的认识。

(3) 方便购买与舒适性购物相一致。店内布置的核心是实现促销。在当今快节奏的社会生活中,人们对时间观念的认识大大提高了。因此,现代商店的店内布置必须考虑:如何使顾客能尽快地买到所需要的商品,提高购买效率;如何使顾客的购买从纯商业性变为集购物、休闲、娱乐、社交为一体的综合活动。

(4) 高雅与大众化的协调搭配。人们生活方式的实际差异和心理倾向的不同,也为店内设置设计提出了雅俗搭配的要求。过于豪华的店内装饰会给大多数顾客造成心理压力,使其望而却步,而过于俭朴的布局又会失去一部分中高收入的顾客。高雅和大众化如何协调,必须考虑当时、当地的顾客可以接受的阈限。

2. 柜台布置与消费者行为

柜台与货架是陈列商品的载体。柜台及货架的设置方式直接影响消费者的购买心理。不同的设置方式会使消费者产生不同的心理效应。

(1) 按照售货方式的不同,可以选择开放式柜台和封闭式柜台。

开放式柜台采取由消费者直接挑选商品的方式,消费者可以根据自己的需要任意从货架上拿取和选择比较商品,从而最大限度地缩短与商品的距离,增强亲身感受和体验;消费者可以获得较大的行为自由度,充分发挥个人的主观能动性,产生自主感和自信感;可以减轻消费者心理因素的干扰,在自由挑选商品中形成轻松、愉悦的情绪感受;可以使消费者感受到商店给自己的信任和尊重,进一步激发消费者的购买欲望,促进购买行为。因此,开放式柜台受到广大消费者的欢迎。

封闭式柜台是由营业员向消费者递拿、出售商品的陈列形式。与开放式柜台相比,这种形式增加了消费者与商品接触的中间环节,扩大了距离感,降低了个人的行为自主性,同时增加了顾客与营业员产生矛盾的可能性,因而对消费者心理的负面影响较多。但对珠宝首饰、钟表等不宜或无法直接挑选商品的陈列,采用封闭式的柜台比较适合。

(2) 按照柜台摆放方式的不同,柜台可以分为直接式柜台和岛屿式柜台。

直接式柜台是指若干个柜台呈直线摆放。这种方式便于消费者通行,视野较开阔深远,但不利于迅速寻找和发现目标。一般小型商店采用这种柜台设置形式。

岛屿式柜台是指一组柜台成球状摆放,形成一个售货岛屿。这种摆放形式可以增加柜台总长度，扩大商品陈列面积，还可以按经营大类划分和集中陈列商品，以便消费者迅速查找和发现所要购买的商品。这种方式有利于进行营业场所的装饰，通常为大型商场所采用。

3. 商品陈列与消费者行为

商品陈列是指柜台及货架上商品摆放的位置、搭配及整体表现形式。商品陈列是商品内部陈列的核心内容，也是吸引消费者购买商品的主要因素。商品陈列本身就是广告，是激发消费者购买欲望的有力手段。商品陈列是否得当，往往影响消费者的购买心理及行为表现。实践证明，商品陈列必须适应消费者的选择性、习惯心理，并努力满足其求新、求美等心理需要。商品陈列的一般要求如下：

(1) 醒目性。是指要求商品在陈列中形象突出，使顾客可以很容易就看到商品，并引起人们的注意。

(2) 吸引力。是指陈列的商品能充分展示商品的特点，使顾客对商品有好的直观感受；商品陈列的艺术手法应新颖、独特、构思巧妙，对顾客有一种挡不住的吸引力。

(3) 丰富感。是指在橱窗、柜台、货架中陈列的商品要丰富、整齐有序，使顾客感到选择余地大，商店欣欣向荣。

4. 店内氛围与消费者行为

店内布局应营造一种让顾客流连忘返的氛围，造成这种氛围的主要因素可归结为商店员工、商品、设备、声音、气味、格调、声誉以及由这些因素共同作用而产生的商店气氛，而这种气氛又决定了顾客对商店的印象。

(1) 营业员与店内氛围。在购物现场，营业人员的衣着应与店内的整体环境相适宜。例如，随着季节的变化和商品的色调变化，人员服饰也应随之而变化。此外，不同的商品要选择相应的营业员。例如，大件耐用家用电器柜台，一般选用中青年男性营业员的效果好；女性服饰用品柜台，最好不选用男性营业员。

(2) 声音与店内氛围。在商店的整个购物氛围中，可利用音响传递信息，不仅可引起顾客的注意，而且能产生令人愉快的效果。心理学研究表明，人的听觉器官一旦接受某种适宜的音响，便会极大地调动听者的情绪，造成一种必要的意境。在此基础上，人们会萌发某种欲望，并受到欲望驱使而采取行动。

(3) 气味与店内氛围。人对气味的敏感性是极强的，各种气味都会通过人的嗅觉影响个体对周围环境的心理感受。店内环境中的气味对顾客的影响一般是正向的、积极的，大多数不会形成负向的感觉。商店中的气味大多是与商品相关的，特别是在专营商店中更为突出，如花店中的花香、药店中的药味、皮草行中的皮革味等。许多顾客是从商店中散发出的气味来判断商品质量状况的。对有益气味加以应用，可以产生更强的促销效果。

(4) 灯光与店内氛围。灯光照明是对商场的“软包装”，体现着商家在一定时期内销售主体的诉求意向，也是向顾客传递购物信息的媒介。灯光的强弱、明暗对比能使人产生截然不同的心理反应。科学、合理地配置照明及装饰灯源，既可以吸引顾客的注意力，激发购买情趣，又可以使顾客在视觉舒适的环境中浏览商品，进而形成对商店购物环境的良好感觉。

(5) 空气调节与店内氛围。通风和空气调节的目的在于使商场内空气清新，温、湿度适宜,给顾客以舒适宜人的感觉。按照我国人民的一般生活习惯,夏季店内外温差不宜过大,一般4℃左右为宜,这样进入商店的顾客能有清凉之感,而走出商店的顾客也不会有火炉之感。在冬季应适当加大温差,一般店内温度应控制在15℃—18℃范围内。

(6) 色彩选择与店内氛围。在商店店内环境中,色彩的有效使用具有普遍意义,色彩与环境、商品搭配是否协调,对顾客的购买心理有重要影响。不同色彩能引起人的不同联想,产生不同的心理感觉。色彩的不同组合,可以表现出不同的情感和气氛;色彩的对比与组合不同,商品及广告文字的醒目程度也就不同。作为设计人员应当充分把握消费者的心理需求,才能使色彩和消费者的心理产生共鸣。对于不同地区、职业、年龄的人,设计时在色彩上要注意他们的接受心理和审美情趣。

(7) 清洁与店内氛围。商场是公共场所,人来人往,顾客很多,若环境卫生不好,地面布满灰尘、纸屑,就不能留住顾客。购物环境卫生包括营业场所卫生、商品卫生、营业员个人卫生等。保持窗明柜净和商品整洁,为消费者创造一个整洁的购物环境,是文明经商的要求。在营业现场,每天的卫生工作要定人定时打扫,将废旧包装物及时清理收回。陈列用具、展示的商品要每天擦拭,营业员也要着装整洁,讲究个人卫生。

小资料

商场设计可以影响消费者行为吗?

"零售商可以绝对地控制顾客的反应",《有效销售空间设计》一书的作者Joseph Weishar评论说。他认为消费者是以一种可以预测的方式在商场中徘徊流动的。他们对于光线和颜色刺激作出的反应也是可以预测的。合理的商场设计可以把消费者由浏览者转化为购买者。"如果你能让消费者看你想他们看到的商品,他们可能就会购买你想要卖给他们的商品。"

现在,越来越多的零售商已接受了这一理论。对商场内部设计的重视、整修和重塑正呈上升趋势。国际批发商协会的一项调查发现,60%的商业企业正在酝酿计划,拟对商场按新的设计进行整修、装饰。80%的高价专卖店已经雇用了商场设计顾问。

Sears公司拿出40亿美元用于整修它的商场;Kmart公司用了23亿美元进行商场改善;J. C. Penney公司用在商场重新设计上的费用一年就达5亿美元;Benetton公司重新装修了它的200家美国分店,每家分店花费近40万美元。

单靠装修门面可以改变一切吗? 根本不可能。Weishar认为,商场设计是一门科学;由于商场设计人员的工作,可以使消费者光临商场并且花费比平时多80%的时间进行选购;无论消费者在入口处右边看见什么商品,那都是零售商在那天最想让消费者购买的商品;宽敞的通道将会说服消费者支付更高的价格,闪烁着"高品质"字样的荧光灯将会深深印入消费者的脑海。

Weishar把奢侈品零售商Bergdorf Goodman作为一个例子来印证他的"宽通道等于高价格"的理论。"Bergdorf Goodman每立方米所陈列的商品数量是纽约所有大专卖店最少的一家,然而该店每平方米销售额达2 000美元,居国内最高水平",他说,"宽敞的景象能够激发消费者一种高档的感觉,有助于说服他们购买高价商品"。

商场设计的成功范例还包括 Gap 和迪士尼商场。他说："Gap 已经为它的商品设计了一个完美的环境。"在该店前部的售货桌呈现出一定的角度，看上去好像砖石的形状。这种做法是有用意的。这一角度可以直接把消费者引向新到的全价服装处。

迪士尼商场的创办者说，迪士尼商场的设计是用来传递著名的迪士尼游乐场的特征、主题，即快乐和兴奋。他们也有另一个目的：让消费者进入商场深处。Weishar 认为这个目标是每个精品店和百货公司所追求的。当消费者走进商场最里面时，对商场来讲是一个很好的机会，因为消费者很可能并不沿进去的原路线返回，这样就可以让消费者接触到更多的商品。在每一个迪士尼商场最里面的墙上，都设有一个巨大的屏幕。伴随着熟悉歌曲的全屏幕动画，深深地把消费者吸引回来——经常是被他们的孩子们拽了回来。在消费者进进出出时，就不可能空手而归，因而迪士尼商场的销售业绩比普通的竞争者高三倍。

资料来源：徐俊昌. 消费者行为学[M]. 北京：机械工业出版社，2012：208。

10.4.3　店外橱窗设计与消费者行为

商业橱窗是商店形象的重要部分，是商店的广告、消费者的顾问和向导。它通过设计者的布置和陈列，直接而真实地展示商品的性能、特点、种类，使具有潜在购买力的消费者对商店产生兴趣与信赖感，并萌发购买的欲望。

1. 橱窗设计的心理功能

橱窗是商店门面的组成部分，橱窗设计与制作要与商店的外观形象、经营品种和建筑风格相协调，这是橱窗设计布置的基本要求。商店橱窗也是广告的一种媒体，是以商品为主体，通过布景、道具和装饰画面等的背景衬托，并配合色彩、灯光和文字说明，向顾客展示商品，传达商品信息的一种综合性艺术形式。在市场营销活动中，橱窗设计既是一种商品信息传播的重要形式，也是美化商业环境的重要手段。一个构思新颖、主题鲜明、风格独特、富于想象的商品橱窗，本身就是一件街头艺术品，不但与商店建筑和内外环境构成意境生动的立体画面，而且给消费者以强烈的视觉冲击和审美享受。

橱窗设计的心理功能主要表现在以下几个方面：

(1) 突出展示商品的品质和特性。消费者观赏、了解和评价橱窗陈列的商品，其目的是为选购商品收集信息，以便作出最后的选择。因此，橱窗设计要充分显示和突出商品的优良品质和个性特征，以吸引购买者的注意，激发购买者的兴趣，促进购买者的欲望，增强购买信心，并付诸购买行动。

(2) 塑造优美的整体形象，满足顾客对美的追求。商品是橱窗陈列的主体，不能将商品随意堆砌罗列。橱窗设计应从消费者的审美心理出发，通过具有创意的艺术构思，用各种艺术处理手段，把各种商品生动巧妙、鲜明和谐地组合在一起，从而塑造出具有强烈艺术感染力的橱窗整体形象，使顾客得到美的艺术享受，加深对陈列内容的视觉印象。

(3) 充分利用景物渲染，激发顾客的购物欲望。橱窗设计要吸引顾客，激发顾客的购买欲望，还可以用借景抒情的手法对陈列内容进行间接的描绘和渲染，把商品陈列和环境装饰有机地结合起来，使橱窗陈列具有耐人寻味的形象特征。寓意含蓄的艺术构思可创造出诱人的意境，使消费者产生美好的联想，在潜移默化中影响消费者，达到激发消费者购买欲望的促销目的。

2. 橱窗设计的原则

为达到上述的功能,橱窗在进行设计时,一般体现以下特点:

(1) 陪衬美。橱窗广告的陪衬美是指橱窗从造型设计、背景画面、色彩运用到道具的摆设等各个方面都迎合消费者的审美心理。在橱窗内必须有适当的陪衬,才能更好地衬托出主体产品的美。

(2) 立体美。橱窗广告具有三维空间,设计的仿真就是造就立体美的重要手法。仿真的橱窗布局给人以身临其境的感觉。例如,德国一个节日橱窗广告,主题是"美酒佳肴",整个橱窗被布置成一个真实的"厨房"。

(3) 真实美。广告的真实性就是广告的信誉度。橱窗广告以它的陈设现身说法,以高质量的事实让消费者增加对产品的信任感。

(4) 个性美。每种产品都有其自身的特色和风格,这被称为产品"个性"。个性是让消费者被吸引,以致对产品产生好感的要素。橱窗广告的设计必须把握这一点,把产品的式样、花色和质量等方面的优点显示出来。

(5) 功能美。渲染产品特有的功能是广告表现策略的基本概念之一。橱窗广告通过背景的设置、道具的运用、构思奇妙的立体画面,突出产品的功能,更具有橱窗广告的艺术魅力。

10.4.4 网上购物环境与消费者行为

以互联网为基础的消费,既是通过网络技术进行的新型消费形式,又全面地包括了精神文化层面的内在含义。它意味着,一方面网络时代的消费者突破了传统工业社会消费习惯的限制,使消费活动无须通过商业中介而由网络媒介直接联通起来;另一方面,网络消费方式又具有一种精神的内在化特质,实质上是一种连接不同网络终端的人脑思维的虚拟化、数字化的交流与互动。

1. 网络消费的概念

随着电子商务的发展,互联网对消费者心理和行为产生了重大的影响,从而引起了人们对网络消费、网络营销的研究,但对于网络消费的概念,目前很少有人对其进行深入的研究和界定。本书将网络消费进行如下定义:网络消费是一个新兴的概念,是指消费者借助互联网,实现通过消费品满足自身欲望的一种经济行为,包括网络教育、在线影院、网络游戏和网络购物等所有消费形式的总和。

从这个概念的界定我们可以看出,该定义包含三个方面的内容:第一,网络消费是借助互联网实现的;第二,网络消费是以满足消费需要为目的的;第三,网络消费是一个动态的过程。

2. 网络消费的特征

网络消费是新兴的消费方式,不同于传统消费行为,因此有着自身的特点。具体来说,主要有几下几点:

(1) 互动性。在网络环境下,企业可以以极低的成本通过电子布告栏、线上讲座广场和电子邮件等方式,在营销全过程中对消费者进行实时的信息搜集。消费者则有机会对从产品设计到定价和服务等一系列问题发表意见。这种双向互动的沟通方式提高了消费者的参与性和积极性，更重要的是它能使企业的营销决策有的放矢，从根本上提高消费者的满意度。

(2) 整合性。企业可以借助网络将不同的传播营销活动进行统一设计、规划、实施，以统一的传播资讯向消费者传达信息，避免传播不一致性产生的消极影响。

(3) 全球性。通过网络可以超越时间和空间限制进行信息交换，企业能有更多时间和更大空间进行营销，可 24 小时在全球范围内搜集数据、进行市场调研，对消费者行为和偏好全面跟踪并及时反映，并随时随地提供全球性营销服务，实现企业营销的全球性。

(4) 隐私性。运用网络进行销售是企业一对一直接面对消费者的，没有推销员强势推销的干扰，并通过信息提供与交互式交谈与消费者建立长期良好的关系，使消费者感受到“买”是一种私人行为，可以很愉快地进行。

(5) 高效性。电脑具有极大的信息量，其查询信息的数量及精确度远远超过其他媒体，并能顺应市场需求，及时更新产品或调整价格，因而能及时有效地了解并满足顾客的需求。

(6) 虚拟性。电子商场是“虚拟商场”，它将实际的商业购物空间转换为虚拟的信息购物空间，实现了谈判、订货、签单、支付、运送各环节的网上操作。消费者可以边看边逛，浏览货架上的商品，选中商品后只需轻点鼠标，即可确定购买。

3. 网络消费行为的过程

网上购物是指用户为完成购物或与之相关的任务而在网上虚拟的购物环境中浏览、搜索相关产品信息，从而为购买决策提供所需信息，并实现购买决策的过程。网络消费者的购买过程和传统购物过程一样，可以从五个阶段进行分析。

(1) 唤起需求。网上购买过程的起点是诱发需求。消费者的需求是在内外因素的刺激下产生的。当消费者对市场中出现的某种商品或服务发生兴趣后，才可能产生购买欲望。这是消费者作出消费决定过程中所不可缺少的基本前提。若不具备这一基本前提，消费者也就无从作出购买决定。

对于网络消费来说，诱发需求的动因只能局限于视觉和听觉。文字的表达、图片的设计、声音的配置是网络营销诱发消费者购买的直接动因。从这方面讲，网络消费对消费者的吸引具有相当的难度。这要求从事网络营销的企业和中介商注意了解与自己产品有关的实际需求和潜在需求，了解这些需求在不同时间的不同程度，了解这些需求是由哪些刺激因素诱发的，进而巧妙地设计促销手段去吸引更多的消费者浏览网页，诱发他们的需求欲望。

(2) 搜集信息。在购买过程中，搜集信息的渠道主要有两个：内部渠道和外部渠道。内部渠道是指消费者个人所储存、保留的市场信息，包括购买商品的实际经验、对市场的观察以及个人购买活动的记忆等。外部渠道是指消费者可以从外界搜集信息的通道，包括个人渠道、商业渠道等。个人渠道主要提供来自消费者的亲戚、朋友和同事的购买信息和体会。这种信息和体会在某种情况下对购买者的购买决策起着决定性的作用。商业渠道，如展览推销、上门推销、中介推销、各类广告宣传等，主要是通过厂商有意识的活动把商品信息传播给消费者。

网络营销的信息传递主要依靠网络广告和检索系统中的产品介绍，包括在信息服务商网页上所做的广告、中介商检索系统上的条目以及自己主页上的广告和产品介绍。

在网络购买过程中，商品信息的搜集主要是通过互联网进行的。一方面，消费者可以根据已经了解的信息，通过互联网跟踪查询；另一方面，消费者又不断地在网上浏览，寻找新的购买目标。

(3) 比较选择。通过信息搜集，消费者将会形成若干可能采用的方案，接下来，消费者将根据一定的评价标准，并利用一定的选择方法，对这些方案进行评价和选择。传统消费模式下，消费者可以通过对产品的接触、闻、嗅、试听和试穿等实体性接触来比较评判，但在网络消费中，消费者对商品和服务的比较只能依赖于商家的描述和用户的评价，且这种描述也多限于文字和图片方面。这种局限性是决定网上销售产品种类的直接原因。

(4) 制定购买决策。经过方案评价和选择，消费者将形成对某一产品的购买意向，也就是有了购买某一产品的意愿和打算。此时他们面临着两种选择，可以利用互联网获得的信息，到实体店去购买产品，也可以直接在互联网上进行购买。信息安全问题、商家的信誉问题、付款方式是否方便和可靠等，都会影响消费者购买决策方式的选择。

另外，网络购买者在制定购买决策时主要有以下三个方面的特点：首先，网络购买者理智动机所占比重比较大，而感情动机所占比重比较小；其次，网络购物受外界影响比较小；最后，网上购物的决策行为与传统购买决策相比速度要快。

(5) 购后评价。消费者购买商品后，往往通过使用、对自己的购买选择进行检验和反省，而重新考虑这种购买是否正确、效果是否理想，以及服务是否周到等问题。这种购后评价往往决定了消费者今后的购买动向。

为了提高企业的竞争力，最大限度地占领市场，企业必须虚心倾听顾客反馈的意见和建议。互联网为网络营销者收集消费者购后评价提供了得天独厚的优势。方便、快捷、便宜的电子邮件紧紧连接着厂商和消费者。厂商可以在订单的后边附上一张意见表。消费者在购买商品的同时，就可以填写自己对厂商、产品及整个销售过程的评价。厂商从网络上搜集到这些评价之后，通过计算机的分析、归纳，可以迅速找出工作中的缺陷和不足，及时了解到消费者的意见和建议，随时改进自己的产品性能和售后服务。

小资料

强生的网络营销

进入强生网站，左上角著名的公司名称下是显眼的“您的宝宝”站名。每页可见的是各种肤色婴儿们的盈盈笑脸和其乐融融的年轻父母，这种亲情是化解人们对商业网站敌意的利器。“如您的宝宝××时，应怎样处理”“如何使您的宝宝××”两项下拉菜单告诉来访者，这是帮人们育儿答疑解难的地方。在这里，强生就像位呵前护后、絮絮叨叨的老保姆，不时提醒着年轻父母们该关注宝宝的睡眠、饮食、哭闹、体温以及如何为他们洗澡……年轻父母们突然发现，在这奔波劳顿、纷乱繁杂的世界中，身边确实需要一个这类角色的人不断指点。随着孩子的日日成长，这位老保姆会时时道来“强生沐浴露”“强生安全棉”“强生尿片”“强生围嘴”“强生2合1爽身粉”“强生VC保湿蜜”以及其他几十种产品。这份育儿宝典会告诉来访者这些用品正是孩子现在所必需的。而且这时的网站又成了科学与权威的代言人，每种产品都是研究成果的结晶，还有各项最新研究报告证明，父母们只需要按着吩咐去做准没错。所以人们不会觉得它比街头推销员更讨人嫌。

促进人们的交流是互联网的主导功能，强生参与运作了一个“全美母亲中心协会”的虚拟社区。“全美母亲中心”是分布于各州的妇女自由组织，目的是“使参加者不再感到孤立无助，能展示其为人母的价值，切磋夫妇在育儿方面的经验，共同营造出一个适合孩子生长的友善环境”。如今，强生助其上网并归入自己的网站中，除保留原来交流的作用外，还从相关科研动态与信息方面来帮助她们解决问题。

资料来源：中国公共关系网，http://www.17pr.com。

10.5　消费者行为学的应用案例

TPA 的定价失误

TPA 是美国一家医药公司利用生物工程技术研制开发的一种治疗血栓塞的新药，其主要作用就是消除血栓。当初该公司初步预测，市场上对 TPA 的需求将达到 5 亿美元之巨。该公司认为，由于药品尤其是高效药品是价格需求曲线缺乏弹性的产品。因此，他们把 TPA 的价格定在每剂 2 200 美元的“天价”上，试图以“高质高价”“生命更重要”等理论来推行他们的这一新产品。当 TPA 以这一价格刚开始推向市场时，由于强势宣传和高效取得了销售优势。但是，当消费者们逐步熟悉了 TPA 的效果、特征后，便渐渐放弃了品牌忠诚，更多的购买药效稍逊但价格远低于 TPA 的链激酶，其每剂价格仅 200 美元。

对该公司而言，更大的打击是 1988 年 4 月，加拿大安大略医疗协会建议禁止使用 TPA，理由是它的价格过高。同时，欧洲医学会质疑 TPA 的疗效是否真有该公司宣称得那么显著。

在种种打击下，TPA 的销售成绩日趋下降，企业甚至出现了亏损。

资料来源：http://t.163.com/2747241748#f=topnav。

分析：

产品定价是企业营销过程中一个重要的环节，企业必须审时度势，切忌仅凭经验定价。TPA 失败的首要原因就在于它根据低弹性系数而制定的高价策略。在当今社会，商业竞争激烈，药品行业由于其高额利润吸引着大量的竞争对手，而彼此之间常常研制开发出药效类似、差别不大但价格迥异的产品，再加上不断有新产品问世，参与竞争已变得越来越难，过去习惯性地认为药业的价格需求弹性小的时代一去不复返了。其次，美国的医疗保险制度对医药业也有一定的制约作用。在美国，一般来说，医生开药方常常以对某制药厂的信赖程度为依据，而往往忽视药的价格，因为医药行业的基本特点之一就是消费者一般无权选择产品。但是，日趋完善的医疗保险制度，要求医生不得不控制医药费的开销，否则保险公司将承担高额的保险开支。于是，医生们在为病人开具药方的时候，又不得不考虑价格的因素，所以 TPA 这么高的价格就少有人问津了。

模拟实训

【实训目的】

学会建立产品伙伴关系。

【实训主题】

消费者的产品认知与行为。

【实训时间】

本章课堂教学内容结束后的双休日和课余时间，为期一周，或者指导教师另外指定时间。

【背景材料】

各组参与者代表不同的产品，根据各自所代表产品的特点，与其他组建立尽可能多的“伙伴关系”。本游戏强化了在不同产品之间建立联系的创造性思维和能力，提高了交叉销售能力。

【实训过程设计】

(1) 各组选择一个代表产品。产品目录如表10.1所示。

(2) 在指定时间内(9分钟)，建立尽可能多的伙伴关系(例如，一个卖橘子和一个卖苹果的人可以建立伙伴关系，扩大产品线)。

(3) 停止游戏，请参与者向其他人介绍该组所建伙伴关系的结果。

表10.1 产品目录

书籍	乐器
电话机	鞋子
计算机设备	硬纸箱
钢笔和铅笔	眼镜
鲜花	家具
服装	汽车
运动用品	电视机
巧克力	宠物

本章小结

新产品，是指与老产品相比较，在产品原理、性能、材质、结构、用途、技术特征等某一方面或几方面有显著改进、提高，具有独创性、先进性与实用性，能提高经济效益，有推广价值，在一个省、市、自治区范围内第一次试制成功并经过有关部门签订确认的产品。

消费者在对待新产品的态度上的差异决定了他们在购买行为上表现出不同的特点。这种态度上的差异既是消费者收入水平、职业特点、性别、年龄等社会和生活因素作用的结果，也是消费者个人需求、认识、个性心理特征和态度的影响和作用造成的。

商品命名是指用恰当的语言文字概括地反映商品特点、用途、形状、性能等以达到促进消费者认知的目的。

商品包装是指一切用于包裹、盛装、束缚和保护商品的容器或包扎物，是商品构成要素的一个重要组成部分。

消费者价格心理是指消费者在购买活动中对商品价格认识的刺激的心理反应。它是由消费者自身的个性心理和对价格的知觉判断共同构成的。

广义广告是指唤起人们注意某一特定事物的一种手段。狭义广告,也称商业广告或经济广告,它是指广告主为了达到某一特定目的,采用付费的方式,有计划地利用适当的媒体,向特定受众传递信息,以影响和改变消费者态度和行为的过程。

网络消费是一个新兴的概念,是指消费者借助互联网,实现通过消费品满足自身欲望的一种经济行为,包括网络教育、在线影院、网络游戏和网络购物等所有消费形式的总和。网上购物是指用户为完成购物或与之相关的任务而在网上虚拟的购物环境中浏览、搜索相关产品信息,从而为购买决策提供所需信息,并实现购买决策的过程。

综合练习

一、单项选择题

1. 按照新产品与老产品的差异程度划分,下列哪项不属于新产品的分类(　　)。

A. 全新产品　　B. 仿冒产品　　C. 革新产品　　D. 改进产品

2. 下列选项中不属于消费者的价格心理表现的是(　　)。

A. 习惯心理　　B. 感受心理　　C. 敏感心理　　D. 同情心理

3. 下列不属于直接邮寄广告的特征的是(　　)。

A. 针对性强　　B. 有亲切感　　C. 选择性强　　D. 花费高昂

4. 在新产品推广市场导入阶段,企业的首要任务是(　　)。

A. 培育市场　　B. 抢占市场　　C. 改变市场　　D. 重合市场

二、多项选择题

1. 根据消费者对新产品的态度与行为差异可将其分为(　　)。

A. 革新者　　B. 早期购买者　　C. 早期大众　　D. 晚期大众

E. 守旧者

2. 商品命名的心理效能包括(　　)。

A. 认知产品　　B. 便于记忆　　C. 诱发感情　　D. 启发联想

3. 包装的心理功能包括(　　)。

A. 便利功能　　B. 识别功能　　C. 美化功能　　D. 增值功能

E. 联想功能

4. 商品陈列的一般要求包括(　　)。

A. 醒目性　　B. 吸引力　　C. 整齐性　　D. 丰富感

三、问答题

1. 新产品有哪几种类型？新产品推广的策略有哪些？

2. 简述商品命名可以采用的心理策略。

3. 商标设计与运用时,应采用哪些心理策略？

4. 消费者的价格心理有哪几种？

5. 广告引发的消费者心理反应过程包括哪几个环节？各环节中如何运用心理策略增强广告效果？

四、案例分析题

沃尔玛的品牌效应

沃尔玛这个零售业巨人，在半个多世纪里取得了令人瞩目的成就，成为全美乃至全球最大的零售商。自从1996年登陆中国内地以来，已在中国的很多城市开设了颇有规模的连锁超市。沃尔玛以其优质低价的商品和服务赢得了消费者的青睐。在这些城市中，沃尔玛的名字几乎妇孺皆知。沃尔玛为什么能获得如此大的成功呢？

首先，沃尔玛把超一流的服务看成是自己至高无上的职责，在很多沃尔玛店内都悬挂着这样的标语："1. 顾客永远是对的；2. 顾客如果有错误，请参看第一条。"其次，沃尔玛注意降低成本，做到质优价廉。沃尔玛在店内广告甚至包装袋上都印着"天天平价"的广告。

为了让商品既价低又物有所值，沃尔玛不仅鼓励员工为降低成本出谋划策，还与像宝洁公司这样的知名企业建立密切的合作关系，通过计算机网络使厂家自动为商家送货，从而最大限度地减少库存成本。此外，沃尔玛的一站式购物的新理念以及在店址的选择等方面，都尽最大可能地为消费者着想，从而吸引了众多的消费者。如今，沃尔玛本身就是一个知名品牌，人们不仅相信它经营的其他厂商的商品，对于店内的沃尔玛自有品牌的商品，消费者也非常认同，因而为沃尔玛带来了可观的利润和较高的知名度。

资料来源：http://t.163.com/2747241748#f=topnav。

问题：

1. 试分析沃尔玛的成功与品牌之间的关系。
2. 一个好的商业品牌应具备哪些内涵？

参考文献

[1] 陈碧琼. 消费者行为学[M]. 重庆:重庆大学出版社,2010.

[2] 郑书莉. 消费者行为理论与实训[M]. 南京:南京大学出版社,2009.

[3] 肖立. 消费者行为学[M]. 北京:中国农业大学出版社,2011.

[4] 姚山季,张立,王永贵. 消费者行为学[M]. 天津:南开大学出版社,2009.

[5] 王德胜. 消费者行为学[M]. 北京:电子工业出版社,2011.

[6] 张理. 消费者行为学[M]. 北京:清华大学出版社,北京交通大学出版社,2008.

[7] 甘瑁琴,王晓晚. 消费者行为学[M]. 北京:北京大学出版社,2009.

[8] 汪彤彤. 消费者行为分析[M]. 上海:复旦大学出版社,2008.

[9] 李晴. 消费者行为学[M]. 重庆:重庆大学出版社,2009.

[10] 董昭江. 消费者行为学[M]. 北京:清华大学出版社,2012.

[11] 李晓霞,刘剑. 消费心理学[M]. 北京:清华大学出版社,2010.

[12] 李晓霞等. 消费者行为学[M]. 北京:清华大学出版社,2010.

[13] 李付庆. 消费者行为学[M]. 北京:清华大学出版社,2011.

[14] 〔法〕多米尼克·夏代尔,〔印〕拉祖著,李屹松,王飙译. 消费者行为学——概念、应用和案例[M]. 北京:中国财政经济出版社,2007.

[15] 〔美〕罗杰·凯琳,史蒂文·哈特利,威廉·鲁迪里尔斯著,王成慧,曹亮译. 市场营销原理[M]. 北京:人民邮电出版社,2007.

[16] 林建煌. 消费者行为学[M]. 北京:北京大学出版社,2011.

[17] 贠晓哲、赵志耕. 消费者行为学[M]. 北京:社会科学文献出版社,2011.

[18] 王文正. 体验营销的要素、策略及模式[J]. 销售与市场(管理版),2010(3).

[19] 卢泰宏. 与消费者共创价值[J]. 新营销,2010(12).

[20] 张浩. 浅议基于消费者行为特征的体验营销及其在企业中的应用[J],交流论坛,2009(3).

[21] 朱小勇. 绿色营销理论研究[D]. 长安大学,2009.

教师反馈及教辅申请表

北京大学出版社本着"教材优先、学术为本"的出版宗旨，竭诚为广大高等院校师生服务。为更有针对性地提供服务，请您认真填写以下表格并经系主任签字盖章后寄回，我们将按照您填写的联系方式免费向您提供相应教辅资料，以及在本书内容更新后及时与您联系邮寄样书等事宜。

<table>
<tr><td>书名</td><td></td><td>书号</td><td>978-7-301-</td><td>作者</td><td></td></tr>
<tr><td colspan="2">您的姓名</td><td colspan="2"></td><td>职称职务</td><td></td></tr>
<tr><td colspan="2">校/院/系</td><td colspan="4"></td></tr>
<tr><td colspan="2">您所讲授的课程名称</td><td colspan="4"></td></tr>
<tr><td colspan="2">每学期学生人数</td><td colspan="2">______人_____年级</td><td>学时</td><td></td></tr>
<tr><td colspan="2">您准备何时用此书授课</td><td colspan="4"></td></tr>
<tr><td colspan="2">您的联系地址</td><td colspan="4"></td></tr>
<tr><td colspan="2">邮政编码</td><td></td><td>联系电话（必填）</td><td colspan="2"></td></tr>
<tr><td colspan="2">E-mail（必填）</td><td></td><td>QQ</td><td colspan="2"></td></tr>
<tr><td colspan="4">您对本书的建议：</td><td colspan="2">系主任签字

盖章</td></tr>
</table>

我们的联系方式：

北京大学出版社经济与管理图书事业部

北京市海淀区成府路 205 号，100871

联系人：徐冰

电话： 010-62767312 / 62757146

传真： 010-62556201

电子邮件：em_pup@126.com　　em@pup.cn

Q Q：5520 63295

新浪微博：@北京大学出版社经管图书

网址： http://www.pup.cn